鸟瞰古文明

130幅城市复原图重现古地中海文明

［法］让-克劳德·戈尔万（Jean-Claude Golvin）著

严可婷 译

L'ANTIQUITÉ
RETROUVÉE

目录

前言 ... I

近东 ... 1
乌尔（伊拉克） ... 2
巴比伦（伊拉克） ... 6
波斯波利斯（伊朗） ... 8
巴尔米拉（叙利亚） ... 12
巴勒贝克（黎巴嫩） ... 16
佩特拉（约旦） ... 16
耶路撒冷 ... 21
凯撒里亚（以色列） ... 22

埃及 ... 23
吉萨 ... 26
埃赫塔吞（泰勒阿玛尔纳） ... 28
底比斯地区 ... 32
西底比斯 ... 35
戴尔巴哈里 ... 36
戴尔麦地那 ... 37
孟菲斯（拉希纳村） ... 40
培-拉美西斯（康提尔） ... 41
亚历山大港 ... 44
埃德福 ... 48

希腊 ... 49
德尔斐 ... 50
雅典 ... 56
罗马时代的雅典 ... 57
科林斯 ... 62
奥林匹亚 ... 63
克诺索斯（克里特岛） ... 68
提洛岛（基克拉泽斯群岛） ... 69
罗得岛 ... 72

土耳其 ... 73
博德鲁姆（哈利卡纳苏斯） ... 75
迪迪马 ... 78
特洛伊（特洛瓦） ... 79
希拉波利斯（帕穆克卡莱） ... 80
桑索斯 ... 82
安条克（安塔基亚） ... 83
以弗所（塞尔丘克） ... 86

北非 ... 87
昔兰尼（利比亚，舍哈特） ... 88
大莱普提斯（利比亚，莱布达） ... 92
迦太基（突尼斯） ... 96
杜加古城（突尼斯，沙格镇） ... 97
吉格提（突尼斯，布格拉拉） ... 101
西密图斯（突尼斯，欣图） ... 101
图布尔博·马尤斯（突尼斯） ... 104
乌提纳（突尼斯，乌德纳） ... 105
蒂斯德鲁斯（突尼斯，杰姆） ... 108

布拉雷吉雅（突尼斯，哈曼代拉吉）……111
　　塔木加迪（阿尔及利亚，提姆加德）……114
　　丘卡尔（阿尔及利亚，贾米拉）……115
　　塞提夫（阿尔及利亚）……118
　　兰贝西斯（阿尔及利亚）……119
　　拉庇杜姆（阿尔及利亚，苏尔朱瓦卜）……122
　　塔木希达（摩洛哥，西迪艾哈迈德）……123
　　沃吕比利斯（摩洛哥）……126

意大利与伊利里亚沿岸……127
　　塞杰斯塔（西西里）……128
　　帕埃斯图姆城（意大利，波塞冬尼亚）……132
　　罗马万神殿……133
　　罗马城的中心地带（4世纪）……134
　　罗马马克西穆斯竞技场……136
　　罗马图密善竞技场……137
　　罗马皇帝们的广场……139
　　罗马恺撒广场……140
　　罗马神圣尤里乌斯神殿……141
　　罗马哈德良陵墓……142
　　罗马尼禄巨像与罗马圆形竞技场……143
　　庞贝……146
　　奥斯提亚……147
　　那不勒斯湾……152
　　普特奥利（波左利）……153
　　斯普利特，戴克里先宫殿（克罗地亚）……158

西班牙与葡萄牙……159
　　安普里亚斯（西班牙）……160
　　塔拉科（西班牙，塔拉戈纳）……162
　　奥古斯塔·埃梅里塔（西班牙，梅里达）……164
　　科英布拉（葡萄牙）……168

德国……169
　　奥古斯塔·特雷维罗伦（特里尔）……172
　　萨尔堡……173
　　科洛尼亚·克劳蒂亚·亚拉·阿格里皮内西姆（科隆）……176
　　赖恩海姆……180

高卢……181
　　布利耶斯布吕……183
　　阿雷拉特（阿尔勒）……187
　　马蒂格……192
　　福伦茹利（弗雷瑞斯）……193
　　毕布拉克特，伯夫雷山……196
　　阿莱西亚（阿利斯圣兰）……198
　　阿劳西奥（奥朗日）……200
　　卢格杜努姆（里昂）……204
　　维苏纳（佩里格）……205
　　奥古斯托杜努姆（欧坦）……208
　　诺维奥杜努姆（瑞布兰）……209
　　昂德西那（格朗）……210
　　吕岱斯（巴黎）……211

注释……212

用语解说……214

前言

当人们眺望废墟、阅读书籍时，我想每个人都会产生一个最根本的疑问，那就是巴比伦、迦太基、巴尔米拉、亚历山大港、德尔斐、奥林匹亚等如梦幻般的城市，实际上究竟是什么样子？如果想更清楚地描绘背后的历史及相关的人物、事件，那么究竟该如何复原这些城市与纪念性建筑物？《鸟瞰古文明》(*L'Antiquité retrouvée*，意为"发现古代")这本书的书名正回答了这个疑问，它也反映出这些画作的作者自身的想法。

"复原"这个词意味着"回到原来"。为了展现书中这些古代地区的样貌，我参考了古老的文献、绘画、马赛克拼贴、浮雕，以及考古学研究成果，绘制可信度高的图像，再现古城原本的样貌。

不过，除非手边有充分的素材，才有可能实现这个构想。譬如要画某个古罗马城市的复原图，必须先取得3项重要资料。第一，对于古代的地形或景观，必须具备充分的知识。第二，城市的界线、都市的区划、大型公共建筑物（广场、剧场、圆形竞技场、战车竞技场、公共浴场等）的外观，也必须确认清楚。如果以蒙太奇摄影为譬喻，大型的公共建筑物就像眼、鼻、口之类的部位。第三，城市里各主要建筑物的相对位置。任何两座城市的建筑物位置都不会完全相同。如果没有取得上述的资料，就无法绘制出整座城市的复原图。在这种情况下，由一个或数个局部拼凑出的画面，就只聚焦在已确知的部分，仅能展示城市的部分景观。

复原绝不是自己的凭空想象，而是根据有明确证据的结果进行复原。本书发表的复原图，大部分与各式各样的研究有密切关联。所谓复原，是对无数既有资料进行比较研究，以合乎逻辑的推论得出的论断。对于绘制复原图的人而言，这样才能呈现出复原对象历史上最有可能的实际样貌。

因此，这种种努力完全建立在实际上可能存在的城市"理论模型"上。"理论模型"涵盖着比蒙太奇拼贴更广泛的资料，它是根据有证据的假设，重现欠缺的部分，并加以补充，通过提供协助的多位研究者（历史学家、碑文研究者、建筑师、地理学家）的学识经验，获得具有一贯性的综合知识。由于每位研究者各自都竭尽全力尝试复原，结果应该会更接近真实。因为研究团队掌握各种假设的证据，只要发现新的资料，相关知识就会被再修正。经过这样的过程建立的图像，不会有什么推倒重来的修正。就算有新的想法或可以让复原图更明确的证据，只要局部修改就好。我们经手里昂、吕岱斯（巴黎）、弗雷瑞斯等地的复原图超过10年，深切地感受到这一点。

复原有一部分跟语言形成的基本过程很相近。那就是建立印象，通过持续让内容更充实的过程，与对事物的看法直接产生联结。

系统建立的复原图，是将我们固有（或这样相信）的印象，变得更丰富、表现得更完整，并且形成整体。因为有所根据，人们会更感兴趣。由于部分理论上的想法已确定，致力于再现很有意义。复原图是可信赖的概括的假设，虽然没有确定的答案。我们已有心理准备，复原图有可能引来争议、受到质疑或需要纠正。复原图是研究者将某个时间点最好的假设尽可能传达给多数人。

不过，像这样的复原图是一种语言，尽管已细致地表现了古代人的想法与微妙的念头，在常识上仍然有限。城市里的居民不是都住在大型豪华的宅邸，也有比较简朴的房子和平民化的地区。不论哪种情形，都要考虑其特色适当地表现。最后对于不了解的部分，也只能以同样不明确的方式表现。我们不可能了解古代城市所有的住宅，这样的细节实际上也没那么重要。在观察自然时，没有必要为了区分椰子树与无花果树，特地研究整棵树的叶子，而应从一定数量的主要特征分辨树的种类。不过，像这类特征蕴含很多意义，几乎没有无意义的部分。不论多努力试图表现，恐怕都无法完全呈现实际上的目标。

学术研究与传播媒体通用的所谓"媒体的"示意图，是更有效果的表现手段。自1980年以来，随着视听影像媒体的发展与信息革命，示意图的需求明显增加。我们必须承认，跟建构理论相比，绘制图像更容易呼应作者对美的选择。运用笔墨以远近法在纸上素描，用水彩着色，虽然是非常传统的表现手法，对作者而言却正是魅力所在。事实上这本身就是一种试炼，因为非得熟谙美术技法，才能彻底表达。这种状况跟音乐家很像。不论是钢琴还是小提琴，在熟练技巧之前，必须不断地练习。在复原建筑方面，绘图者扮演的角色就像受到严格制约的作曲家，除了如实诠释主题，还必须让音乐表现得更美。

二次元的绘画除了有这些制约，也有许多优点。第一，为使构图的框架与角度能一目了然，常笔简而意丰。第二，二次元的画是固定的，观察者在观看的时候有较大的想象空间。第三，二次元的画完成得比较快，而且成本更低。第四，由于具有艺术层面的价值，它也会"随着时间的逝去，变得越来越有韵味"。即使过了漫长的时间，很晚才获得理解，也仍然是幅美丽的画。美丽的画是所表现的历史的一部分，希望让众人愉快地欣赏，它最后也可能被博物馆馆藏，以别样形式发挥作用。

研究者应有勇气展示过去的复原图。外行人缺乏方法与充足的资料，只能从自己的角度想象。但是复原并不是想象的产物，它需要古代建筑的知识。

还有一件事不可忘记，复原图是语言，要运用各种修辞学，以适当的方式，呈现出更丰富的成果。在绘制复原图时，应该更着重于值得看的部分。就算观赏者只是凭自己的感觉浏览，究竟要让大家如何解读才好呢？这些都会给绘图者指导方向。而以一般人为对象的复原图，又倾向于画得很美、引人注目。所有被要求扮演类似角色的工作，在这方面都是一样的。复原图是为了表现明确的主题而被绘制，尽管要达到上述这些效果，但是我们不能对复原图提出过多要求。在本书中，即使复原图没有画出来的部分，如果有必要也会尽量补充文字资料，全看各主题的情况与需要。复原图必须完全符合绘制时的功能设定。我们对各种事物赋予的意义都不是绝对的，会根据当下的状况决定。复原图是为各种各样的用途而绘制。所以没有普遍的复原图，只是视状况传达信息而已。语言的法则会以各种形态束缚我们，谁都无法逃避。

这些复原图如果太过强调可信度，会变得难以理解、乏味，最后失去可看性。所以还是不能缺少梦的部分。要试着去梦想。我们试着将这些陷入沉睡而被重新发现的美女唤醒。你是否看见她们从黑暗中醒来，散发着不可思议的魅力，笔直地朝我们走来？只要抱有对历史的爱、对文化遗产的敬意，就会被这些画吸引，展开梦回古代的精彩旅程。

让-克劳德·戈尔万

近东

  在美索不达米亚的同类型建筑物中,乌尔的金字形神塔是目前所知最古老的一座。它也是中东发现的其他 33 座神塔的原型。建立于公元前 3000 多年前的乌尔金字形神塔,只有 3 层建筑,高度仅达 21.33 米。与共有 7 层、高度至少有 50 米的著名的巴比伦神塔相比,规模上小了许多。乌尔的金字形神塔保存状态良好,原因是外层采用了当时革命性的建材——经窑烤后质地极佳,长达 2.5 米的砖块。在建筑表面留下的孔洞,则是为了通风,防止建筑内侧以日晒法制成的砖块龟裂。另外,墙壁有些倾斜、稍微有点弯曲,并不是出于美感的考量,而是为了防止尘土附着。

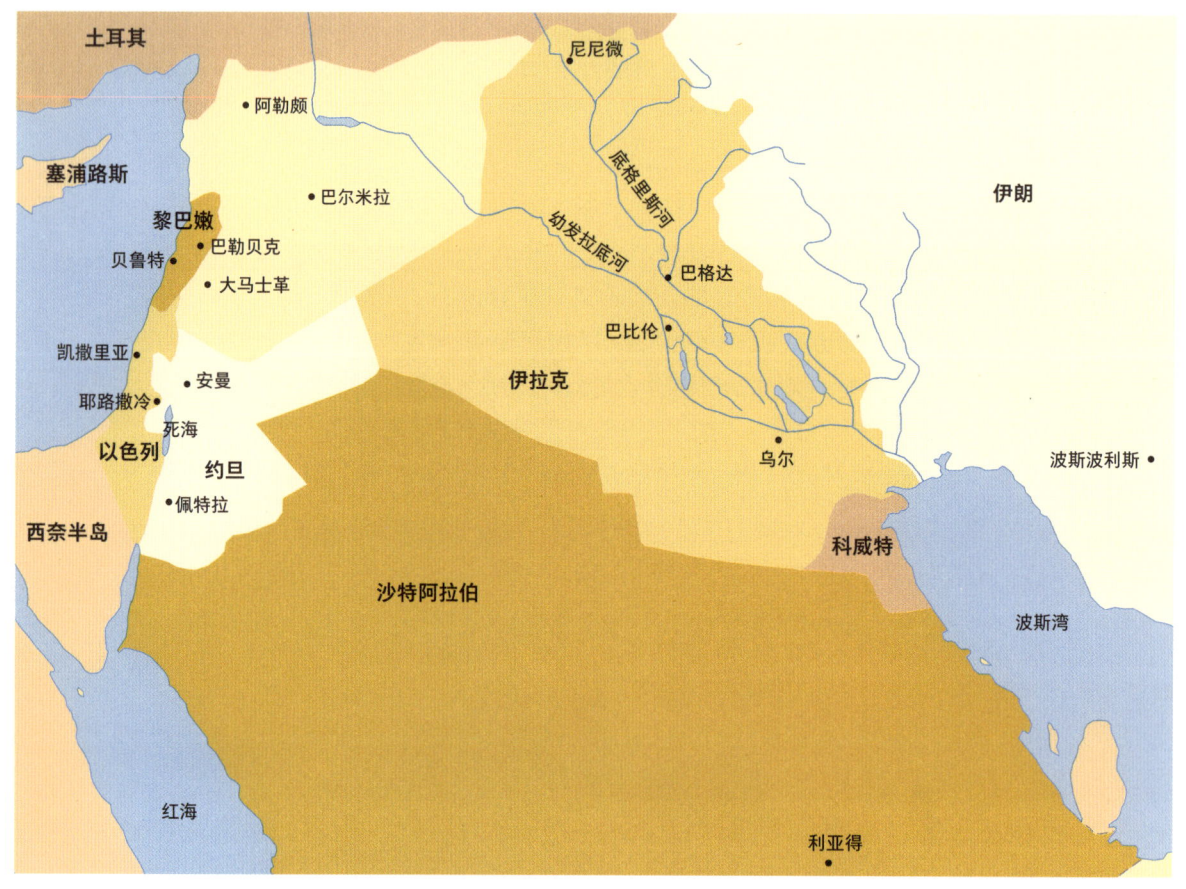

乌尔（伊拉克）

　　自从脱离乌鲁克王宣告独立，总督乌尔纳木就自行称王，将自己统治的城市乌尔定为王国的首都。这个新王朝从公元前2112年持续到前2004年，开创了一个繁荣盛世。这个时期的乌尔，位居苏美尔帝国文明的顶点，影响力遍及美索不达米亚全域，即苏美尔、阿卡德、埃兰、亚述。乌尔借由轮替不同总督，统治全国。地方总督全部共有40位左右，直属于国王一人，通过使者将地方发生的事全部禀报国王。国王是军队的最高指挥官，并且能自由掌控古代世界最有条理的官僚机构。所有的贸易都由政府管辖。这一管理体制包括了财富的积累与再分配两部分，也是国家财政收入的主要来源。地方总督会将征收的租税，对物品、交易所课的税交给国家。贡品与战利品也让国库更加充裕。许多按日雇用的劳动者耕耘土地、收成作物、挖掘灌溉用的运河。发达的商业为城市与神殿带来财富。

　　城市由高耸的城墙保护，广达1200米×700米。毗邻幼发拉底河，在城市北方与西方共有两座港口。城市全部由日晒的砖块建成，街道呈现不规则的复杂结构，城墙则建在原有结构之上。城市的北侧是一个350米×200米的区域，由巨大的围墙环绕，那是献给月神南娜（Nannar）的土地，可从几扇大门进入。这片区域里建有城市最重要的建筑，包括神殿，也可以称作金字形神塔，以及3座大型建筑物的复合体（其中之一是边长80米的宽广神殿仓库群；后面两座建筑物分别是月神的大神官的住所和王宫）。这座王宫只用来举行公共仪式，而平日国王居住的宫殿位于附近的宗教中心尼普尔（Nippur）。皇家的墓地也位于这个区域。为了建设首都这个庞大的复合建筑群，乌尔纳木王召集了许多建筑师，带来的影响遍及王国的各大城市。

公元前 2100 年前后，乌尔纳木王手下的建筑师，在王国的首都建成了最早的金字形神塔。那是由日晒砖块建成的巨大纪念性建筑物，外观呈长方形（也可能接近正方形），从上到下有数座露台。露台的墙面稍微有些倾斜，越往上建筑越小，通过几座大阶梯可以抵达。一般认为这几个大阶梯衔接"低处的神殿"庭院与"高处的神殿"建筑顶端。据说"高处的神殿"内壁的砖块上了釉药，闪闪发光。不过，根据圆形印章、划分领土的界碑（kudurrûs）、美索不达米亚的浮雕所刻画的金字形神塔来判断，许多这类建筑物并没有这样的构造。尽管如此，这座金字形神塔看起来并不像孤立的建筑物。不论构造如何，金字形神塔都应该是重要宗教复合建筑物的主体。

金字形神塔（ziggourat）这个词，源自阿卡德语 zaqaru，意思是"盖得很高"。借由不同金字形神塔的命名，可了解金字形神塔的作用，有时还能看出围绕在周遭的神殿与礼拜堂所赋予的功能。譬如亚述"宇宙的山之家"、巴比伦"天与地的基础之家"、博尔西帕"天与地的七名导览者之家"、启什"屋顶直达天际的萨巴巴与英妮娜之家"这类名称。古代究竟在这里举行什么样的仪式，我们无法得知。关于这个问题有许多假设，也无法确定究竟哪一种才是正确的。不过金字形神塔最早的功能，据推测应该是联系天神与地神。这座建筑物使神殿与城市一同神圣化，将通往天上的道路，以及在承载着大地的海洋中、通往深渊的道路连接于一点。这一点也被称为通过点，那就是世界的轴心。

乌尔的金字形神塔，3 层建筑，高度 21.33 米。它是美索不达米亚同类建筑中最早建立的一座，由建立乌尔第三王朝（前 2112—前 2004 年）的乌尔纳木王所建。

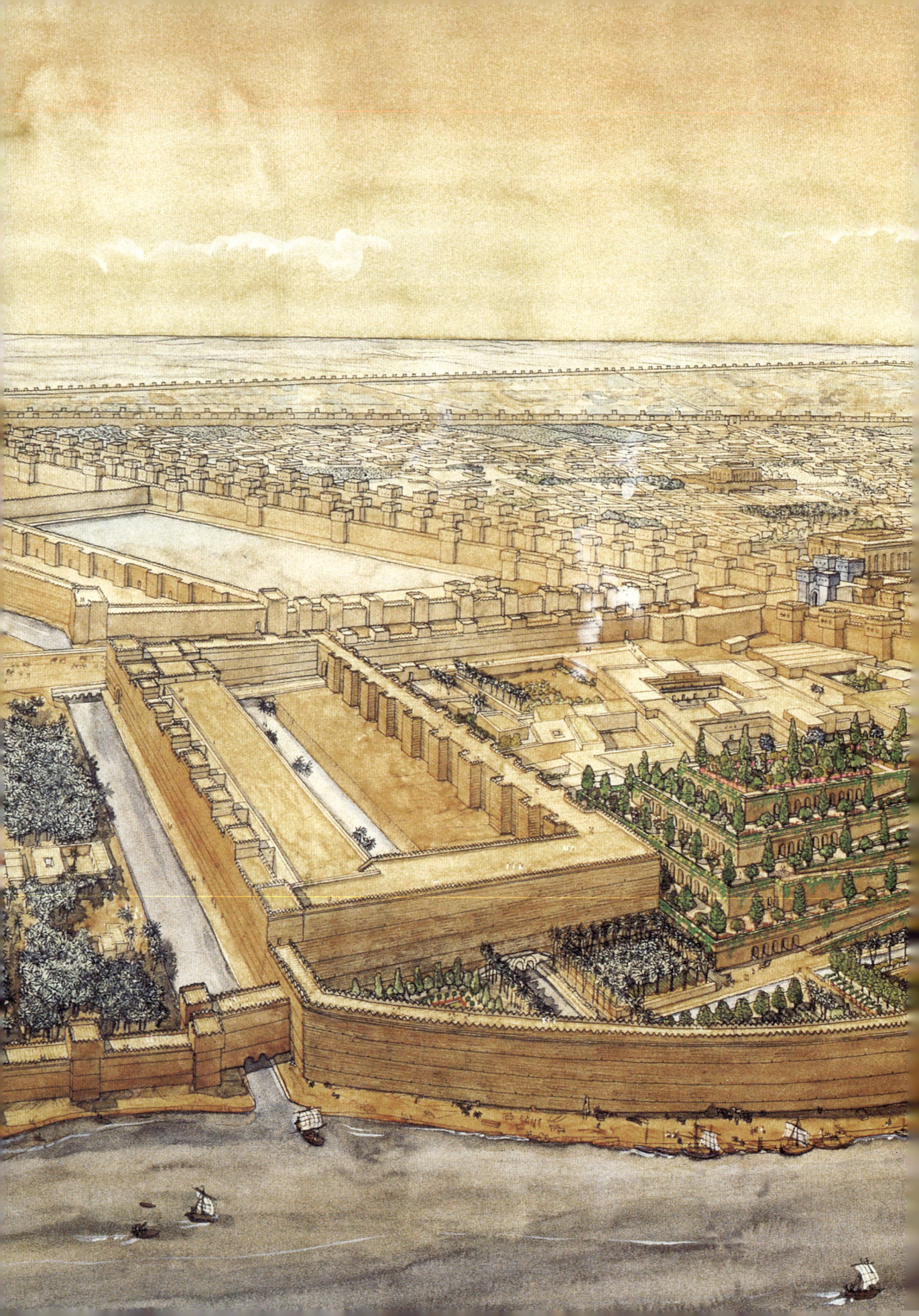

巴比伦（伊拉克）

巴比伦，其意为"神之门"，是古代近东最大最有名的城市，位于幼发拉底河东岸、现在的巴格达往南100多千米的地方。巴比伦这座城市的名字，在公元前3千纪接近尾声时出现在许多文献中，现在发掘出土的这座城市，主要由新巴比伦时代的国王，尤其是尼布甲尼撒二世（前605—前562年在位）统治。巴比伦在公元前689年、前648年先后遭到辛那赫里布、亚述巴纳帕尔破坏，后来在新巴比伦时代，经过历代国王重建而成。在全盛时期，巴比伦则是将美索不达米亚地区完整囊括，成为与埃及并峙的庞大帝国的首都。它的面积达10平方千米，是当时世界最大的城市。外墙环绕着12平方千米的地带，城市的中央耸立着3层城墙，在中心地带围起相当于边长为1.5千米的四边形区域。城市由隔幼发拉底河相望的两个地区构成，以一座桥连接，包括西部的"新市"与东部的要塞化地区。东部地区主要由宫殿与祭祀建筑物构成。

下方的复原图，根据现有的发掘调查结果绘制而成，尤其是著名纪念性建筑物的位置与外观，呈现出古代城市中心地带的可能样貌，包括古代世界七大奇观之一的空中花园、以巴别塔之称广为人知的大型金字形神塔（请参照右页）、名为伊丝塔之门的壮观建筑物、沿着运河筑起的城墙等，显示出这座城市强大的实力。城市主干道，穿越北方的郊外，经伊丝塔门，沿着宫殿与神殿、金字形神塔的外墙、美丽的住宅区持续延伸。住宅区由带有庭院的豪华宅邸构成，虽然街道不是棋盘方格状，但是相当规整，房屋排列也井然有序。大道最后在西边直角转向跨越幼发拉底河的桥梁。

巴比伦（前600年）

关于空中花园，目前仍缺乏考古学方面的证据，所以根据建设者的意图与当时的建筑技术，描绘其想象图。

1. 幼发拉底河。由北向南贯穿巴比伦（这张图描绘的是城市的东部地区）。
2. 外墙。那波帕纳沙尔在位时（前625—前605年）开始建造，其子尼布甲尼撒二世在位时完成。
3. 围绕着城市中心的3层城墙（由3道墙构成的城墙，墙上建有塔楼，墙之间有宽十几米的通道相区隔）。
4. 城市中央部的入口与守卫北方宫殿的巨大保护墙。
5. 恩利尔门。
6. 尼努尔塔门，又称为萨巴达门。
7. 马尔都克门。
8. 伊丝塔门。外层是表面上了蓝色釉药的砖块（以巴比伦主神马尔都克的动物——公牛与乌龟——作为装饰的主题）。
9. 北方的宫殿。建于尼布甲尼撒二世统治末期，大约是公元前6世纪中叶。
10. 名列古代世界七大奇观的空中花园最可能的位置与外观（图中描绘了种植着大树的一层层露台，这些露台经过充分灌溉，由拱廊支撑，以倾斜的通道相连）。
11. 宁玛赫女神的神殿。
12. 阿加德的伊丝塔神殿。
13. 纳布神殿。
14. 有穹顶房间的建筑遗迹。考古学家罗伯特·科尔德韦（Robert Koldewey）曾误判这里是空中花园的位置（这里很可能是宫殿的仓库群）。
15. 南方的宫殿，尼布甲尼撒二世的主要居所，由他的父亲那波帕纳沙尔下令建造。宫内有多处宽广的庭院，以及陈设王座的厅堂。（公元前323年，亚历山大大帝逝于这座宫殿。）
16. 仪式队伍行经的大道。每当有祭典，尤其是新年的大祭时，众神的神像会缓缓地通过此处（这条巴比伦的主干道名字是Aibur-Shabu，意思是"敌人绝对无法通过"）。
17. 墙壁厚达25米的要塞。沿着河岸保卫南方的宫殿。
18. 围绕着金字形神塔"埃特曼安吉"（Etéménanki，意为"天与地的基础之家"）的墙壁。

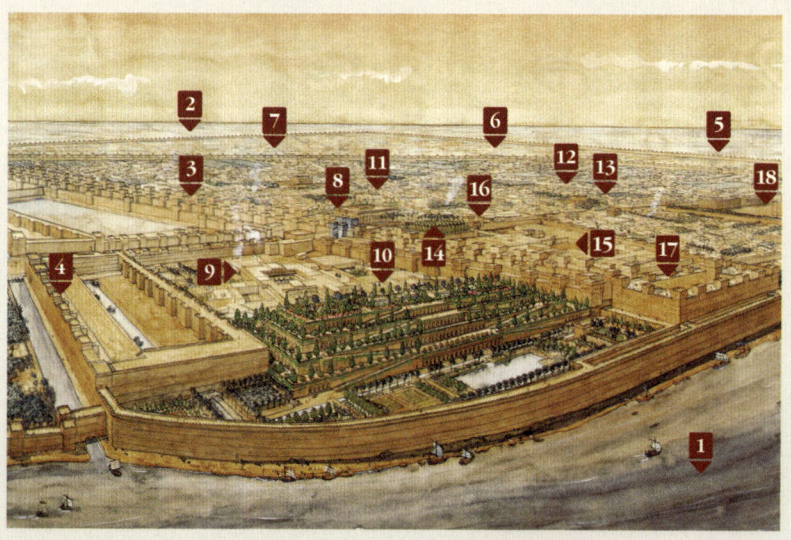

在广大的巴比伦城市东部地区中心,幼发拉底河畔有祭祀城市主神马尔都克的神殿废墟。神殿区域由多座建筑构成:有6座大门的庞大围墙,环绕着长460米、宽410米的区域;金字形神塔,也就是著名的巴别塔,共有7层,其顶端很有可能设有神殿;附属的礼拜堂群和仓库群。虽然巴别塔的保存状态极差,界定其范围的沟渠积满了水,只剩一堆残损的日晒砖块,但是幸好根据各种文字史料,大约可推测出是什么样的建筑物。这些资料包括《圣经·创世纪》(第十一章,1—9)、希罗多德的《历史》(卷一,181—183),以及埃萨吉拉[1]黏土板上的数字。正如大家所知,在古代,这座建筑物被称为"埃特曼安吉",意思是"天与地的基础之家",相当具有启示性。从许多文献判断,这座建筑物经过多次改建。关于它最早期的情况,除了在公元前689年遭受过亚述国王辛那赫里布的破坏,其他一无所知。后继的国王阿萨尔哈东与亚述巴纳帕尔很快就将其再建,在公元前7—前6世纪,新巴比伦国王那波帕纳沙尔与尼布甲尼撒二世统治期间终于成形。两位国王促使工程完成,在金字形神塔顶端建立圣所。后来这座塔遭受波斯人袭击,部分被破坏。再往后其遗迹变成采取砖块的来源,一直持续到阿拉伯时代。

希罗多德的著作中有些值得深思的叙述,也有跟考古学调查或其他史料不一致的地方。根据希罗多德的撰述,这座壮观的塔每边192米(根据发掘调查,第一层的规模是91.48米×91.66米,塔高也有50—90米的各种说法),共有8层塔(最后一次重建的则是7层)。外侧以"之"字型的倾斜坡道通往塔顶。途中设有可坐下来的休憩场所。最上层的塔顶上矗立着巨大的神殿,其中据说可看到以华丽布料装饰的寝台、黄金制的桌子。

巴比伦的金字形神塔,古代巴比伦人将其称为"埃特曼安吉"——意为"天与地的基础之家"。原建筑完全没有保留下来,只凭复原后的金字形神塔,无法判断最初塔的大小与外观。现在最主流的说法是:塔的高度大约是50—90米,共有7层,向上逐渐变小,整体建在每边91米的基坛上。

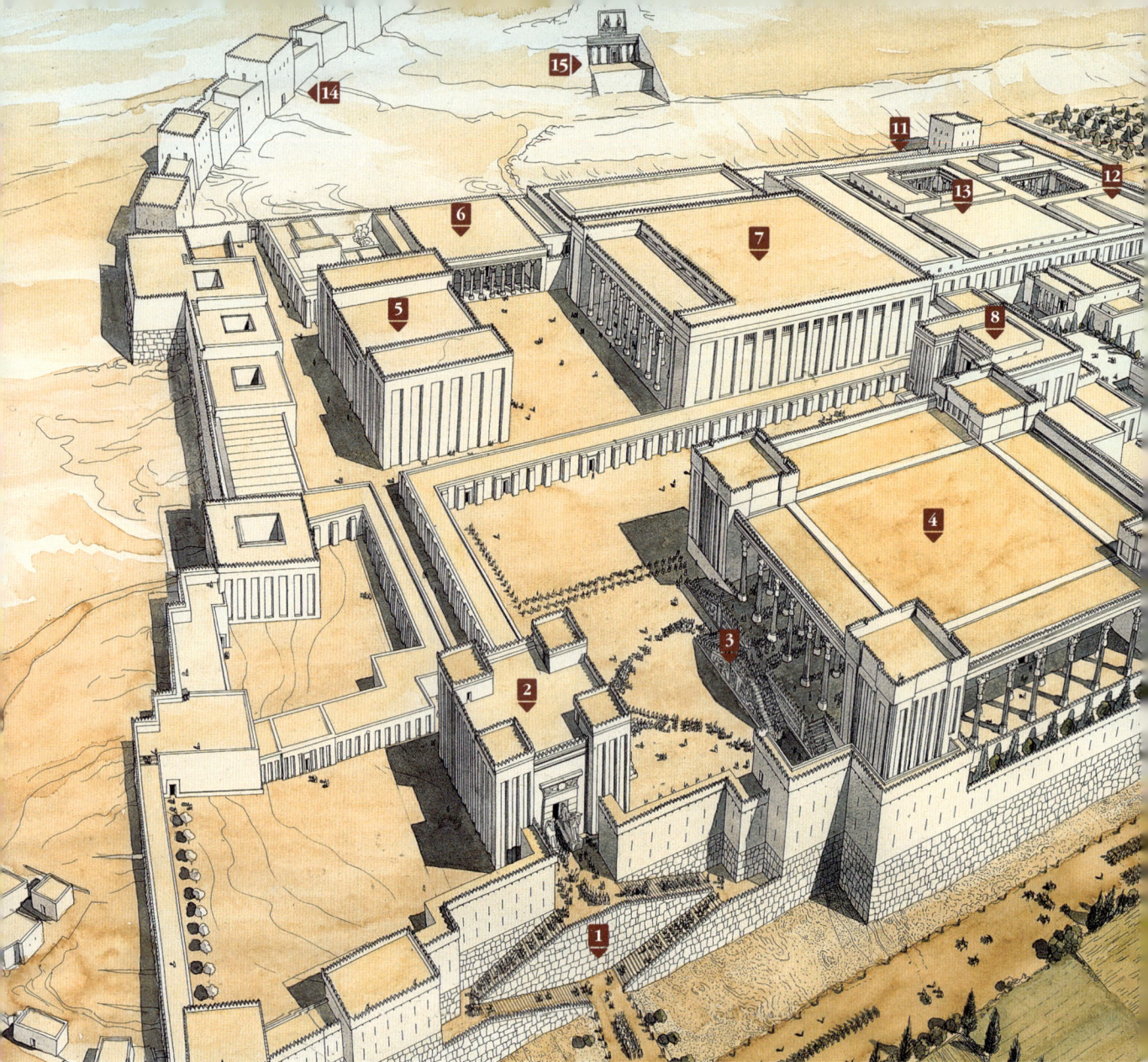

波斯波利斯（伊朗）

　　这座城市于大流士一世统治初期即公元前516—前513年建立，他跟其子薛西斯一世（前486—前465年在位）建设了城市的大半。波斯波利斯是波斯帝国的首都[2]之一。位于法尔斯省中央，省府设拉子东北的这座城市，可俯瞰梅弗达高原，周围散布着由古城废墟堆成的山丘（tell）——可追溯至公元前5000多年到公元前4000多年。俯瞰着城市的"城塞"（citadelle）[3]，是在库赫·拉赫马特山麓建立的一个大平台，面积达1.36万平方米。想要进入"城塞"，需登上由左右对称的两座阶梯构成的大楼梯，再穿过有"万邦之门"之称的前门方可。

入口两边放置着有翅膀的怪兽雕像。穿越前门来到大型广场，面向广场是两层楼高的城市主要公共建筑物。其中之一是大流士一世（前522—前486年在位）的朝觐殿（Apadana）——三边有柱廊（poritique）围绕的正方形多柱式（hypostyle）厅堂，建于楼梯装饰着著名浮雕的露台上。另一座是薛西斯一世的王座大厅，或称为"百柱厅"。在这两座建筑中间是三门厅（Tripylon）：一个有着两段式阶梯的柱廊，其阶梯上装饰着浮雕。通过它我们可以进入到"要塞"的隐秘部分，那里主要是大流士一世与薛西斯一世的宫殿，以及大流士的宝库。大流士的

波斯波利斯（前5世纪）

1. 进入"城塞"的阶梯（分成两段的大阶梯是广场的唯一进出口，通往壮丽的薛西斯门）。

2. "万邦之门"，也被称为"薛西斯门"，在大流士一世在位期间动工，薛西斯一世在位时完成。有3道门与排列着高14.86米圆柱的厅堂（东西向的通道依照亚述纪念性建筑物的形制，两侧排列着长着翅膀的人面公牛像）。

3. 朝觐殿的北阶梯。

4. 朝觐殿。公元前516—前513年，大流士一世建其于边长112米、高2.6米的基坛上，通过北面与东面的大阶梯可以进入。建筑物的核心部分是一个有36根圆柱排列的大型多柱式厅堂，有多根柱子现在仍屹立着；厅堂三面，是由两列高19米的6根圆柱构成的柱廊，剩下的一面，即南面，是仓库与配膳室。

5. 未完成的门。

6. 有32根圆柱的厅堂。

7. 百柱厅，或称薛西斯一世的王座大厅。阿尔塔薛西斯一世在位时（前465—前424年）完成的这栋建筑物，位于"城塞"东北部分，以凹凸的墙壁与其他区域分隔开，只能通过"万邦之门"进入。位于庭院深处，是有100根圆柱的百柱厅，其上方有采光用的窗户。在百柱厅的前面是由16根圆柱支撑起的长56.15米的柱廊，其两侧分别立着狮子的巨像。

8. 三门厅。建于朝觐殿的东南角这座建筑物，包括有4根圆柱的内室，在柱廊设有门，连接"城塞"公开与隐秘的区域；建筑物建于有两段阶梯的露台上，兼具通道及谒见厅两种功能。

9. 大流士一世的宫殿"塔查拉"[4]（薛西斯一世将它改名为"哈迪什"[5]）。这座宫殿也建立在平台上，从南方入口的柱廊进入，有12根圆柱的主室，以及由附属的房间围绕着的左右对称的两间起居室。

10. 薛西斯一世的宫殿。目前损毁严重，属于朝觐殿南边建造的宫殿建筑群。

11. 作为宝库的建筑物。历经数次改扩建（推测起初应该是宫殿，逐渐改建之后成为宝库）。

12. 大流士一世最早建立的宫殿（61.9米×120.7米的矩形建筑物，依照美索不达米亚王宫的传统，以4个柱廊围绕着唯一的庭院，柱廊则通往各自独立的个人居室）。

13. 后来扩建的部分（薛西斯一世为了扩建北边与西边而整修过，北边扩建的部分主要是有柱廊的庭院与有120根圆柱的大厅，西边扩建的部分称为"Harem"，有许多附属建筑物）。

14. "城塞"的要塞。

15. 在"城塞"上方的山壁发掘出的国王陵墓。虽然没有确切证据，应该是阿尔塔薛西斯二世（前405—前361年在位）与阿尔塔薛西斯三世（前361—前338年在位）的墓地。

宝库经过历代后继者多次扩建，主要由正方形的大型多柱式厅堂构成，侧面是由石质或木质的高圆柱构成的柱廊。波斯帝王不会一直待在这几座宫殿里，只有在新年臣服于波斯帝国的外族来进献祝贺的贡品时，他才会移驾至此。朝觐殿阶梯上的雕刻所表现的正是这一仪式。根据古代作家记述，集中在波斯波利斯的大量财宝，在马其顿的亚历山大大帝来袭时遭到掠夺，据说接下来没过多久，宫殿就在公元前330年的大火中被烧毁。

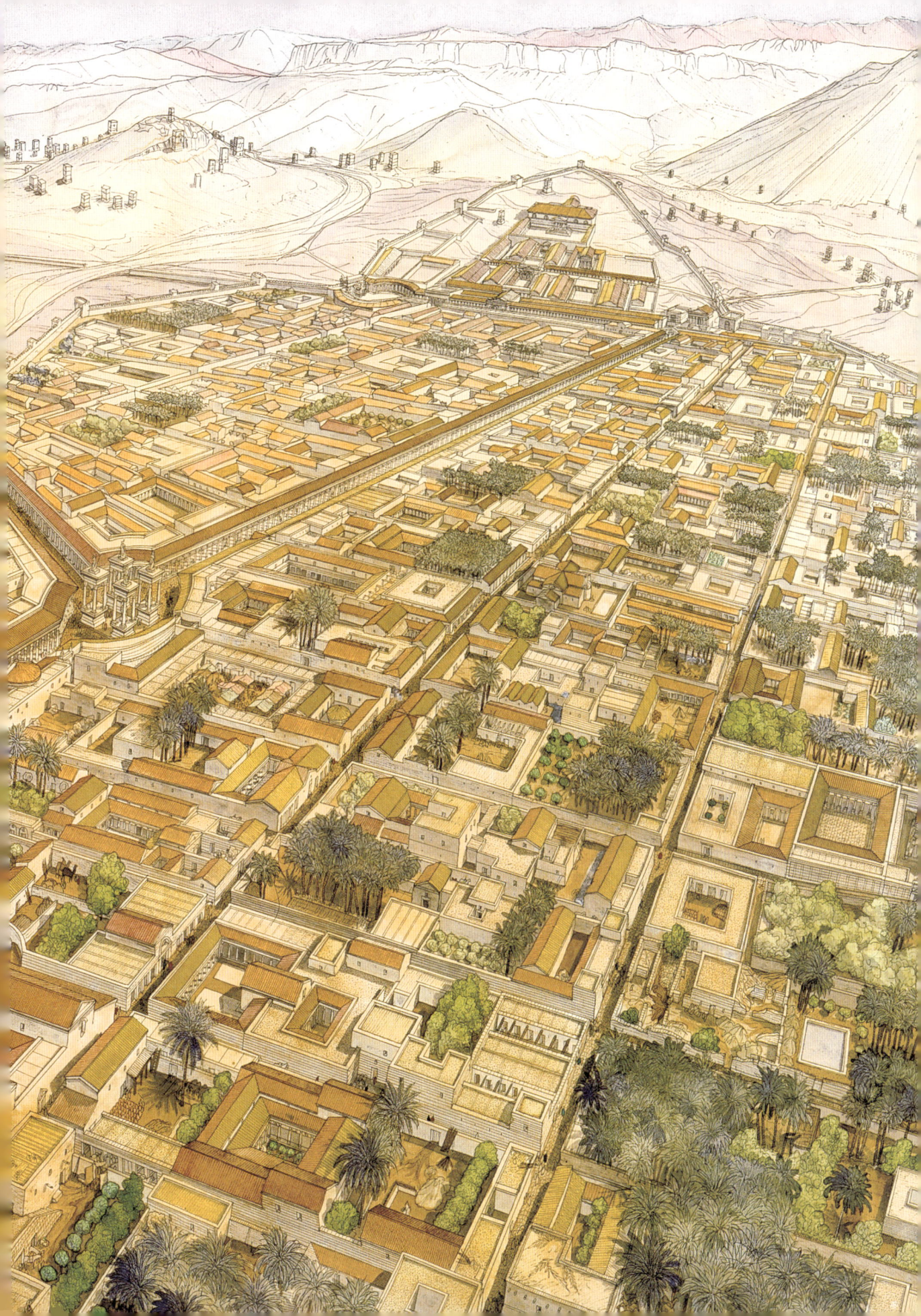

巴尔米拉（叙利亚）

在古罗马时期，巴尔米拉以"泰德穆尔"（Tadmor）的名字广为人知。那是在漫长的历史中，这座城市最辉煌的时代。没有一座城市能够与它的作用相比，同时，它的纪念性建筑物也独具特色。巴尔米拉位于叙利亚的沙漠，具有地利之便，可称之为"沙漠之港"。它是幼发拉底河、波斯湾通往地中海的陆上要冲，是从东亚启程的丝绸之路的出口，也是这个地区最重要的通商道路的聚集地。巴尔米拉的繁荣，要归功于商队与商人们的活动。

生活在这片大型绿洲的阿拉米人，形成复杂的氏族群体，城市的繁荣建立在联系东方世界与地中海的频繁贸易活动的基础之上。大型的商队每年以波斯湾为目的地出发，或是从陆路抵达波斯。

巴尔米拉（叙利亚）

有多条道路交会的沙漠城市。

1. 以贝尔神殿为起点的大列柱道路的一部分。举行神明的重要祭典时也是队伍行经的道路。
2. 纪念门（由3道拱门构成）。这座纪念性建筑物俯瞰呈三角形，因为它是一根较细的柱子分别连接巨大列柱的两端形成的。
3. 尼波神（巴比伦的大神马尔都克之子）的圣域。尼波是预言与智慧之神。在广场上的神殿正面，并列着6根科林斯柱式圆柱。围墙上有雉堞装饰，从前门可以进入。神殿前方建有大祭坛。
4. 贯穿城市中心地带的大列柱道路（建于158—229年）。沿着这条道路（宽11米，两侧有柱廊），排列着以螺形支托支撑着雕像的圆柱。柱廊下商店林立。
5. 戴克里先皇帝的浴场，建于2世纪，后来成为芝诺比娅女王的宫殿。293—303年，由罗马帝国的叙利亚行省总督索喜亚努·希洛克勒（Sossianus Hiéroclès）修复重建，并最终完成。
6. 在剧场附近发掘出土的柱廊围绕的美丽住宅。虽然这座城市可能还有更美的住宅，但是住宅区的发掘迟迟未进行。
7. 虽然建有与大剧场相称的宽广舞台，但是巴尔米拉的剧场可能并未完成。保存下来的遗迹，不到整座剧场阶梯席的1/3。
8. 反映城市市民生活的中心广场。这是一座84米×71米、未经铺装的宽阔广场。由柱廊环绕着的广场，有100多座雕像，雕刻着城里的名人与罗马皇帝。
9. 大型的"庭院"。现在与广场相邻，围墙设有窗户，早期可能有屋顶。从"庭院"的位置与样式来看，应该是与广场相邻的巴西利卡（basilique）。
10. 宴会场。
11. 在连接两段大列柱道路的地段，有座椭圆形的小型广场，中心有四面门（tétrapyle），建于边长18米的方形台座上。这座纪念性建筑物由4个部分构成：1座雕像及支撑它的底座、4根圆柱、1个柱顶盘。
12. 暴风与丰饶之神巴尔夏明（诸神之主）的复合纪念性建筑。在圣域的3个庭院里的建筑物（由神殿、宴会场、集团墓地构成），在1—2世纪分阶段建造完成。
13. 大列柱道路的末端，通往拱形纪念门。
14. 葬祭神殿。
15. 阿里拉特（Al-Lat，源自阿拉伯的战争女神）的圣域。建设于1—2世纪，后由戴克里先皇帝重建。
16. 300年前后，由叙利亚总督索喜亚努·希洛克勒以戴克里先皇帝的名义建造的复合军营。以通往指挥官营地的道路（via praetoria）为轴线，中间建有纪念性建筑物风格的四面门。从这里进入的广场上，有60米×12米、作为指挥部（principia）的封闭式厅堂，以及一座被军旗装饰着的神殿。这座复合建筑物前方的"横跨列柱道路"是条非常宽广的通道（也辟为市场），通往南方的椭圆形广场。
17. 公墓与"墓地之谷"。有多座塔形墓（1—3世纪）与3世纪建造的大型纪念性陵墓建筑。
18. 西南方的公墓。

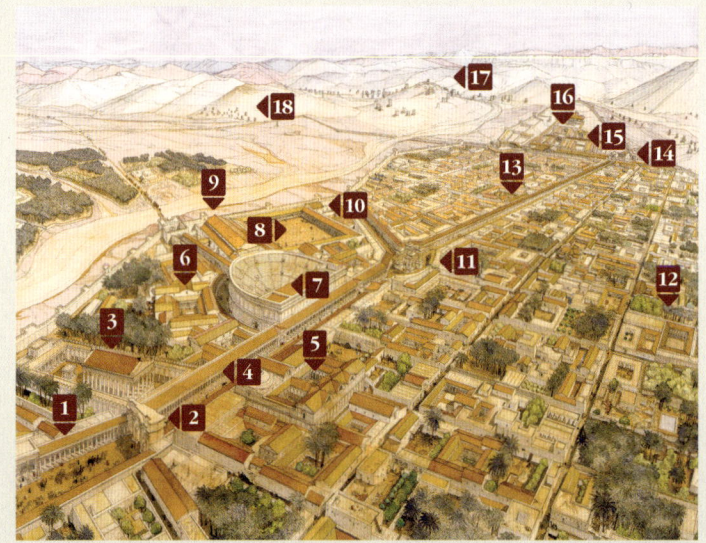

巴尔米拉的名字总是与芝诺比娅女王的名声，以及她的征服伟业连在一起（尤其是在 259—274 年的 15 年间）。在罗马与波斯对峙的混乱危机时代，罗马皇帝任命名叫奥德纳图斯的当地部落首领，来保卫巴尔米拉及其领土，奥德纳图斯成功地达成了这项任务。奥德纳图斯被暗杀后，他的妻子芝诺比娅正好继承了王位。女王采取与罗马对等的态度。然而，274 年奥勒良皇帝（270—275 年在位）击败巴尔米拉。15 年之后，戴克里先皇帝（284—305 年在位）为了加强罗马帝国的防御，实现了芝诺比娅过去渴望的分权。

2—3 世纪，在戴克里先皇帝的统治期间建造的纪念性建筑物，是目前所知的主要遗迹。住宅区大部分还在进行发掘，不过整座城市的规模、壮观的公共建筑物、完备的墓地，已经充分展现出巴尔米拉的独特性。城市具备广场（forum）、剧场（théâtre）、公共浴场（thermes）、泉水池（nymphée）等最有罗马帝国大城市特色的建造物。壮丽的列柱道路贯穿城市，并受到坚固的城墙保护，市内有道路齐整的美丽街区，以及许多豪华的宅邸。

贝尔神殿

边长 200 米的外墙围绕着圣域（péribole）。外墙以科林斯柱式的壁柱装饰，其顶端有着三角形的雉堞装饰。高高的城墙守卫着铺有石板的宽阔庭院，中央是巴尔米拉最神圣的女神贝尔的神殿，这里同时也祭祀太阳神亚力赫博尔（Yarhîbôl）与月神阿格利博尔（Aglibôl）。神殿建于希腊化时期就存在的古老圣域，于 32 年巴尔米拉与罗马帝国合并时完成，所以建筑物的风格相当奇特。除了科林斯柱式圆柱、讲坛、三角楣饰这些属于罗马神殿的要素，神殿还受到美索不达米亚与叙利亚自古以来的传统圣域影响。在屋顶部分的两个三角楣饰之间，便采用了三角形雉堞进行装饰。露天的"神室"（cella）像是一座庭院，其四隅耸立着塔。

坡度和缓的倾斜走道通往侧面的入口。在神室的两端各有一个房间（thalamos），在北侧的房间里有贝尔神的祭祀浮雕。从位于建筑物角落的阶梯可通到屋顶。

庞大的前门面向壮丽的通道，从这个通道运送即将作为牲礼的动物（牛、羊、骆驼）。神殿的建设与修葺持续到 2 世纪末，前门正是在这个时期修建的。

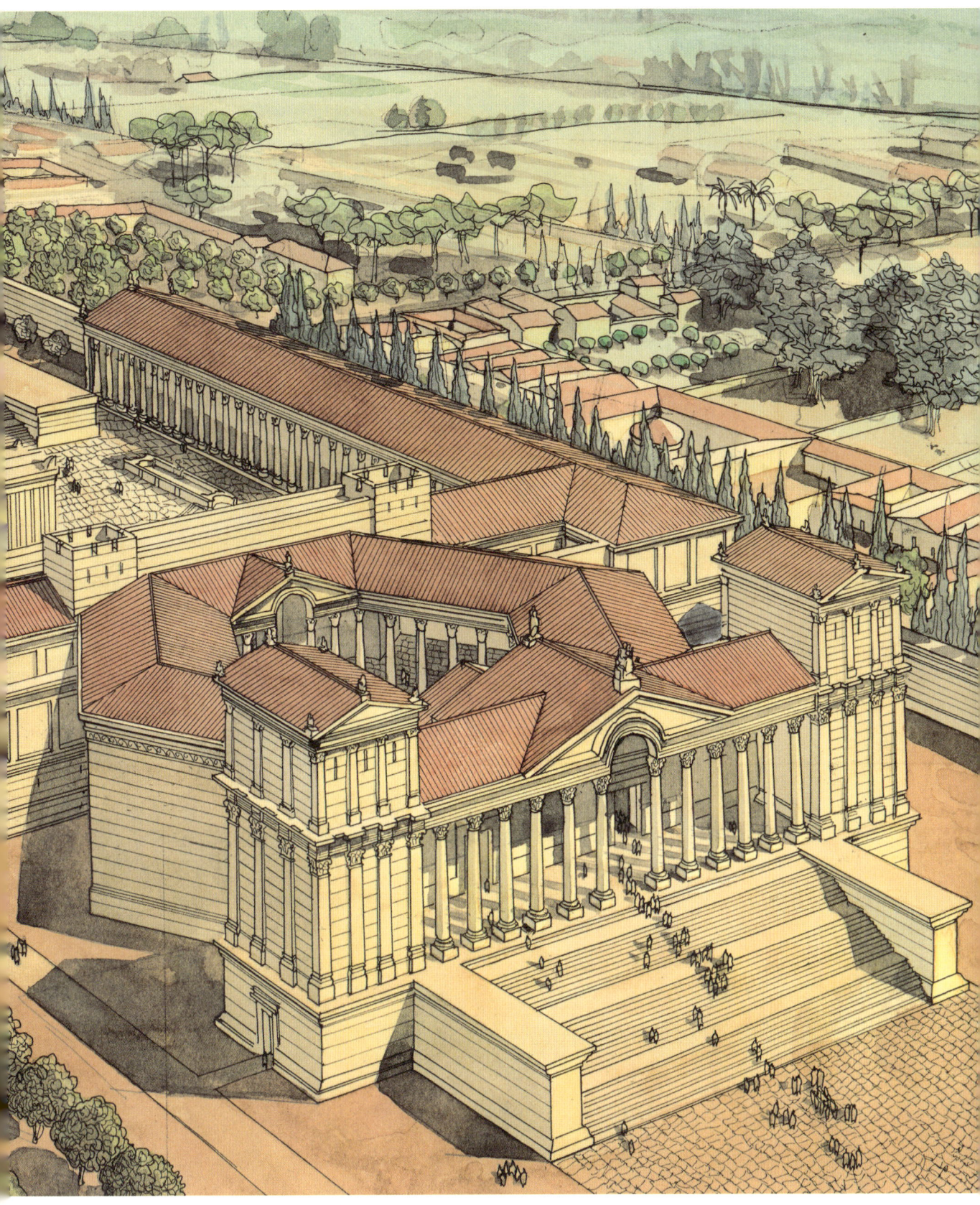

巴勒贝克（黎巴嫩）

前所未有的庞大神殿

巴勒贝克的遗迹，位于天然屏障黎巴嫩山内侧，陡峭的前黎巴嫩山脉山脚下，贝卡谷地的深处。这里有黎巴嫩境内所保留的最美丽的大型建筑群遗迹。关于这个地区的历史所知有限，但是最早在巴勒贝克设置祭祀场的，是公元前3世纪前后的托勒密王朝。在亚历山大帝国分裂之后，它曾将腓尼基的各郡市与巴勒斯坦纳入统治。公元前15年，奥古斯都大帝（公元前27—14年在位）在当地建立退伍军人的殖民市，成为赫利奥波利塔纳（Colonia Julia Augusta Felix Heliopolitana）时，这里已经是发展到相当程度的城市。殖民市主要目标，是为新行省带来秩序。今日，这座城市遗迹有两处圣域特别引人注目。圣域的建设始于希腊化时代，直至3世纪塞维鲁王朝（193—235年）末期。

右图中庞大的建筑物群是献给朱庇特的。建筑物涵盖的范围很广，最深处建立的是朱庇特神殿。从大楼梯［1］进入圣城，正面是并列着12根圆柱的壮丽前门（propylée）［2］，还有深60米的六边形庭院［3］。它被两头附有谈话室的柱廊所包围，谈话室共有4个。这段列柱是在阿拉伯人菲利普皇帝在位期间（244—249年）建造的。再往前，会看到长方形的大型庭院［4］。那是113米×135米的神殿前广场，外围的柱廊设有谈话室。广场中央有建在数层基台上的巨大祭坛［5］。这座祭坛的外观像边长20米的方塔。另外，在广场深处有大基台，上方建有朱庇特的圣域［6］。那是长87米、宽47米，由圆柱环绕的建筑物。于尼禄皇帝在位期间（54—68年）完成时，正面有10根柱子，侧面排列着19根圆柱。现在只有南边的侧面留下6根圆柱。在旁边明显区隔开来的区域，建有长69米、宽36米的小型神殿，被称为"酒神巴克斯的神殿"［7］。它应该是比大型神殿晚建约100年的建筑物，包括天井在内，整栋建筑物的保存状态相当良好，装饰得很豪华。

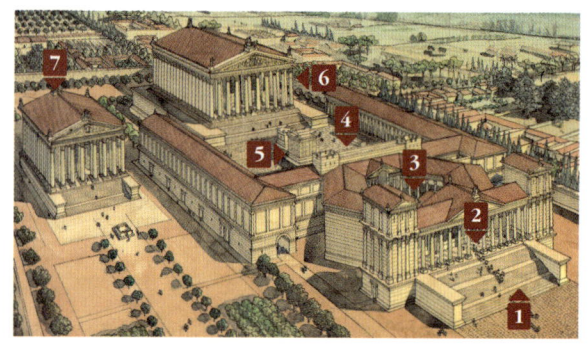

佩特拉（约旦）

佩特拉的遗迹位于死海以南80千米，亚喀巴以北100千米岩山狭路的深处，在这里可看到中东数一数二的绝景。城市建立在雄伟的山岳地带，完全埋在断崖中。由于这个地方远离人世，彻底隐藏起来，7世纪城市被放弃以后，再也无人居住。1812年约翰·路德维格·布尔克哈特（Johann Ludwig Burckhardt）发现之前，这里已彻底被遗忘。佩特拉位于平均海拔1000米、仿佛天然圆形竞技场般的地形中，围绕着遗迹的高耸砂岩断崖呈现黄色、橘色与褐色，有着丰富的色彩渐变。通往遗迹的道路目前仍只有称为"蛇道"的狭窄狭谷。峡谷有3千米长，在山中持续蜿蜒，谷间的宽度只有3—11米。选择在这里建立城市有几个原因：位于约旦山地的中心，由断崖围绕，绝对安全，而且有水源；加上南北向通往红海跟叙利亚、东西向通往波斯湾与地中海，是道路交叉的地点，可以控制主要的商路。金、银、宝石、木材、稀有动物、香料与香辛料等东西方贸易的物品，有大半经由佩特拉运送。作为交易路线的中继点，这座城市完全受积极进取的王朝商人们控制。公元前4世纪之前，由以东人（les Édomites）控制，从公元前4世纪末到2世纪初，改由纳巴泰人（les Nabatéens）掌控。他们与希腊、塞琉古帝国、犹太的哈斯蒙尼王朝，以及罗马的征服者对峙，努力保持独立。但是图拉真皇帝（98—117年在位）趁拉贝尔二世过世，在106年吞并纳巴泰王国，创设阿拉伯行省。布斯拉成为首府，佩特拉是行省的主要城市之一。

走出西克峡谷，进入瓦迪穆萨，作为其主要的交通干线的大道上有两排柱廊。在这里发掘出许多石砖的碎块，应该原本就是铺设在这条道路上的，所以推测过去这里可能是参拜道路。在道路两侧，是主要的纪念性建筑物与圣域、公共广场。佩特拉最受注目的建筑物是岩窟墓。挖掘断崖内部建造而成的墓，全都属于纳巴泰王国的君王或罗马的高官。看起来像是将各种各样的墓建立在断崖的巨大凹陷处，如简单的塔形墓、宫殿型坟墓、科林斯柱式的坟墓、多立克柱式的瓮葬墓、卡兹尼神殿（宝库）等，这些墓的正面都有豪华的装饰。

纳巴泰人的城市佩特拉（3世纪）

这张鸟瞰图完全以观察者的视角描绘，根据相对的比例呈现风景与建造物。
要将所有遗迹纳入同一张图里，只能如此。

1. 西克之门。这里有着开凿断崖建立的3座纪念性建筑物："晶之石"（Blocs des Djinns）。在这3座塔形墓中，两座有墓室。

2. 建有方尖碑的墓与餐厅（triclinium）。上方的墓称为"内菲什"[6]，从正面看有4座方尖碑作装饰。这些方尖碑是葬仪用的石柱，除了代表死者，也象征着死者的存在。下方是餐厅，也就是葬仪用的宴会室，正面有6根壁柱，室内摆着3张用来招待客人的长椅。

3. 玛德拉斯地区（Al-Madras），有数座主人不明的墓。

4. 卡兹尼神殿，或称"法老的宝库"。公元元年前后，为纪念纳巴泰国王（很可能是阿雷塔斯四世）而建的陵墓。根据传说，这座雄伟的建筑物中藏着法老的财宝。[正面高40米，有两层结构，下方是有6根科林斯柱式圆柱与三角楣饰的入口，上方是装饰着谷物女神像的圆堂（tholos），两旁有亚马孙人[7]跳战舞的小堂。]

5. 济布·阿图夫（Zibb Atouf），或称高地。高200米，可俯瞰城市的山顶上有着圣域，这里可能祭祀着纳巴泰的大神杜夏拉。（现在这处高台仍可看到牺牲祭坛、信徒坐的长椅、在凹陷处放置圣石的基坛。）

6. 坟墓正面的平台。

7. 有"夏基拉二世的大臣乌内修之墓"名称的813号墓。立面采用黑格拉样式[8]，这是一种塔形墓，塔顶环有雉堞或是在"埃及喉咙式"[9]屋檐上有半雉堞。（在这座建筑物中发现了1世纪的纳巴泰文字与黄金饰品。）

8. 在山的北坡挖掘而成的剧场。建于1世纪初，阿雷塔斯四世统治期间。（3层构造，两座水平的回廊，垂直方向有5道阶梯划分座位区；所有的阶梯席共可容纳约7000名观众。）

9. 瓦迪穆萨。从西克之门一直延续到塞克斯提乌斯·弗洛伦提努斯（Sextius Florentinus）之墓。（山谷两侧有纳巴泰王国高官的墓、祭祀用的构造物，以及一个剧场。）

10. 可追溯至1世纪前半叶的士兵之墓（正面有三角楣饰和3个窗洞；在圆柱间有3座壁龛，中间的壁龛有奉为英雄的纳巴泰军人雕像）。

11. 建于2世纪，"重生"之墓。

12. 建于公元元年前后的三连拱门。

13. 女儿宫[10]。应该是建于公元前1世纪的墓。这是栋高23米的建筑，边长28米，接近正方形。（可通过大理石阶梯进入四柱式[11]建筑的正面，神室分成3个礼拜室，中央的礼拜室里，在黄金的台座上镶嵌着四方形的黑色石块，那是安置神之圣石的台座。）

14. 采石场。

15. 有眼睛的圣石。

16. 戴尔修道院[12]。这是佩特拉最著名最富丽堂皇的建筑物，正面宽45米、高42米。[这里是2世纪的神殿，而不是坟墓，正面与卡兹尼神殿非常相似，内部的设施与祭祀相关；推测1世纪时，这里是宗教团体的集会所，歌颂1世纪国王奥博达一世（Obodas I）对抗塞琉古帝国与哈斯蒙尼王朝。]

17. 狮子的餐厅（triclinium aux lions）[13]。这是建于公元前1世纪的墓，由两座面对面的狮子雕像守着入口。

18. 塞克斯提乌斯·弗洛伦提努斯之墓。他担任罗马帝国阿拉伯行省的总督直至127年。（塔形墓的弓形楣饰上的装饰以女性和叶饰为主题，顶端是帝国之鹰。）

19. 宫殿墓或多层的墓。众多墓之中最雄伟的，宽49米、高46米。整体结构有5层，正面有壁柱及嵌在墙里的圆柱，另外还穿插着很小的壁柱。

20. 科林斯柱式之墓。推测建于1世纪。由于建筑的装饰过于繁复，有点像是模仿卡兹尼神殿不成功的版本。（立面建在约2米高的基坛上，第一层有科林斯柱式柱头的8根壁柱，第2层是圆堂，两侧附有小堂。）

21. 采用瓮葬的多立克柱式墓。5世纪时改建为基督教的圣堂。因为也作为审判的场地，所以又称为"法庭"。（在墓前有两层拱门建筑，立面高26米，其中唯一的正方形房间深处有3个壁龛。）

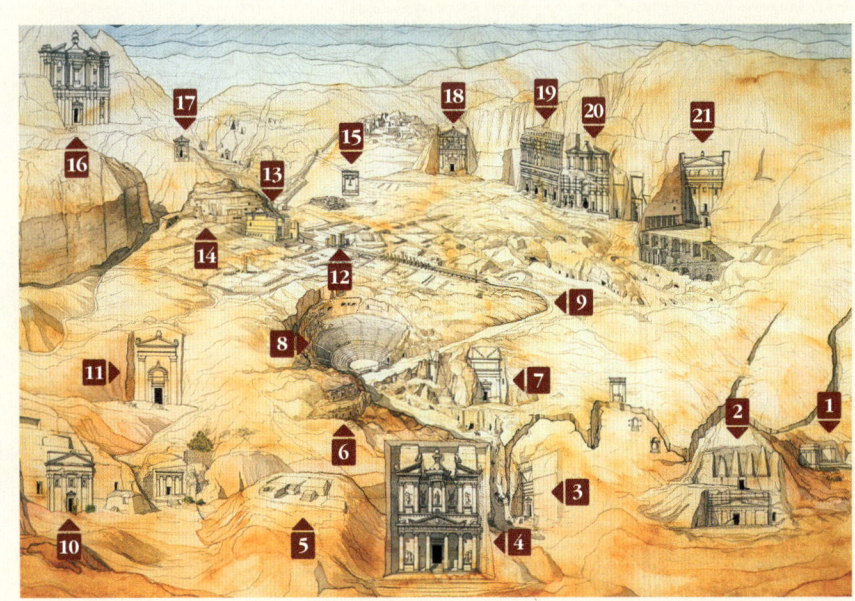

耶路撒冷（前1世纪末）

想象耶稣基督曾生活过的城市。

1. 神殿广场。建在摩利亚山上，由柱廊环绕着长480米、宽180米的宽广庭院（犹太人或非犹太人都能进入）。
2. 所罗门神殿。公元前578年被尼布甲尼撒二世烧毁，公元前19年又由大希律王下令建造，用以取代居鲁士大帝统治期间再建的神殿〔广场中央建着铺满金箔、高45米的神殿，其中配置着几间最神圣的房间——其中最重要的是保存着犹太教七枝烛台的圣殿（hekhal）和只有大神官能进入的至圣所〕。
3. 沿着广场南侧建立的巴西利卡〔接待朝圣者的地方，可以领到祭祀后的食物。据推测，这里可能是召开最高法庭的犹太公议会（Sanhedrin）集会所〕。
4. 现在的哭墙。由40—350吨重量不等的巨大石砖建造。这也是所罗门神殿现在唯一可看到的遗迹。
5. 大阶梯与胡尔达门。朝圣最主要的通道。
6. 架在汲沦谷上的桥，连接神殿广场、橄榄山、客西马尼园。
7. 安东尼亚堡。为了歌颂执政官安东尼而取了这个名字。其功能是用来监视神殿，公元前37年由大希律王下令建造。（罗马总督本丢·彼拉多宣告耶稣死刑之后，在这里洗手，意图回避责任。）
8. 因靠近羊门，也被称为"羊池"[14]（位于医神阿斯克勒庇奥斯的神殿旁，被视为不净、无法进入神殿的残障者与病人经常造访这里）。
9. 围绕着城市的阿格里帕城墙。阿格里帕（前63—前12年）是奥古斯都大帝的心腹与女婿。城墙非常坚固，规律地穿插着矩形的监视塔，在东西南北共设有4座门。
10. 位于城市北方的女人之门，或称达玛斯之门。
11. 位于城市以南的水之门。
12. 橄榄山。耶稣曾在山脚下受苦。
13. 客西马尼园。自古以来就是举行宗教供牲仪式的祭祀场。
14. 汲沦谷。
15. 希腊化时期在高处建立的城区（有独立的城墙围起，以棋盘方格式的规划建造）。
16. 大希律王与历任后继者的宫殿。建设于公元前24年，在两栋建筑物之间隔着庭园，筑有圆塔及方塔的城墙，环卫着宫殿。在宫殿北侧，有几座以米利暗、法赛尔、希律[15]等人名字命名的塔，这些人都是与国王关系密切的皇亲贵族。
17. 公共广场与市场。广场的三边由有柱廊的建筑物围绕。
18. 剧场。
19. 低处的城区。
20. 据推测是战车竞技场（hippodrome）的位置。
21. 西罗亚水池。公元前8世纪由希西家王建立的泉水池，大希律王再以柱廊环绕。（发掘了长533米的隧道，引来基训的河水。）
22. 基督被钉在十字架上的受难山丘所在地，在大希律王的时代还是空地（附近有耶稣基督的墓地，在拜占庭帝国时期建立了圣墓教堂）。

这是公元前1世纪末，大希律王统治下的耶路撒冷。在东边有所罗门神殿，西边是高处的城区（包括大希律王及历任后继者的宫殿、广场、剧场、有宽广宅邸的高级住宅街），在南方有低处的城区（主要由朴实的住宅构成），北方则是商人的区域。

耶路撒冷

　　耶路撒冷在公元前 6 世纪遭到巴比伦王尼布甲尼撒二世彻底破坏，公元前 40—前 4 年，由犹太的大希律王部分重建后，成为犹太王国的首都。这时城市的面积达到 1.78 平方千米，人口约 3 万。从围绕着城市的坚固城墙上可俯瞰汲沦谷，城市内侧分成 3 个主要的区域。其中之一是以希腊化时期城市为模板建造的高处区域。这个区域街道平直，以王宫为中心，聚集着广场与剧场、贵族舒适的宅邸。中央辟为庭院的宽广住宅有着完备的水道，一般以壁画或马赛克装饰。紧接着的低处区域是平民区，沿着高低错落的狭窄地段，建有数层楼高的房子。在狭小的谷地凹陷之处有椭圆形的竞技场，据推测应该也作为运动竞技场（stade）、战车竞技场（cirque）、圆形竞技场（amphithéâtre）等，具有多种用途。最后是神殿区，这是继所罗门神殿（前 966—前 959 年）与居鲁士大帝再建的神殿（公元前 515 年完工）的第三代神殿，被围墙所包围，建在柱廊环绕的广场正中央。参拜者可从建筑物南侧的大阶梯进入神殿。

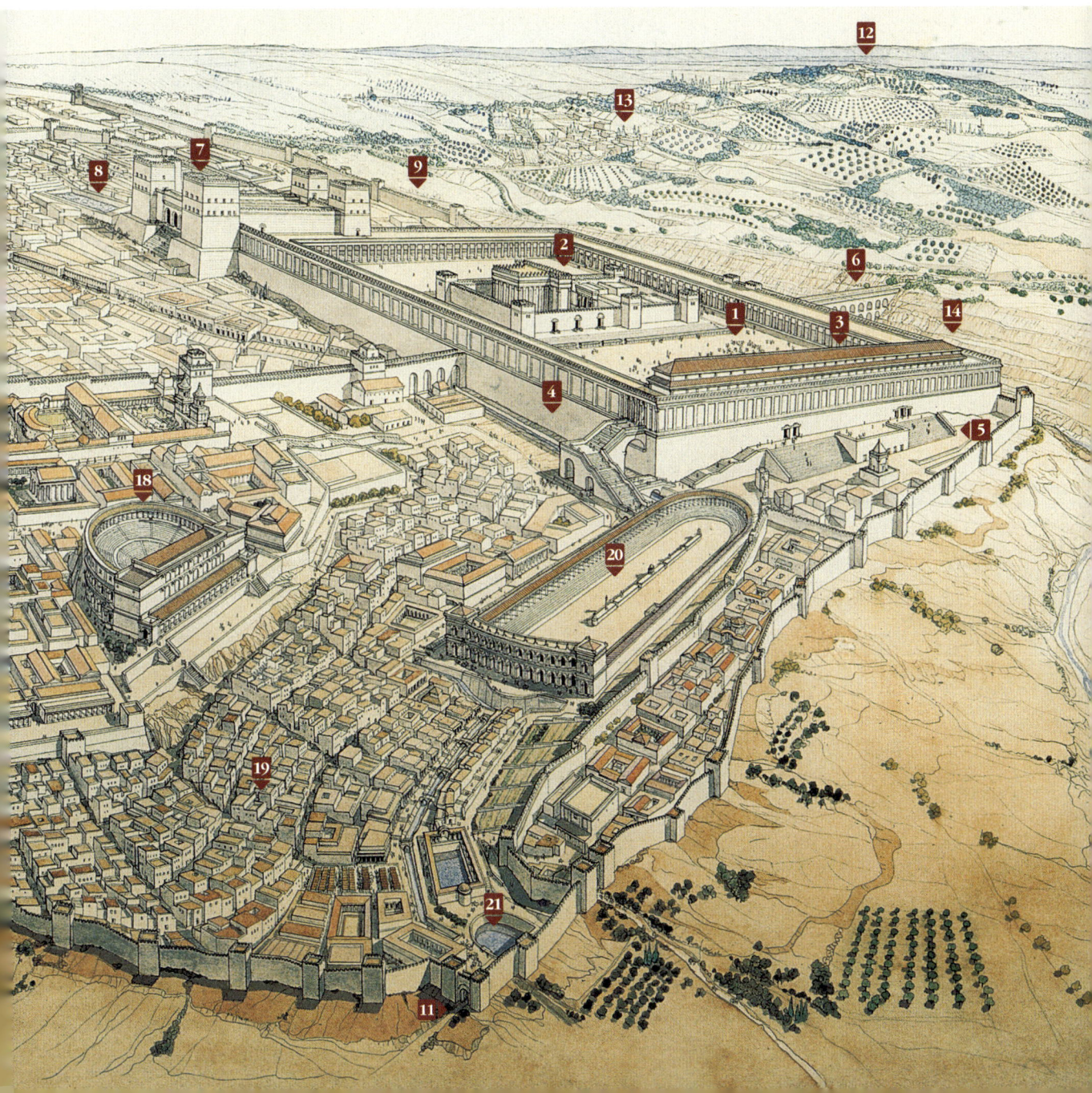

凯撒里亚（以色列）

公元前 1 世纪末，大希律王决定将腓尼基的小港斯特拉顿改建为壮丽的城市。如果古文献的记载属实，为了建立犹太王国正式的港口，以及与古都耶路撒冷不同的新首都，奥古斯都大帝赐予大希律王这个具有地利之便的地方。为了感谢及赞颂皇帝，大希律王将这座新城市命名为凯撒里亚。实现大希律王的计划，耗费了 12 年时光。在公元前 10 年或前 9 年城市完工时，举办了盛大的庆典与精彩的竞技运动会。

为了将濒临地中海的地理条件发挥到极致，大希律王首先着手于港湾地区的建设。因此建筑延伸至临海的两道长防波堤，构成要塞化的港口，其内侧长 400 米、宽 200 米。港口的设施精良（包括仓库、作业场，尤其是灯塔），不逊于比雷埃夫斯与奥斯提亚。从港口向远处延展，整个城市完全呈现为棋盘方格状。城市的广场朝向大海，其上建有献给罗马与奥古斯都的神殿。同样地，建造了各种各样的公共设施，包括剧场、长度将近 300 米的竞技场，以及将水引到城市的大输水道（aqueduc）。大希律王原本计划建设雄伟的宫殿，但公元 6 年犹太并入罗马帝国，没过多久宫殿就成为罗马总督的官邸。

后来有多位皇帝造访过凯撒里亚。70 年提图斯征服耶路撒冷之后，在凯撒里亚庆祝胜利。另外，哈德良皇帝（117—138 年在位）将凯撒里亚作为军事远征的战略港口，建造了长度将近 450 米的战车竞技场。随着历史变迁，城市的地位有所变化，但是凯撒里亚总被视为一座大港，罗马人称之为"海边的凯撒里亚"（Caesarea Maritima）。跟亚历山大港一样，凯撒里亚通往罗马帝国各地区，是连接犹太、巴勒斯坦与地中海的要冲。

凯撒里亚
（2 世纪末）

1 · 要塞化的港口与仓库群。
2 · 有奥古斯都神殿及罗马神殿的广场。与港口相通，通往海洋。
3 · 运动竞技场。为了庆祝城市建立，曾举行盛大的竞技会。
4 · 举行角斗士搏斗的圆形竞技场。建于 2 世纪。
5 · 举行战车竞赛的大竞技场。建于 2 世纪末，后来整修得更美。
6 · 输水道，从距离城市 6 千米远的水源引水。

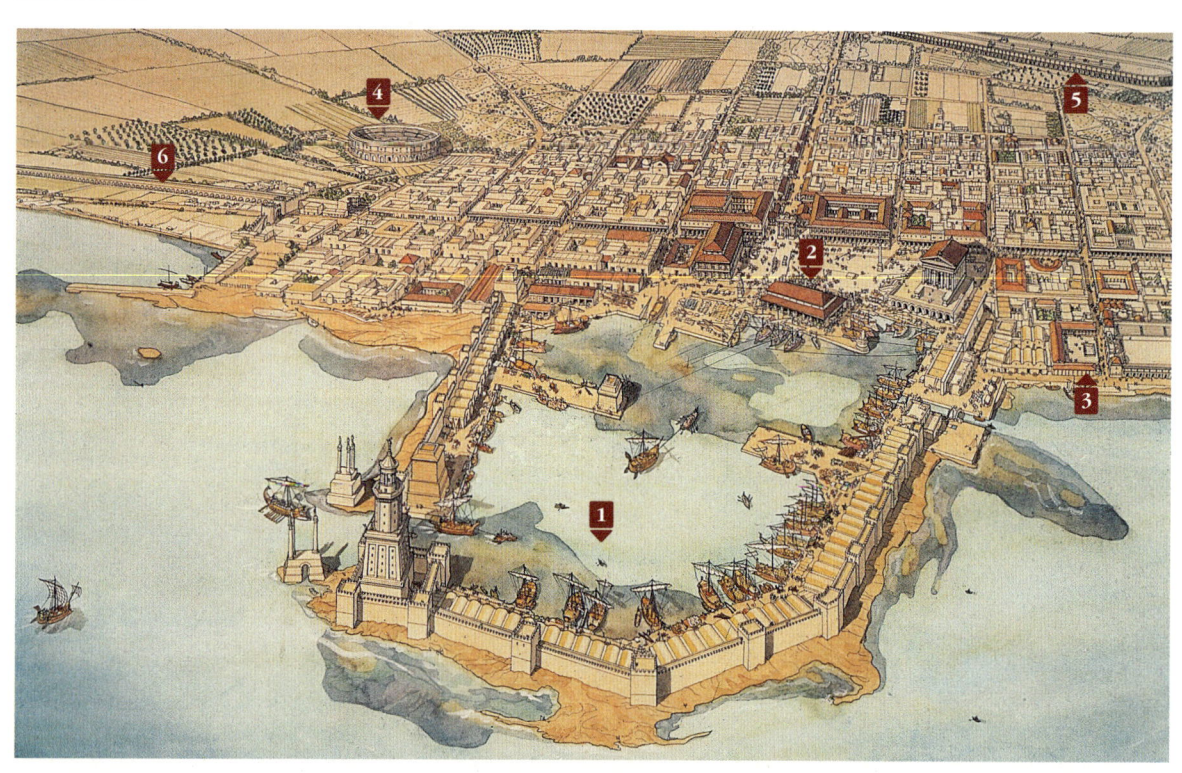

埃及

　　这是从阿斯旺到底比斯之间的尼罗河谷，画面前方是供奉伊西斯女神的菲莱岛。河流向左弯曲处的后方，是尼罗河源头的守护神赫努姆、萨蒂斯、阿努克特所掌管的埃勒凡泰尼，并且能看到有玫瑰色砂岩采石场的阿斯旺。再往下游，依序是考姆翁布的索贝克与荷露斯的双神殿（东岸）、埃德福的荷鲁斯圣域（西岸）、上埃及的守护神奈赫贝特的城市埃尔−卡伯（东岸）、崇奉赫努姆神与女神奈特的埃斯纳城（西岸）。更远处是底比斯地区，可看到许多建筑物。卡尔纳克神殿与卢克索镇（东岸），以及新王国的墓地与葬祭神殿（西岸），守护西底比斯的女神梅里特塞格所居住的"西方之巅"耸立于这些城市之后。

尼罗河谷的鸟瞰图。

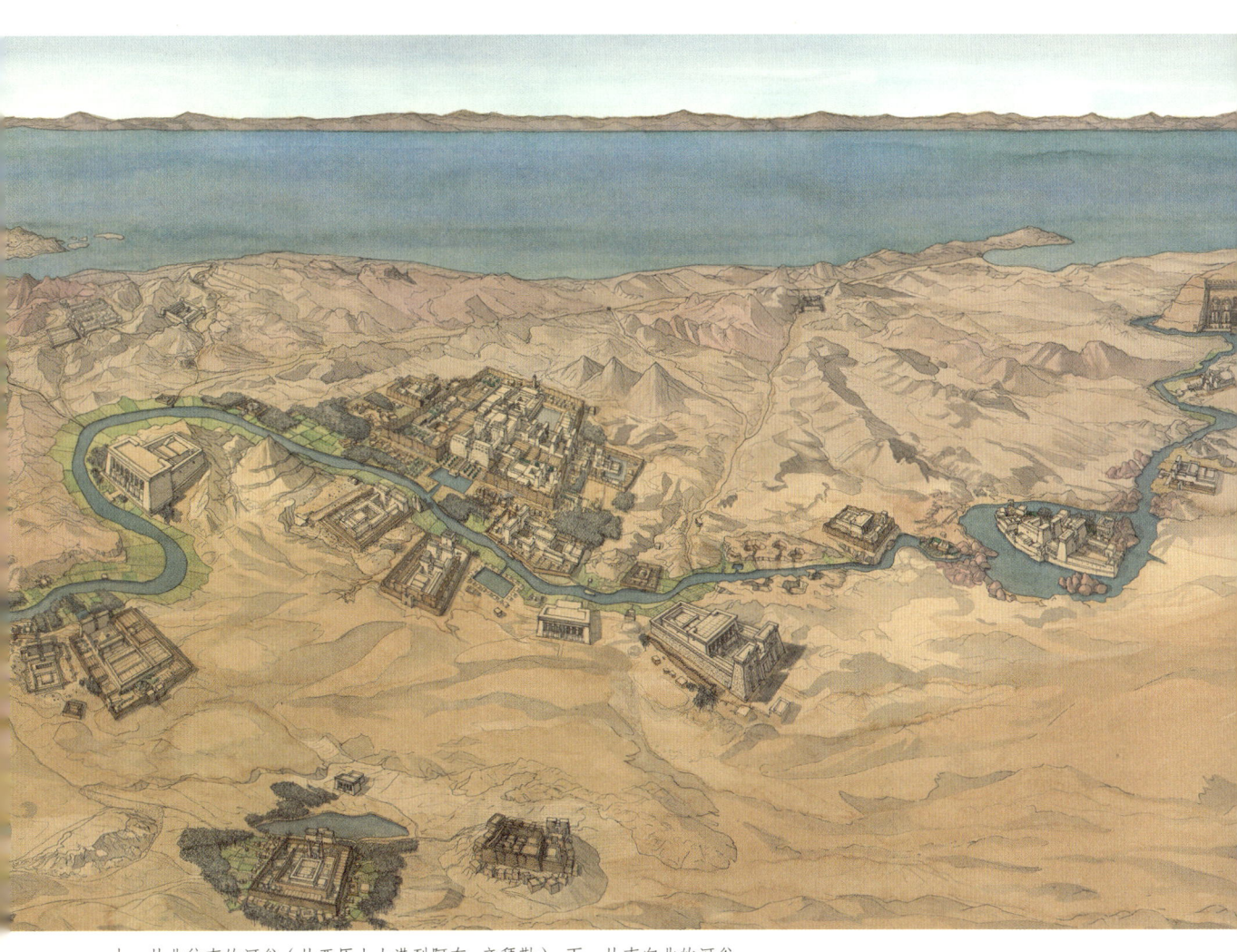

上：从北往南的河谷（从亚历山大港到阿布–辛拜勒）。下：从南向北的河谷。

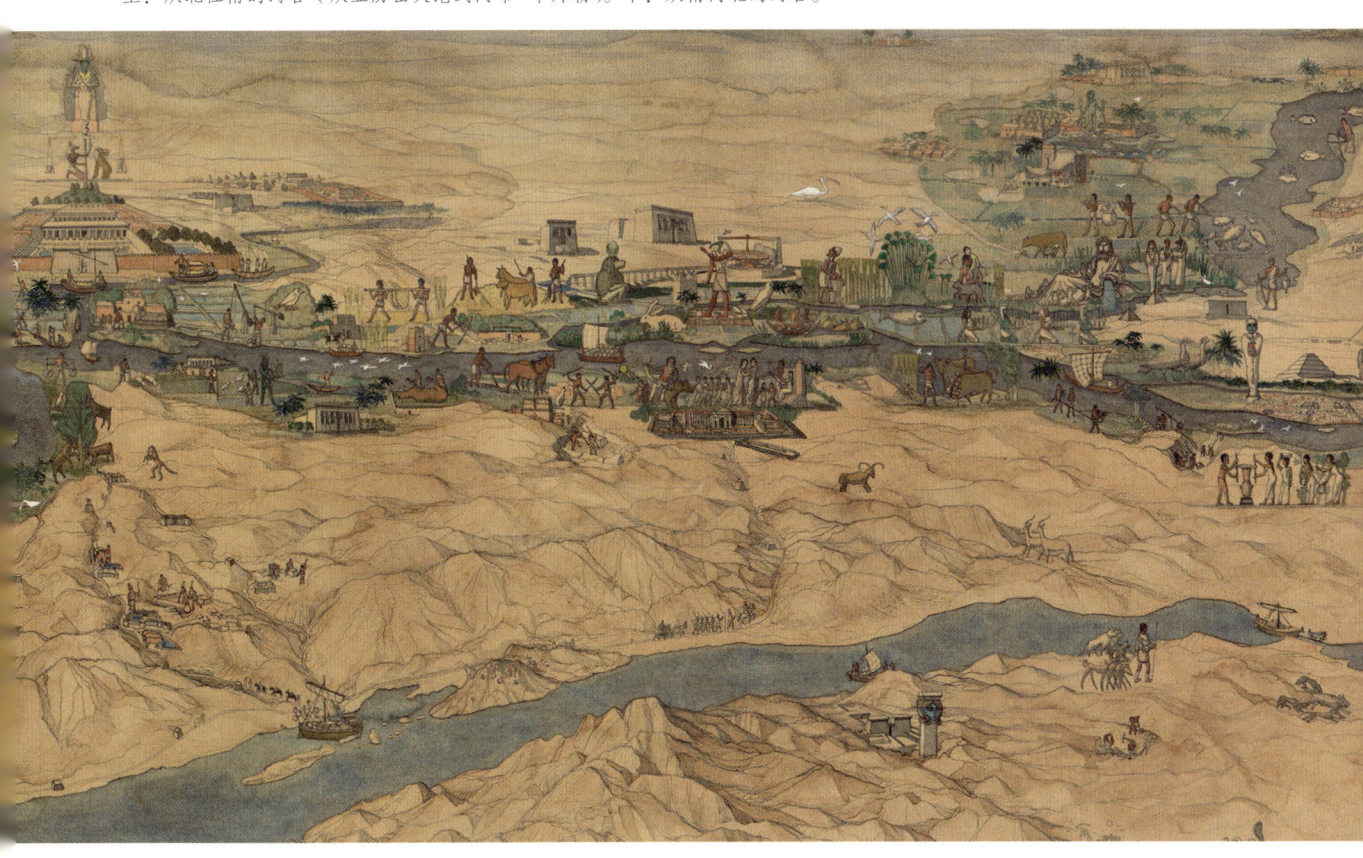

吉萨

  中世纪时，吉萨是面对福斯塔特城（开罗的古名）的小村落。今日，由于埃及首都无秩序地扩大，原本朴实的小村已完全被大都会并吞，成为开罗富丽的郊区。因此，当地呈现出令人讶异的景观：在近代建筑背后，耸立着古埃及第四王朝（前2613—前2498年）历任法老亘古而庄严的金字塔。法老们的金字塔，建在利比亚山地向尼罗河谷突出的石灰岩台地上，可俯瞰周围的整片土地。遗迹成为今日的样貌，并非源于自然的地形，而是因为人们在金字塔附近的活动，尤其遗迹区已变成采石场。长期以来的建筑废弃物持续堆积，导致了地貌的改变。吉萨的台地位于距河谷底部平均40米（海拔60米）高的地方，东西约2000米，南北约1500米。法老们的金字塔从台地的中心，由东北到西南呈一直线。依照年代排列，规模也逐渐缩小。位于南方最古老最大的金字塔是胡夫金字塔，中间是哈弗拉金字塔，最后最小的是孟考拉金字塔。在这些巍峨的金字塔周遭，

26

是各种各样的建筑物,共同形成了法老的葬祭建筑群。时至今日,已掌握建筑群结构的只有哈弗拉金字塔。

在尼罗河岸边,或者说在一座处于沙漠与耕地之间的小港口的地方,有着迎接死者的神殿(河岸神殿)。那是通往永恒住所的必经之处。我们可以从挨着礼拜堂和仓库的庭院的门进入。那里是清洁与迎接的地方,也是死者再生的场所。凭借在制作木乃伊过程中举行的各种仪式,死者将通过置于圣域的雕像获得永生。封闭的斜坡参道,通往葬祭神殿。金字塔东边正面的葬祭神殿分为两部分:为了崇奉雕像而设的前庭与庭院,以及安放祭品的后方神殿。在神殿背后,耸立着作为葬祭建筑群主体的金字塔。在金字塔里,有让死者永远安息的地下墓穴。在上方神殿周围,或是金字塔坐落的岩层直接挖掘洞穴,安置着葬祭用的船,我们目前仍无法解释这个行为的意义。另外,在法老的纪念性建筑物两侧,紧邻着玛斯塔巴(mastaba)——埃及古王国时期的世俗墓葬。个人只能将永生的愿望寄托于坟墓,借由将自己的墓建在金字塔附近,希望能追随乘着太阳船转世的法老。而没有那么富裕的人,只能远远葬在沙漠周遭。整个社会阶级到死后仍然没有改变。

第四王朝的吉萨台地

(前 2613—前 2498 年)

1·"金字塔的城市"。
2·孟考拉的葬祭复合建筑。
3·肯特卡维丝王后(第四王朝最后一任法老舍普塞斯卡夫之妻,也是他名义上的姐妹)之墓。
4·哈夫拉的葬祭复合建筑。
5·吉萨的斯芬克斯像。
6·胡夫的葬祭复合建筑。
7·港口设施。
8·住宅区。
9·吉萨台地。

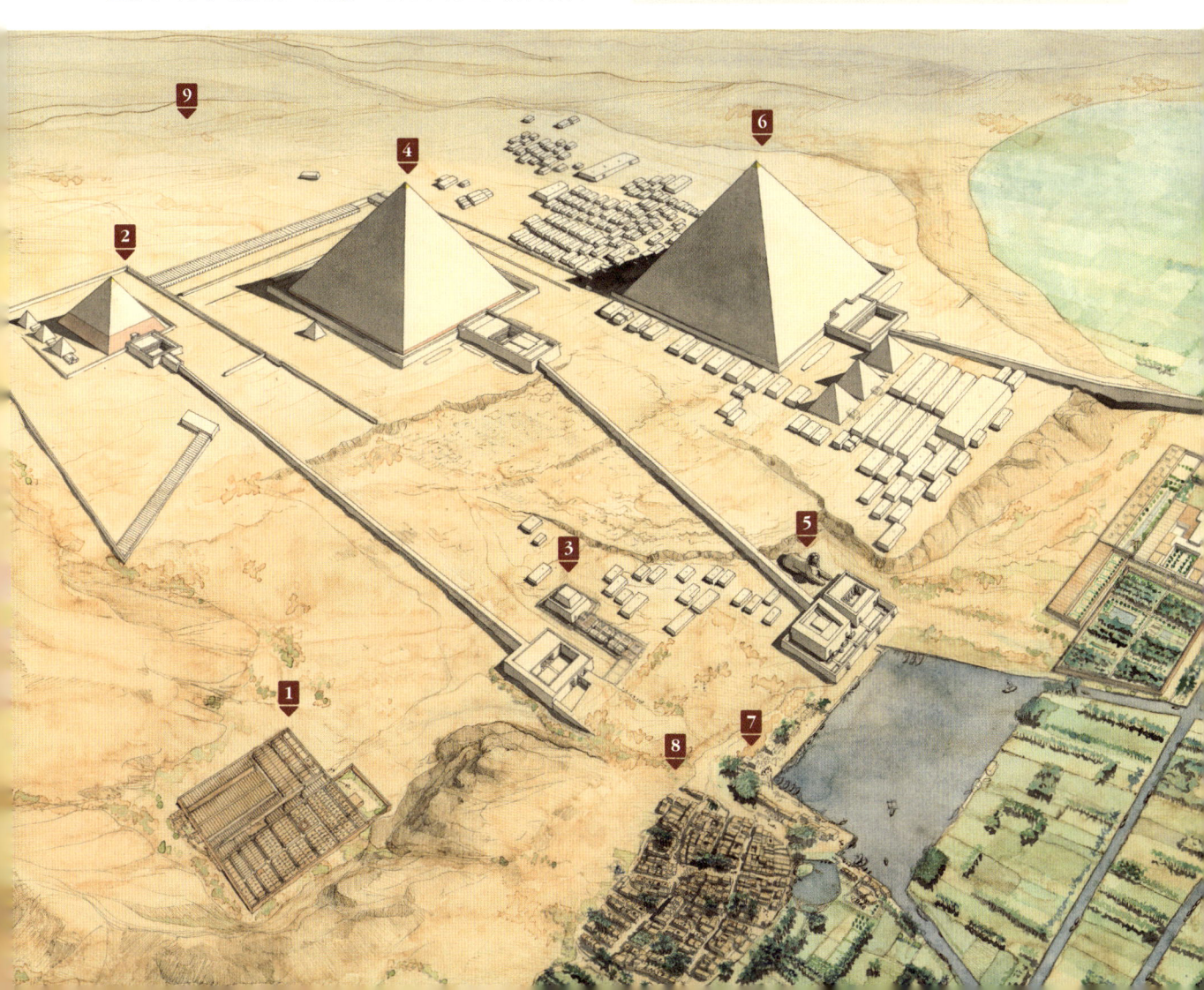

埃赫塔吞（泰勒阿玛尔纳）

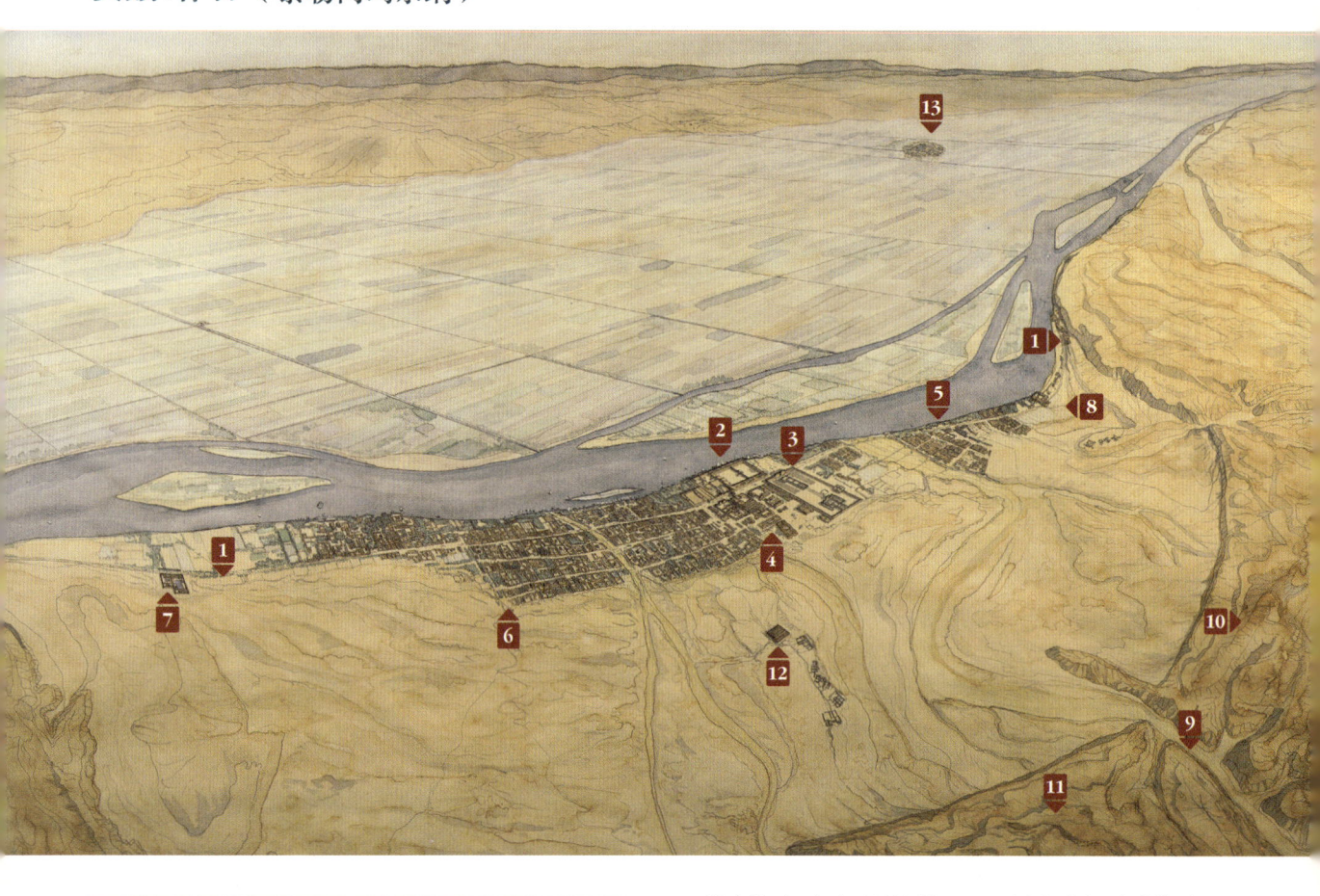

埃赫塔吞（前1352—前1338年）

1. 贯穿城市南北的"王者之道"。
2. 埃赫那吞的宫殿。
3. 主神殿"埃赫塔吞的阿吞神殿"。
4. 王朝机构与其他祭祀区域。
5. 北方的街区。
6. 南方的街区。
7. 王宫"玛鲁–阿吞"（Marou-Aton）。
8. 推测是王后涅菲尔泰提的北宫殿。
9. 通往法老墓之谷（法老墓发现于20世纪初期，位于城市东方12千米，虽然不容易接近，但是损毁却很严重）。
10. 北方的私人墓地。
11. 南方的私人墓地。
12. 雇来建设城市的劳动者的村落与墓地（由朴素的住所、辅助性的礼拜所、小型的公墓构成）。
13. 赫尔摩坡里斯（距泰勒阿玛尔纳20多千米，位于尼罗河西岸，属于托特神的城市）。

没有比这更不可思议的景观。远离广阔沙漠的腹地，被25千米长的岩山所环绕，那就是有"光轮的地平线"之称的埃赫塔吞，现在叫作泰勒阿玛尔纳。这是由"异端的法老"阿蒙霍特普四世（后改名为埃赫那吞，前1352—前1338年在位）建立的首都，他将太阳光轮阿吞奉为王朝的主神，极力排斥全能之神阿蒙。现在这里只有一些砖石的地基能够证明当地曾经有过王宫、圣域、住宅区。尽管如此，后人还是着迷于这座原本赶工建造，20年后又忽然撤离的城市遗迹。法老过世后，阿蒙信仰复苏，城市遭到洗劫、破坏，又回到城市建设之前的荒凉景象——一片不适合居住的广袤地带。尽管遗迹的保存状态非常差，埃赫塔吞目前仍是新王国中城市结构保存最完整的地点之一。虽然在早期就被遗弃，但后来还是有人居住，使城市免遭破坏。从建设城市的动机来看，埃赫塔吞并不是其他城市的原型，但是只要调查遗迹，一定能获得更多关于当时都市规划的知识。

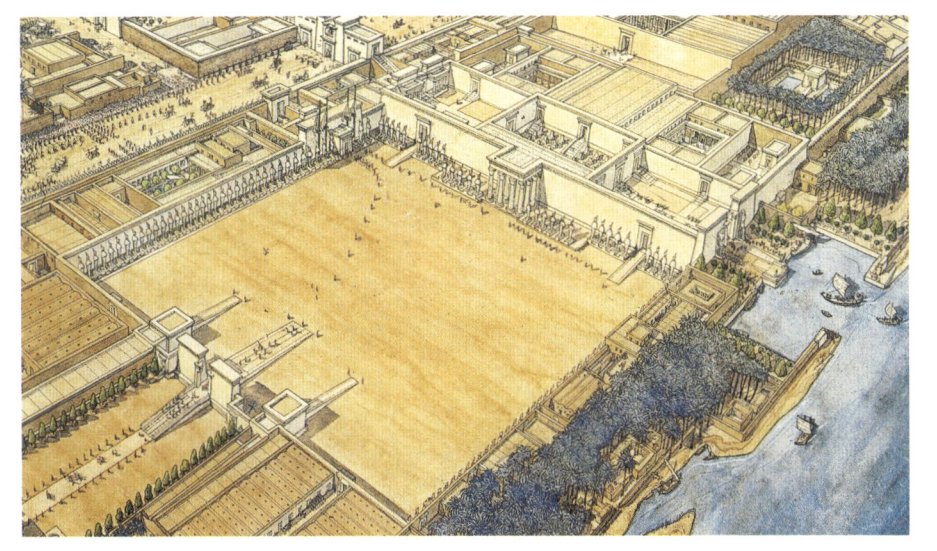

埃赫塔吞的城市中心地带分成两个区域。左边是法老与皇室居住的王宫，右边是王朝行政与公共活动的建筑群"大宫殿"。两边建筑群由一栋横跨"王者之道"的建筑相连，在大型仪式中，法老就通过这里的窗户向民众致意。

城市沿着尼罗河东岸发展，占据岩圈的中央位置。"王者之道"贯穿城市南北。在这条大道旁并列着各种各样的建筑物，主要有"大宫殿"（上图）、称为"埃赫塔吞的阿吞神殿"的阿吞露天神殿、行政机构、祭祀阿吞的附属宗教设施。城市中心的北侧与南侧，散布着工匠的作坊与官吏的住处（下图）。这些居住区并不是依照完整的计划建设而成。能否居住在城市中心取决于社会等级。也就是说，中心是神的位置，法老、高官、担任辅助性质角色的人们，按社会等级由高到低逐次往城市中心区外居住。所有住宅的绿地空间与庭院，都占了相当大的面积。住宅的核心是一间由1—2根柱子撑起的起居室，有时前面会有凉廊（loggia）。在起居室四围有几间寝室，常与配膳的房间相连。在屋子之外有庭院，面积视屋主的地位而定。除了严格说来算是居住的部分，隔着中间的庭院，另一侧是工作空间或分配给仆从的区域、工具间、家畜舍。

位于城市南端的王宫"玛鲁-阿吞"，除了居住用的建筑物，还有祭祀场、带池塘与凉亭（kiosque）的宽广庭园。另外，在遗迹北端还有另一座宫殿，这很可能是"异端的法老"的王后涅菲尔泰提的宫殿。

位于埃赫塔吞北方郊外的地区。在图前方可看到相当简朴的住宅，与道路对面的大宅邸形成对比。大宅邸占地可达1000—2400平方米，由宽广的居住部分（包括空间舒适的沙龙、宽敞的厨房、多间寝室、浴室、个人的房间、小礼拜堂等）与附属的设施（鸟屋、谷物仓库、庭园、菜园）构成。

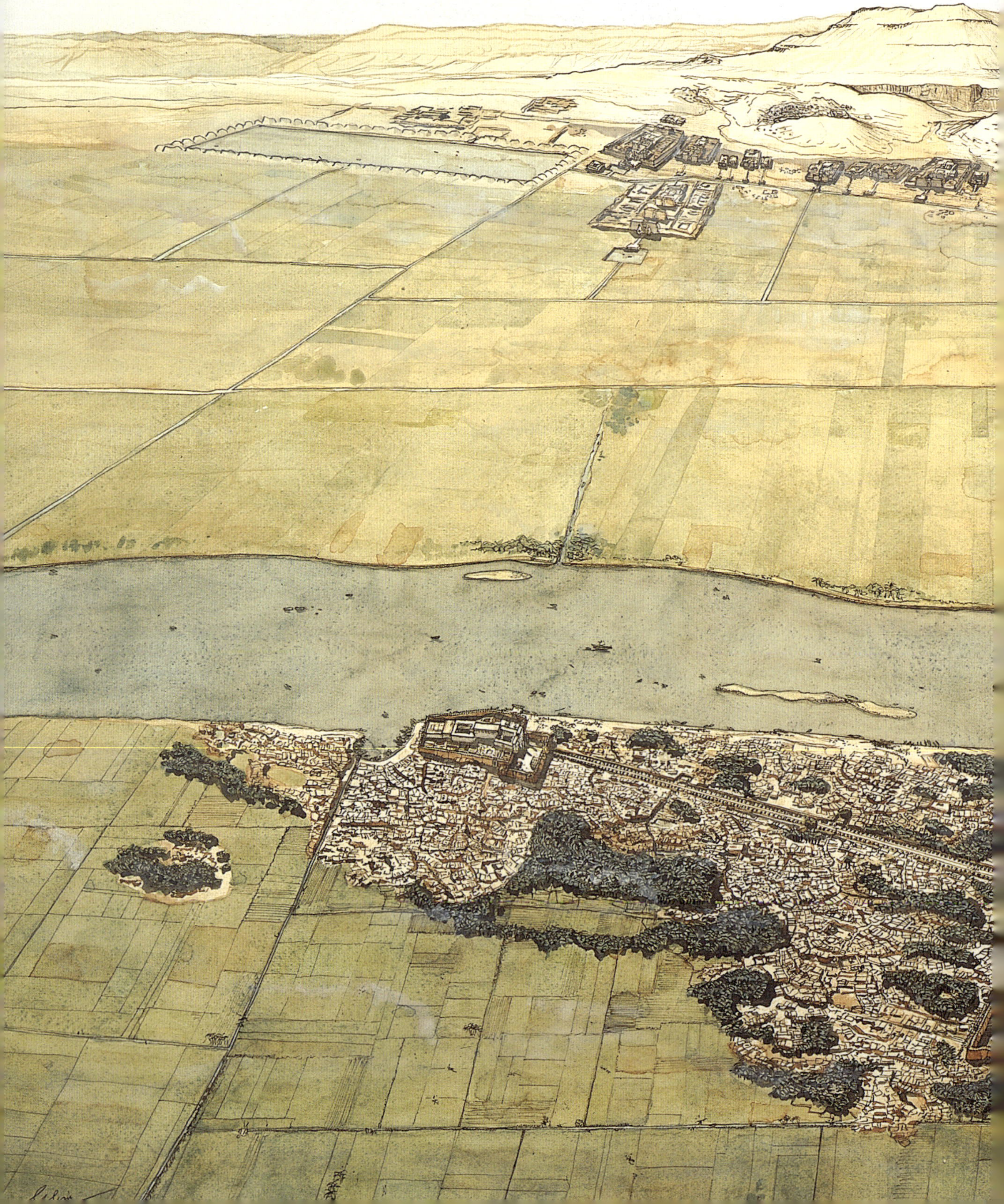

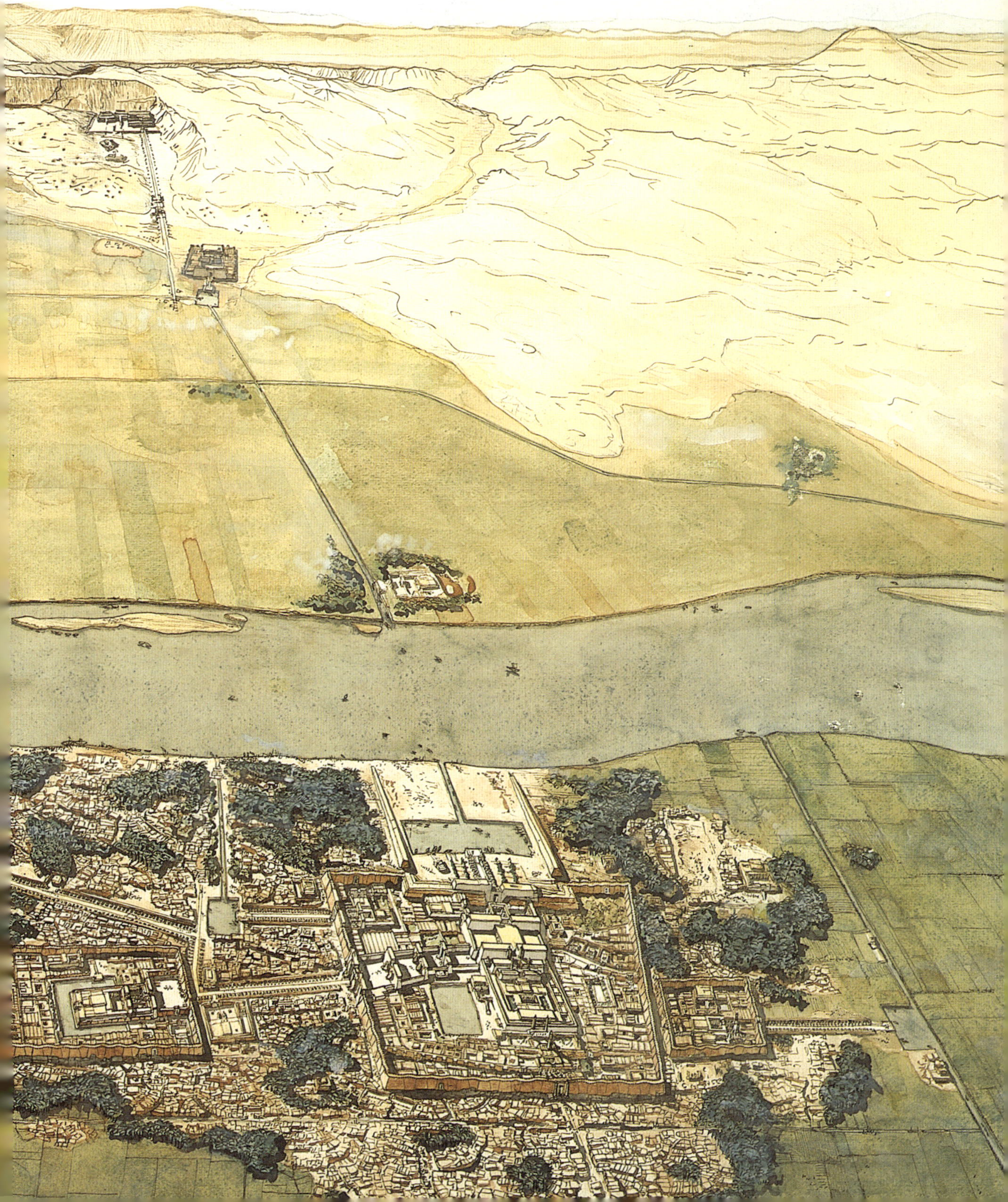

拉美西斯二世时代的东底比斯

（前1279—前1213年）

1. 卢克索神殿（欧佩特的阿蒙神殿，每年在这里举行新年庆典；卡尔纳克诸神在埃及庆祝新年的10天内，会在卢克索境内停留）。
2. 多洛摩斯（这条大道连接着卢克索神殿与卡尔纳克圣域；宽27米、长度约2千米，两侧竖立着牡羊头斯芬克斯像）。
3. 底比斯城（为了防止尼罗河水量增加时遭受水患，城市建在尼罗河、祭祀区域，以及耕地之间不会被水淹的地带）。
4. 阿蒙神的圣域（在拉美西斯二世统治的时代，人们从建于第十八王朝末期的多柱式厅进入圣域；多柱式厅的装饰主要在塞提一世与拉美西斯二世统治期间完成）。
5. 阿蒙之妻穆特女神的圣域。
6. 古埃及战神孟图的圣域。
7. 底比斯所祭祀的三柱神阿蒙之子孔苏的神殿。建在阿蒙神圣域的西南隅。

底比斯地区

古代的底比斯在埃及新王国时代（前1552—前1069年）是法老们的首都，位于今日卢克索，被尼罗河划分为两个不同的地域：东底比斯与西底比斯。两个地域分别由"底比斯的东方总督"和"底比斯的西方总督"两位不同总督管理。像这样分东西的行政划分在埃及历史中也是第一次。象征生命的太阳出现的地方住着生者，而太阳消失的地方属于死者。因此东岸建有神殿、王宫、住宅区，西岸则遍布祭拜死者的设施（坟墓与葬祭神殿）。当然，这个规则也有一些例外。随着时代演进，东西方区域的差别越来越模糊。

在底比斯，古埃及人恪遵上述规则。东岸有祭祀底比斯三柱神（阿蒙、穆特、孔苏）的圣域，以神圣的空间为中心建造城市。另一方面在西岸，很容易看到小规模违反规则的情形。受此风气影响，西岸法老墓（帝王谷与王后谷）与私人墓地、葬祭神殿（拉美修姆、戴尔巴哈里等）之间，也出现了一些本来应该建在东岸的建筑物。譬如马尔卡塔的阿蒙霍特普三世的宫殿、几处圣域（谢露伊的伊西斯神殿、阿古兹的托特神殿，等等），以及建设法老墓的劳工居住的村落等。

东底比斯与西底比斯（2世纪）

为了让大家了解遗迹之间的关联，将底比斯两岸呈现在同一幅鸟瞰图中。

1. 东底比斯。
2. 孟图的圣域（虽然位于阿蒙的圣域旁，但是两座圣域并未贯通；献给王国战神孟图的圣域，其多洛摩斯通往的泊船处有水渠与尼罗河相连）。
3. 阿蒙的圣域（神殿全域献给王国的主神阿蒙-拉[1]，构成底比斯城的中枢地带，有两条多洛摩斯，分别通往尼罗河与穆特圣域）。
4. 穆特的圣域（其多洛摩斯通往阿蒙的圣域，在圣池周围，林立着献给阿蒙之妻穆特的建筑群）。
5. 阿蒙-卡姆泰夫神殿〔建于穆特圣域旁的这座圣域，祭祀着阿蒙-卡姆泰夫（Amon-Kematef），意即"自己母亲的公牛"，他与丰饶之神敏（Min）有着密切关系〕。
6. 孔苏神殿（祭祀底比斯三柱神阿蒙与穆特之子孔苏的圣域；虽然被包含在阿蒙圣域的范围内，但是拥有独立的泊船处，可借由多洛摩斯抵达）。
7. 卢克索神殿（欧佩特的阿蒙神殿，举行迎接埃及新年相关仪式的地方；通过两旁有斯芬克斯、长约2千米的多洛摩斯，连接卡尔纳克其他的圣域）。
8. 底比斯城（位于古埃及的生命之河尼罗河的东岸，整座城市围绕着圣域与绵长的多洛摩斯构建，随着城市的扩大，建筑物陆续衍生，整体呈无序状态）。
9. 西底比斯。
10. 马尔卡塔宫殿群与毕尔凯·阿布（马尔卡塔是阿蒙霍特普三世宫殿所在的地方，旁边建有名为毕尔凯·阿布的大型人工湖，毕尔凯·阿布与宫殿同属一体，在圣年祭时会举办相关仪式）。
11. 葬祭神殿群。从左到右是美迪奈特哈布的神殿复合体〔杰美的阿蒙神殿或图特摩西斯神殿，"阿蒙神的神圣女崇拜者"（Divines Adoratrices）的礼拜堂，以及拉美西斯三世的宫殿与祭葬神殿〕、阿伊与赫列姆赫布的神殿、名称不明的神殿、图特摩西二世的神殿、哈普之子阿蒙霍特普的神殿（在一众法老的建筑物中，这座神殿是个例外，祭祀着阿蒙霍特普三世治下享有最高权力的一位人物）、图特摩斯一世的神殿。
12. 阿蒙诺菲乌姆（阿蒙霍特普三世的葬祭神殿，以建筑物入口旁的两尊门农巨像广为人知）。
13. 王后谷（在这处"美的场所"，共有约80座墓，埋葬着王后、公主、王子）。
14. 戴尔麦地那（为王室营建地下墓穴的劳动者住在这个村子里，包括住宅区、墓地、托勒密王朝时期祭祀哈托尔的圣域）。
15. 葬祭神殿群。从左到右，包括美楞普塔的葬祭神殿、女王特沃斯拉的葬祭神殿、图特摩斯四世的葬祭神殿、拉美修姆（拉美西斯二世的葬祭神殿）、西普塔的葬祭神殿，以及图特摩斯三世的葬祭神殿。
16. 戴尔巴哈里（这个地方包括哈特舍普苏特的葬祭神殿、图特摩斯三世的礼拜所、第十一王朝的法老孟图霍特普二世的综合祭葬建筑）。
17. 古尔纳（塞提一世的葬祭神殿）。
18. 帝王谷（所谓的"马特的座席"山谷，分为东边的猿之谷、西边的帝王谷，主要有62座墓，埋葬着第十八、十九、二十王朝的法老）。
19. 底比斯埃尔戈姆山山顶，被称为"西方之巅"，阿拉伯语为"el-Qorn"。（这座天然的金字塔海拔470米，古代埃及人认为守护底比斯整体墓地以及戴尔巴哈里劳动者村落的女神梅里特塞格，就栖息在这座山里。）

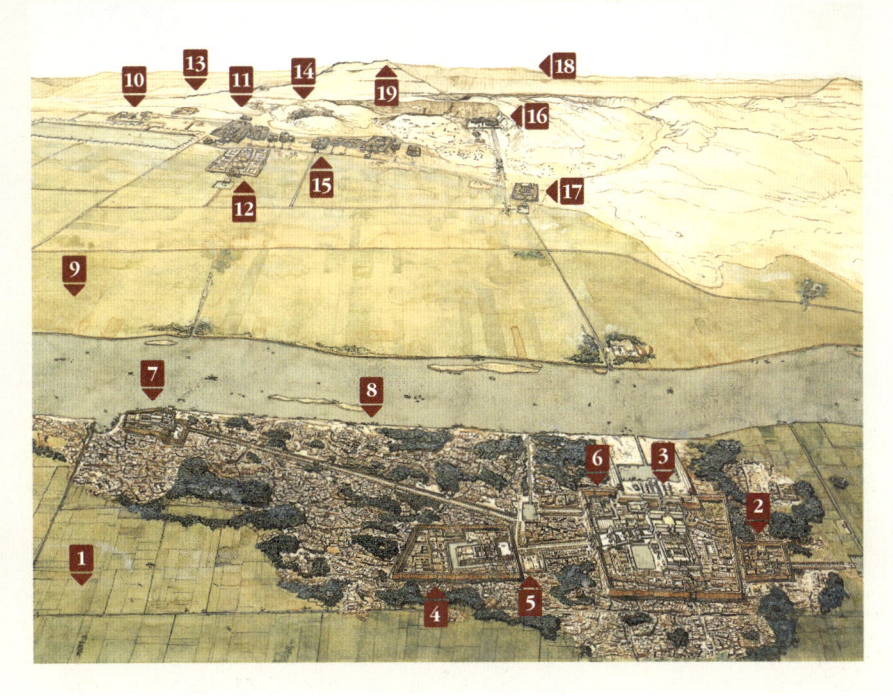

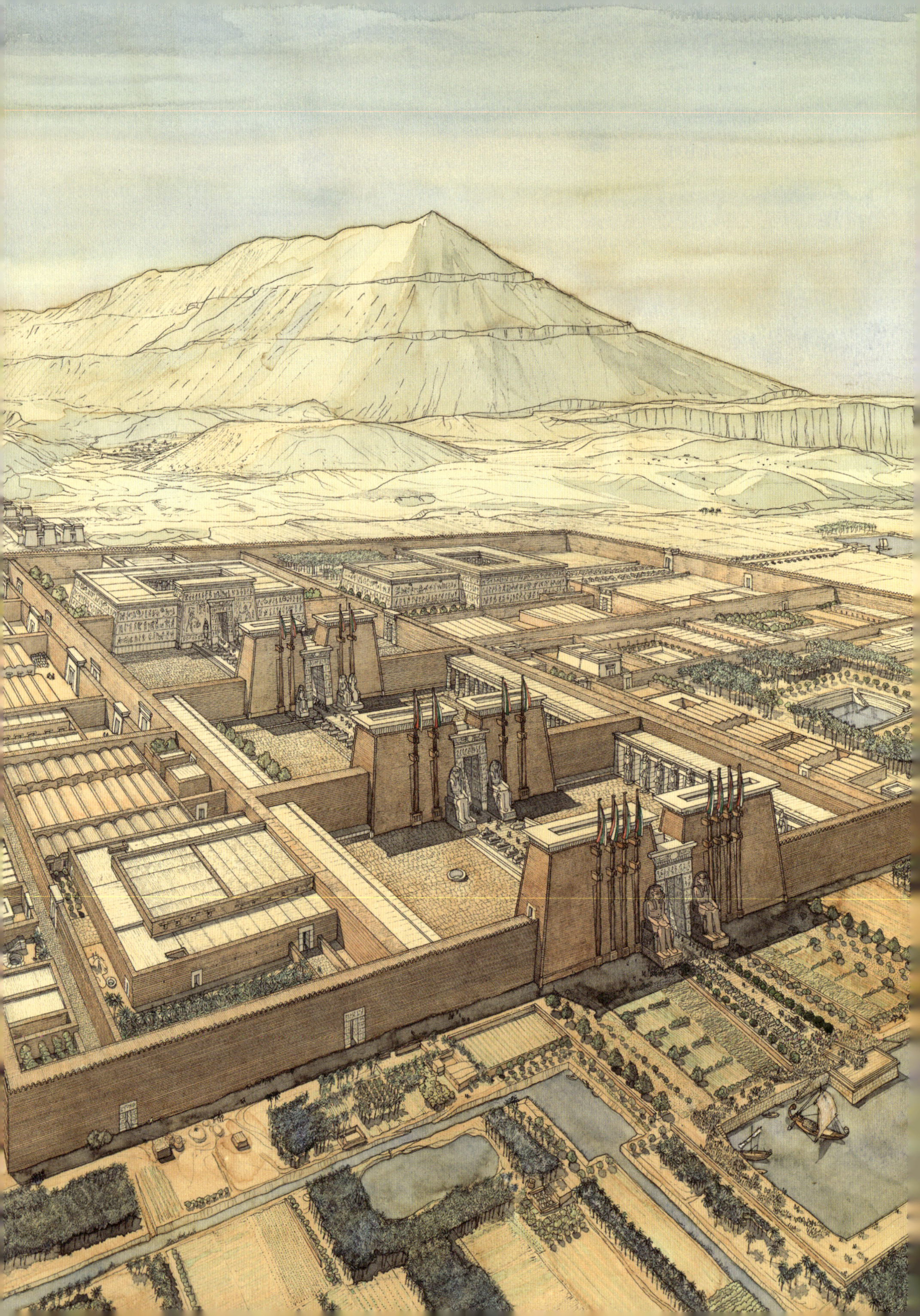

西底比斯

　　西底比斯的建筑物是严格遵照葬祭信仰的要求布局的。葬祭神殿群位于耕地与沙漠的交会处，其规模的大小反映了墓主人的社会地位，建筑就像念珠般排列在一起。葬祭神殿群是为了举行已故法老的葬祭仪式而建，因此相当于新王国（前1552—前1069年）法老们的"数百万年的宫殿"。从北到南，有着古尔纳（塞提一世）、戴尔巴哈里（哈特舍普苏特）、拉美修姆（拉美西斯二世）、阿蒙诺菲乌姆（阿蒙霍特普三世）、美迪奈特哈布（拉美西斯三世）等葬祭神殿。葬祭神殿多半由外墙围绕，在圣域入口的正面设有泊船处，借由水渠与尼罗河相连。这些建筑物与附有陪葬物的陵墓是一个整体。皇家的陵墓由住在戴尔麦地那的小村里的工匠们营建，分为帝王谷（法老与曾掌有统治实权的王后们的墓）与王后谷（法老的妻子与王子们的墓）两处主要的墓地，开凿利比亚山地支脉的山崖建造而成。一般人葬在附近的山丘上，墓的规模小很多。在阿莎西芙、纳盖、埃尔霍胡、古尔纳、古尔奈·穆拉伊，都是这类墓地，但是墓地与葬祭神殿密不可分。在对外侧开放的葬祭礼拜堂内有楼梯，可通往地下的墓穴。

◀ 前景是阿蒙霍特普三世的葬祭神殿（阿蒙诺菲乌姆）。后方耸立着"西方之巅"，是守护底比斯整体墓地的梅里特塞格女神居住的地方。

埃及的神殿

古代埃及宗教的神殿，分为崇奉神祇的神殿，以及祭葬神殿两种。按照字面的意思，称为"神之家"的祭祀神殿，是借由其存在与机能保持宇宙的秩序、使创造物成为永恒的建筑物。神存在于神殿中，不论就身体或物质方面都住在圣域内。新王国（前1552—前1069年）法老的葬祭神殿——"数百万年的宫殿"，则是为被神化的人物举行葬祭仪式。不论什么种类的神殿，都由以下的要素构成：入口的塔门前有两座方尖碑与巨像、放置着祭坛与雕像的庭院、多柱室厅，以及至圣所。至圣所里保管着神像，有时还放置游行时的神船，平常不让人看到。

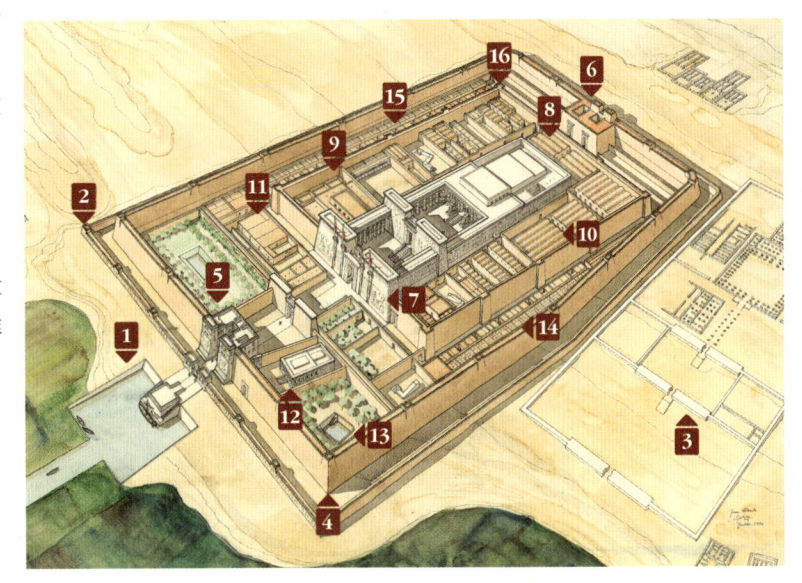

拉美西斯三世时代的美迪奈特哈布
（前1186—前1154年）

1·通过水路与尼罗河相连的泊船处。
2·以大型石块堆积而成的外墙。高度并不高，也没有棱堡。
3·阿伊与赫列姆赫布的葬祭神殿。
4·以日晒制成的砖块筑起的中间围墙。
5·东边的"米格多尔"[2]。融入亚洲守望塔的形式，标示圣域的入口。
6·西边的"米格多尔"（已消失）。
7·进入葬祭神殿建筑本体的第一塔门。
8·拉美西斯三世的葬祭神殿。
9·王宫。
10·仓库、办公处、鸟屋、工作间、储存谷物的区域，全都是以日晒砖块建造。
11·厩舍与法老战车的仓库。
12·第十八王朝（前1552—前1295年）的神殿，也就是所谓的"图特摩斯王朝神殿"。
13·神官净身的圣池与抬神船行经的道路。
14·与行政事务相关的建筑物。
15·祭司居住的区域。
16·设有棱堡，以日晒砖块建成的城墙。

戴尔巴哈里

哈特舍普苏特女王（前1478—前1458年）的葬祭神殿戴尔巴哈里建于底比斯西边的断崖下。由于在弯曲的巨大岩壁下垂直建造，圣域看起来就像岩山的一部分。建筑物完全融入周遭的自然环境，俨然就像开凿岩山后将壮丽的建筑物嵌在其中。

选择的地点、建筑物完美的比例、独创的空间布局、高纯度石灰岩的美丽雕刻，使得这里成为底比斯墓地最受瞩目的纪念性建筑物。由女王的首席建筑师塞奈穆特潜心建造的这座建筑，由3个平台构成。平台之间由倾斜的通道相连，其上建有以浅浮雕装饰的柱廊。

下方的平台尽头是有两排支柱的柱廊，柱廊被位于其中央的通往更高层的倾斜通道所打断。柱廊的装饰包括法老狩猎与打鱼的情景（北柱廊）；人们在塞希尔岛与卡尔纳克的阿蒙神殿之间，搬运着图特摩斯二世的两座方尖碑的场面（南柱廊）。中层的平台也一样，在通往上层的倾斜通道两侧，有柱廊延伸。北侧的浮雕呈现女王的母亲与阿蒙神之间的神秘婚姻，接着是哈特舍普苏特女王尊贵的诞生，幼时的哺乳与受教育，在其父王图特摩斯一世旁登上宝座，以及她即位成为埃及唯一的"王"的一系列情景。南侧呈现远赴邦特地区贸易的过程。在北柱廊尽头旁的岩壁，建有阿努比斯的神殿，他是掌管木乃伊制作的神祇。礼拜堂由前厅与相邻的3个圣堂构成。礼拜堂里可看到的文字与装饰主题，都以鲜艳的颜色呈现。主要的两面图像描绘出阿努比斯与阿蒙站在供品桌前，桌上供奉着种类丰富的食物与饮料。另一端是哈托尔的神殿，由两个立柱柱顶装饰着哈托尔头像的厅堂以及一个有3个房间的礼拜堂构成。

最上层的平台，包括大型的庭院、优美的柱廊、侧面是一系列礼拜堂，以及在深处开凿断崖建成的圣域。围绕着庭院的3面墙壁，以非常美丽的浮雕装饰。背对岩壁的墙壁设有许多小型的壁龛，并有颜色鲜艳的浮雕，表现图特摩斯一世与哈特舍普苏特在重要神灵前的情景。在这道墙壁中央，有入口通往圣域。它由3个连在一起的大厅组成，其侧面有一系列壁龛。

戴尔麦地那

当地的村落，古名是塞特玛阿特（Set Maât，意为"真实的场所"），曾是营建及装饰皇家陵墓的"陵墓工匠团"劳工所居住的地方。为了避免有关陵墓的构造与陪葬品的消息外流，绘师与雕刻师、石工住在村子里，过着与世隔绝的生活。他们直属于负责王墓的西底比斯大臣，受到努比亚人担任的麦德查（madjoy）[3]的严密监视。

村落由第十八王朝初期的图特摩斯一世（前1506—前1493年）下令建造，一开始只有大约60间房子。随着时间的推移，"陵墓工匠团"得到扩充，在拉美西斯四世（前1154—前1148年在位）的时代迈向极盛时期，在数年间有1200人住在120间房屋里。由于法老们不再以帝王谷作为墓地，这样的团体失去继续存在的意义，最后在第二十王朝末期，营造拉美西斯十一世（前1096—前1069年在位）之墓以后，村子开始衰微。

第十九王朝时代的戴尔麦地那
（前1295—前1188年）

1. 村落的入口（村子坐落于古尔奈·穆拉伊丘陵与利比亚山脉之间古代开掘的干河床上）。
2. 村落的主要道路（南北通道在南侧呈钩型弯曲，将村子一分为二；道路的左侧是西，右侧是东）。
3. 北边的地区（由劳工居住的小型房屋构成，每栋房屋都有面向街道的入口，并有2—4个房间，还有露台与地下室）。
4. 南边的地区（工程管理人员住在这一区，这里的房屋长度达30米，但是结构跟北边地区的房屋相同）。
5. 围墙（围绕着长131米、宽50米的土地，从北方出入）。
6. 位于村落西坡的墓地（"陵墓工匠团"成员的墓地）。
7. 通往美迪奈特哈布。美迪奈特哈布位于村落南方约800米的位置，提供村子所需的部分水与粮食。这条道路也通往向西约600米的王后谷。
8. 通往帝王谷。位于正北方约1200米处，借由跨越山谷的道路可抵达。
9. 西方之巅。这座山由村落的守护神梅里特塞格掌管。

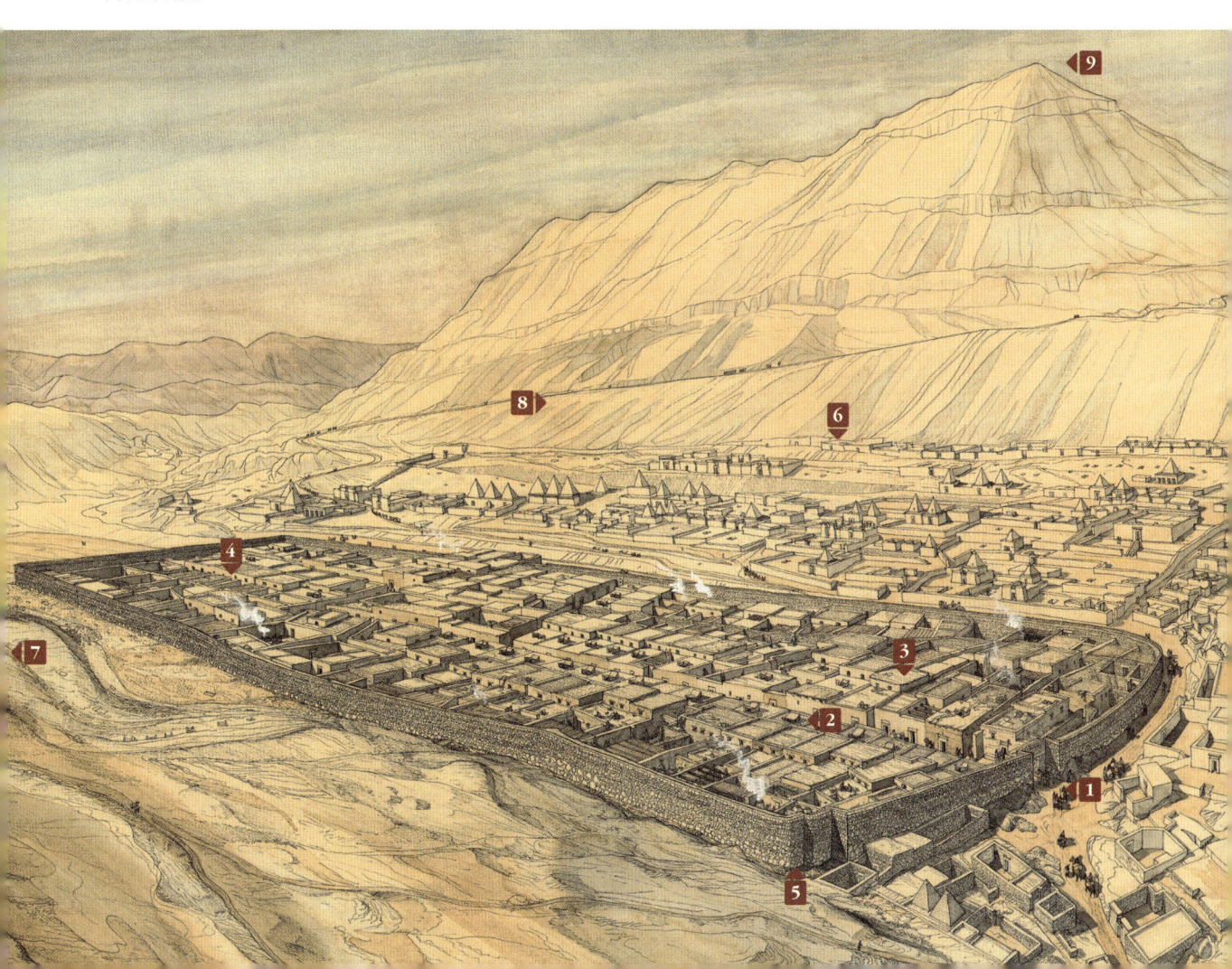

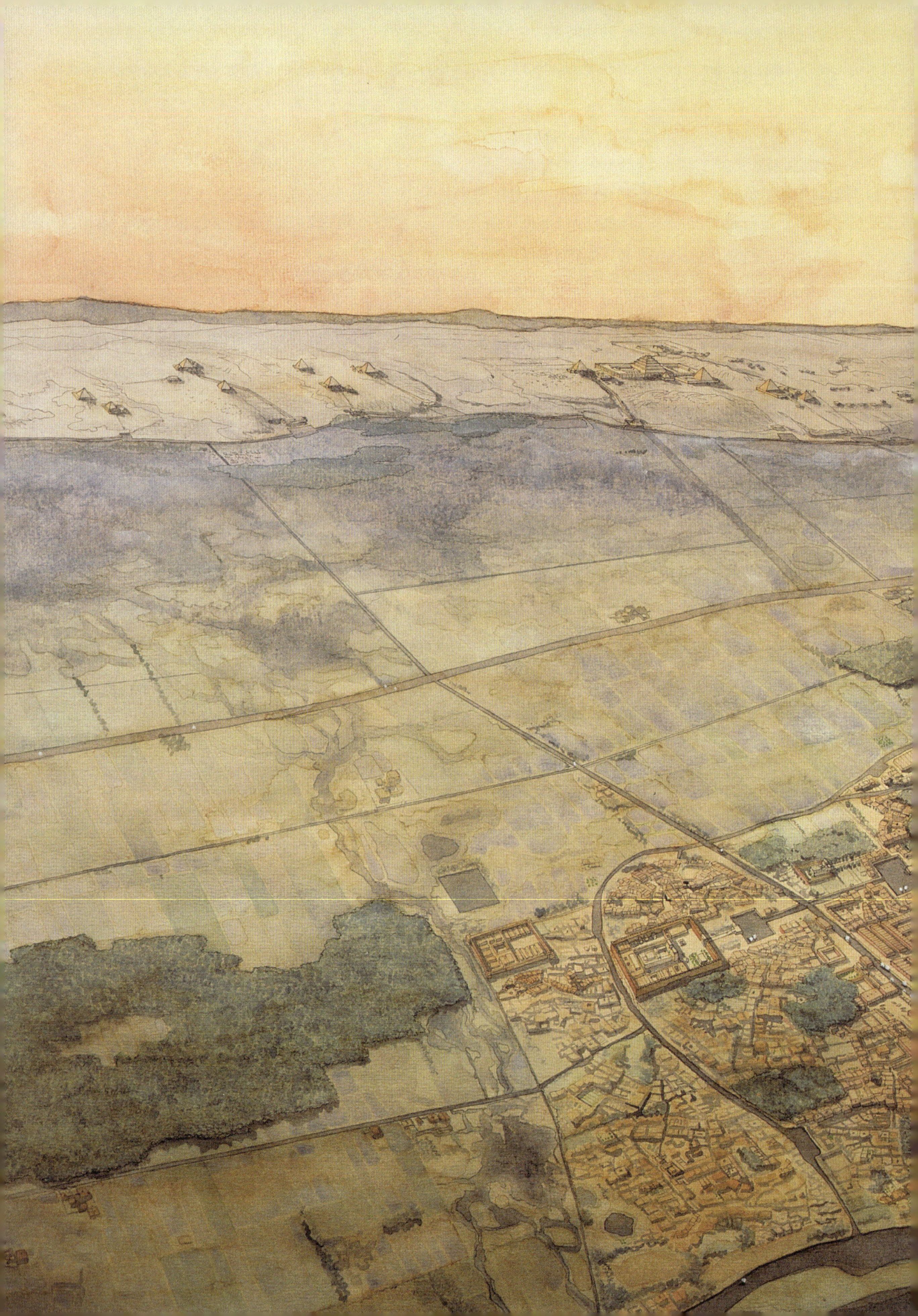

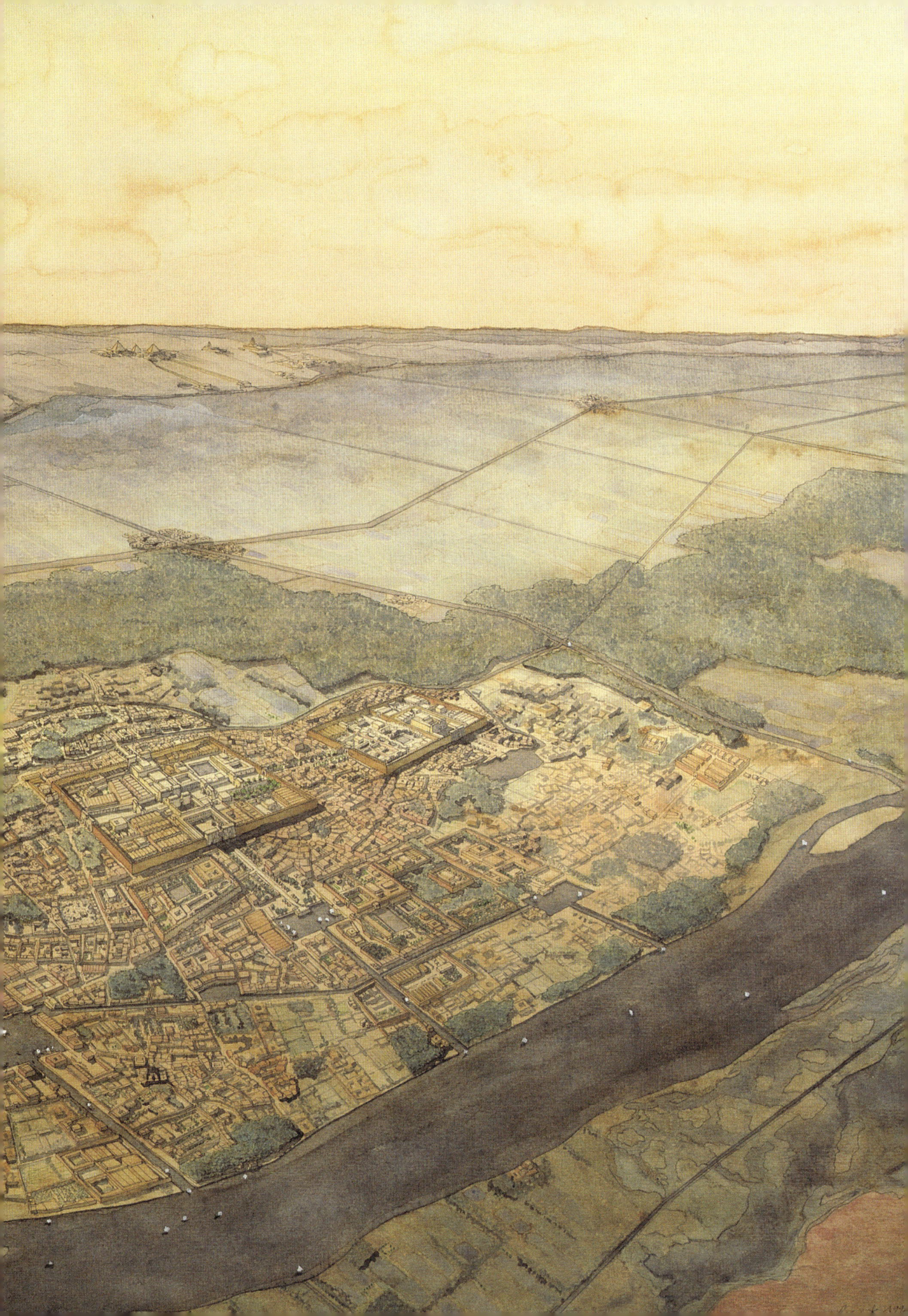

孟菲斯（拉希纳村）

如果希罗多得所言属实，孟菲斯这座城市由埃及第一王朝（前3150—前2890年）的创始者美尼斯（那尔迈）王建立。当时称为荫奈布－海杰（Ineb-hedj，意为"白墙"），在希腊时代改名为孟菲斯。这个名称是将珀辟一世的金字塔[4]简化，成为城市的名字孟尼菲尔（Men-nefer）。回顾孟菲斯的历史，这座城市能持续辉煌那么久，得益于其地理位置。孟菲斯位于上埃及与下埃及交接的尼罗河三角洲南端，地处埃及的重要地带。其扮演的角色，正如一个属于它的形容词——"两边国土之秤"（Mekhat-Taouy）——所说的那样。

在埃及第一、第二王朝时（前3150—前2685年），法老出身于埃及南部（提斯，在阿比多斯附近），孟菲斯成为管理北部新获得领土的行政中心。由于这座城市具有重要的战略地位，法老们很快将主要的王宫迁到这里。在第三王朝（前2685—前2613年）初期，孟菲斯成为统一后的埃及首都。中王国时代的法老们偏好法尤姆地区的利希特（Licht），将首都迁出孟菲斯，到了新王国时代（前1552—前1069年）孟菲斯再次恢复其重要性，主要是为了往近东发展。尽管首都先是迁往底比斯，后来又迁往培－拉美西斯，法老们还是在孟菲斯保留王宫，有时停留在那里。这样的状态持续到托勒密王朝末期。由于孟菲斯的悠久历史，以及它是权力意识形态正统性中心，法老会前往这里，加冕仪式也在当地举行。

除了城市的历史特质，孟菲斯更是经济与行政的中心。它以手工业与金属加工业为重心，这两种行业的守护神都是普塔与索卡里斯。新王国时期城市加速发展：南部地区设置武器库与造船厂的同时，利用既有的港湾设施，建设了大型的港口培鲁－尼菲尔（Perou-nefer）。城市的活力吸引着各地的手工业劳动者，使孟菲斯成为埃及最国际化的城市：各民族聚集于此，有的来进行贸易，有的人在港口或建筑工地工作。同时，在远离打铁场或工坊噪音的地方，一群知识分子也在为孟菲斯效力。官吏与书记们在专门的工作场合或图书馆，编写关于艺术技法、文字、建筑的手册与论文，并妥善保存。同样地，祭司们不只祭祀孟菲斯的三柱神——普塔、塞克麦特、尼菲尔泰姆，也敬拜冥界之神索卡里斯与圣牛阿庇斯等神祇。

希腊时代初期的大孟菲斯（前4世纪）

连接萨卡拉的金字塔，描绘埃及大城的主要街景。

1. 被围起来的普塔的圣域。包括普塔的主要神殿与附属建筑物（附属礼拜堂、圣池、仓库、祭司的住处）。
2. "阿庇斯的木乃伊之家"（位于普塔圣域的西南隅，内有将献祭的圣牛制成木乃伊的设施；作成木乃伊的圣牛埋葬在萨卡拉的塞拉匹姆神殿）。
3. 孟菲斯城（住宅、宫殿，以及附属神殿的建设是围绕着水路与泊船处进行的）。
4. 哈托尔女神的神殿。
5. 手工业地区。
6. 培鲁－尼菲尔港（工匠团体或属于同民族的外籍劳动者，会聚集在一起居住）。
7. 作用不明的宗教区域［有着考古学家弗林德斯·皮特里（Flinders Petrie）称之为"阿普里斯[5]宫殿"的建筑物，推测是祭祀女神奈特的神殿］。
8. 阿布古罗布与阿布西尔。这里有太阳神殿与第五王朝（前2498—前2345年）法老们的金字塔。
9. 北萨卡拉的公墓。
10. 南萨卡拉的公墓。

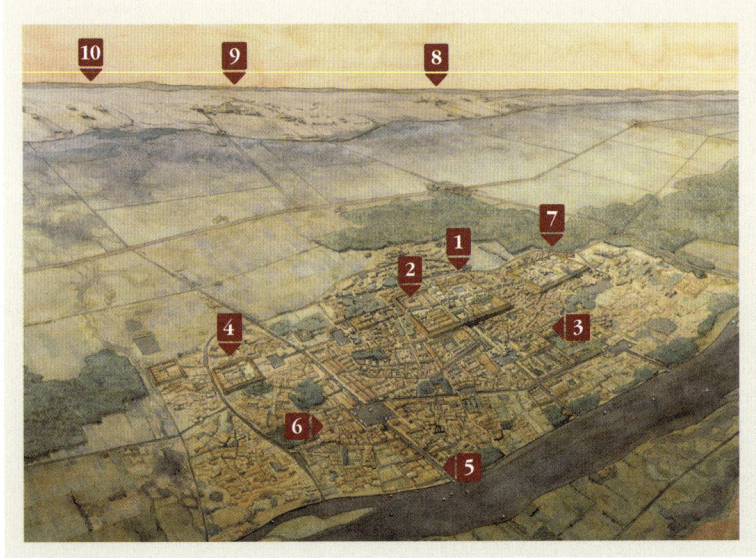

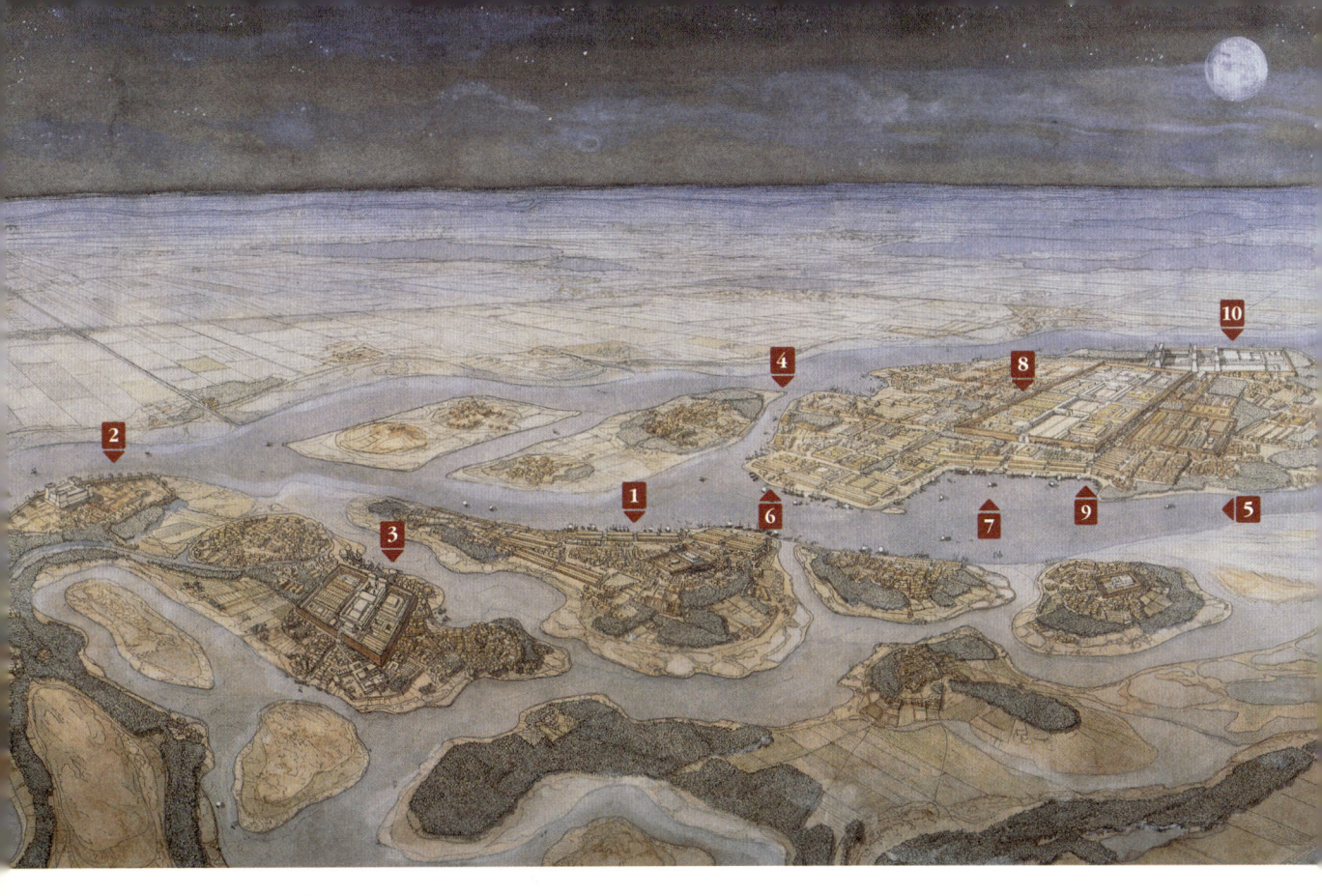

培–拉美西斯（康提尔）

有"青绿色的城市"之称，以壮丽闻名的培–拉美西斯，是拉美西斯二世（前1279—前1213年在位）于尼罗河三角洲东部建设的首都。但是站在遗迹所在地举目四望，赞美城市的各种形容仿佛就像谎言一样，因为完全看不出拉美西斯时代留下的痕迹。都市的石材在建设第二十一、二十二王朝（前1069—前712年）法老们的首都——位于北方约20千米的塔尼斯时，遭到拆除并搬去使用。如果要再现古代的培–拉美西斯，只能依赖各种各样的史料与考古学发掘的成果。

这个地方的历史，始于阿蒙涅姆赫特一世（前1991—前1962年）统治期间，他建立了一座城市，位于现在的康提尔（培–拉美西斯）遗迹与达巴（阿瓦里斯）遗址之间［1］。由迦南人（les Cananéens）殖民的这座城市，在第二中间期（前1780—前1552年）成为支配埃及的希克索斯王朝的势力中心。取名为阿瓦里斯的城市［2］位于南方，以祭祀塞特神的神殿［3］为中心形成聚落。塞提一世，原是出身尼罗河三角洲的军人（前1294—前1279年在位），后来在这里建立王宫，而其子拉美西斯二世将这里改造为王国的首都培–拉美西斯，意为"伟大胜利者拉美西斯之家"。新城市的中心偏北，位于尼罗河的支流"拉神之水"［4］与"阿瓦里斯之水"［5］之间。在两条河流汇的地方，沿着王宫之湖［7］建有港口［6］，后方建立着高大雄伟的拉美西斯大王宫殿［8］。想准确掌握宫殿的外观很困难，不过应该是像位于马尔卡塔的阿蒙霍特普三世的底比斯风格的宫殿，或是泰勒阿玛尔纳的埃赫塔吞宫殿。可以想象在宫殿两侧，有各式宅邸、附属建筑物、祭祀场所、个人的住所、庭院、花园等。城市围绕宫殿向四周发展。目前考古学者只发现厩舍［9］与阿蒙神殿［10］两处大型建筑物群。不过根据古文献记载，应该还有大型的果树园、军营、仓库群、诸位王子的宅邸，以及围绕着宫殿的住宅区。在资料中还提及与祭祀、皇室相关的多栋建筑物，那很可能位于阿蒙神圣域的围墙外边，其中包括：拉神的圣域、普塔神殿、祭祀普塔的陪神塞克麦特的附属建筑物，以及在法老的第一个圣年（即位30年）建立的纪念性建筑物。

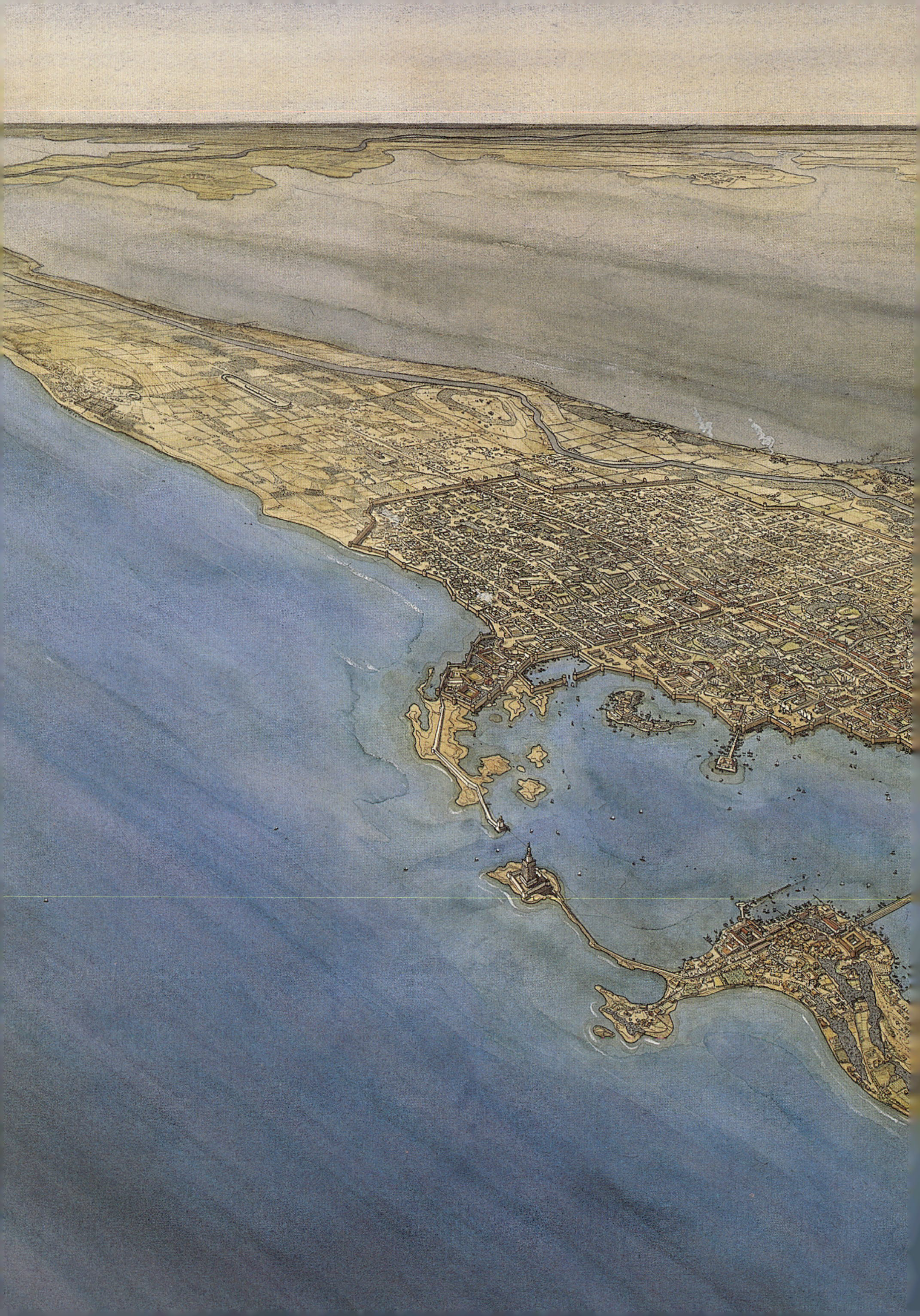

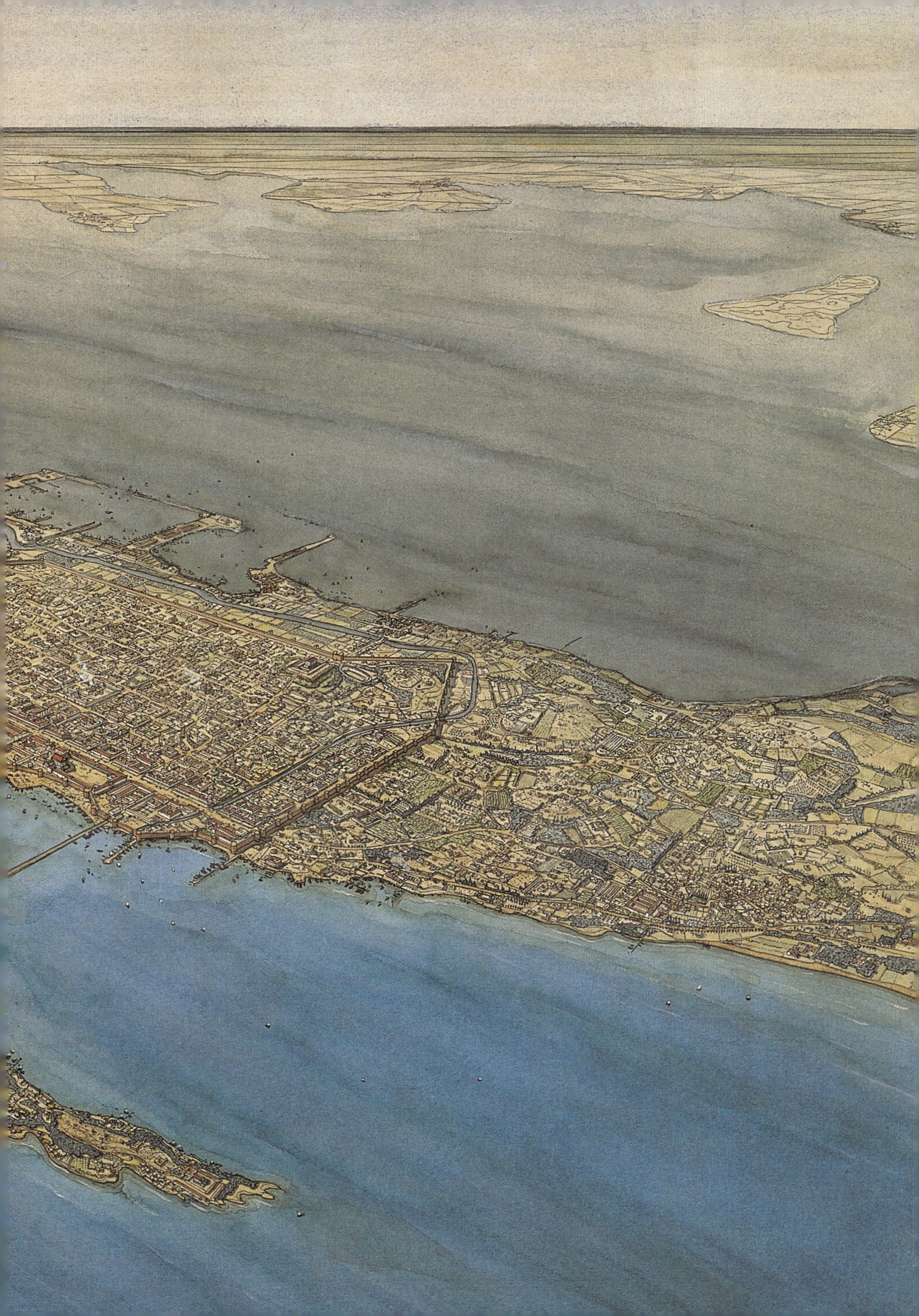

亚历山大港

在古代记述亚历山大港的文章中，写得最好的是公元前25年前后，逗留于此的罗马历史学家斯特拉波的《地理学》。那是关于此城在希腊化时代最详细生动的见证。建筑师狄诺克拉底所设计的这座城市，形状就像马其顿的长披风（chlamyde）。城市北方的海洋形成天然的边界，南边是马雷奥提斯湖。城市的街道规划受到希腊化城市影响，有着井然有序、呈现棋盘方格状的道路网。为了让从城市北方吹来的风吹散夏季的暑气，一切都经过计算。干线道路很宽阔，二轮马车或马匹可以轻易地奔驰其间，而且"其中有两条道路特别宽阔，路面的空间相当充裕（宽30米），并以直角交错"。在市区可看到几处漂亮的公园与宫殿，这些地方"占去城市总面积的1/4到1/3"。

通过海路抵达城市时，"右边是灯塔与岛屿；左边是岩礁与洛察斯岬，可看到皇家的建筑物"。通过洛察斯岬之后，将抵达宫殿地区。宫殿地区的庭园与王室的寝宫不断地整理维护、扩建，附近有研究学问的殿堂（Musée）[6]，包括"王者之墓与亚历山大大帝之墓"的庙宇（Sôma）、"皇家专用的封闭人工港"以及图书馆。在城市建立图书馆这类设施，出自法勒鲁姆的德米特里的构想。他提议建造建筑物，让学者（语法学家、哲学家、诗人、地理学者、医生、物理学者、天文学者等）可以在其中进行研究、授课。而学者们使用的文献，正是全希腊世界集合而来的70万册藏书。在城市对面是安提罗得岛。那是"位于人工港正面的岛，有王宫与小型的港口。仿佛是为了与罗得岛相抗衡，所以取了这个名字"。后来有各种各样关于建筑与圣域的记述，斯特拉波只简单地提及一部分，不过那应该是城市的中枢地带，包括剧场、波塞冬神殿、恺撒神殿、税关的建筑物、仓库群、造船厂等。前方延伸着连接法罗斯岛与陆地的大突堤——艾普台斯塔维雍堤（Heptastade）。西边设立了第二港口乌诺斯托，前端建有名为基博托斯的人工内港。这座人工内港还配置了兵器库，凭借运河可直接通往马雷奥提斯湖。远处随着住户变得越来越稀少，出现了郊外的墓地，那里有"许多庭园、坟墓，以及专门用来安葬木乃伊的场所"。在水路的出口前方，有着祭祀亚历山大港与托勒密王朝主神塞拉皮斯的萨拉皮翁神殿，并建有多处"非常古老的圣域"。另一方面在城市的中心部，设有法庭、庭园、体育场，装饰体育场的柱廊"长度超过1'斯塔狄'"（译注：古希腊长度单位，起源于巴比伦，约177米）。当地还有巴内翁丘、"潘神

"位于埃及边陲"的亚历山大港（前1世纪）

描绘在埃及希腊化时期新建立城市的景观。

1. 亚历山大港以北的地中海。
2. 亚历山大港以南的马雷奥提斯湖。
3. 城市的大港。
4. 法罗斯岛。
5. 亚历山大灯塔（已消失）。古代人将其列为古代世界七大奇观之一。
6. 皇室的建筑物。
7. 宫殿地区。
8. 安提罗得岛。
9. 城市中枢地带（包括剧场、波塞冬与恺撒神殿、税关建筑物、仓库群、造船厂等）。
10. 艾普台斯塔维雍堤（连接法罗斯岛与陆地的突堤）。
11. 乌诺斯托港。
12. 基博托斯的人工内港。
13. 包括墓地的郊外（为死者而建的地方）。
14. 萨拉皮翁（祭祀亚历山大港与托勒密王朝的守护神塞拉皮斯的神殿）。
15. 卡诺珀斯门（在亚历山大港的两条主干道中，东西向的卡诺珀斯大道尽头的门；根据斯特拉波的描述，这条大道的宽度达30米，连接卡诺珀斯门与市郊有墓地的区域）。
16. 战车竞技场。

亚历山大灯塔落成于公元前280年，是托勒密二世（与姐姐恋爱的）统治期间完成的纪念性建筑物。现在灯塔已消失，尽管考古学家在推断为灯塔所在地的盖特贝伊努力探勘，仍然没有找到刻着"献给托勒密法老与阿尔西诺伊王后、阿德尔斐的众神、迪西番之子——克尼多斯的索斯特拉托斯、守护乘船者的诸神"的奉献碑文。据推测，灯塔有3层构造，从下至上分别是四边形、八边形和圆形，高度超过100米。

之丘"，从其顶端望去"整座城市在脚下一览无遗"。路旁有着优美柱廊的城市干线，从西到东、从墓地到卡诺珀斯门贯穿着整座城市。这条大道的另一端有战车竞技场，从战车竞技场到卡诺珀斯运河之间有数条道路并行，这一带郊区也称为伊普德宏（Hippodrome，意为"战车竞技场"）。

上述这些精彩的建筑物，以及罗马时代的城市设施，究竟还留下多少呢？由于近代的阿拉伯城市几乎与古代城市的原址重叠，希腊罗马时代的亚历山大港几乎已完全遭到破坏。在萨拉皮翁地区建立的宗教中心，现在只留下庞培柱、一些雕像的残骸，以及考姆舒加法（Kom el-Shugafa）的地下墓穴。这里的地下墓穴群建立于1—2世纪，这些墓穴巧妙地融合了埃及与希腊美术。另外，在古代城市的中心地带应该有议事厅（bouleutêrion，召开评议会的场所）、体育场（gymnase）、广场、法庭、剧场、公共浴场等大型公共设施，但是在漫长时光中保留下来的，只有考姆迪克（Kom el-Dick）的罗马剧场与公共浴场。与王宫相关的建筑几乎完全没有留下来，而亚历山大大帝之墓、研究学问的殿堂或图书馆，也同样不见踪影。亚历山大图书馆因恺撒的军事行动受到损毁，虽然经过安东尼重新修建，但是在4世纪时遭到洗劫，642年被烧毁。郊外的墓地于1997年发现，包括多处发掘岩壁形成的地下墓穴。

完成于公元前280年的灯塔，持续使用约1700年。1477年，马穆鲁克王朝的盖特贝伊决定在法罗斯岛东北突出的地方建立要塞，灯塔随之消失。目前于要塞下的海底进行发掘调查，找到由超过2000块石材构成的大规模遗迹，包括柱头、雕像、斯芬克斯、圆柱、砖块、方尖碑等残骸，但难以判断是否属于灯塔。另外，大突堤艾普台斯塔维雍已经不存在，法罗斯岛已成为半岛。过去的大突堤转变为带状的土地，上面建造着阿拉伯城市的街道。

45

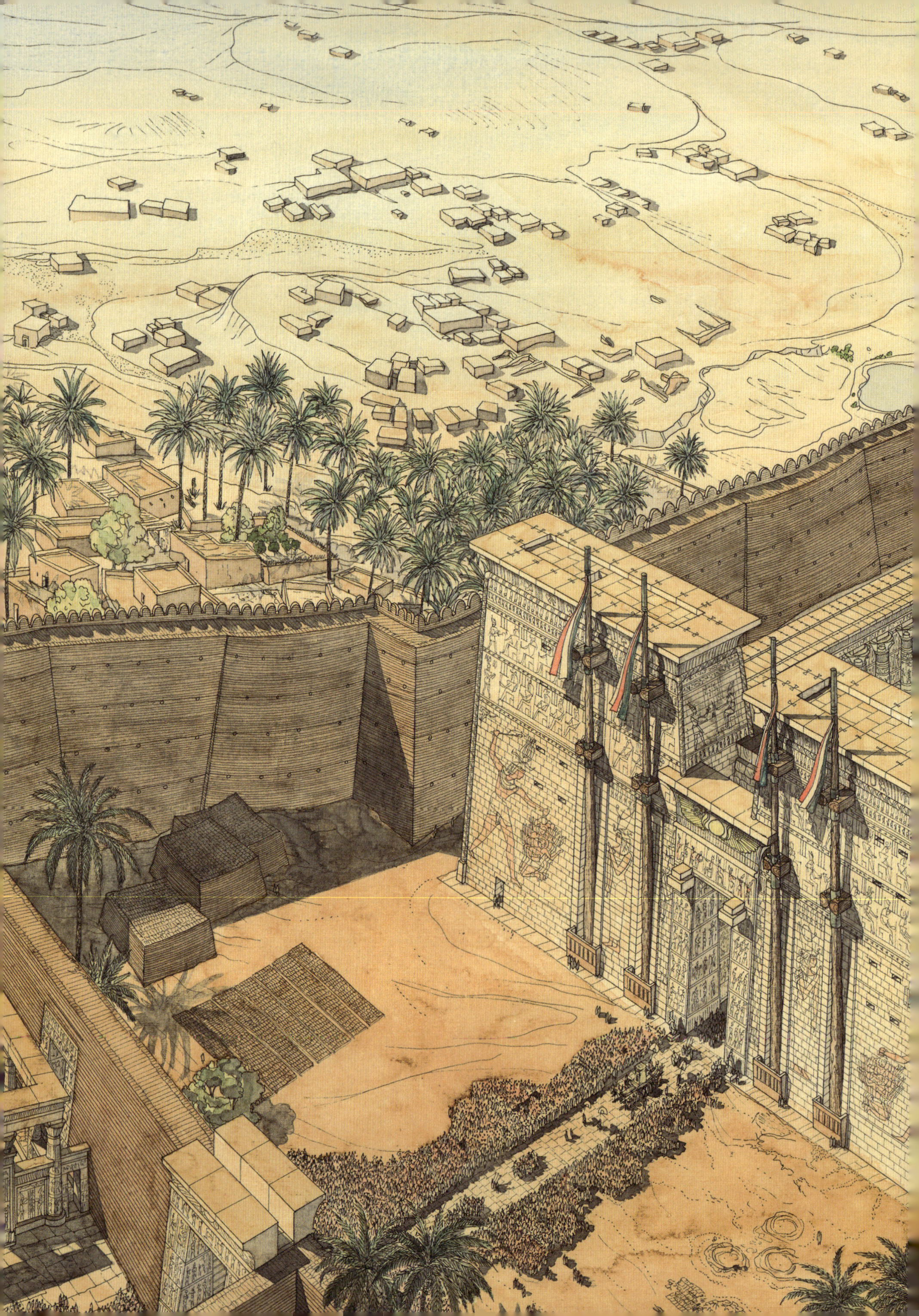

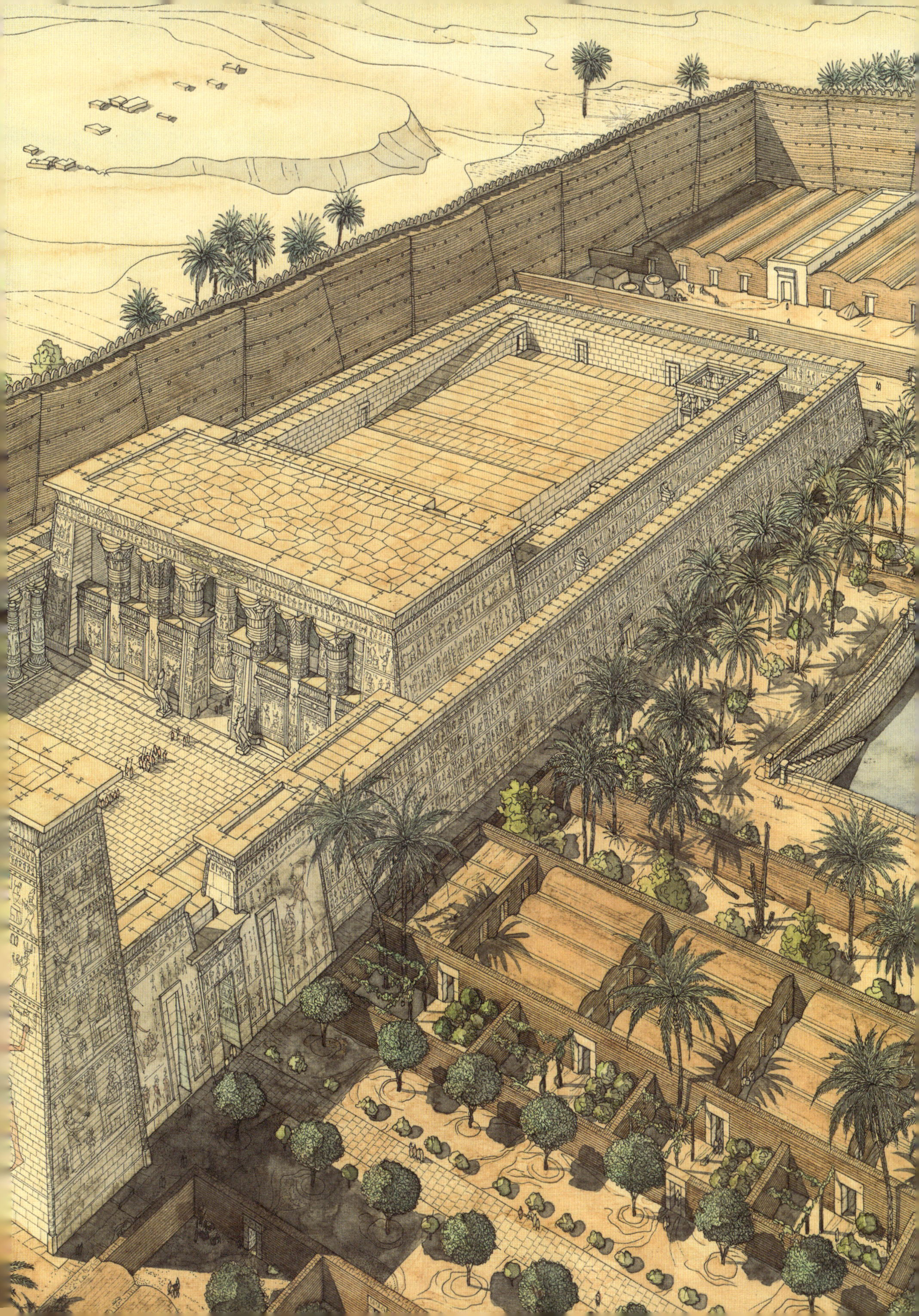

埃德福

寻遍埃及全境，也找不出比埃德福的荷鲁斯神殿保存状态更好的神殿。从塔门到最隐秘的房间，建筑物的各种要素，几乎都毫无损毁地保存至今。仿佛像不久前建造，在几年前才停止使用。因此，埃德福神殿的调查研究现在变得非常重要。不论建筑的结构、装饰的内容，都显现出宗教建筑的原型。然而，作为托勒密王朝时期的建筑，它已与早期埃及神殿有了很大不同，很难将这片圣域作为埃及神殿的模板，它也证明这类建筑物从埃及史初期就已转变型态。根据古文献记载，神殿创建于托勒密三世十年艾琵菲（epiphi）月7日（前237年8月23日），像这样详细记载了建筑日期的事在埃及历史上十分罕见。而神殿完成，是在托勒密十二世二十五年荷阿克（khoiak）月1日（前57年12月5日）。也就是说，不同于许多数百年间不断整修的神殿，埃德福神殿整体风格很一致。事实上在埃及建筑物中，这算是建造时间相当短的。

以规模来看，荷鲁斯神殿可说是尼罗河谷最大的宗教中心之一，宽79米、长137米。托勒密王朝的圣域与以前的建筑物构造的确相似，不过也可看到许多独特之处，这应该与下令建造者的血统有关。首先，基本设计惊人地简洁：入口处壮观的塔门、环绕着柱廊的庭院、列柱式厅堂、通往附属礼拜堂的房间，以及安置着神像以避免让人直视的至圣所，排列成直线。这些建筑都设在两道围墙之内。由砂岩建造的内侧围墙包围着神殿，通道只有些许空间。外侧更加庞大的围墙由日晒砖块建造，包围着诸多的附属建筑物。这些建筑物包括每年庆祝神之子哈尔索姆图斯诞生的诞辰殿、测量尼罗河水位的建筑、神官们净身的圣池、抬着神像行经的步道、储存食物的仓库、神官们居住的建筑物。一切都以安置神像的神室为中心，那是圣域天花板最低、地板最高、最狭窄昏暗的房间。

除了展现新的空间构成，这座建筑物也充斥着过剩的要素，使得建筑物显得过于厚重。包括混合样式的柱头、壮观的柱顶过梁、发达的线脚装饰、柱间的墙壁等。浮雕与文字的配置很严密，在简洁的直条带状装饰间，排列着整齐的文字段落作为区隔。人物像有着新的轮廓。不沿用既定的形象，显现出前所未见的圆润。装饰上，除了传统地以法老的图像为主题外，也描绘出宇宙的创造论和信仰崇拜的运作过程：包括每日的工作及举行庄严祭祀仪式等场景。

埃德福的荷鲁斯神殿（前1世纪）

这座神殿的保存状态极佳，几乎不需要加以复原。
不过为了重新赋予神殿生命，鸟瞰图在入口前添加了荷鲁斯之妻——女神哈托尔的来访队伍。

1. 荷鲁斯圣域周围以日晒砖块建造的外墙。
2. 举行部分戴冠仪式的"隼鹰之亭"。
3. 托勒密八世的诞生殿。埃德福三柱神（荷鲁斯、哈托尔、哈鲁索穆特斯）中，身为儿子的哈鲁索穆特斯神出生的地方。
4. 入口的塔门。高达36米，门前有两尊荷鲁斯的隼鹰雕像。左右的墙壁装饰描绘着托勒密十二世将俘虏作为祭品呈献给圣域主神荷鲁斯的情景。
5. 由柱廊环绕的庭院。通过前方有两座隼鹰雕像的门，进入神圣的房间。
6. 大列柱式厅堂。
7. 由前室、供品室、中央厅堂，以及多间礼拜堂围绕的神室（至圣所，naos）构成的圣域。
8. "与太阳光轮结合"之亭。在这里举行让神像重生的仪式。
9. 水位塔。为测量尼罗河水位而建。
10. 围绕圣域的墙壁。
11. 推测为圣池的所在地。
12. 神殿的附属建筑物群。
13. 纳加达的村落。
14. 公墓。

希腊

在德尔斐，抵达供奉阿波罗的主神殿前，会先经过雅典娜的圣域——现在称为马尔马里亚（Marmaria）的地方。这里是希腊建筑史上最重要的地方，出土了众多建筑遗迹。从左至右来看：最左侧是公元前5世纪被夷平的矩形建筑，此建筑当时的作用已不可考，现在一般称为"神官之家"；旁边是建于公元前370—前360年前后的新神殿，取代了曾位于西侧入口附近，因地震而倒塌的旧神殿；接下来是建于公元前4世纪初期的圆堂，由大理石建成的这座圆形纪念性建筑物用途不明，但是已确知与地下世界有关；再往右是公元前6世纪与前5世纪建立的两座宝库（trésor），这个名字来源于其作用——它是用来存放献给神祇的贵重祭品的地方，各个城市都会在圣域中建造；其右是圣域的旧神殿，建立的年代可追溯至公元前500年左右，却因为公元前373年的地震损毁；位于上述建筑物后方的两栋矩形建筑物，推测是当地的英雄菲拉考士（Phylacos）的小神殿一部分，不过也可能是遭到闲置的古代宝库。上图是描绘每栋建筑都处于全盛期理想状态下的复原图。

德尔斐

位于帕尔纳索斯西南侧的山坡，德尔斐的遗迹所在地风光明媚，有各种各样祭祀用的建筑物，其中祭祀阿波罗的圣域更是古希腊最著名的场所之一。事实上，这座城市的历史与名称，与德尔斐神谕的名声（以及女祭司的角色）关系密切。德尔斐神谕吸引了地中海沿岸全境的朝圣者，几乎所有古代的撰述者都提及这个地方。当地自古以来就在传达神谕，但公元前7世纪建造阿波罗圣域后，凭借名为"宝库"的建筑物来保管希腊各城市奉献的祭品，这笔庞大的财富使德尔斐迅速迈向繁盛。在复原图中，试图重现大旅行家保萨尼阿斯（2世纪末的历史地理学者）、德尔斐的大神官暨当时重要的思想家普鲁塔克（50—125年）眼中所见的景观。

德尔斐的遗迹由两个主要地区构成，被公元前4世纪时曾是体育场的土地分隔。如右页上方图片所示，其一是位于图中下方由数个小神殿与宝库构成的雅典娜圣域；其二则是由围墙圈出的近乎矩形的土地上，多座建筑物簇拥着主神殿的阿波罗圣域。整个圣域的入口位于东南方，那里的朝圣之路蜿蜒曲折地通往阿波罗的圣域。道路两旁有各式各样的建筑物，一栋比一栋豪华美观。除了优美的建筑物、延伸的柱廊、雕塑、捐赠的献祭建造物和还愿的建造物；沿途也有大型建筑物，不过有些建筑仿佛为了避人眼目，建在稍微后面一点的地方。在最高处，耸立着阿波罗神殿。神殿虽然多次遭受火灾与地震的破坏，但每次都能以来自全国的捐献重建。今日所见的建筑物可追溯至公元前330年前后。这座多立克柱式的围柱大神殿，长60米、宽24米，特征是内部有多间谜样的房间。由于保存状态不佳，至今仍无法确认实际用途，但是据推测应该是为传达神谕而设的房间。由女祭司坐在三脚椅上，传达神的旨意。年轻女祭司由神明附身后，会发出一般人听不懂的叫声，通过神官加以解释。

德尔斐的遗迹
（2世纪）

1· 雅典娜的圣域，也就是马尔马里亚（参见第49页）。主要有雅典娜神殿与公元前4世纪初的美丽圆堂。

2· 体育场。建于公元前330年前后，根据高度不同分为两个部分 [下方的角力场（palestre）有玄关、浴场、为休憩娱乐而设的房间；上方有室内跑场与室外跑场，由屋顶覆盖的柱廊有185米长的跑道，比露天运动场的跑道规模稍微小一些]。

3· 阿波罗圣域。境内有各种各样的纪念建筑（如还愿建造物、神殿、柱廊、雕像等），传达神谕的阿波罗神殿坐落于圣域高处。

4· 西柱廊。位于阿波罗圣域的围墙外。推测由公元前278年成功击退加拉太人侵略的埃托利亚人所建，作为战争胜利的象征。

5· 2世纪时建立的竞技场。当时为纪念阿波罗的伟业，在这里举办四年一次的皮提亚运动会。（跑道有177.41米，一罗马尺等于0.2957米，所以总长相当于600罗马尺；阶梯席北侧有12列，南侧有6列，可容纳6500人。）

⋯⋯⋯⋯⋯⋯⋯⋯⋯⋯⋯⋯⋯⋯⋯⋯⋯⋯⋯⋯⋯⋯⋯⋯⋯⋯⋯⋯⋯⋯⋯⋯⋯⋯

6· 罗马时期的广场，位于圣域主门前。

7· 沿途有各种建筑的朝圣之路。从主门出发，越过围墙的东南隅，抵达丘陵之巅的阿波罗神殿。

8· 为了纪念公元前405年在伊哥斯波塔米战役中战胜雅典人，斯巴达人献上的还愿建筑（有类似纪念碑的壁龛，前方排列着科林斯柱式的列柱，装饰着38座铜像：其中有10座是诸神与英雄的雕像，其余28座是斯巴达的船长）。

9· 阿尔戈斯人捐献的建筑（右方是公元前369年，麦西尼城创建时献上的半圆堂，内有阿尔戈斯国王们的青铜像10座；左边的半圆堂，根据保萨尼阿斯的撰述，在公元前456年，与攻下底比斯的"埃披戈诺伊"[1]的雕像一起捐献）。

10· 圣域围墙西南角的多座宝库 [来自西锡安、锡夫诺斯岛、迈加拉、锡拉库萨、克尼多斯、底比斯（又名忒拜）、雅典等]。

11· 位于圣域围墙东部的另一组宝库（来自科林斯、昔兰尼、阿坎托斯、伯拉西达[2]等）。

12· 公元前220年前后，帕加马国王阿塔路斯一世奉献的双层柱廊（4世纪时为了供水给下方的公共浴场，改建为储水槽）。

13· 阿波罗神殿。公元前330—前329年完工的圣域核心地带。

14· 剧场。建于公元前2世纪初，帝政时期经过重新修建。[有35列石制的阶梯席，可容纳约5000名观众；铺着石板的合唱队席（orchestra）直径18.5米，舞台建筑（phoskénion）长9米。]

15· 克尼多斯人的公会堂。背向圣域北方的围墙（公元前5世纪的长方形大厅以壁画装饰，主题是特洛伊之战与奥德修斯的地狱之旅，由出身萨索斯岛的画家波吕戈诺图斯绘制）。

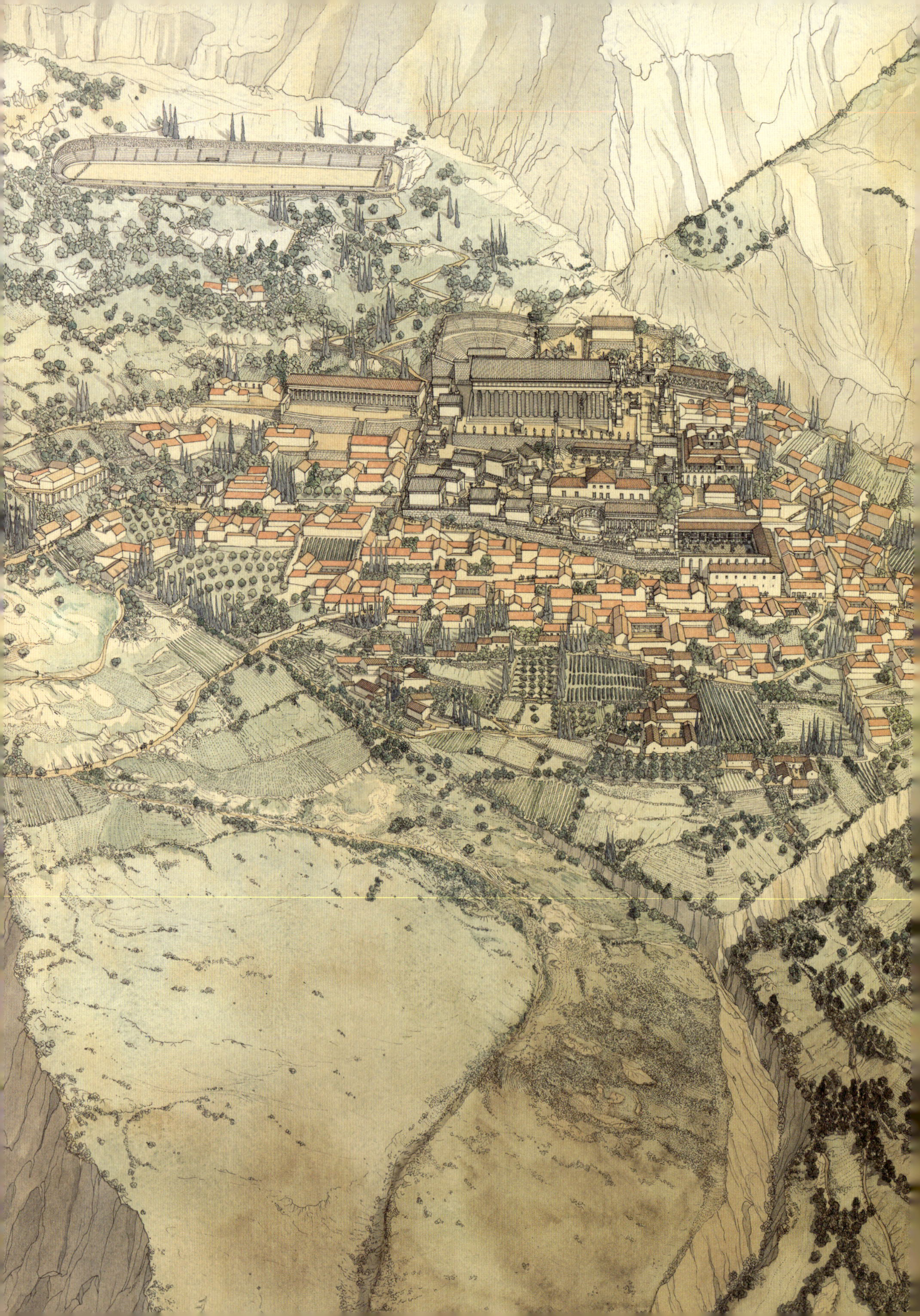

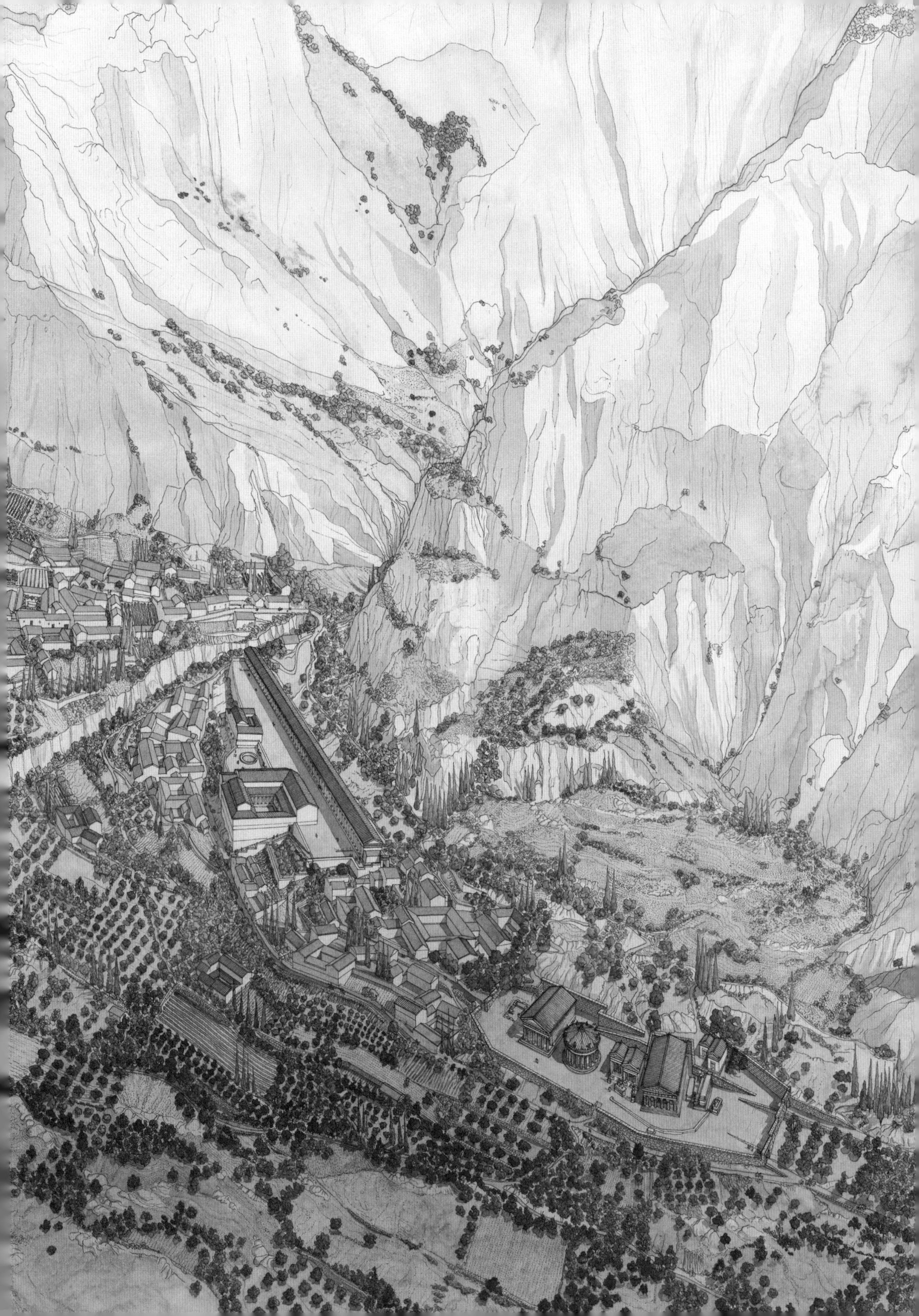

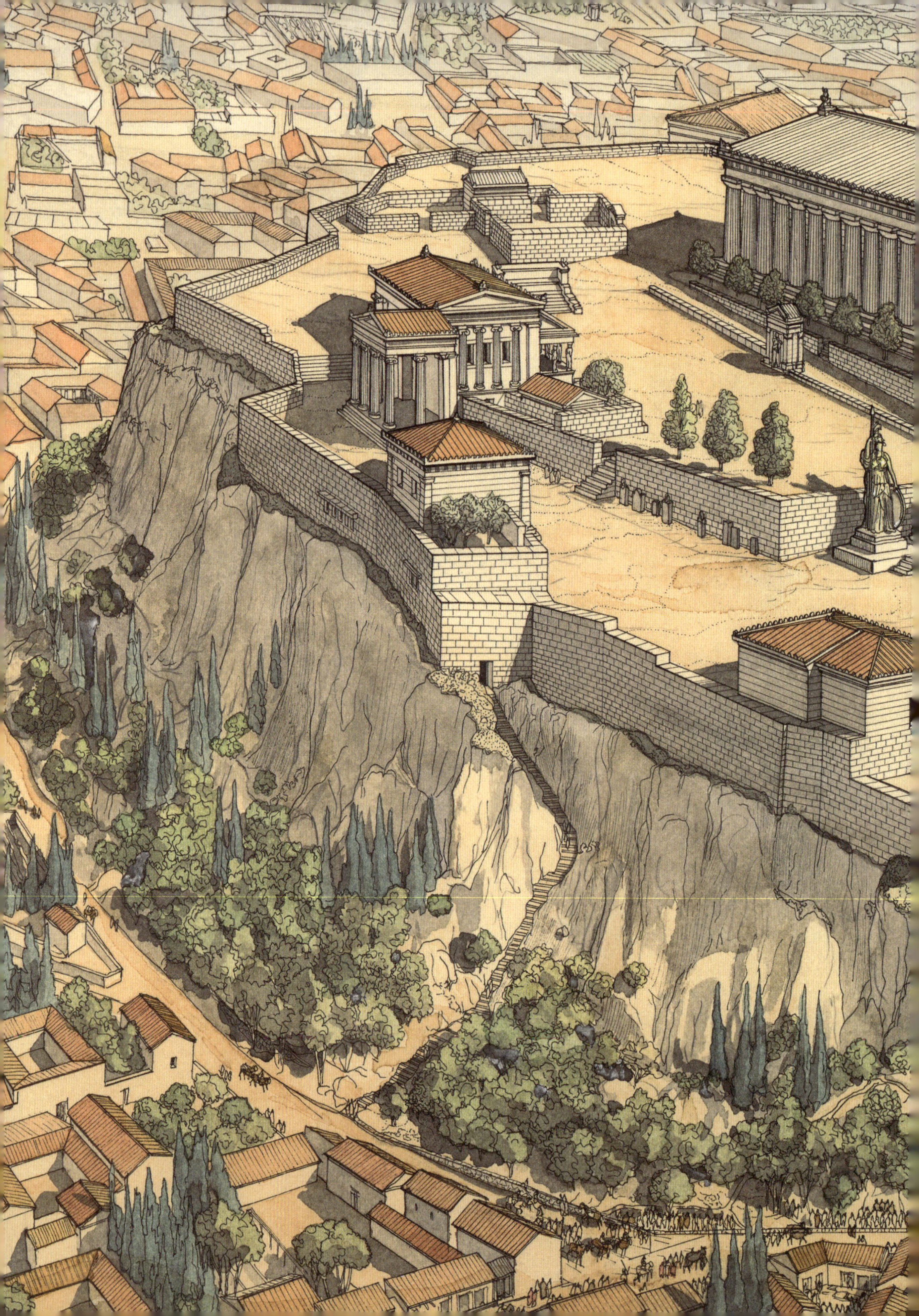

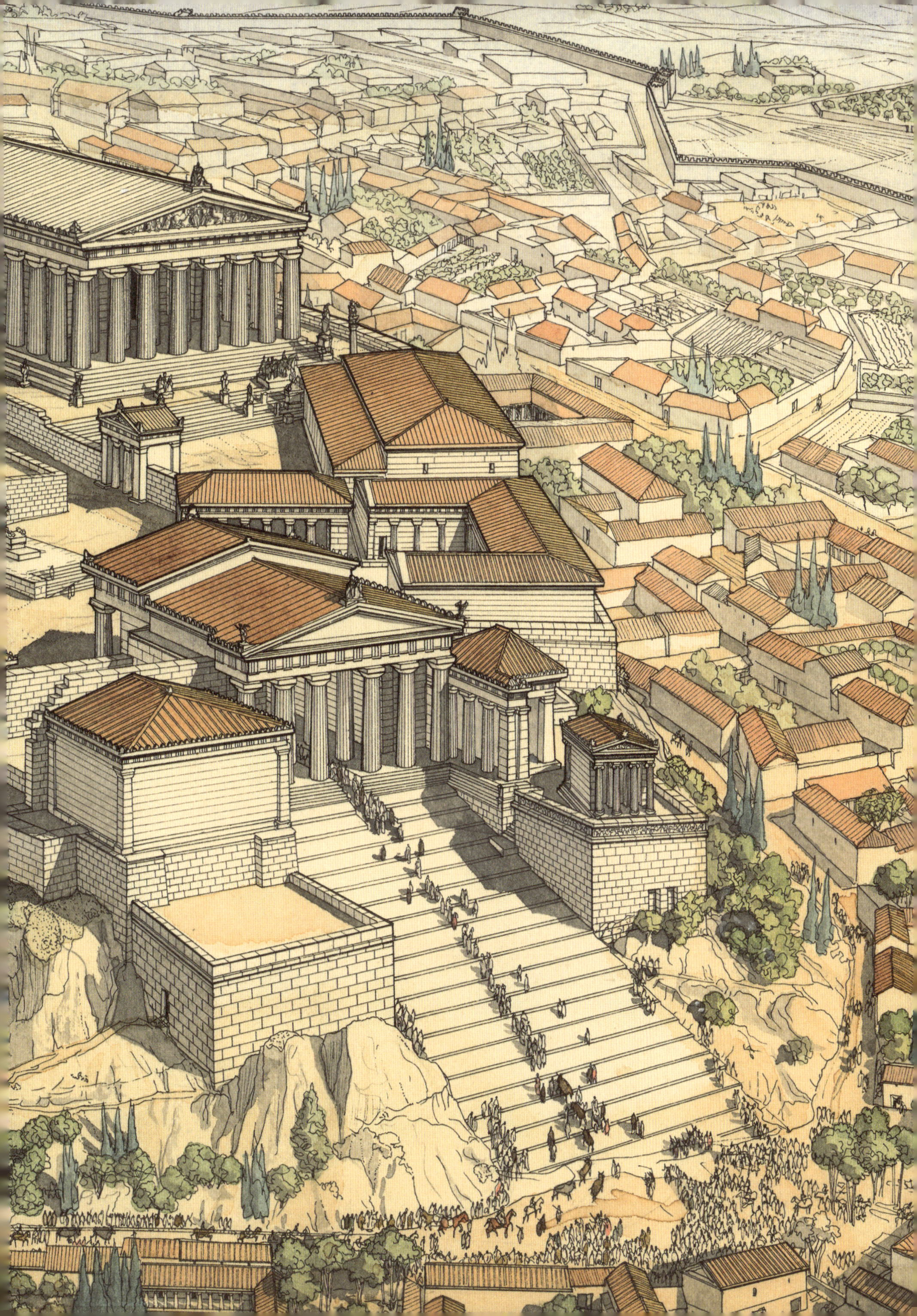

雅典

雅典卫城坐落在面积约 3 万平方米的台地上,可俯瞰雅典。卫城的历史与城市本身的历史交织,起源可追溯至迈锡尼文明（前 1600—前 1100 年）。在卫城早期的建筑物中,只剩下少许围墙与门的遗迹。公元前 8—前 6 世纪,卫城放弃了政治上的特权,只掌管祭祀。由于人们崇拜城市的守护女神雅典娜,因此有许多崇敬她的建筑物,尤其是遗迹的入口便有供奉着雅典娜的小神殿。然而在公元前 480 年,波斯人攻入雅典,卫城不可避免地遭受掠夺。

公元前 454 年伯利克里决定重新整修卫城。他期望借由这个充满野心的计划,再次展现雅典的力量。4 年后工程终于开始,委派了当时最伟大的雕刻家斐迪亚斯为总建筑师。工程从卫城的至宝——帕特农神殿开始,这座神殿的位置正在象征雅典荣耀的圣域。接下来继续建造前门、雅典娜胜利女神殿、厄瑞克忒翁神殿。主要的建筑物于公元前 5 世纪末完成,并开始发挥它们的祭祀职能。此后几个世纪,即使经过小规模的改建,遗迹整体的样貌也不曾改变。时至今日,仍可目睹伯利克里时代所留下的景观,几乎没有太大改变。

伯利克里与斐迪亚斯时代的雅典卫城（前 5 世纪）

在古典时代最具代表性的景观。
当欧洲的艺术家遥想古代,画家们首先会描绘卫城。

1. 雅典娜胜利女神殿[3]。建于卫城入口的纪念性建筑物,公元前 5 世纪下半叶由卡里克拉泰斯建造。（这座爱奥尼柱式的大理石神殿,只有一个供参拜神像的房间。）
2. 卫城山门。用班特里库斯山的大理石建造的壮丽入口,在前门旁并列着大小不同的两栋建筑物。（公元前 437—前 431 年,穆内西克莱斯建造了卫城山门,用来取代庇西特拉图的入口;巨大的矩形建筑前面有着柱廊,共有 5 扇门,通过此可以经朝圣道路通往卫城。）
3. 卫城山门北侧的柱廊,接待用建筑物。由于展示着奉献给神明的画作,所以被称为"绘画馆"。
4. 卫城山门南侧建筑,与北侧相比规模小了不少,只是个朴素的柱廊。
5. 健康女神雅典娜-许癸厄亚（Athéna Hygie）[4]与生育守护神阿耳忒弥斯的圣域（téménos,希腊语为 temenos,分别供奉着女神的青铜像与大理石像;阿耳忒弥斯像是公元前 429 年瘟疫发生时由雅典人捐献的）。
6. 雅典娜-厄耳伽涅的圣域。雅典娜-厄耳伽涅是特别的尊称,人们奉她为工艺之神,工匠与女性会献上自己制作的东西。
7. "军械库"（Chalcothèque）,用来存放青铜甲胄和武器[5]。推测建于公元前 450 年,在公元前 432 年增建柱廊。
8. 由斐迪亚斯制作的雅典娜-普罗马丘斯[6]神像（这座象征城市守护神的青铜雕像,高度超过 9 米,完成于公元前 454 年,通过古代旅行家的撰述,广为人知）。
9. 连接卫城山门与帕特农神殿的朝圣道路。
10. 帕特农神殿。以班特里库斯山大理石建造的这座神殿,建造于公元前 447 年—前 432 年。（多立克柱式神殿,四周有列柱环绕,正面的三角楣饰有着应是雅典娜的浮雕,由 8 根圆柱支撑;神殿由两个房间构成——神室与名为"帕特农"的后室;东西两端的柱廊有 6 根多立克柱式圆柱并列。）
11. 宙斯祠堂,现在已消失。
12. 厄瑞克忒翁神殿。它是卫城主要的祭祀场所,建设于公元前 421 年—前 406 年。[虽然由多个圣域组成,但在建筑风格上仍保持统一;神殿的中心,是由两个礼拜堂构成的中央建筑物,一边的礼拜堂供奉雅典娜,另一边供奉波塞冬;建筑物以装饰纤细及柱廊美观为特征,尤其是女像柱（Caryatid）的柱廊,由 6 座女性雕像代替圆柱,这几座雕像身穿爱奥尼亚风格的长基顿[7],顶着有卵形、穗形装饰的圆形柱头。]
13. 潘德洛索斯圣域,或潘德洛索斯神殿,祭祀刻克洛普斯的女儿潘德洛索斯（包括有雅典神圣橄榄树的庭院、宙斯祭坛、礼拜堂）。
14. 阿雷弗利欧殿。负责与雅典娜一起缝制神衣的 7—11 岁少女,称为"阿雷弗利欧"（Arrhéphore）。神衣将于每年在雅典娜圣域举行的盛大祭典中被贡献出去。（这座方形的小建筑物只剩下基础的一部分。）
15. 蜿蜒的阶梯。
16. 住处与行政事务所。

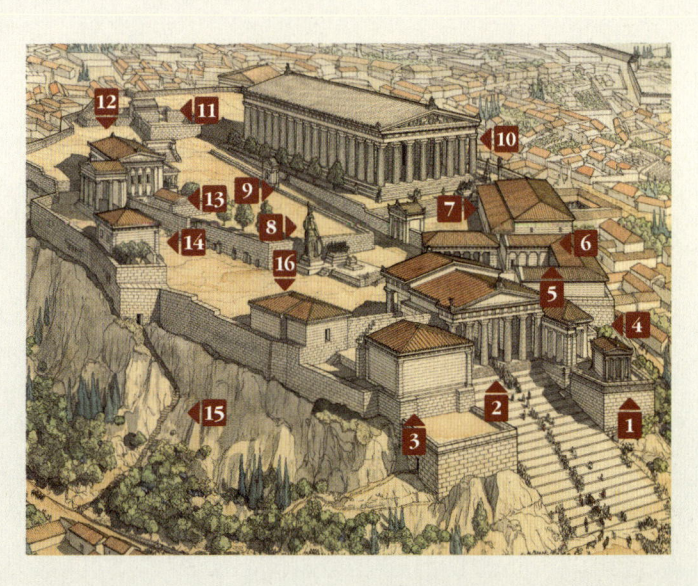

罗马时代的雅典

罗马时代的雅典
（3世纪）

1. 卫城（请参照左页）。
2. 狄俄尼索斯剧场。建于公元前 5—前 4 世纪，在罗马时代经过修复。起先将阶梯席一直建到卫城的岩壁下，最多可容纳 1.7 万名观众。
3. 普尼克斯山，卫城对面顶部平坦的岩丘。在这里，雅典人召开公民大会（ecclesia）。公元前 5 世纪于此建立的集会场，呈现巨大的半圆形，尽头设置着讲坛，以供演说者向与会者发表自己的观点。
4. 罗马化的广场。由列柱围绕，111 米×98 米的大型长方形广场。在爱奥尼柱式列柱后方有列柱廊（stoa）[8] 与仓库。
5. 音乐厅。公元前 15 年由奥古斯都大帝的女婿阿格里帕所建。这是一座有屋顶的巨大剧场，比帕特农神殿还大。
6. 战神阿瑞斯神殿。公元前 430 年以赫淮斯托斯神殿为模板建造。最初建于帕尔尼斯山脚下，在古罗马时代初期迁至广场。
7. 建于公元前 465 年的圆堂。政府中枢机构、议事会的常驻办公机构——议事会执行委员会的办公场所。
8. 议事厅。建于公元前 5 世纪，召开议事会来制订法案。法案接下来在公民大会表决。
9. 赫淮斯托斯神殿，位于广场西北方克洛诺斯山顶。立面有 6 根圆柱并列，是多立克柱式的围柱式神殿，建于公元前 5 世纪中叶，献给赫淮斯托斯与雅典娜。
10. 阿塔路斯柱廊。由帕加马国王阿塔路斯二世（前 159—前 138 年在位）下令建造。长 116 米、宽 20 米的列柱廊可供散步，也是商业中心。
11. 哈德良图书馆。这座拥有"百柱"的建筑物，是哈德良皇帝在雅典建造的最大的公共建筑物。庞大的四边形建筑物，由 U 形的 3 栋主体建筑与西侧前有柱廊的立面构成，与柱廊相对的图书馆，拥有着阅览室与书库。
12. 建有雅典公民菲洛帕波纪念碑（建于 116 年）的丘陵。
13. 比雷埃夫斯港。雅典最重要的外港，也是贸易的中心地带。
14. 风塔。公元前 1 世纪由西尔哈斯的安德罗尼卡[9] 出资建造。这是栋八边形的美丽建筑物，同时具备风向仪、日晷、水钟的功能。
15. 希罗德·阿提库斯的音乐厅。希罗德·阿提库斯是雅典富裕的公民，也是哈德良皇帝的朋友。建于 2 世纪中叶的小型音乐厅，呈直径 29 米的半圆形，可容纳约 5000 人。

一直以来，雅典抵抗着罗马，在公元前 86 年，城市终遭到苏拉率领的军团洗劫。加上之前受到严重破坏，雅典整体的力量衰退许多。城市一直无法复兴，还不断地面临新的破坏。只有比雷埃夫斯港在血与火之中，经过多次修复。

实际上开始大规模地整顿城市，是从公元元年前后——奥古斯都大帝时代开始。不只是重建遭到破坏的建筑物，也改建既有的建筑物、建造新建筑物。其目的很明确，就是为了颂扬皇帝及其氏族。工程集中于 3 个区域。由于卫城已几乎没有盖新建筑物的余地，所以只进行简单地修复。在旧广场以东的地区建立新广场。另外在伊利索斯河以北的地区完成奥林匹翁－宙斯神殿（Olympieion）。接下来没过多久，公元前 15 年阿格里帕在雅典时，建造了音乐厅（在 2 世纪时经过重建）与供奉皇帝氏族的圣域，并搬迁了数座纪念性建筑物。

最后在 2 世纪时，哈德良皇帝展开正式的城市改造。除了输水道，同时还建立了图书馆、巴西利卡、市门、神殿等。虽然之前已经历过多次工程，但是雅典在古罗马时代能够改头换面，应该要归功于哈德良皇帝。

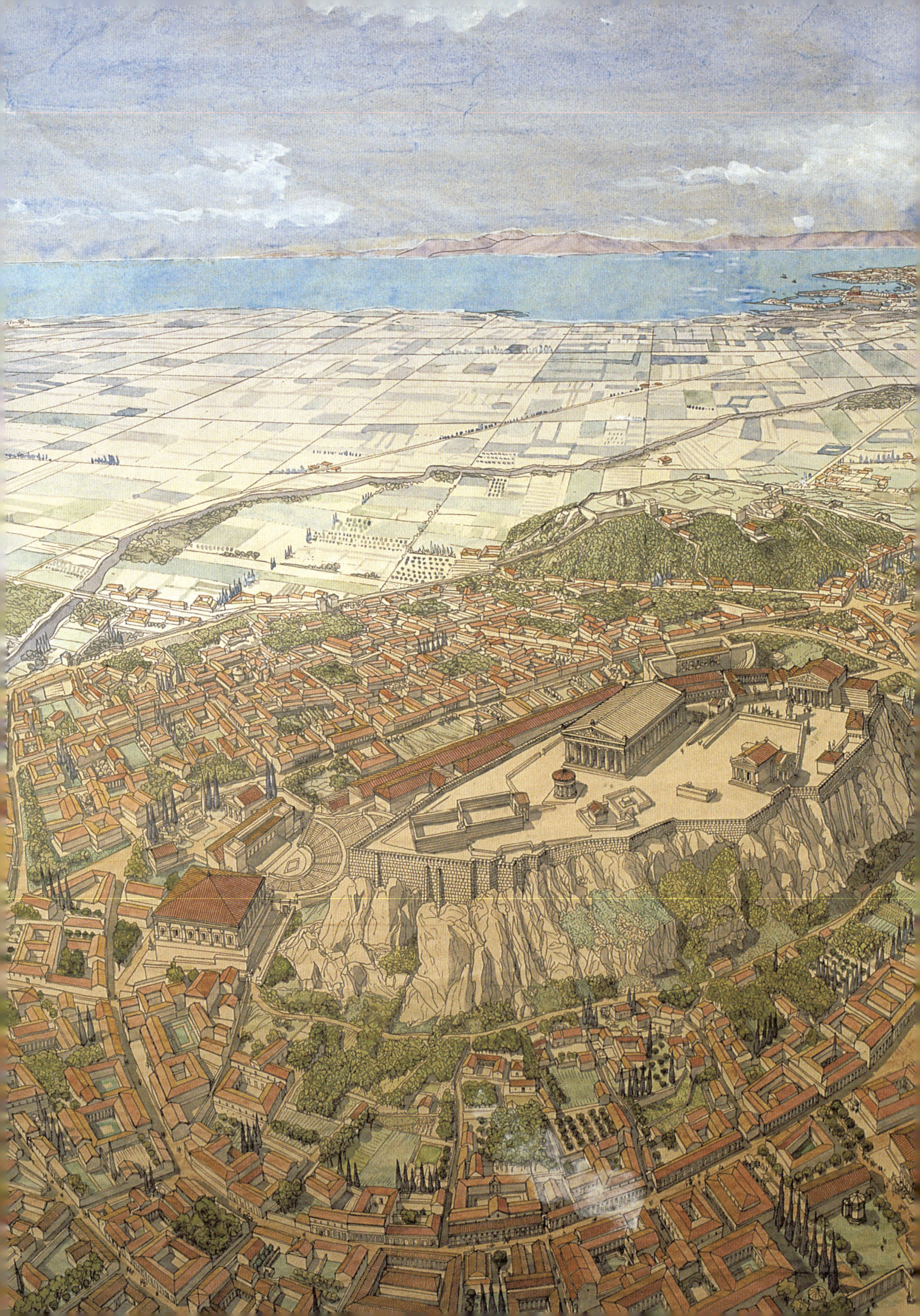

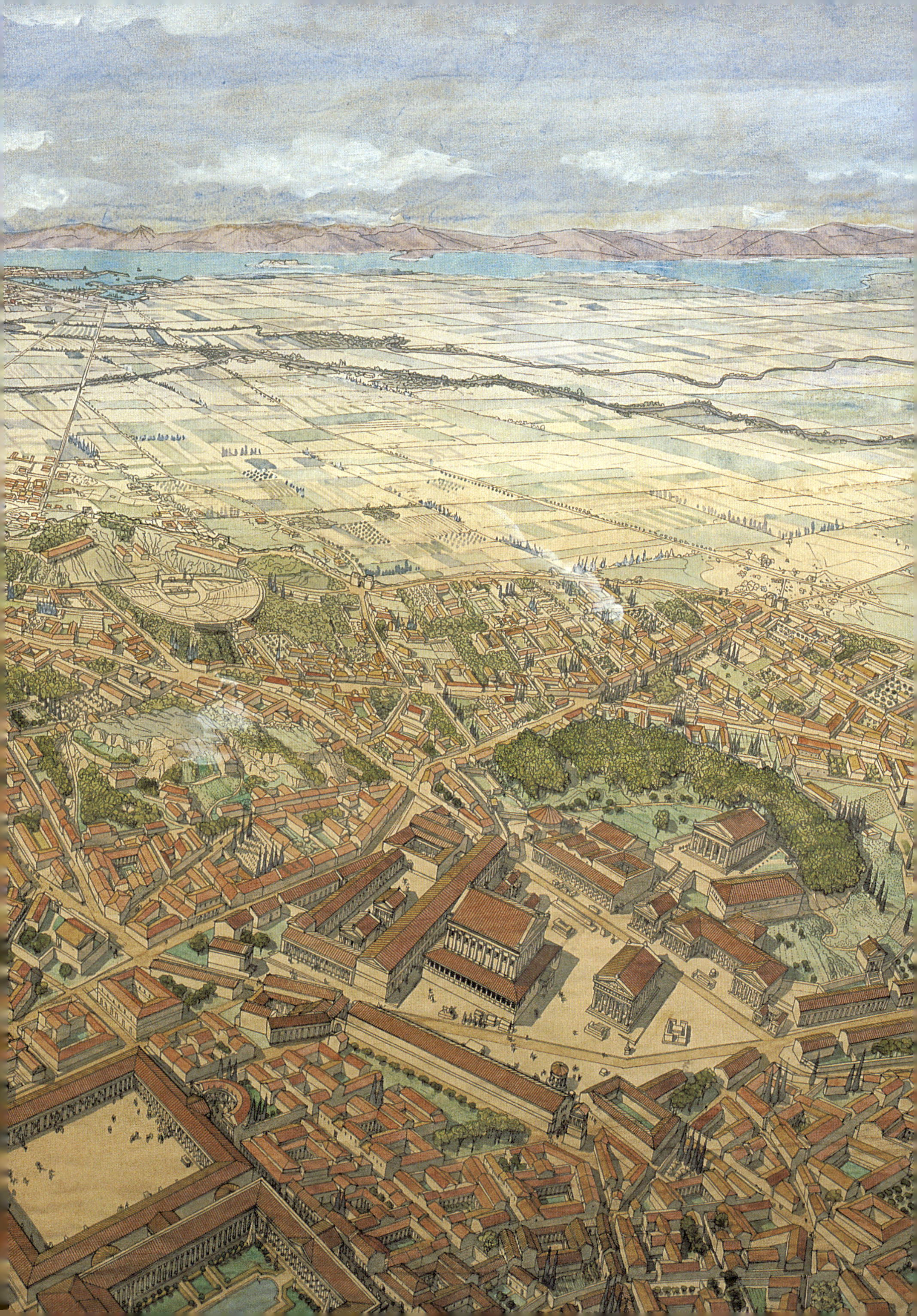

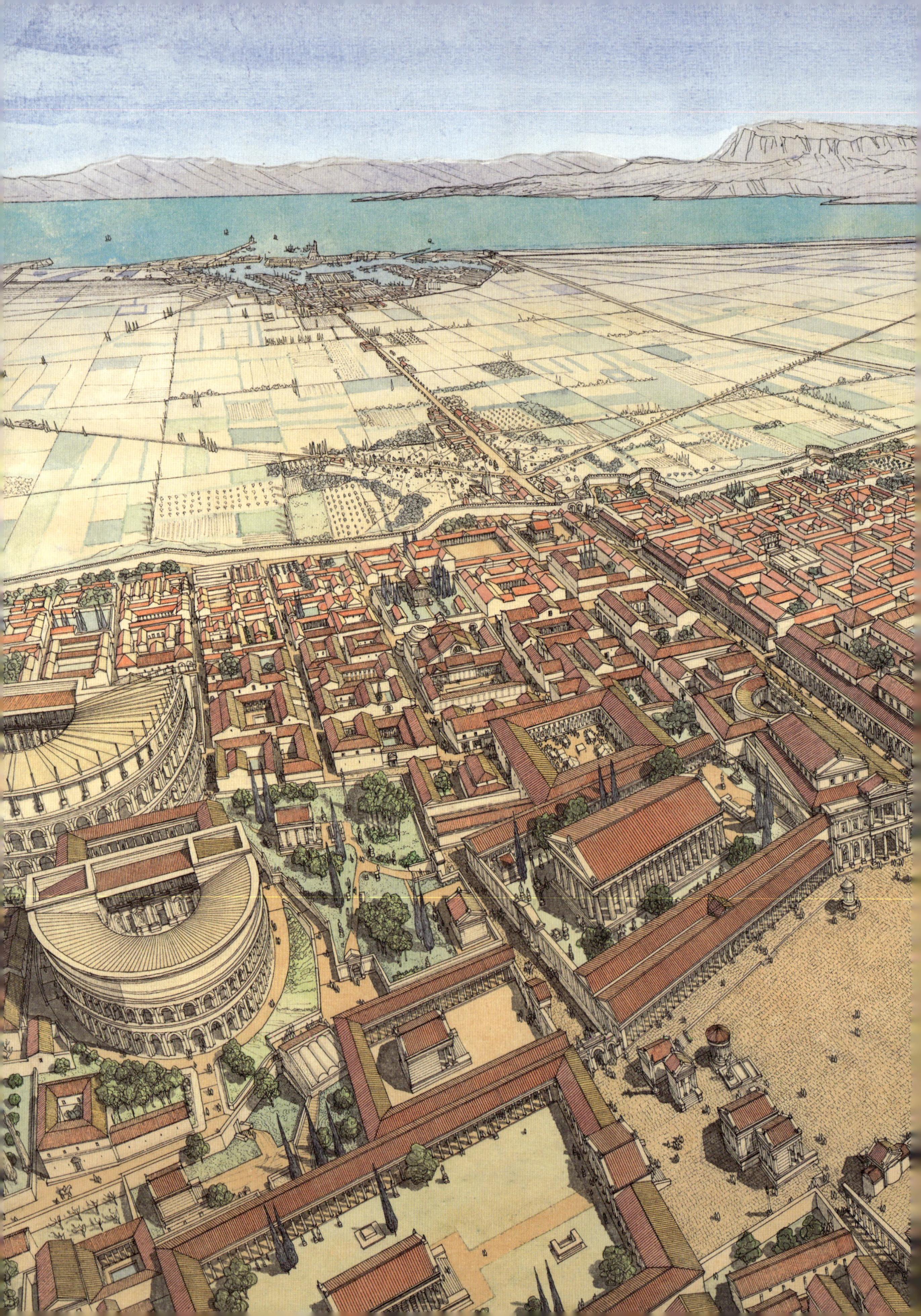

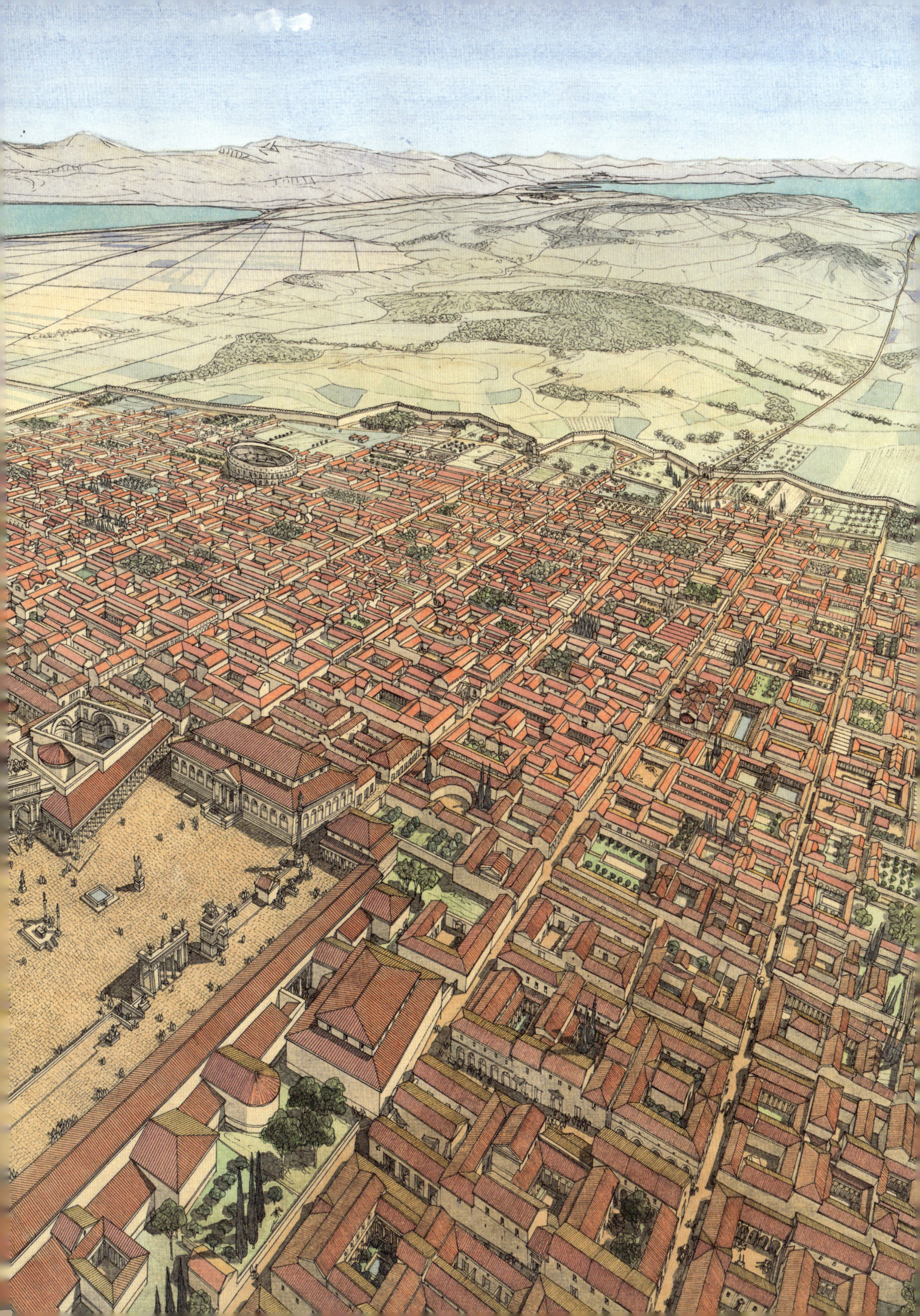

科林斯

科林斯与科林斯地峡（2世纪）

1. 位于城市以北2.5千米，科林斯湾的勒卡埃乌姆港，当时是罗马帝国最大的港口之一。港内的停泊空间有15万平方米，码头的总长达5千米。
2. 科林斯地峡。
3. 位于城市以南7千米，萨罗尼科斯湾的坎科雷埃港，形状是长450米的椭圆形，面积有3万平方米。
4. 剧场。在建设罗马殖民市时重建，哈德良皇帝统治期间将舞台正面改装得更美。
5. 音乐厅。在1世纪末时仍是不起眼的建筑，在遭受火灾之后，2世纪由希罗德·阿提库斯以大理石重建。
6. 神殿"E"，也被称为屋大维娅神殿。1世纪末，这个圣域可能用来祭祀宙斯、礼拜皇帝，高大的圣界墙将其包围。
7. 广场。古罗马城市中最大的建筑物之一。在南柱廊前以讲坛分隔为两个部分，官员在这座讲坛对民众发表演说。
8. 南方的大柱廊。建造于公元前4世纪下半叶，罗马时代经过重新整修后，在这里设置了殖民市的行政机构，其中议事厅最为重要。一排商店排列有序。在最东边还设有保管古文书的国家档案馆（tabularium）。
9. 南方的巴西利卡。在1世纪时按照尤利亚巴西利卡的设计建造。
10. 尤利亚巴西利卡。建于奥古斯都大帝统治初期，与在罗马建造的尤利亚巴西利卡同时期、以同样的设计建造。
11. 珀里尼泉水池。经过多次整修，在2世纪全面改建。这次改建后，庭院接近正方形，在北边自西向东增建半圆形的露天座位。整体覆盖着大理石，陈设着宁芙珀里尼的雕像。
12. 通往勒卡埃乌姆港的道路，相当于南北主干道。
13. 北方的巴西利卡。与国家档案馆同时期，大约在公元前1世纪末建造。在奥古斯都大帝统治末期，为了让围绕广场的建筑物界线一致，向前迁移数米。正面除了女像柱，还雕刻了蛮族的俘虏。
14. 阿波罗神殿。原本是纯粹的希腊建筑物，在古罗马时代，依照罗马的建筑理念全面改建过。

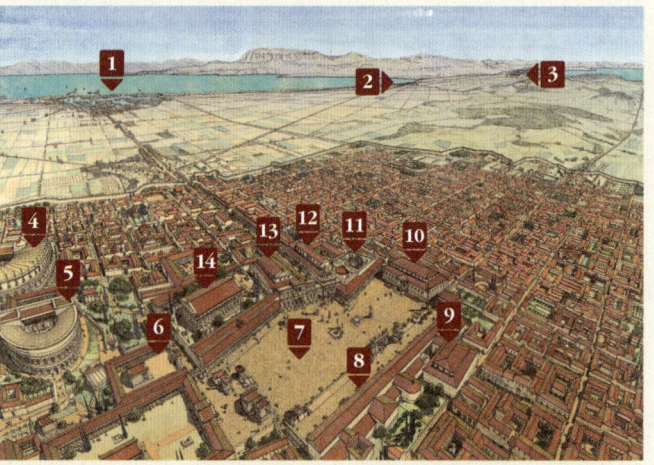

公元前44年由恺撒建立的殖民城市科林斯，位于连接希腊本土与伯罗奔尼撒半岛的地峡。由于特殊的地理条件，科林斯迅速地成为古罗马时代地中海最大的港口之一，以及亚该亚行省的首府。开凿横贯地峡的运河，据说最早出自尼禄皇帝的构想。由于在狭窄的陆地上，能够搬运的船只不能太大，所以有必要开凿海洋间的运河，而其宽度必须至少要有40—50米。起初是66年由韦帕芗送来的6000多名犹太俘虏进行工程。但是68年尼禄皇帝死后，工程被迫停止，就这样维持到近代。由于地处贸易线路的关键位置，科林斯在两边的海岸都有数个港口。其中最重要的港口是北边的勒卡埃乌姆港与南边的坎科雷埃港。

科林斯的城市规划是棋盘方格式的，其设计者跟数年后规划建立迦太基市的建筑师应该是同一人。城市划分为同样大小的4个正方形区域，地理上的中心接近广场。通往勒卡埃乌姆的南北主干道（cardo maximus），将城市一分为二。有12条东西向道路（decumanus）与南北主干道呈直角交叉，将城市划分为30余个街区。在城市中央，有一座约160米×95米的长方形广场，周围有圣域、巴西利卡、议事厅等城市公共建筑物。后来为了平整土地，科林斯进行过大规模的土木工程，但仍尽量保留之前的建筑，比如南方的大柱廊和珀里尼泉水池。同时为了强化城市职能，也建造了新的建筑物。

奥林匹亚

奥林匹亚位于伯罗奔尼撒半岛西部，阿尔菲奥斯河与克拉德奥斯河汇流之处，现在仍是希腊最有名的圣地之一。在这里每四年举行一次赞颂宙斯的古代奥林匹克运动会。从公元前776年只有一项竞技，发展为全希腊的赛事，并且在公元前5世纪初迎向极盛时期，连续数日举行共13项竞赛，其间还融合了宗教仪式与运动竞技。古代奥林匹克运动会后来于393年停止举办。

圣域四周由圣墙围绕，主要设有3个入口。在围墙内有与祭祀相关的建筑物（主要是宙斯与赫拉的神殿），外侧有附属的建筑物（西边是角力场与体育场，东边有竞技场与战车竞技场、公共浴场、神官们的住所、旅馆等）。

奥林匹亚的圣地（前4世纪）

1. 从克罗尼欧山丘俯瞰奥林匹亚的圣地。在山脚下圣区绵延，种植着梧桐树、橄榄树、柳树、松树，形成奥林匹亚的神圣森林。
2. 阿尔菲奥斯河。奥林匹亚位于这条河流旁。
3. 赫拉神殿（Héraion）。这座赫拉神殿是现存的希腊宗教建筑物中，最古老的一座。（这座多立克柱式的神殿，应该是在公元前600年前后建造，随着时间的推移，原本木制的圆柱被替换为石柱，因此柱廊的风格缺乏统一性。）
4. 宙斯神殿。位于圣地的中枢，建造于公元前468年—前457年。（这是伯罗奔尼撒半岛最宽广的神殿，以多立克柱式的列柱环绕，在神室里有斐迪亚斯的代表杰作——宙斯神像；以黄金跟象牙制作的宙斯神像，名列古代世界七大奇观之一。）
5. 梅特仑（Mètrôon），众神之母库柏勒的神殿。建于公元前4世纪初，从奥古斯都大帝的统治时期开始，也作为颂扬皇帝的建筑物，继续加以使用。
6. 腓力堂（Philippéion）。腓力二世于卡埃罗内亚[10]战役获胜后，于公元前338年开始施工，亚历山大大帝在位期间完成。（在这栋圆堂中，马其顿王室被奉为英雄，举行赞颂王室的仪式。）
7. 希腊的殖民市（包括西锡安、塞利农特、梅塔蓬图、迈加拉、盖拉等）奉献的多座宝库。其中最古老的与赫拉神殿同时期，比较新的可以追溯到公元前5世纪前叶。
8. 公元前5世纪初期的议事堂（Prytanée）。作为圣地的行政中心，在这里会为官吏与竞技的优胜者举办宴会。
9. 公元前2世纪初的体育场（这座封闭式建筑，长200米、宽120米，在由柱廊围绕的庭院，进行掷标枪、掷铁饼、赛跑等需要开阔空间的运动项目的训练）。
10. 公元前3世纪的角力场（呈边长66米的正方形，以柱廊围绕的庭院为中心建造，为拳击、摔跤和跳远提供训练场地）。
11. 斐迪亚斯的工房。公元前430年前后，为制作宙斯神殿的神像而建。
12. 祭司住房（Théokoléon）。这栋建于公元前4世纪初的长方形建筑，是奥林匹亚祭司们的住处。
13. 神英堂（Hérôon）。献给无名英雄的圆形纪念建筑。与祭司住房是同一时期的建筑。
14. 雷奥尼代翁旅馆（Léônidaion），接待外国高官与宾客住宿的地方，公元前330年由纳克索斯的雷奥尼达斯建立。
15. 罗马时代的浴场。
16. 议事厅。从公元前6世纪中叶到前5世纪分成几个阶段建设。（在方形建筑的中心设置宙斯的祭坛，参加竞技的选手在比赛前必须先在这里宣誓。）
17. 竞技场。公元前5世纪初，古典奥林匹克运动会渐渐失去宗教意义，成为世俗娱乐活动，这时建立了这座竞技场。（在长212.54米、宽28.5米的跑道周围，可容纳4.5万名观众；一般的观众坐在地面上，只有少数几位特定人士可以坐石制的座位。）
18. 回音廊。由于会产生7次回响，所以又称为"Eptaéchos"。（由两排列柱构成，约公元前350年建立，将竞技场与圣域的其他部分明确区分开来。）
19. 战车竞技场。由于现在已完全看不到遗迹，无法得知正确的样貌，据推测全长应有780米。

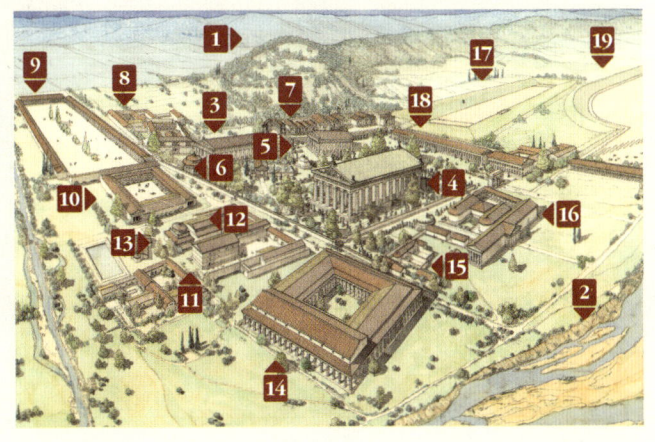

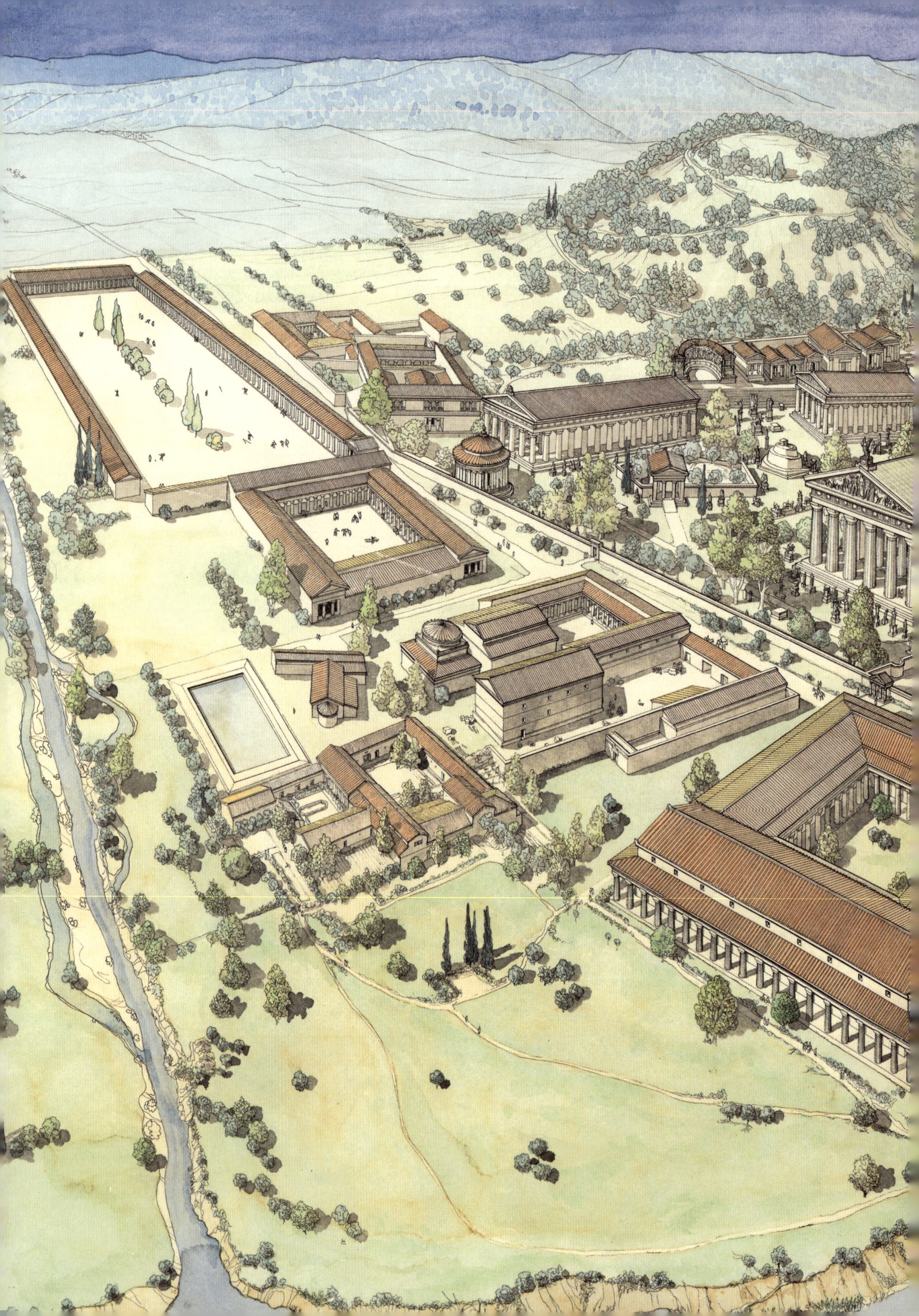

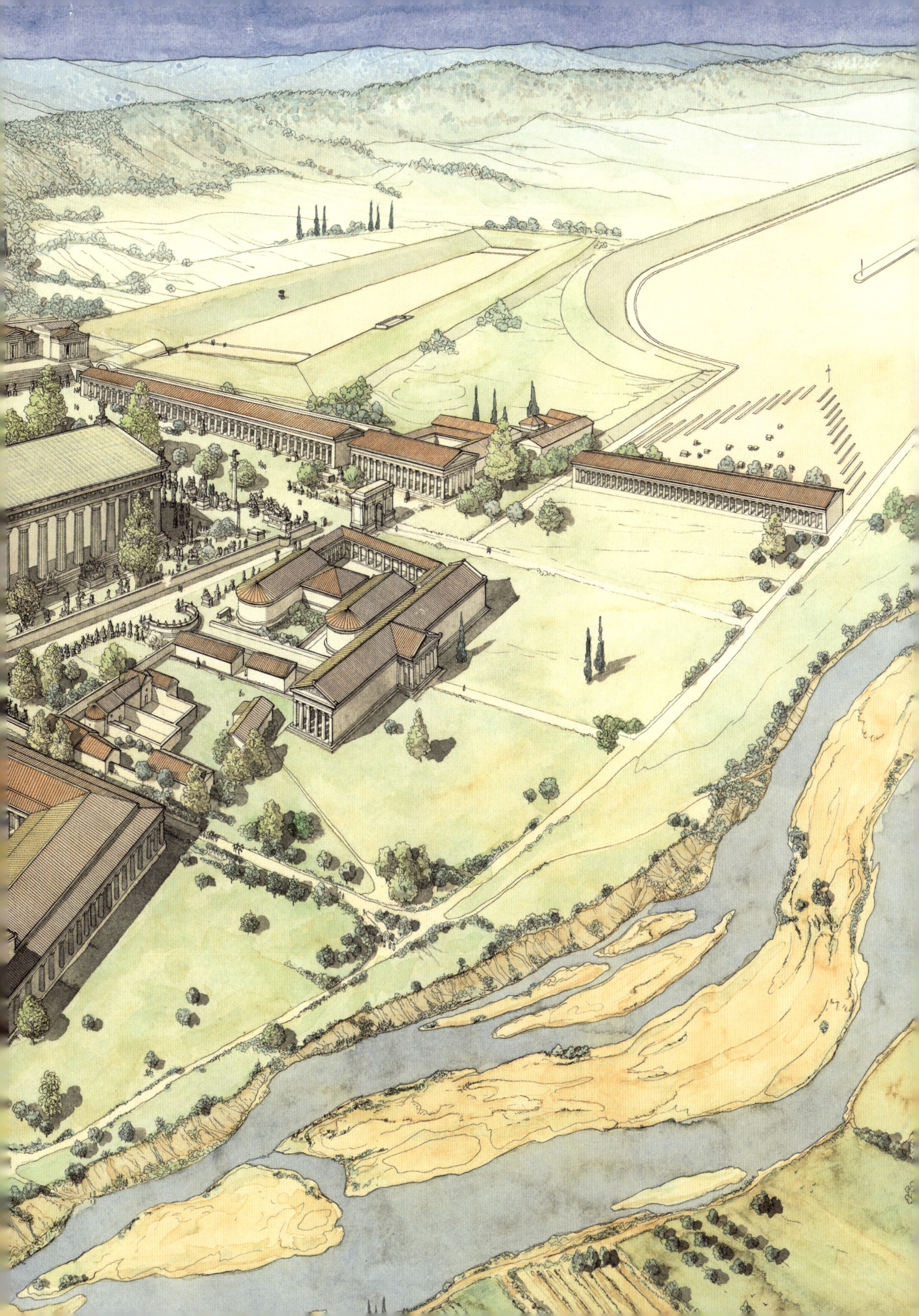

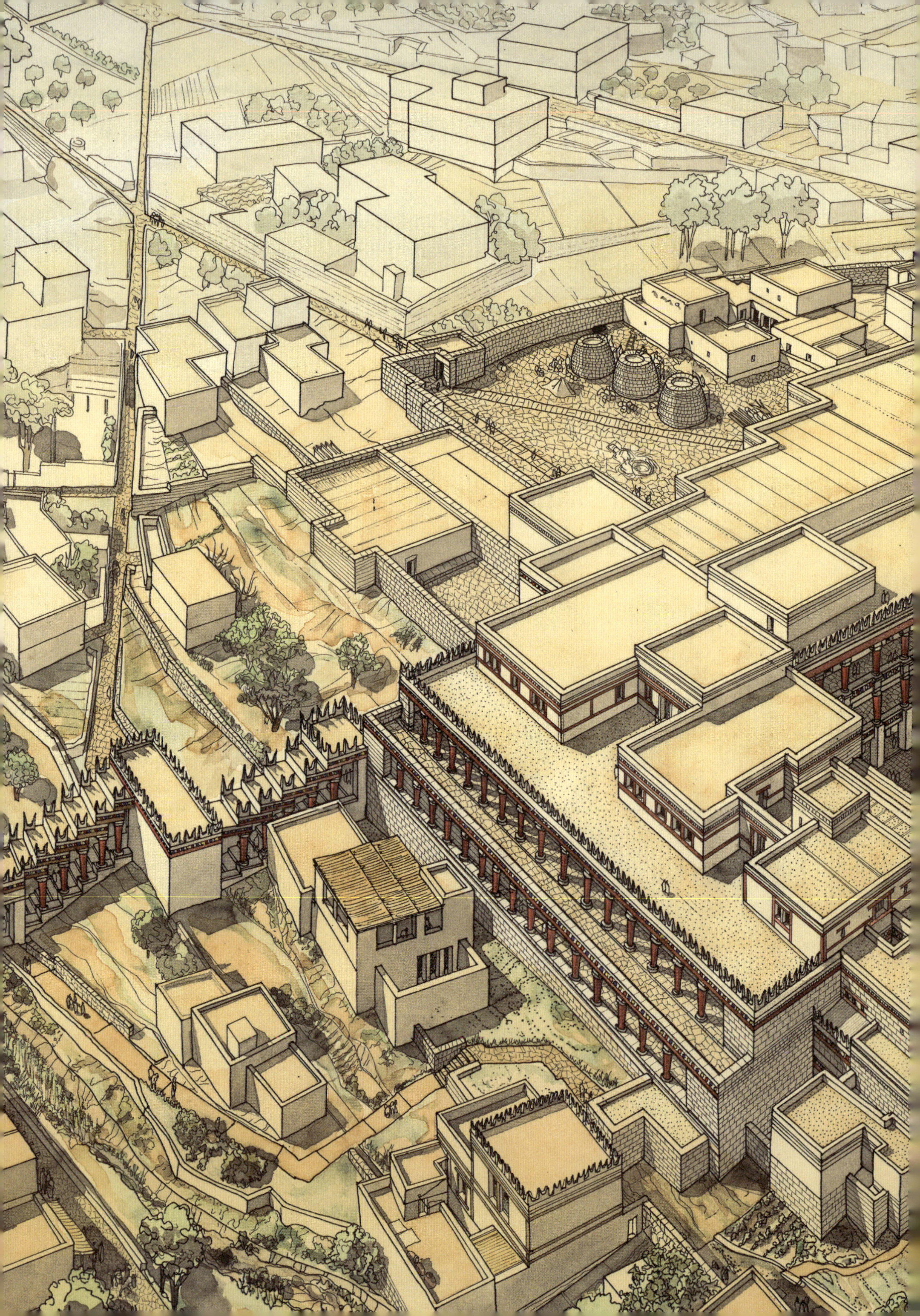

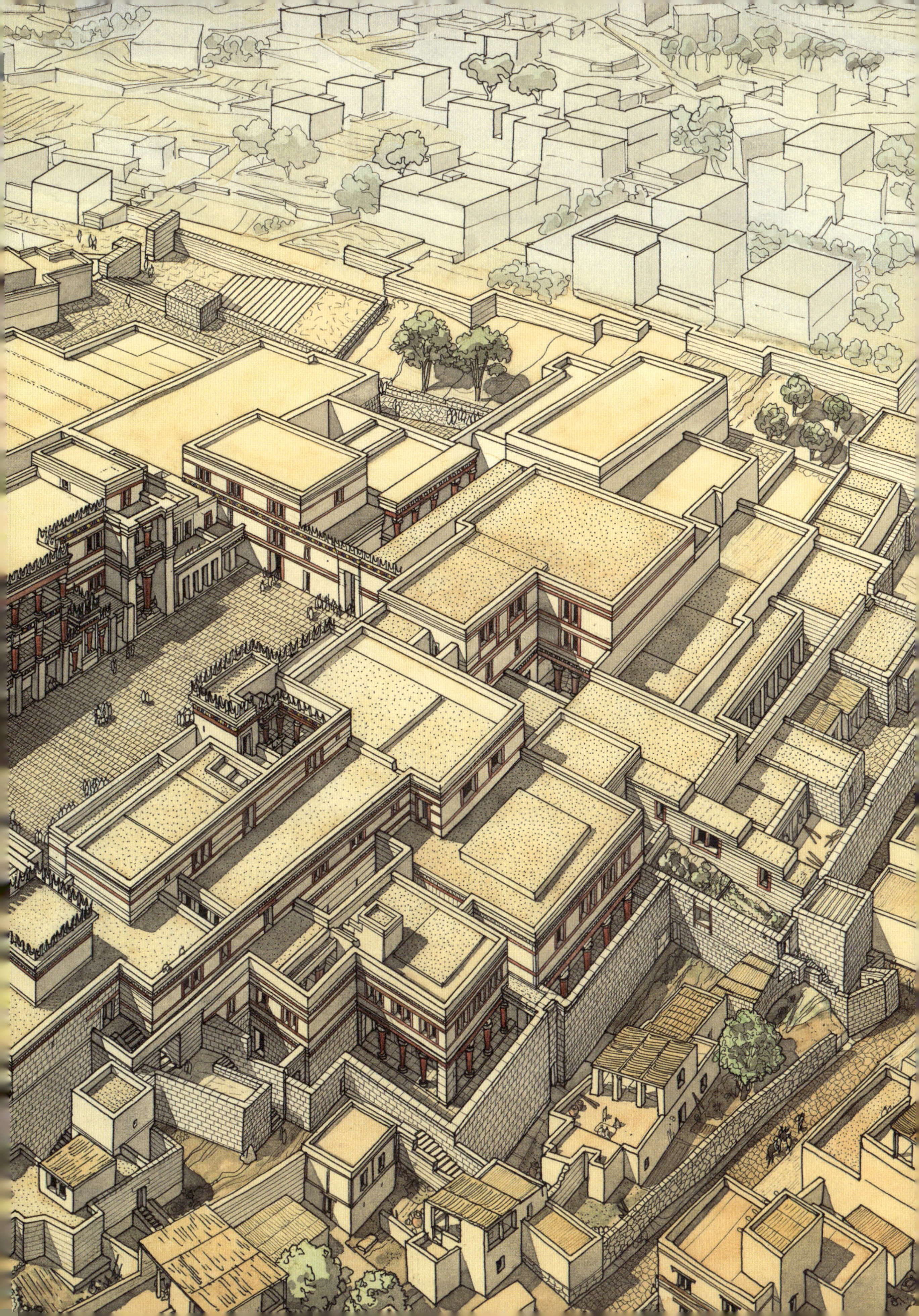

克诺索斯（克里特岛）

传说中米诺斯王时代的克诺索斯（前1600年前后）

1・南方的入口。在3座入口中是最大的。（从入口的大阶梯登上，将抵达正面有圆柱的宫殿西侧。）

2・行进廊（因为通道墙壁上画着人们列队搬运货物的壁画，所以有这样的称呼；在墙面腰线的部位大约描绘了500人）。

3・百合王子的回廊。

4・中央庭院。长50米、宽28米的长方形大型空间。

5・御座室，需要通过一扇两重门进入（这个房间里有雪花石膏做成的高背椅宝座，沿着墙壁放置着几张长椅）。

6・内有数栋建筑物的圣域。除了正面有5根圆柱的神殿之外，还包括有前室的地下礼拜堂、内有地下坑穴用来保管祭具的房间等处。

7・希腊神殿。

8・西边的储藏室。由数个长方形的细长房间并列而成。（在发现时，有18个房间放置着古希腊陶瓷。）

9・皇室的居室（可通过保存状态极佳的大阶梯进入）。

10・国王的麦加伦（Mégaron，"双斧厅"）。在四面墙壁中，门占了三面，剩下的一面摆着有华盖的木制王位。（与前室相对，向左右打开沉重的门扉，就能看到谒见室。）

11・有陶工、石工、磨石匠、金银细工师和艺术家的工房的区域。

12・王后的麦加伦。以美丽的壁画装饰3个房间，房门外有利于通风采光的挑高空间，居室附有浴缸与浴室，以及有盥洗设施的厕所。

13・通往王室大道的宫殿北侧入口（通常由居住在宫殿的西边与北边，或是来自港口的人出入）。

14・王室大道。宽4米的通道，由高出一截的中央石板道路与两侧的步道构成。

15・带有剧场风格的区域。设有阶梯席，据推测应该会在这里举行某些仪式。

16・列柱式厅。

17・户户有宽广屋顶露台的住宅区。

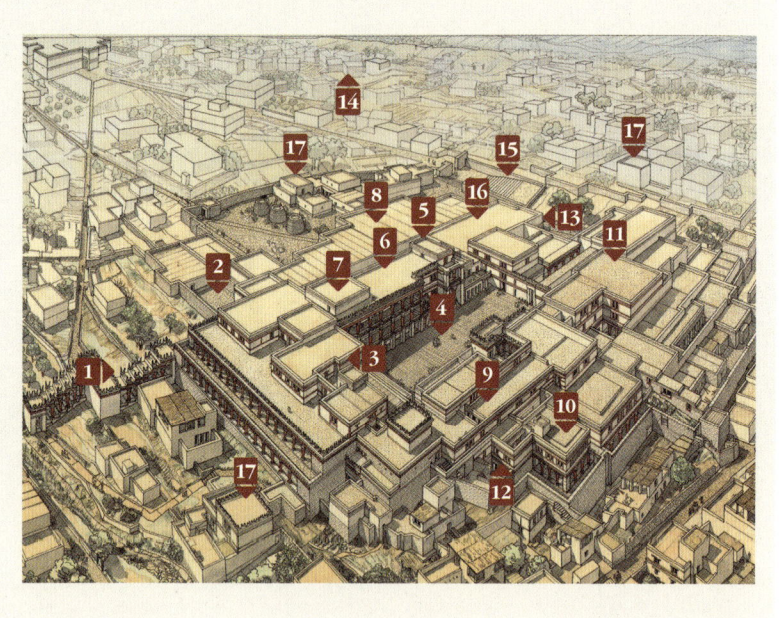

从米诺斯文明初期开始，克诺索斯就是克里特岛上最大的宫殿。在米诺斯文明中后期，克诺索斯成为岛上最主要的城市。最初建立的宫殿，从遗迹可追溯至公元前2000—前1900年，从朱克塔斯圣山俯瞰，可看到宫殿建在起伏的丘陵上。这座宫殿在300年后的地震中倒塌，公元前1600年前后于原地重建。若说有什么明显的变化，就是规模变得更大、建筑变得更美。约公元前1450年，由于桑托林岛（又名锡拉岛）火山爆发而遭到破坏的这栋建筑，就是今日人们造访的遗址。但是，由于宫殿经过多次修复，有些部分在某个时期会显得不合时宜。像克诺索斯这样的米诺斯文明"宫殿"，实际上除了是行政中心，也是工作的场地、仓库、圣域与统治者的宅邸，可说是集合多种功能的复合建筑物。由于具备多种功能，令人觉得宫殿建筑群具有复杂的特质。

宫殿是3层建筑，入口有3处，以大型的庭院为中心。而且，尽管由大小不同的建筑物左右不对称地排列，却依据几项不变的规则使整体保持一致：宫殿的屋顶是露台；运用了克诺索斯特有的建筑要素，也就是使用下方渐窄的木制圆柱；最豪华的房间有大型的入口，并以列柱形成开放的空间；适当地穿插打通的墙壁，利于采光通风；还有屋外的露天楼梯间等。

提洛岛（基克拉泽斯群岛）

提洛岛是基克拉泽斯群岛中最小的岛屿，长 5 千米，最宽处 1.3 千米，面积 3.43 平方千米。从海拔 360 米的库恩苏斯山山顶，可眺望周遭的岛屿，包括西边的列那伊亚岛、锡罗斯岛，北边的米克诺斯岛、蒂诺斯岛、南边的纳克索斯岛、帕罗斯岛。提洛岛如此颇负盛名，是因为希腊神话中，勒托在这里生下阿波罗与阿耳忒弥斯。因此，公元前 10 世纪爱奥尼亚人开始移居到这里时，阿波罗的圣域变得具有重要意义，并于它周围建立起城市。从当时开始，提洛岛在商业上扮演重要角色，这与在阿波罗祭典（Délia）期间举行的种种商业谈判有密切关系。公元前 315 年提洛岛独立，脱离雅典的统治，并趁着亚洲势力的扩大发挥影响力，成为附近地域最重要的小麦市场。城市善用新获得的财富，陆续建造大型纪念性建筑物。公元前 166 年，罗马元老院很可能为了打击提洛岛的贸易活动，将提洛岛纳入雅典的管辖之下，并决定将当地列为自由港。效果很快显现，这座属于阿波罗的岛屿虽然很快就恢复繁荣，却失去政治上的独立，成为雅典的海外领土。

在巅峰时期，岛上的城市面积达到 0.95 平方千米，约有 2.5 万名居民。圣域位于城市的中心，离港口也很近，可见阿波罗圣域的繁荣。在距离海岸一段距离的地方，有块没有明显划分界限的区域。神殿周边地带与西海岸沿岸则发展为商业区。往东边的方向，随着渐渐靠近库恩苏斯山的山坡，会看到公共建筑物（当地有好几个广场）、住宅区，以及跟运动和教育相关的设施（剧场、体育场、战车竞技场、运动竞技场等）。

提洛岛，阿波罗信仰的发源地（前 90 年前后）

在小型的岛屿上，有希腊文化圈最大的圣域之一。

1. 米克诺斯岛。
2. 列那伊亚岛。
3. 提洛岛。
4. 古尔那湾。
5. 斯卡尔德哈那湾。
6. 格拉罗庞达岬。
7. 富尔尼湾。
8. 库恩苏斯山。可从海拔 360 米的地方俯瞰整座提洛岛。
9. 竞技场。建于公元前 3—前 2 世纪，位于由扶壁支撑的露台上。（有长 186 米、宽 18 米，以土密实填成的跑道，四周环绕着座位席；附近有体育场，以及中央有长方形大型庭院的角力场。）
10. 据推测过去是战车竞技场的位置。
11. 阿波罗圣域。其中有各种各样的神殿、柱廊，还有其他建筑物，现在都已经荒废。从公元前 5—前 1 世纪，阶段性地建造。
12. 意大利人建于公元前 1 世纪的广场（它就被建在勒托的圣域内，侵占了圣域，可见有关勒托的信仰在当时已经过时）。
13. 塞奥弗拉斯图斯广场（北）与贡贝塔利亚斯特斯广场（南）。在阿波罗圣域前方的海岸旁，有公元前 1 世纪建立的广场，与交叉的道路相通。（位于填海而成的新建设用地，填海形成的陆地除了有两座广场，还建设了仓库与新的码头。）
14. 港口。沿着港口从北到南，有塞奥弗拉斯图斯广场、腓力五世的柱廊、贡贝塔利亚斯特斯广场。（尽管海平面上升，仍然能够清楚地辨识出码头的通道、岛屿外围船坞的界限。）
15. 剧场。公元前 4 世纪末先建设木造的剧场，在公元前 3 世纪中叶改建为石砌的建筑物。
16. 塞拉皮斯神殿与叙利亚诸神的圣域。可看出从公元前 1 世纪的希腊诸神到异国的神明，在提洛岛都完全被接纳。

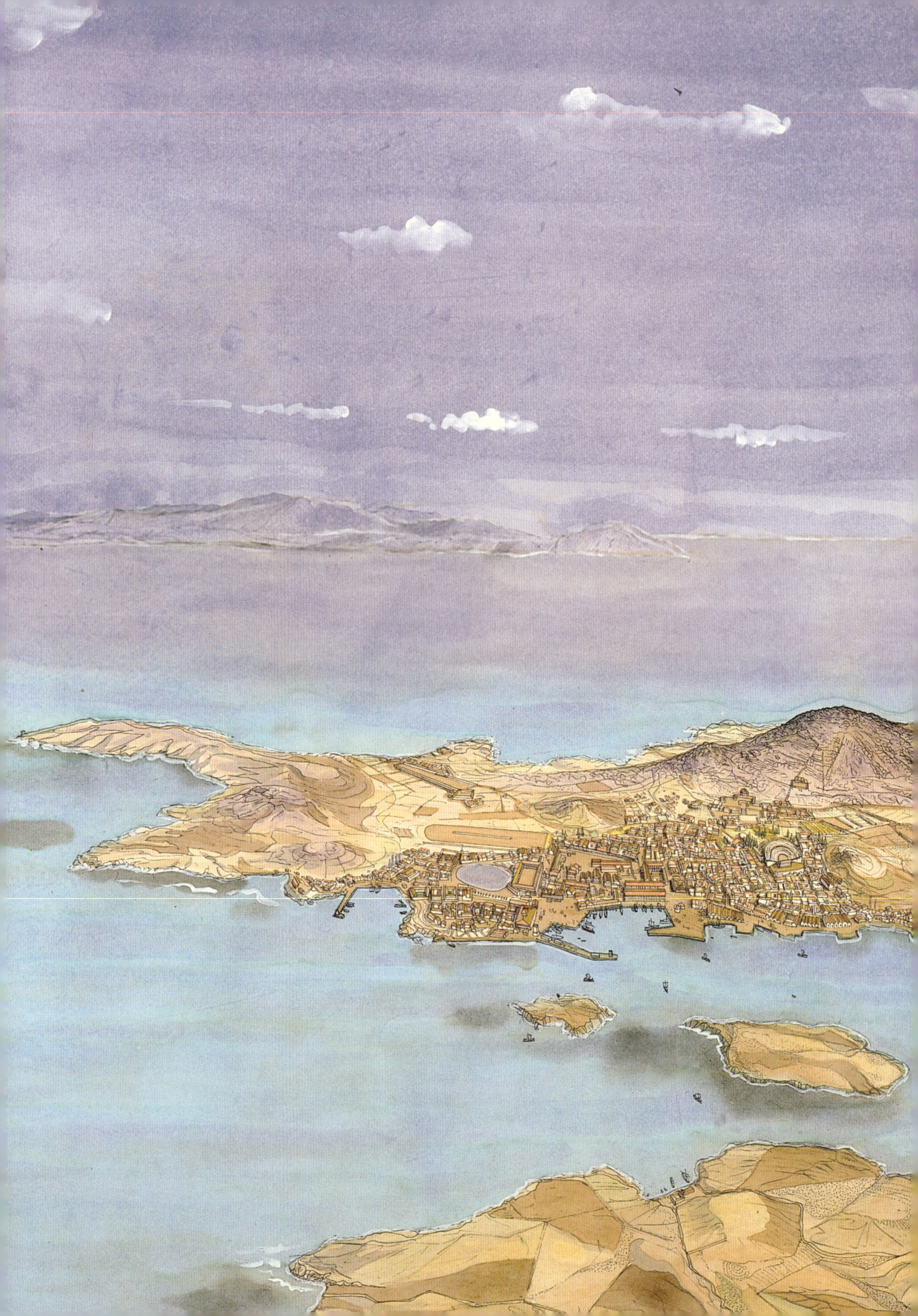

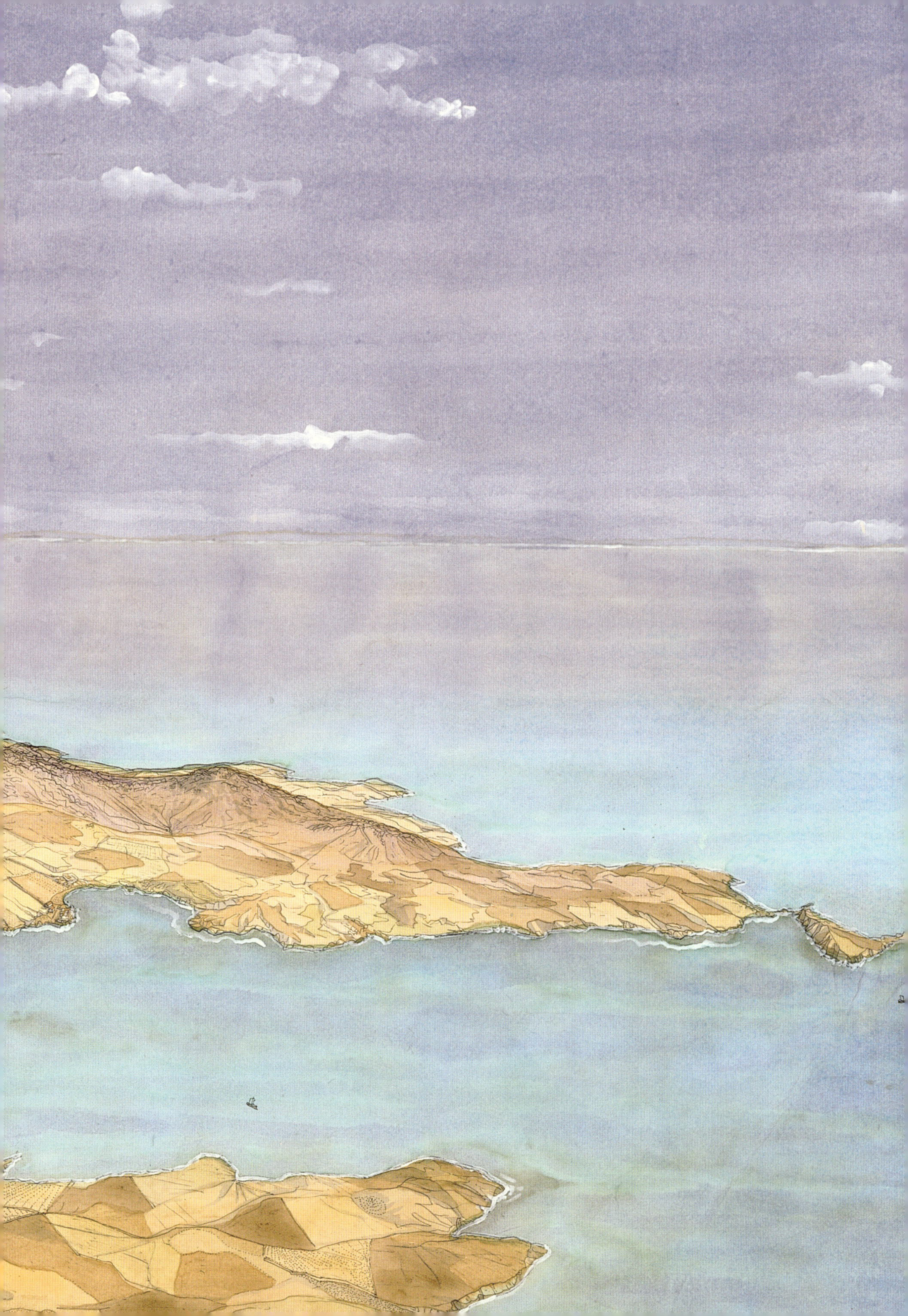

罗得岛

面积1400平方千米的罗得岛，是佐泽卡尼索斯群岛中最大的岛。公元前408年，根据古代最有名的城市规划者——来自米利都的希波达姆斯的设计建造，特征是规则如棋盘方格：街区有严格的尺寸，道路呈直角交叉，空间的构成十分严谨。实际上这座城市划分了专门的区块且没有区块重叠的情形，其中包括公共建筑区、商业区、住宅区、等等。在公元前3—前2世纪，罗得岛迎向最繁荣的时期，作为海洋强国希腊文明的中心，城市的人口达到6万—10万。

罗得岛致力于向海洋发展，岛上有大小两座港口，港口的古老建筑物仍保存至今，尤其是延伸至港湾的防波堤遗迹。不过城市本身经过多次改造已面目全非。历史上位于商业港——也就是大港周边的建筑物，还有助于我们确定位置的，就只有阿芙洛狄特神殿的地基和一些与之相关的建筑要素。从古老的文献可得知，附近有广场、陈列商品的建筑群（deigma），以及祭祀狄俄尼索斯的神殿。在俯瞰城市的山丘——名为圣艾蒂安丘或史密斯山——顶端仍有卫城的遗迹，山丘北端残存着东西向的雅典娜圣域与宙斯圣域的基础。这片圣域应该是城市举办祭典面积最大的场所。下方的岩石经过挖掘，坐落着祭祀泉水之神的神殿，并与地下送水道相连。在南方可看到壮观的阿波罗神殿留下的零星废墟。城市的东方，有竞技场与只有800个座位的小剧场。这两座都是公元前2世纪的建筑物，已经过彻底修复。东边还有体育场的遗迹，但是残存的部分太少，无法确认。

位于海边的罗得岛城市有两座主要港口。右边的是大港或者说商港，左边是小港。在港口后方，是根据严谨的城市规划建设的城市。像这样的城市规划一般称为"希波达姆斯式"（hippodamien）。
在港口前矗立着古代世界第六项奇观——著名的罗得岛太阳神巨像。这座打造于公元前287年[1]的铜像，是林多斯的卡雷的作品。根据老普林尼记述，这座巨像的高度有70肘尺（31米），但是在66年后因为地震而倒塌。

土耳其

位于哈利卡纳苏斯的陵墓,由摩索拉斯王的妹妹暨王后阿尔特米西亚二世为他在公元前 350 年建造,名列古代世界七大奇观之一。根据公元前 1 世纪可能造访过陵墓的维特鲁威解说,这座纪念性建筑物由皮修斯设计,他的作品还包括普里埃内的雅典娜神殿。为了以浮雕装饰整座建筑物,聚集了莱奥卡雷斯、布吕阿克西斯、斯克帕斯、提莫塞乌斯这几位当时最优秀的雕刻家。如果想知道这座壮丽的陵墓的样貌,可以前往位于哈利卡纳苏斯以北卡里亚地区城市米拉斯的墓地。当地有称之为居米什凯森(Gümüşkesen)的罗马帝国时期陵墓,是摩索拉斯王陵墓的缩小版。另外,老普林尼在《博物志》(XXXVI, 4, 30-31)中对于摩索拉斯王陵墓有详细记载,因此有 34 效法它的建筑。另外,这座纪念性建筑物应该是从桑索斯的海洋女神涅瑞伊得斯纪念建筑获得了灵感。

古代世界七大奇观

"古代世界七大奇观"的名号究竟如何形成，至今仍然无法确知，不过这份惊人的建筑物名单，看起来可以追溯到希腊化时代，由希腊人或出身希腊的人列出。至少七大奇观中有五项位于希腊，从这点可以得出上述推论。虽然没有史料直接提到这份名单，但是从古代作家的著作，尤其是希罗多德、西西里的狄奥多鲁斯、维特鲁威、昆图斯·库尔提乌斯、老普林尼、保萨尼阿斯的著作能得到许多信息。这份名单与其说是七大奇观的完整排名，不如说在记述旅途中所见的纪念性建筑物。其实最早出现的这类名单，是拜占庭的费隆所列的"关于世界七大奇观"（Péri tôn hépta théamatôn）。虽然有很长一段时间人们认为费隆是列出名单的人，至少是最早将建筑物放在排名名单中并推广开来的撰述者；不过，在后代的编纂者眼中，他只是位解说者。因此时至今日，人们认为这份文书的真正作者，应该生于4—6世纪之间。也就是说，这是古代所编纂的最后版本之一。尽管费隆的成果还称不上完美，但也不容忽视。因为它反映出世界七大奇观最早的内容。而且从公元前2—14世纪之间列出的名单，有19种不同版本，令人心生疑惑，想要知道原本的名单内容。费隆笔下对纪念性建筑物的记述，由6页内容构成，关于每座纪念性建筑物的说明只有十几行。不过在读这份史料时，有两个问题令人关注。第一，当时记载的7项，现在只剩下6项；在序言的部分，漏掉了哈利卡纳苏斯的陵墓。第二，没有其他文献提到的亚历山大灯塔，取而代之的是巴比伦的城墙。这份名单应该与实际上的七大奇观最接近，所以名单的确立年代可能有特定范围。名单中的纪念性建筑物，应该不晚于公元前3世纪初建造：罗得岛的太阳神巨像建于公元前287年前，亚历山大灯塔完成于公元前280年。此外，在公元前2世纪初期，希腊诗人西顿的安提帕特曾提及古代的世界七大奇观，提到的就不是亚历山大灯塔而是巴比伦的城墙。因此，基础的名单是在这两个年代之间，也就是从公元前3—前2世纪之间列出的。另外，在法尤姆发现的公元前2世纪的莎草纸，除了记载社会价值崇高的建筑物，也混杂着令人惊奇的建筑物。其中让人能够理解的，只有阿耳忒弥斯神殿、吉萨的金字塔、哈利卡纳苏斯的摩索拉斯王陵墓。

一般公认的古代世界七大奇观包括：
(1) 位于吉萨的胡夫金字塔（埃及）
(2) 巴比伦的空中花园（伊拉克）
(3) 以弗所的阿耳忒弥斯神殿（土耳其）
(4) 奥林匹亚的黄金象牙宙斯神像（希腊）
(5) 哈利卡纳苏斯的摩索拉斯王陵墓（土耳其）
(6) 罗得岛的太阳神巨像（爱琴海上的岛屿）
(7) 亚历山大灯塔（埃及）

博德鲁姆（哈利卡纳苏斯）

公元前4世纪的卡里亚，由赫卡托姆诺斯统治，他继承了以好战闻名的古老王朝。赫卡托姆诺斯去世后，长子摩索拉斯继承王位，将哈利卡纳苏斯定为王国的新首都。精力旺盛、毫不懈怠的摩索拉斯，使这座城市拥有了爱琴海地区不容忽视的海军力量。迁都到哈利卡纳苏斯没多久，他与自己的妹妹阿尔特米西亚二世结婚，与她共同统治国家，直到公元前353年过世。阿尔特米西亚则为国王建造了壮观的陵墓。哈利卡纳苏斯的陵墓被列为古代世界的第五大奇观。这座建筑令古代人印象深刻，使得同种类型带有纪念建筑性质的墓通称为"摩索拉斯"[1]。哈利卡纳苏斯只剩下陵墓基础的一部分，但是许多古书，尤其是老普林尼的著作中，都留下关于建筑外观与设施的记述。摩索拉斯王陵墓建在长242米、宽105米的高台上，位置靠近城市西北角，穿过入口优美的大门后就能进入陵墓。建筑的上部结构可分为3层：基坛、36根爱奥尼柱式圆柱组成的柱廊（ptéron），以及24阶金字塔型的屋顶。屋顶上装饰着大理石雕的驷马战车。根据老普林尼的记述与考古学家的推论，建筑物整体高度达42米。建筑物的地下部分是8米×9米大的墓室，借由楼梯与通道可以进入。

哈利卡纳苏斯的城市景观。前景是由白色大理石墙围绕的基地，上面建有摩索拉斯王的陵墓（即著名的哈利卡纳苏斯的陵墓）。背景是沿着小亚细亚的海岸，分布着城墙围绕的港口与城市。

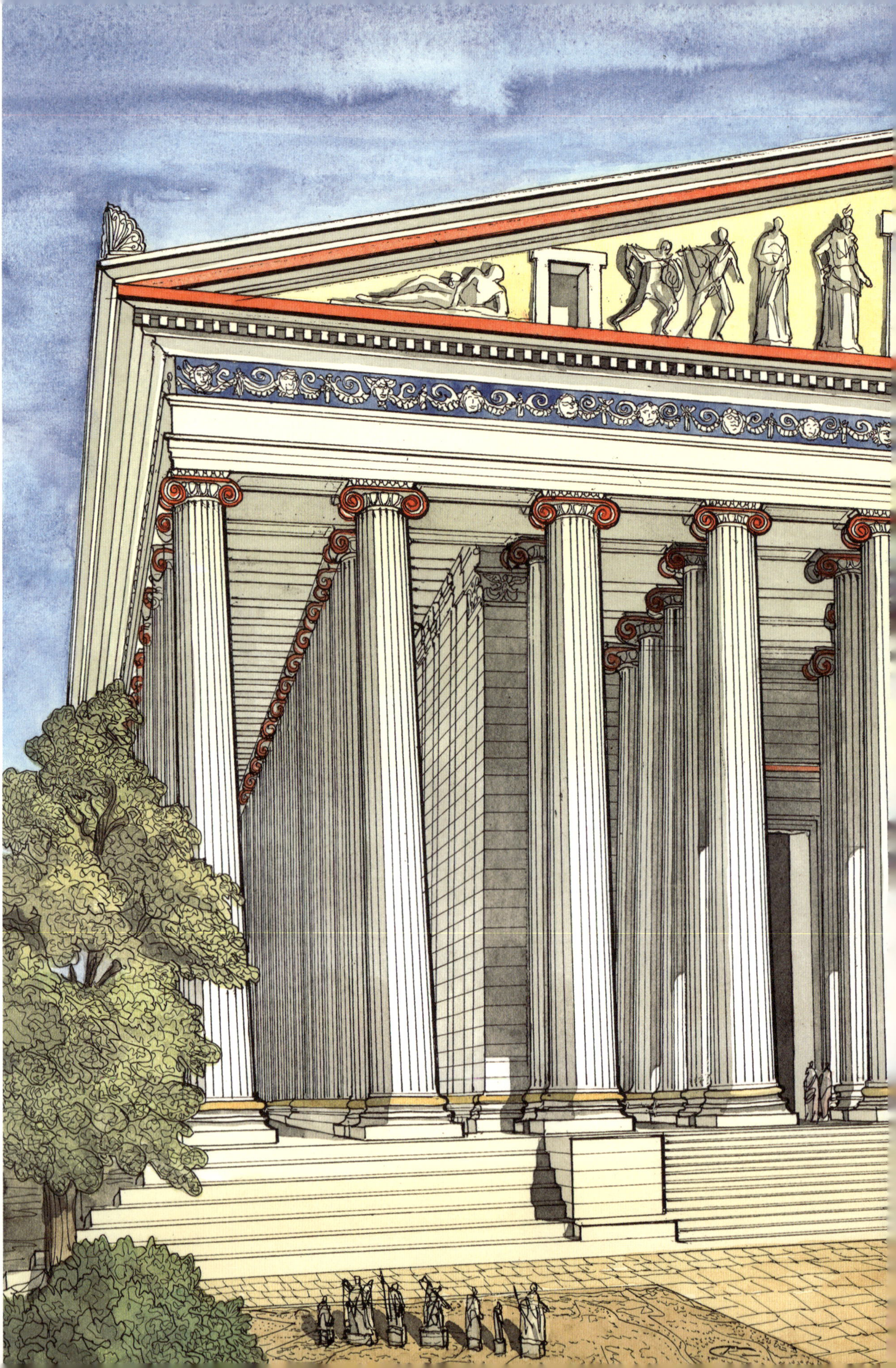

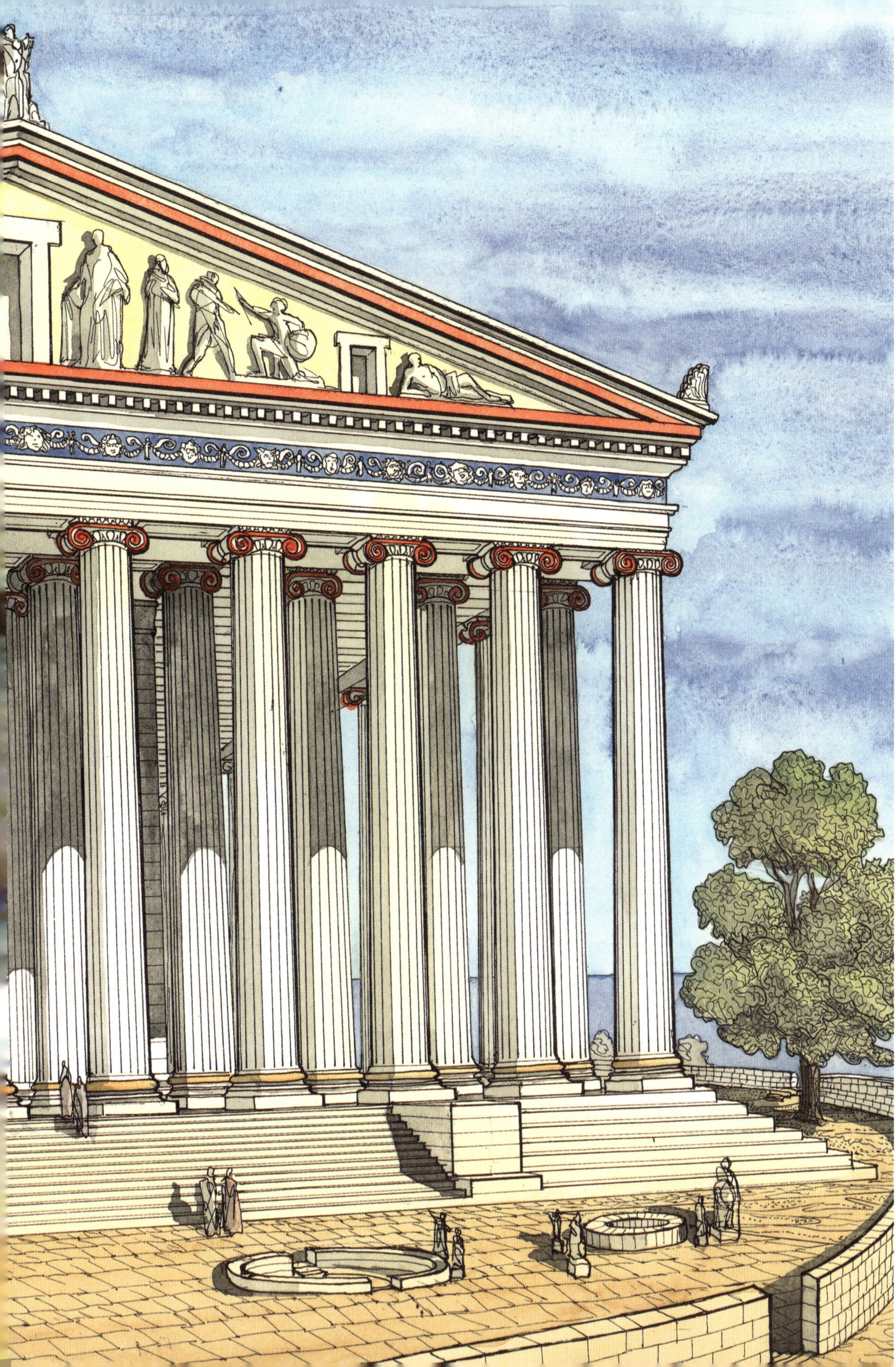

迪迪马

> 以高度或规模来看，迪迪马的阿波罗神殿都可算是当时最大的神殿之一。至今仍可看到神殿的圆柱。

位于小亚细亚海岸米利都以北迪迪马的阿波罗神殿，是希腊化时代最壮观的建筑物之一，虽然有些部分已崩坏，但是至今仍可辨认这座宗教建筑物的样貌。神殿的圣域主要分两个阶段建成，第一阶段可追溯到希腊古风时代（公元前6世纪中叶），第二阶段可追溯到希腊古典时期（公元前4世纪末）。第一阶段的神殿已有85.15米长、38.39米宽，有门廊、神圣的露天庭院——内有神的附属物（象征阿波罗的井与橄榄树）、10米×24米的小型神龛。小型神龛是会幕式[2]的，其中安置着神像。根据古文献记载，神像由公元前5世纪末的青铜铸造师——西锡安的卡纳丘斯建造，据说表现了阿波罗正在捕鹿的情形。

公元前493年，爱奥尼亚各城市叛乱后，波斯人破坏了迪迪马的神殿，并将阿波罗的神像带到埃克巴坦那——波斯帝国的首都之一。因此在神殿重新恢复作用前，亚历山大大帝必须先征服小亚细亚。亚历山大大帝让爱奥尼亚人恢复独立之后，就着手再建迪迪马。工程在公元前332—前331年开工。后来，公元前295年，曾是亚历山大手下将军的叙利亚王塞琉古一世从埃克巴坦那将阿波罗神像取回，任命达弗尼斯与帕奥尼乌斯担任建筑师，继续新神殿的建造。帕奥尼乌斯曾是以弗所阿耳忒弥斯神殿的主要建筑师之一。工程持续到公元前2世纪，如果考虑到图拉真皇帝与哈德良皇帝也为神殿重建做出贡献的事实，工程等于持续到罗马帝国时期；但是，神殿并没有完成。希腊化时代的神殿一开始以跟旧神殿同样的计划建造，但却是规模更大的双柱式建筑，即其四周环绕的是双围柱廊。规模壮观，长109.34米、宽51.13米，此类建筑中比这座神殿更庞大的只有以弗所的阿耳忒弥斯神殿和萨摩斯岛的赫拉神殿。神殿建于高3.5米的石坛上，借由环绕着神殿的7级阶梯可以登上神殿。另外，在神殿东面主要入口中央，有两重14级的阶梯。神殿由被称为"double péristasis"的双围柱廊环绕，两个长边各有21根柱，短边各有10根，合计排列着108根圆柱。如果加上前廊的12根圆柱，共立着120根高20米、直径2米的爱奥尼柱式圆柱。外侧的列柱上有楣梁，在公元前1世纪，楣梁檐壁上的腰线经常以莨苕叶与美杜莎的面具作为装饰。

从前室进入圣所，里面有神官传达神谕的房间（chresmographeion），这间长14.04米、宽8.74米的小房间，里面有两根高20米的圆柱，其上是大理石的屋顶。这间房间比门廊的地板高出1.46米，参拜者不得进入。就算想听咨询的结果，也必

> 在迪迪马现存的阿波罗神殿遗迹，建造于公元前4—前2世纪。由于建筑物规模庞大，以及高水平的装饰，堪称古希腊建筑的代表杰作之一。这座神殿是为了取代公元前493年遭到波斯人破坏的古代圣域而建的，正面有10根圆柱，是十柱式神殿。神殿建于7级的基坛上，在圣域的主要入口前，设有14级阶梯通往门廊。在楼梯下可看到圆形的构造物，那是供奉牺牲礼的祭坛，现在已有部分破损。

罗马神殿

罗马神殿，继承了希腊神殿与伊特鲁里亚神殿两种建筑的传统。神殿建于基坛（podium）上，从入口前设置的阶梯进入。内部由神室（cella）与门廊（pronaos）两部分构成。神室里安置着祭祀的神像，门廊是位于神室前方的玄关。根据这种基本的形式，又分成数个种类。

· **壁角柱式神殿。** 神室的墙壁延伸，包围着门廊。

· **围柱式神殿。** 神殿整体由列柱环绕。

· **伪围柱式神殿。** 神室的墙壁埋着圆柱，形成壁柱。

· **前柱式神殿。** 门廊的侧面由列柱或神室墙壁延长的部分构成。

· **双列圆柱式神殿。** 由两排圆柱围绕。

根据正面圆柱的数量，称为四柱式（tétrastyle）、六柱式（hexastyle）、八柱式（octastyle）、十柱式（décastyle）神殿。罗马的朱庇特神殿（Capitole）[3]，神室一分为三，分别供奉朱庇特、朱诺和密涅瓦。

须留在门廊里。神谕的房间南、北方的墙壁各有一扇门通往深处的小房间,从那里可借由阶梯通往露台。在碑文中,一般称这段楼梯为"迷宫"。并不是因为楼梯的构造很复杂,而是因为天花板有着希腊化风格的装饰。传达神谕的房间西侧的墙壁,设有24阶、宽15.2米的阶梯可直接通往至圣所(adyton)——一座长53.63米、宽21.71米的神圣庭院。它虽然没有屋顶,却由高25米的墙壁围绕,墙中半埋着圆柱作为装饰。在庭院的深处,西侧曾有安置从埃克巴坦那带回的阿波罗神像的建筑物,现在只剩下基础。那是在公元前3世纪初期所建的小神龛,壁角柱前方立着4根爱奥尼柱式圆柱的前柱式建筑,像这样的建筑样式在希腊化时代非常流行,其长14.23米、宽8.24米,装饰精美是一大特色。

特洛伊(特洛瓦)

伊里昂(Ilion)也就是特洛伊,根据考古学的调查,这里从公元前3000年开始持续变化,直到500年,于是形成了现在复杂的遗迹。19世纪以来,虽然已确定这里就是特洛伊遗迹,但是希沙立克山丘上累积的9层居住遗迹中,要断定究竟哪一部分是《伊利亚特》中的特洛伊(公元前1200年前后)——公元前8世纪中叶荷马史诗提到的城市,仍然非常困难。那是特洛伊的第6层,还是第7层城市?如果这座城市真的存在,根据考古学者的调查研究判断,应该是建在第6层城市的废墟之上,也就是公元前1250—前1200年遭受火灾焚毁的第7层城市。近年的调查将焦点集中在所谓的卫城——过去认为是特洛伊城市本身的部分——下方大规模的城市,以及围绕着整体建筑物群的庞大城墙。当时特洛伊并不只是座要塞,也是商人与工匠云集的繁华城市。这应该是源于特洛伊雄踞达达尼尔海峡入口处的第一级战略据点,更是东西交通要冲的缘故。

下面的复原图是根据曼弗雷德·科夫曼(Manfred Korfmann)教授的研究绘制的,尽可能正确无误地重现公元前1200年特洛伊城的样貌。图中画出卫城与高墙、神殿、普里阿摩斯国王与赫克托尔、帕里斯可能待过的宫殿。那是座足以跟5万大军匹配的城市。希腊人乘着上千艘船只所组成的庞大舰队抵达后,立刻从左侧开始上岸。最后聚集了10万名士兵,"特洛伊战争"的序幕即将拉开……

特洛伊(前1200年)

通过近年来的发掘,证实特洛伊的遗迹不只是卫城,下方还有庞大的城市存在。

1. 希沙立克山丘与现在可见的遗迹。这座遗迹相当于特洛伊国王普里阿摩斯的宫殿与神殿坐落之处。
2. 伊里昂的街道。
3. 地下勘探时发现的城墙。
4. 当时这里有海湾。现在布满斯卡曼德罗斯河沉积的泥沙。
5. 右边是达达尼尔海峡的入口。

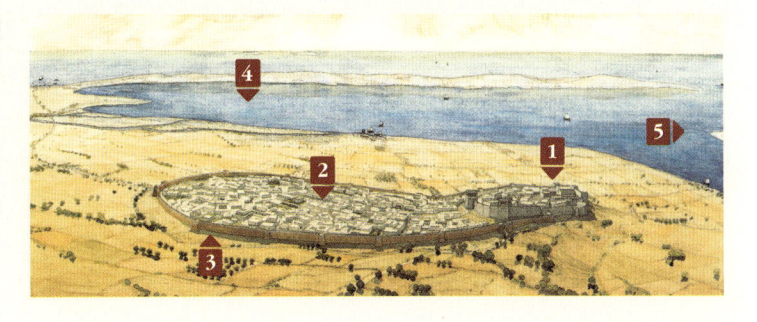

希拉波利斯（帕穆克卡莱）

希拉波利斯是欧迈尼斯二世所创建的城市，但是几乎没有留下希腊化时代的遗迹。由于尼禄皇帝统治期间（60年）发生的大地震，主要的建筑物已遭到彻底破坏。后来城市经过重建，2—3世纪达到鼎盛时期。城市建立在天然城墙般的石灰岩台地上，达到最大规模时，覆盖了长1000米、宽800米的土地。根据棋盘方格状的城市规划，城市以南北主干道为轴心来建设。南北主干道的入口与出口建有壮观的三连拱门，两侧建有圆塔。今天只剩下北门，建于84—85年，由亚细亚行省总督弗龙蒂努斯（Julius Sextus Frontinus）献给图密善皇帝（81—96年在位），现在仍保持当时的样貌。在城市的建设计划中，不只有阿波罗神殿、剧场、公共浴场等大规模的公共建筑物与宗教建筑，也计划扩张北部与南部的住宅区。这很可能是因为随着城市经济、商业活动日益活跃，整修城市的资金变得更加充裕。

罗马时代的城市损毁严重，希拉波利斯真正可观之处在公共墓地。这里是小亚细亚保存状态最佳的墓地之一，从希腊化时代后期到基督教时期初期，扩展到大约1000座墓，分为两个区域。到1世纪为止，坟墓的形态是具备一个或多个墓室的穹顶坟丘（tumulus），这是色雷斯与安纳托利亚常见的构造。后来2、3世纪的坟墓，变化为房屋外观的纪念性建筑物，或是只运用石棺。由于蕴含石灰的水汇流到天然的水池里，看起来洁白明亮，当地这种令人惊奇的自然景观颇负盛名。

希拉波利斯自然环境独特，它是座建在约 100 米高的断崖上的城市。当地以温泉著名，从古代就有络绎不绝的旅客来泡温泉。到现在仍留有古代城市大规模的遗迹，包括背向丘陵的剧场、宽阔的广场、大型的公共浴场。城市北方的公共墓地是小亚细亚最美、保存状态最佳的墓地之一。

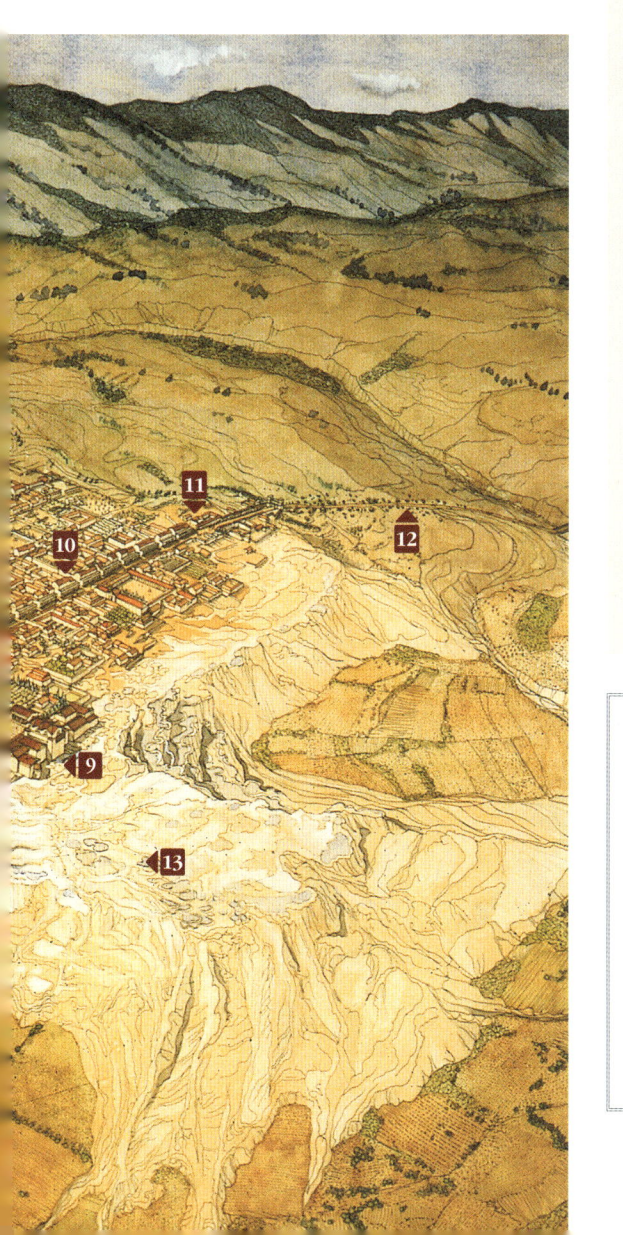

希拉波利斯（4 世纪）

1. 公共墓地。这里有从希腊化时代后期到基督教时代初期的坟墓、房形墓、石棺墓。
2. 希腊化时代的剧场。历经公元 60 年的地震后，已经由建在市内的剧场取代，不过为了建设城墙，市内的剧场已完全被拆毁。
3. 公共浴场。
4. 广场。后人在这里进行大规模的发掘调查。
5. 北门。位于南北大道的北端是有"图密善凯旋门"之称的壮观拱门（有两座圆塔位于其两侧；82 年时，图密善任命弗龙蒂努斯担任亚细亚省总督，由他在 84—85 年下令建造）。
6. 4 世纪时的泉水池。位于城市入口附近，建于南北主干道旁。（由于希拉波利斯有丰富的水涌出，有许多地方建造了泉水池，这座泉水池是全城规模最大的一处；它以阿波罗神殿为模板，有大型水泉，并设储水池，可供水给旅客或商队。）
7. 62 年动工，在塞普提米乌斯·塞维鲁斯皇帝（193—211 年在位）统治期间（约 206 年）完成的剧场（阶梯席的宽度将近 100 米，包括保存状态极佳的 50 列观众席、水平通道、半圆形的皇帝包厢、在大型通道的尽头有宽广的出入口；直径 20 米的乐池由高 1.83 米的墙壁围绕，3 层楼高的舞台墙壁有圆柱与雕像装饰，尤其是关于狄俄尼索斯、阿耳忒弥斯、阿波罗的神话浮雕）。
8. 城市主神阿波罗的神殿（现在几乎所剩无几，神殿建立于希腊化时代，3 世纪时重建。经发掘调查，很可能是建在高 2 米的基坛上，由前廊与神室构成。在神殿前有泉水池，神殿的主建筑、两翼附属建筑及面对主建筑的入口，围绕此泉水池形成长方形庭院[4]）。
9. 2 世纪时的城市大浴场。构造与小亚细亚大部分的罗马浴场相同，有露天的宽广庭院，和一个由环绕的大厅围成的长方形区域。（东边的部分是 36.13 米×52.25 米的角力场：角力场的南、北两侧，各有一个大房间供皇帝使用或举行重要仪式；在角力场的西侧，有为田径运动与体操[5]训练设置的厅堂。）
10. 南北主干道。贯穿城市南北的大街，两侧排列着豪华的柱廊与宅邸。
11. 位于南北主干道南端的南门。建筑虽然已不存在，但是与作为城市北门的图密善凯旋门结构相同。
12. 库里索罗亚斯河。
13. 至今仍相当受欢迎的石灰质温泉。

公共浴场

公设或私设的入浴设施，入浴者通常午后在更衣室（apodyterium）脱下衣服，先进入温水厅（tepidarium），再进入热水厅（caldarium）。在浴场先利用道具搓去皮肤上的污垢，冲洗后再进入宽大的浴池泡澡。罗马式洗浴基本上就是享受热水与冷水的交替刺激，入浴者先泡在热水中后再移至冷水厅（frigidarium）的水池（natatio）。大型公共浴场并设锻炼身体的空间（角力场）、图书馆、会议室、庭园。所以公共浴池并不只是卫生设施，也是社交的场所，人们聚集在这里消除疲劳、提振精神，还可以商谈事情。

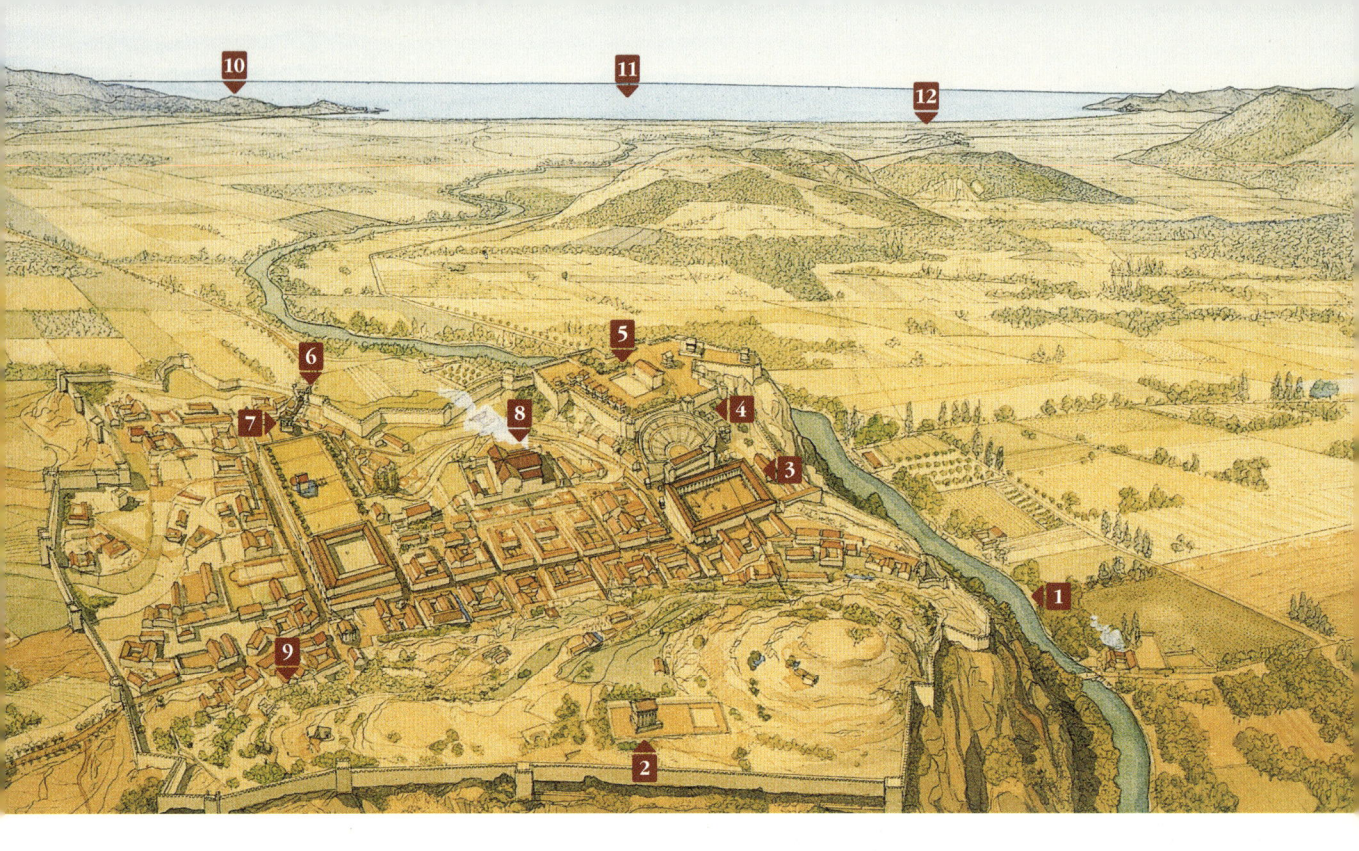

桑索斯（2世纪）

1. 桑索斯河。
2. 罗马时代的卫城。
3. 罗马帝国时期供奉吕基亚12主神的广场（建于2世纪或3世纪，周遭有柱廊环绕，中央有正方形的庭院）。
4. 2世纪中叶，建于希腊建筑物废墟上的剧场（直到现在，那里还很好地保存着有壁龛与谈话室的两层舞台墙，以及靠近舞台部分的阶梯席；阶梯席总共可容纳2200名观众）。
5. 吕基亚的卫城。保存状态很差，只剩下公元前5世纪围绕在周边的建筑物残骸。
6. 城门。建于前197年—前190年，由安条克三世下令，设在莱顿与帕塔拉通往桑索斯的石砖道终点，有韦帕芗皇帝（69—79年在位）的凯旋门。
7. 建于公元前400年前后的海洋女神涅瑞伊得斯纪念建筑（原本是国王的陵墓，但遗迹只剩下建筑物基础部分，上方应是希腊爱奥尼柱式的围柱神殿外观的葬祭建筑物）。
8. 公共浴场。
9. 公共墓地。有丰富的遗迹，是最值得参考的考古学实例之一。
10. 帕塔拉市。在亚历山大大帝征服吕基亚、桑索斯希腊化之前，帕塔拉市曾是吕基亚最主要的港口。
11. 爱琴海。
12. 莱顿的遗迹。位于桑索斯河西岸，距离桑索斯约4千米的地方。（作为吕基亚城市同盟的圣城，有3座神殿，在希腊化时代有很美的剧场，还有宅邸地区，已确认从公元前6世纪到基督教时代都有人居住。）

桑索斯

桑索斯位于桑索斯河河谷，居于丰饶地带的中心，自从公元前6世纪建立以来，就是吕基亚的主要城市之一。现在由于聚集各时代的遗迹，跻身于土耳其最令人感兴趣的古代城市之列。

除了经过希腊化继而罗马化的城市经常可见的建筑物［广场、剧场、公共浴场、凯旋门（Arc de triomphe）］之外，桑索斯还有许多葬祭纪念性建筑物。有单独建造的，也有聚集在小型墓地的，这些纪念性建筑物，成为桑索斯遗迹的最大特色，其种类之多令人惊讶。葬祭塔已确认是吕基亚地区最古老的，外形就像非常高的巨石柱，顶端有墓室。房形墓是以石头建成木造房屋形状的坟墓总称。岩窟墓有两道门，2或3层的构造，岩壁雕成木造房屋的整组屋梁。石棺墓包括单纯只有石棺或设于石柱顶端的类型。最后是纪念性建筑物风格的坟墓，最好的例子当然是海洋女神涅瑞伊得斯的纪念建筑。

安条克[6]（安塔基亚）

塞琉古一世为纪念父亲安条克（Antiochos），将公元前 300 年自己下令建设的城市命名为安条克（Antioche）。正因为他是亚历山大帝国一部分的继业者，所以安条克就像亚历山大港一样，成为新建立的塞琉古王国首都。这座依照规则的设计图建立的城市，后来经过数次大规模的扩建，城市位于奥隆泰斯河与西尔皮乌斯山之间的旷野，3.2 千米×1.5 千米。公元前 64 年，庞培将这里定为罗马的叙利亚行省首府。事实上，这里经过大地震、洪水、战乱的破坏，遗迹埋在超过 8 米深的地下，但是通过古代撰述者所留下的许多文书与考古学研究，可以得知这座城市的特色。

4 世纪时，这座城市的外观据推测呈棋盘方格状，并被高大的城墙围绕。城墙沿着河流，到达西尔皮乌斯山的山顶。考古研究者曾特别针对大型列柱道路进行局部的地下探勘，发现道路的宽度达 10 余米，沿着道路有柱廊排列。在道路交叉的地方，建有巨大的圆柱与泉水池。在河中央有座岛，用 5 座桥来连接城市其他部分。岛上主要有长 492 米、宽 75 米、可容纳 8 万人的战车竞技场，以及宫殿。宫殿原本是王宫，后来成为罗马帝国叙利亚总督的官邸。根据发掘调查，岛上的浴场设施多达 10 余处。借由在山坡发掘送水道与地下的配水管，城市可获得充裕的供水。进一步发掘到圆形竞技场与剧场后，就找出城市提供观赏活动的建筑物了。安条克在极盛时期人口有 50 万，是罗马帝国最大的城市之一。以规模来看，它毫无疑问是继罗马、亚历山大港之后，帝国第三大城市。

安条克（4 世纪）

在希腊化时代与罗马帝国时代已遭到遗忘的城市中，安条克是规模最大的一座，地形相当有特色。

1. 奥隆泰斯河。
2. 西尔皮乌斯山。
3. 达芙涅之门。通往位于城市以南 9 千米同名的郊外。
4. 叙利亚王塞琉古一世在公元前 305 年—前 280 年建设的部分。
5. 埃皮法涅亚（Épiphaneia）地区。由安条克四世（神灵显赫的[7]，公元前 175—前 164 年在位）建立，是城市扩张的部分。
6. 城市自然扩大，街道形成不规则的部分。
7. 奥隆泰斯河中间的岛。岛上有宫殿与战车竞技场，以及多座大浴场。
8. 公共墓地。
9. 建在群山之巅的庞大城墙，可鸟瞰整座城市。

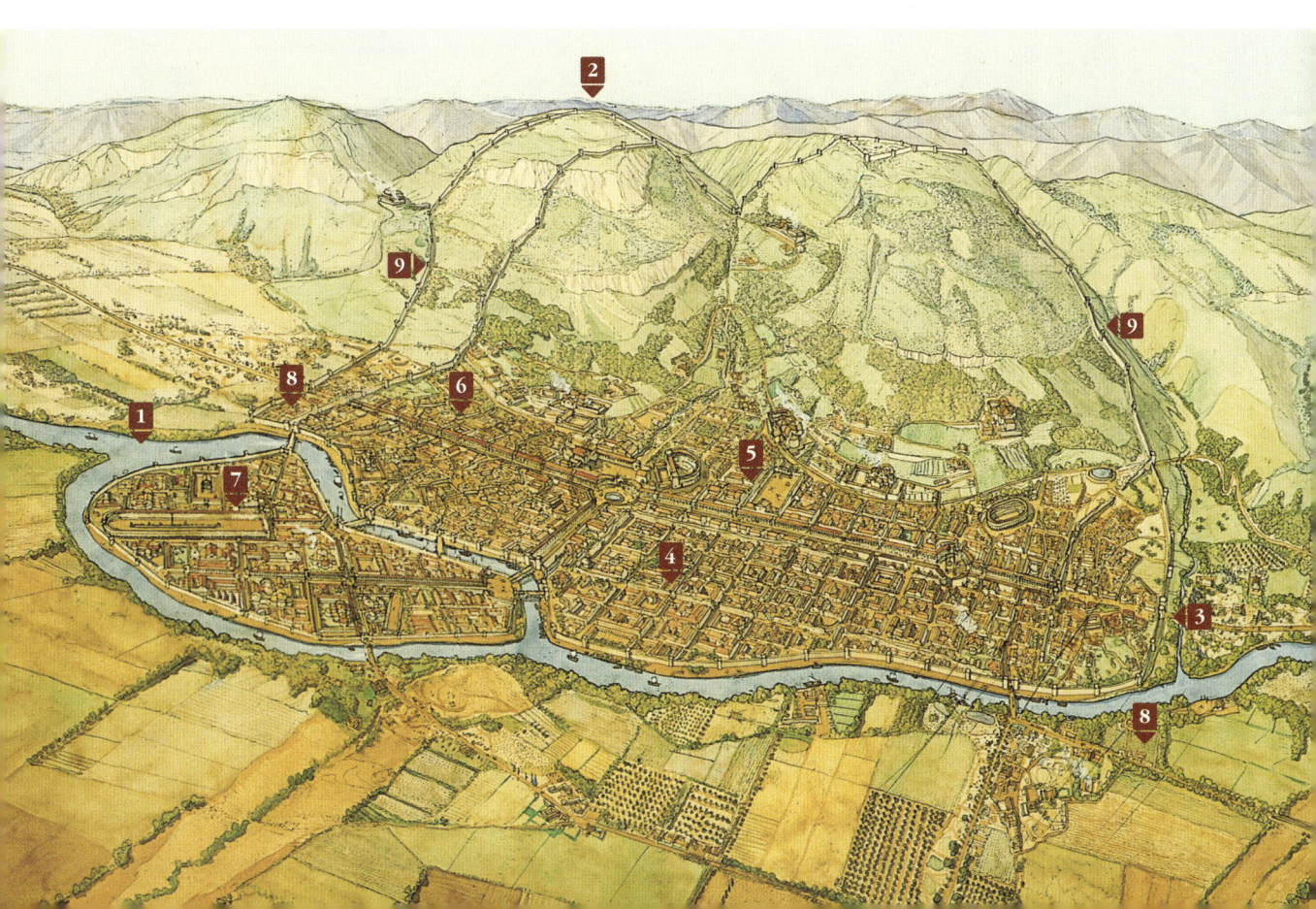

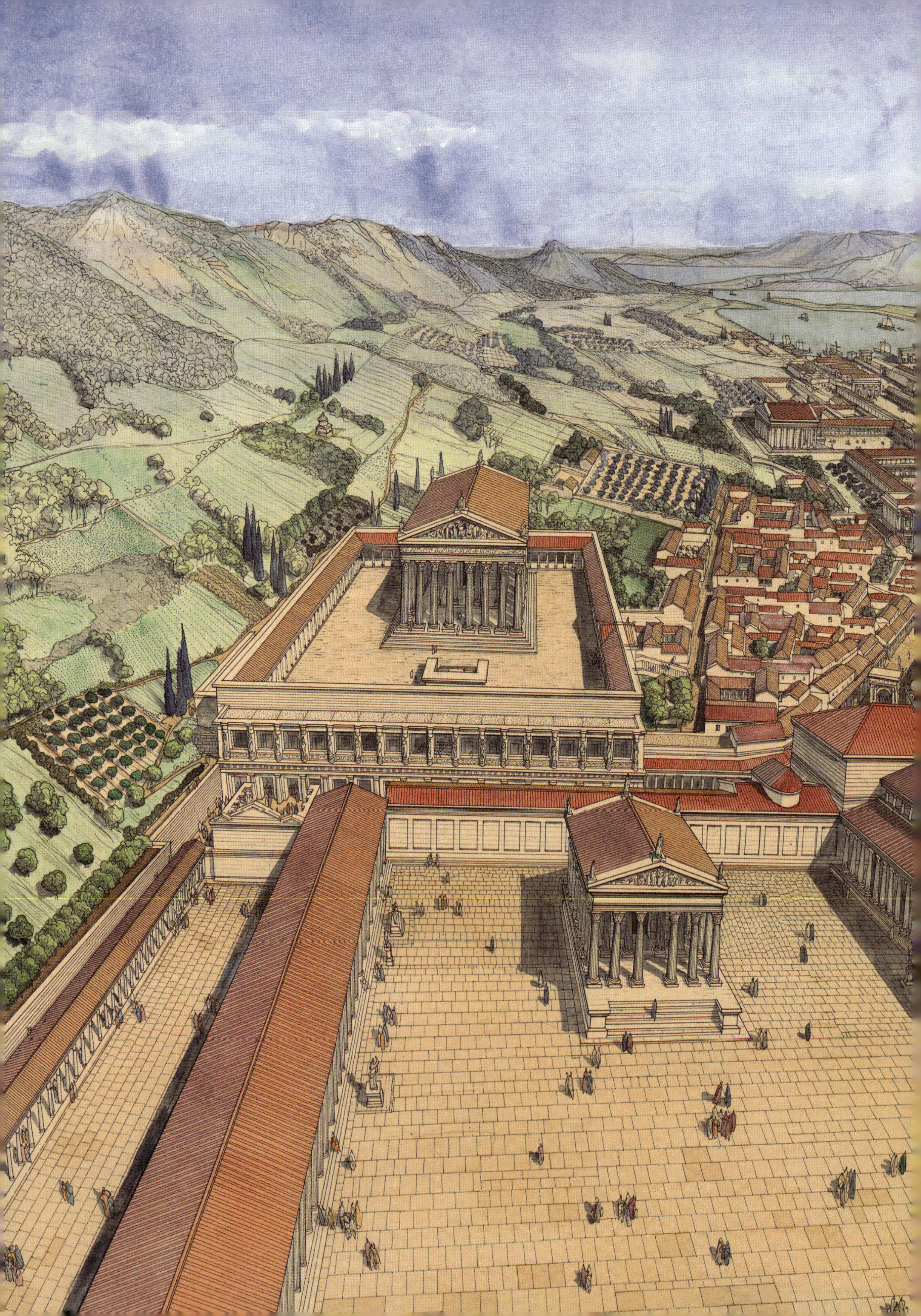

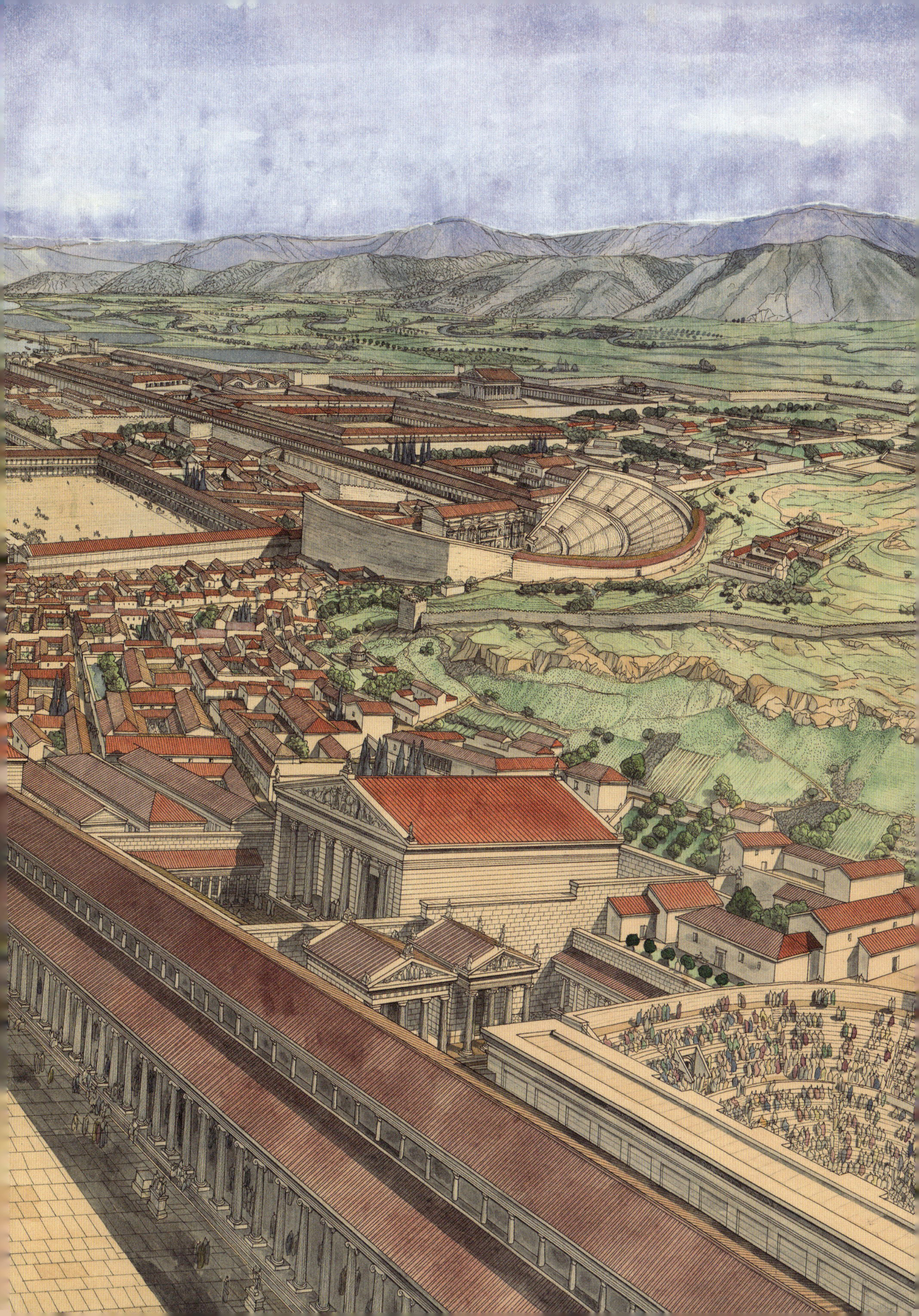

以弗所（塞尔丘克）

亚历山大大帝死后，吕西马库斯继承小亚细亚之际，以弗所已经是非常有名的城市。这不仅是因为以弗所拥有强大的商业实力，也因为这里是古代世界七大奇迹之一的阿耳忒弥斯神殿（在旧神殿基础上新建而成）的所在地。吕西马库斯对这座城市下了许多工夫：将城市从原来的位置向西南移动2.5千米，建造新的港口，并建造总长达8千米、将低处的城区与新建的港口设施全部包围的城墙。城市日益繁荣，成为小亚细亚数一数二的商业中心。以弗所在希腊化时代受塞琉古帝国统治，经过公元前190年的战争后，加入罗马阵营。不过，在战争中获胜的罗马人决定将领土的统治委托给帕加马王国，一直持续到公元前129年，以弗所才改由罗马统治。公元前129年，以弗所成为罗马亚细亚行省的首府及非常重要的金融中心，人口多达约20万。城市里有许多壮观的公共建筑物，在奥古斯都大帝统治期间，达到繁盛的顶点。不过，以弗所在17年的地震中遭到破坏，1世纪初期的罗马皇帝都致力于城市的复兴。

以弗所（3—4世纪初期）

现在海边数千米之外，可看到古代大港的景观。

1. 高处的广场。南侧是列柱，北侧是城市的大型巴西利卡（长度76.4米的三廊式建筑），在西北角有波利奥水泉（从马纳斯的水源为整个城市输水道网络供水）。
2. 图密善皇帝的神殿。
3. 从上方的广场通往大理石街的科瑞忒斯路。道路两侧排列着非常美丽的建筑物：在向港口前进的途中有图拉真水池、哈德良神殿，以及好几个大浴场，等等。
4. 大理石街。城市的主要道路之一，连接阿耳忒弥斯神殿与科瑞忒斯路的神圣道路（两侧有柱廊，铺设有大理石）。
5. 塞尔苏斯图书馆。110—135年，尤利乌斯·阿奎拉为纪念已故的父亲塞尔苏斯·波雷玛埃努斯而建。（立面有两层楼高，内部由大型厅堂构成；图书馆10.92米×16.72米，可登上大阶梯进入；馆中的书本放在嵌在墙中的书架上。）
6. 平地广场。希腊化时代的建筑物，在奥古斯都与尼禄皇帝统治期间整修过，3世纪初在卡拉卡拉皇帝统治期间（211—217年）经过修复。（边长110米的宽广四边形，周遭环绕着设有商店的柱廊。）
7. 建于2世纪的塞拉皮斯神殿（正面有8根圆柱的前柱式神殿，巨大的圆柱至今仍令人感到惊讶）。
8. 西边街道。
9. 港口。
10. 阿卡迪亚内大道（Arcadiané）。连接剧场与港口，长600米、宽11米，大理石铺就的道路。[街道的名称，源自4世纪末下令修复道路的东罗马帝国皇帝阿尔卡狄乌斯（Arcadius）；两侧是商店林立的柱廊，列柱下是宽5米铺着马赛克的人行道。]
11. 港边的仓库群。
12. 港口的体育场与公共浴场。位于阿卡迪亚内大道北侧。建筑群在图密善皇帝统治期间建造，2世纪初时，经过亚细亚大祭司克劳狄乌斯·维鲁拉努斯的整修美化。（这是以弗所最大的综合设施，由两座角力场与数间浴场构成。）
13. 罗马时代的广场。
14. 剧场。保存状态极佳，是以弗所最引人注目的建筑物。以希腊化时代的建设为基础，在1—2世纪间建造完成。（宽145米，并设有3组22列阶梯席构成的音乐厅；建筑高度达30米，约可容纳2.5万名观众。）
15. 竞技场。长230米、宽30米，据推测在1世纪尼禄皇帝统治期间建造。
16. 这一带是有"古代世界第三大奇迹"之称的新阿耳忒弥斯神殿（Artémision）。
17. 当地政府所在的公共建筑物。应是在公元前3世纪创建，在奥古斯都大帝统治期间重建，3世纪再次整修。（除了举办政府会议的市政厅，还有祭祀家庭守护神阿耳忒弥斯的礼拜所。）
18. 音乐厅。又称为"小剧场"，150年前后由以弗所富裕的市民维迪乌斯·安东尼乌斯（Vedius Antonius）出资建造。（设置3列阶梯席，可容纳约1400人；时至今日，这座建筑物感觉更像是召开市议会的议事厅。）
19. 公元前3世纪初的吕西马库斯城墙。

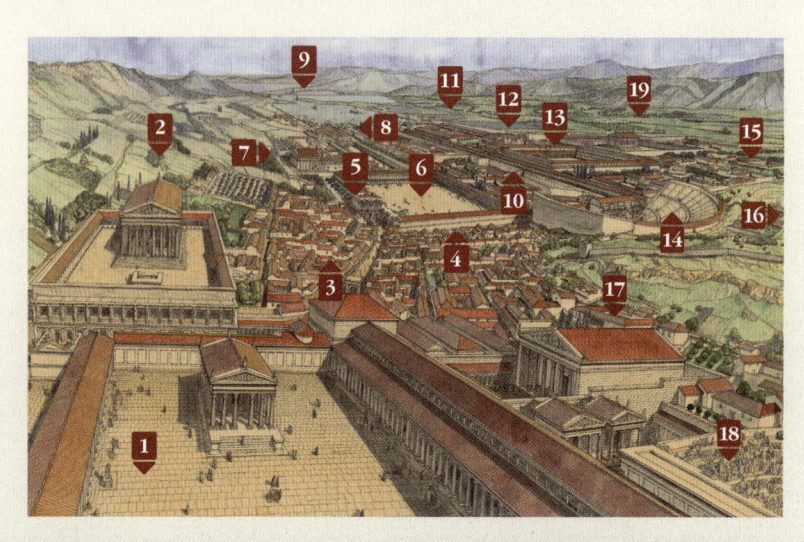

北非

　　上面的地图标示出罗马帝国在地中海的主要港口。地图下半部是作为罗马属地的非洲地区，也就是努米底亚（Numidia）、总督派驻的阿非利加行省（Africa）、的黎波里塔尼亚地区（Tripolitania），相当于现在的阿尔及利亚、突尼斯、利比亚合起来的范围。阿尔及利亚东北部的科洛湾以西，有以卡拉卡拉皇帝凯旋门闻名的丘卡尔。在丘卡尔以东，有麦德拉森的圆形陵墓与赫鲁卜的方形陵墓。还有海岸的基督教城市希波里吉乌斯。在努米底亚的迈勒吉尔盐沼以北，还有兰贝西斯的屯驻地、塔木加迪城、塞维斯特的要塞。在阿非利加行省，从科洛湾到哈马马特湾的内陆部分，有西密图斯、布拉雷吉雅的宅邸，有大剧场耸立的城市杜加，黎米萨的要塞，建有壮观的卡皮托林三神殿的图布尔伯·马尤斯。海岸也有三大城市，从北往南包括：在两块延伸出海岸的狭长土地上建设商港的迦太基，可看到圆形竞技场的乌提纳，位于哈马马特湾海岬顶端的凯尔夸内布匿。如果再往南下，还有位于加贝斯湾以北，建有巨大圆形竞技场的蒂斯德鲁斯；的黎波里塔尼亚海岸旁的诸城市——吉格提、塞卜拉泰、大莱普提斯。

昔兰尼（利比亚，舍哈特）

公元前 631 年由巴图斯国王创建的昔兰尼，位于绿山阶梯状山坡的第二阶，海拔 622 米的地方。选在这个地点建城，有两个要因。首先，位于高处，比较容易防守。其次，当地有阿波罗之泉，能提供稳定的水源。所以当初就是以这汪神圣的泉水为中心建立城市的。但是随着昔兰尼发展为大型城市，城市沿着神圣道路往东南方急速扩张，泉水周边也扩张为阿波罗的圣域。在公元前 5 世纪的极盛时期，昔兰尼已经有数千名希腊移民，凭借农业与畜牧业的繁荣发展过着富足的生活。除了阿波罗圣域之外，城市主要的设施还有东北方祭祀宙斯的神殿，南方的广场。其实，在亚历山大及其后继者建设埃及的亚历山大港之前，也就是直到公元前 332—前 331 年为止，昔兰尼借由邻近的阿波罗尼亚港，成为迦太基以外北非最主要的商业据点。随着城市持续扩大，古老的神殿经过修复，纪念性建造物以大理石或木板装饰，并建造祭祀用的新建筑物、泉水池、供奉用的建造物、柱廊等。城市的规模在公元前 3—前 2 世纪间扩张到最大。现在的城市遗迹，只剩下少数希腊时代的昔兰尼遗迹。早期的设施已经由罗马时代的建筑物取代。

希腊时代的昔兰尼（前 4—前 3 世纪）

1. 阿波罗神的神官于公元前 4 世纪建立的卫城（阿波罗圣域有壮观的入口，排列的 4 根多立克柱式圆柱支撑着柱顶盘；后来被 2 世纪图拉真皇帝与哈德良皇帝统治时期重建新的山门所取代）。
2. 从阿波罗之泉通往阿波罗圣域的神圣道路的阶梯。
3. 公元前 345 年建设的斯塔特吉翁[1]（这栋建筑物发挥着"宝库"的功能，其中收藏着贵重的供奉物，供奉物主要是与纳撒摩涅言人战斗获得的战利品）。
4. 宙斯之子（Dioscures）神殿。祭祀宙斯与丽妲所生的卡斯托尔与波吕丢刻斯。
5. 哈德斯神殿。建于希腊化时代，在 2 世纪经过修复。（经由参拜路线抵达圣域的朝圣者，首先会看到的纪念性建筑物。）
6. 公元前 4 世纪的阿波罗祭坛。有仿佛像大理石块堆砌而成的石桌。（在祭坛与阿波罗神殿之间，可看见供奉牲礼的石头，上面有绑缚牺牛的绳子穿过的洞孔。）
7. 所谓的雅森·马格努斯神殿。在希腊时代这座建筑物祭祀的神祇已不可考，但是根据三角楣饰上刻的碑文，应是 2 世纪康茂德皇帝（180—192 年在位）为某位名叫雅森·马格努斯的人物再建。
8. 阿耳忒弥斯神殿［建筑物的基础可追溯到公元前 6 世纪，现在的神殿建于公元前 4 世纪，当时为了举行阿耳忒弥斯的大祭——阿耳塔弥提亚（Artamitia）而扩建］。
9. 公元前 6 世纪的阿波罗神殿（昔兰尼最早的纪念性建筑物，经过两次改建，在 365 年的地震中部分受损）。
10. 尼科达莫斯（Nikodamos）之墙。隔绝圣域不受剧场噪音干扰的墙壁。
11. 剧场（希腊时代的建筑物，只剩下舞台的基础与接近乐池的座位；为了举行角斗士比武，在 2 世纪改建为圆形竞技场）。
12. 阿波罗之泉［一开始以圣泉为中心，建造昔兰尼的城镇。在罗马时代新的泉水池——奥古斯塔泉（Aqua Augusta）出现之前，人们从这里汲取生活用水与家畜的饮用水］。
13. 阿波罗神官们的洞窟。后来成为神官举行宴会的场所。
14. 神圣道路。连接阿波罗圣域与作为昔兰尼公众生活中心的广场。

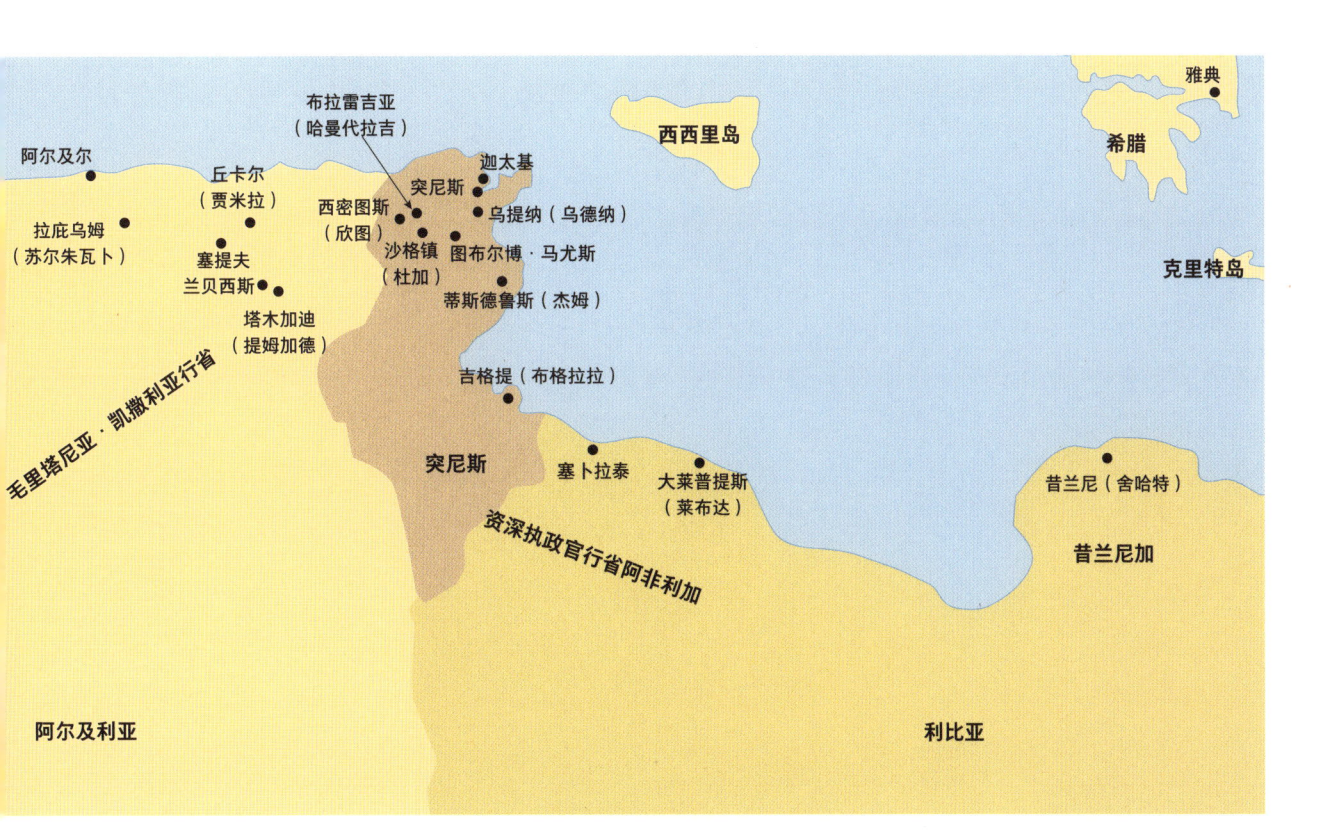

地图标注

上图（北非地区地图）：

- 阿尔及尔
- 丘卡尔（贾米拉）
- 布拉雷吉亚（哈曼代拉吉）
- 西西里岛
- 雅典
- 希腊
- 拉庇乌姆（苏尔朱瓦卜）
- 塞提夫
- 兰贝西斯
- 西密图斯（欣图）
- 突尼斯
- 迦太基
- 乌提纳（乌德纳）
- 沙格镇（杜加）
- 图布尔博·马尤斯
- 克里特岛
- 塔木加迪（提姆加德）
- 蒂斯德鲁斯（杰姆）
- 毛里塔尼亚·凯撒利亚行省
- 吉格提（布格拉拉）
- 突尼斯
- 塞卜拉泰
- 大莱普提斯（莱布达）
- 昔兰尼（舍哈特）
- 资深执政官行省阿非利加
- 昔兰尼加
- 阿尔及利亚
- 利比亚

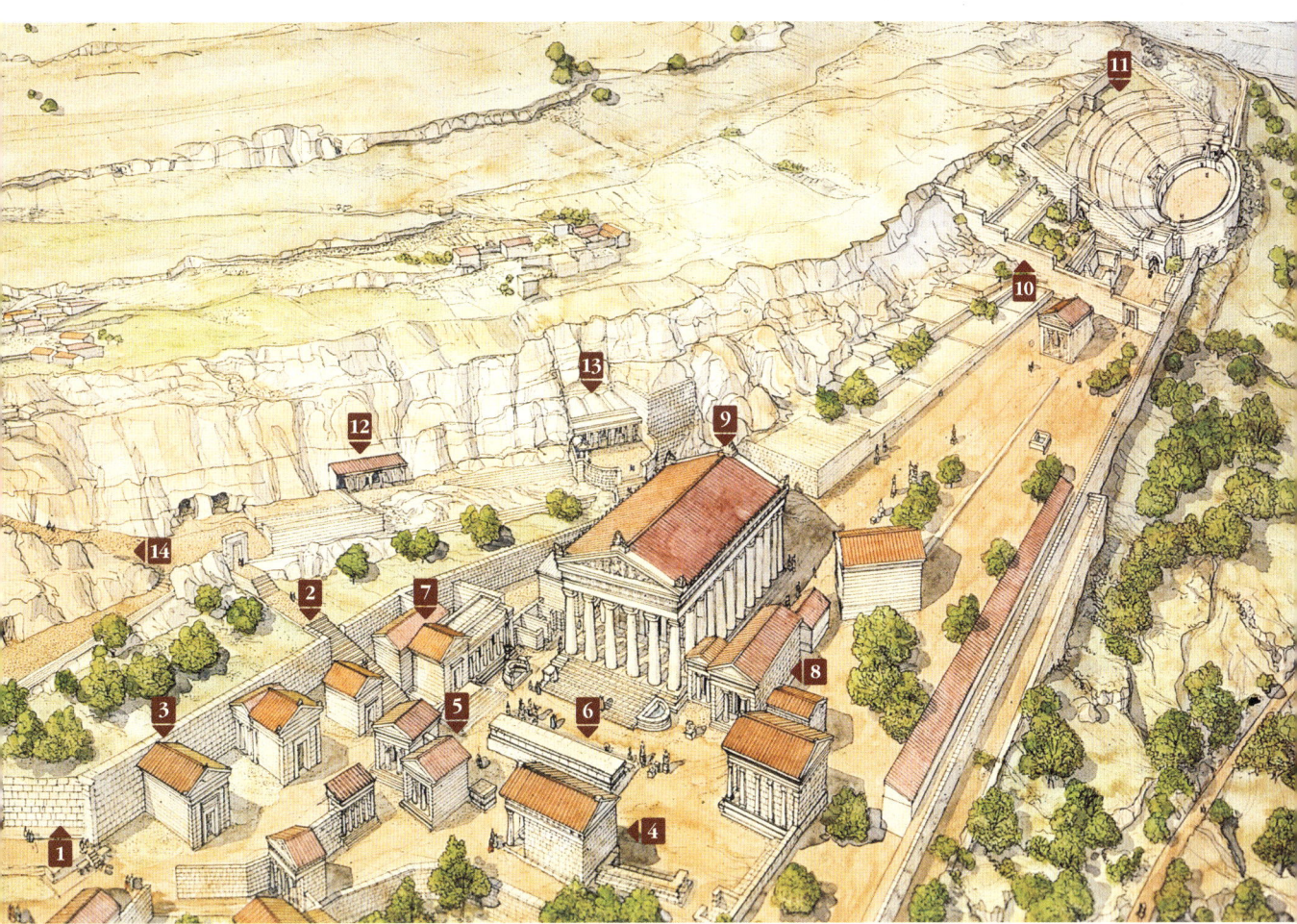

下图标注： 1–14

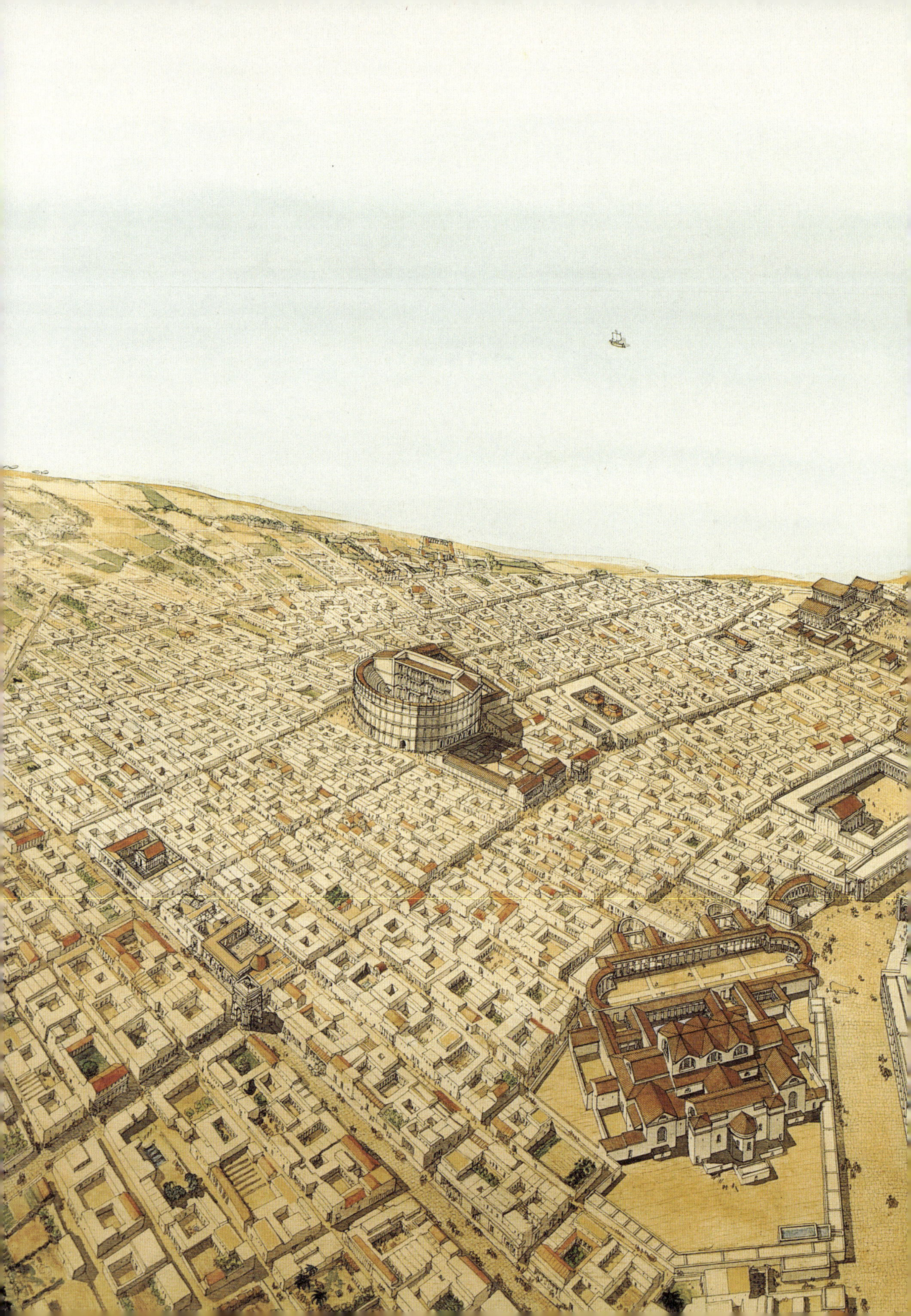

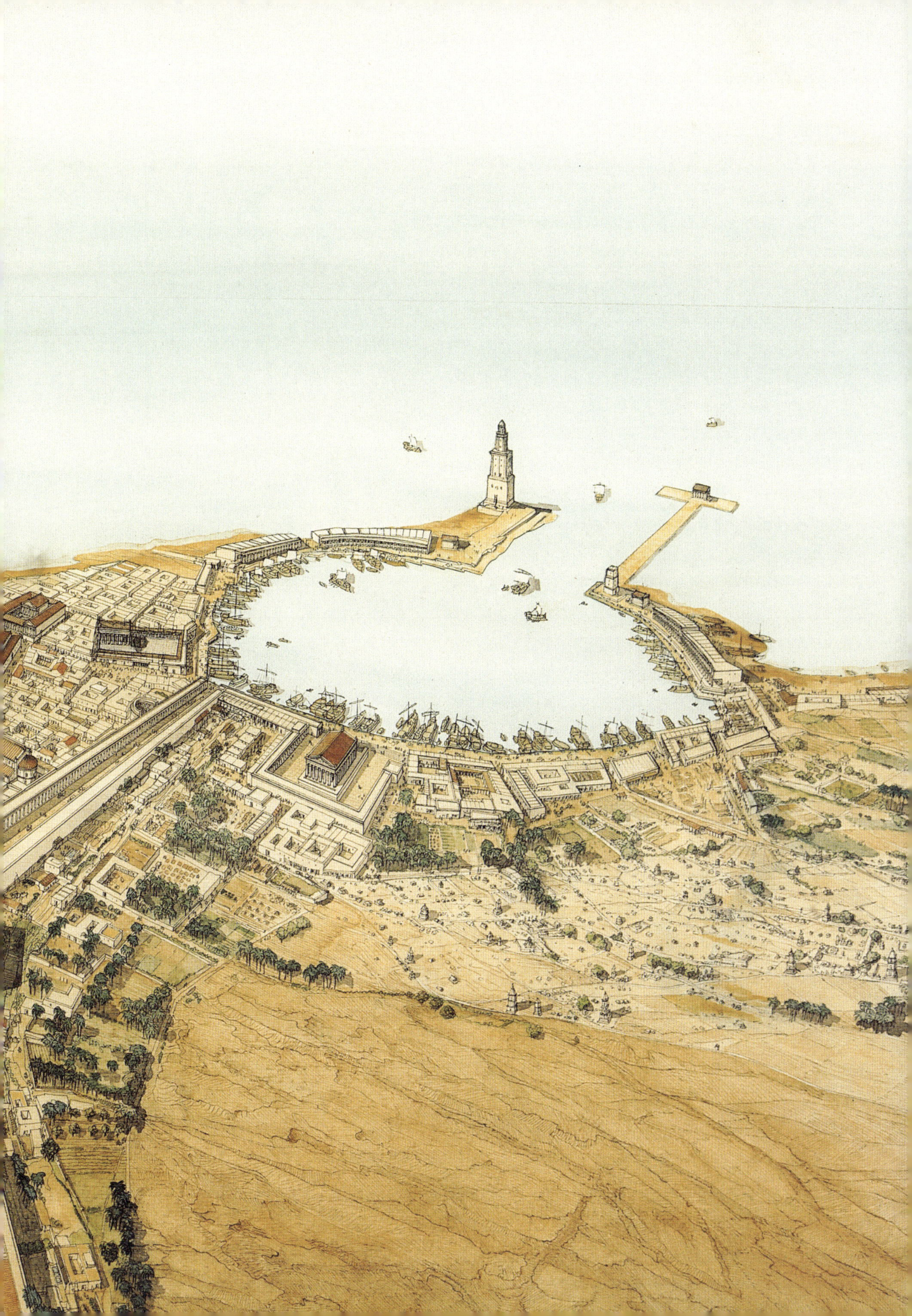

大莱普提斯（利比亚，莱布达）

位于莱布达河出海口的大莱普提斯，公元前500年由迦太基人建立，目的是为了支配当地的资源与撒哈拉地区的商队贸易。但是，由于迦太基课征重税，城市的发展不如预期。所以一直等到罗马时代，大莱普提斯才真正开始繁荣起来，并且扩大了规模。在当时，古老的广场转变为由神殿与巴西利卡环绕的古罗马式广场。城市以由市场及剧场组成的新地区为中心，向西南方向扩张。图拉真皇帝统治期间（110年），大莱普提斯成为罗马的殖民市。于是有大量大理石引进这座城市，用来修复既有的建筑物，并新建哈德良皇帝的浴场、安敦尼·庇乌斯皇帝（138—161年在位）的凯旋门，等等。随着在大莱普提斯出生的塞普提米乌斯·塞维鲁皇帝即位，城市发展走向极盛。城市扩张的计划交给皇帝自幼熟悉的人，在短期内就有进展。首先为城市南方的地区定下扩展计划，营建豪华的广场与巴西利卡之后，又建设了有柱廊的大道、泉水池、凯旋门。随后展开大规模的土木工程，以长2000米的堤堰改变莱布达河的水流，以沟渠将水绕开城市，这是为了建立与迦太基港同样广大的人工港。现在这里是罗马文化圈保存状况最好的港口。同时也将住宅区扩大，尤其是在离海岸一定距离的地方兴建富人区。这时城市的面积达到4.35平方千米，拥有人口10万。而大莱普提斯呈现衰败的迹象，是从4世纪下半叶开始。随着罗马帝国的衰退，城市的状况也同时恶化。

公共广场（Agora）与论坛广场（Forum）

希腊文的"agora"，首先是指市民全体，接下来是指广义的公共广场。在古典希腊时期，公共广场是城市的行政、宗教、商业中心。雅典的公共广场建着各种各样有三角楣饰与柱廊的纪念性建筑物。包括多座神殿，十二神的祭坛、议事厅（制订法律的议事会[2]用来集会的场所）、圆堂（议事会常设委员会工作的地方）等，是城市神圣的中心地带。还有法庭、柱廊、公共的泉水池，竖立着许多雕像。公共广场是热衷参与市政的雅典市民喜爱的场所。

在罗马帝国，论坛广场（forum）是城市主要的广场。那是长方形的公共空间，在两条干线道路（南北干道 cardo maximus 与东西干道 decumanus maximus）交界处形成，建有许多公共建造物。如巴西利卡（长方形的大型建筑物，内有法庭、市场，以及进行讨论的场所）、神殿（为了礼拜皇帝而建造的建筑物），有时候还有库里亚（curie，召开元老院或城市评议会的集会所）。因为有表彰城市名人的雕像与碑文，论坛广场成为充满城市居民记忆的场所。这里也是集会、议论、演说的场所。论坛广场见证着生机勃勃的城市脉动。

大莱普提斯的战车竞技场，是罗马文化圈规模最大的战车竞技场之一（长450米、宽100米）。建设于图拉真皇帝统治时期（112年），可容纳2.3万名观众。所谓战车竞技，是赛车沿着分隔岛——将跑道以纵向一分为二的矮墙——以逆时针方向绕场7圈。战车竞技场的后方，有一座建于56年、可容纳1.5万人的圆形竞技场（长100米、宽80米），在这里举行角斗士比武或斗兽表演，以及大规模的阅兵。

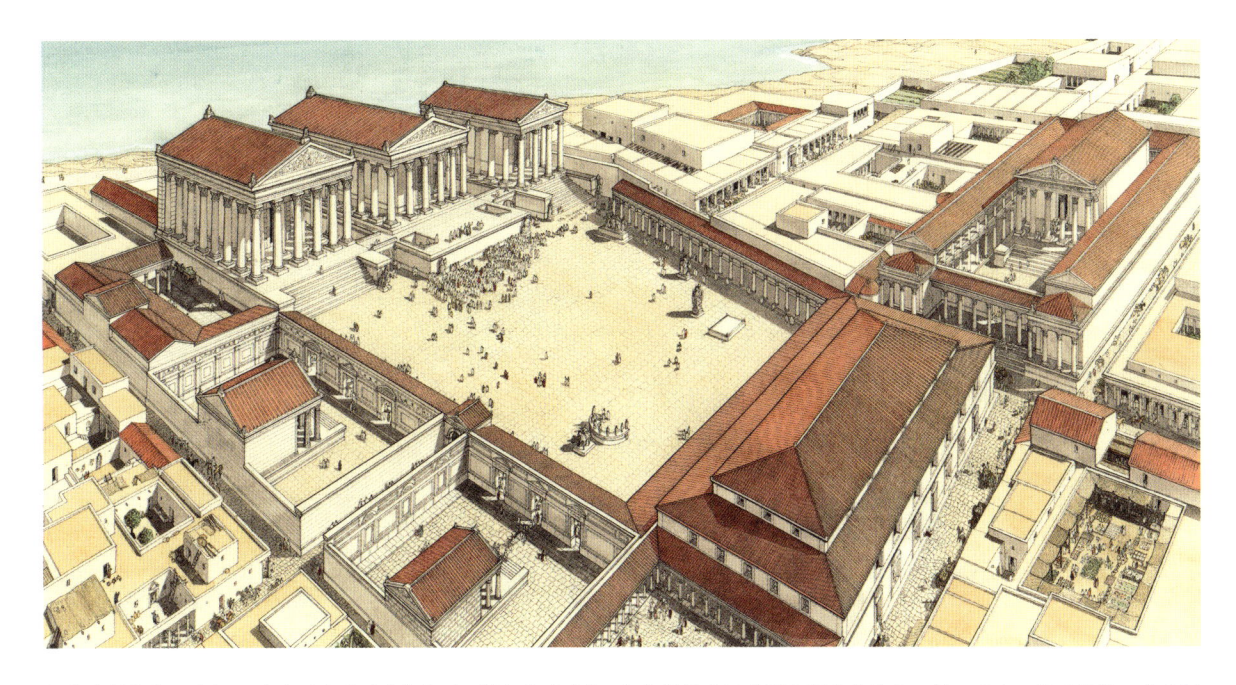

大莱普提斯的旧广场可追溯到帝政时代初期（1世纪前半叶）。这座封闭式四边形广场在靠海的一侧，建有3栋建筑物。从右到左依次是赫拉克勒斯神殿、奥古斯都与罗马的神殿、利柏尔·帕戴尔[3]神殿。在神殿对面建有城市的巴西利卡，用来作为商业大厅或法庭、市评议会的集会所。广场左方还有各种各样的神殿与公共建筑物。

大莱普提斯（3世纪）

仍可看到码头、灯塔与仓库群，是罗马文化圈保存状态最好的港口。

1・塞普提米乌斯·塞维鲁皇帝的凯旋门。203年，作为纪念性建筑物建于这位皇帝诞生的城市。（由4根支柱支撑的四面拱门，原本建于南北干道与东西干道交会的位置，现在保存于的黎波里博物馆。）

2・公元1或2年建成的剧场。是非洲最古老的同类型建筑之一。

3・奥古斯都大帝统治期间（11—12年），建立的卡尔吉迪库姆（Chalcidicum）。这种柱廊被当作市场。

4・公元前9—前8年，以一位大莱普提斯市民捐赠的资金建立的市场（四边有柱廊环绕的长方形建筑物，在广场正中央，有两座圆形的凉亭；另外还可以看到的设施包括鱼市的柜台，台上装饰着海豚与章鱼，用于确认容量的长椅和比较长度的桌子）。

5・哈德良皇帝的大浴场。建于126—127年，完全遵照罗马的传统建造。

6・角力场。与浴场同时期建造与投入使用。（尤其适用于格斗技与体育训练。）

7・泉水池（祭祀宁芙的纪念性建筑物风格的泉水池）与多边形广场。两者都建于3世纪。

8・有圆柱的道路。连接哈德良浴场与港口，是塞维鲁王朝时期城市的干线道路（长420米、宽50米，由125根圆柱排列成双重柱廊）。

9・塞维鲁王朝的广场。长100米、宽60米的大广场（在广场西南建着祭祀塞维鲁氏族的神殿；广场整体的规模与气势，可匹敌位于罗马的图拉真广场）。

10・塞普提米乌斯·塞维鲁皇帝统治期间建立的巴西利卡。长92米、宽40米，除了规模庞大，独特之处在于左右各有一个半圆形的突出部。（在这里举行审判，无法坐在中殿的人，可以登上2楼宽广的旁听席。）

11・旧广场（请参考上图）。

12・库里亚。2世纪时作为神殿建立，有门廊与基坛的建筑物。

13・1世纪建造的朱庇特·多利克努斯（Jupiter Dolichenus）神殿。

14・塞普提米乌斯·塞维鲁皇帝统治时期完成的港口（水域面积达10.2万平方米的内港，由两道坚固的防波堤保护，其上建有柱廊；在西边的防波堤前端，有越往上方层楼越小的方塔形灯塔，对面建有信号台）。

15・战车竞技场与圆形竞技场方向。

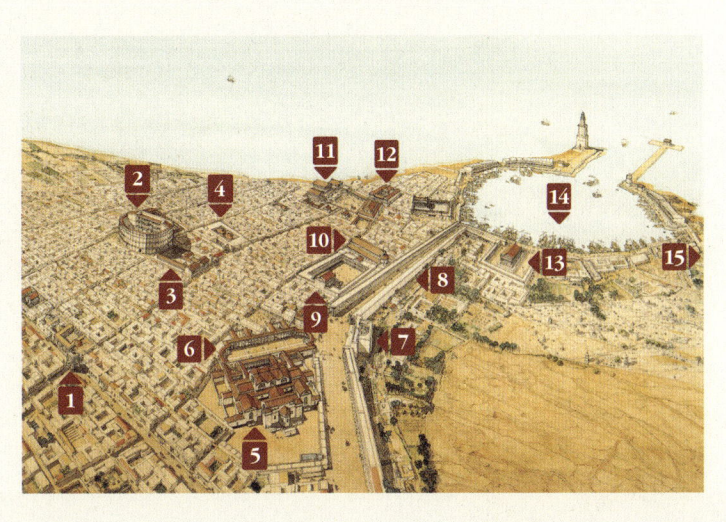

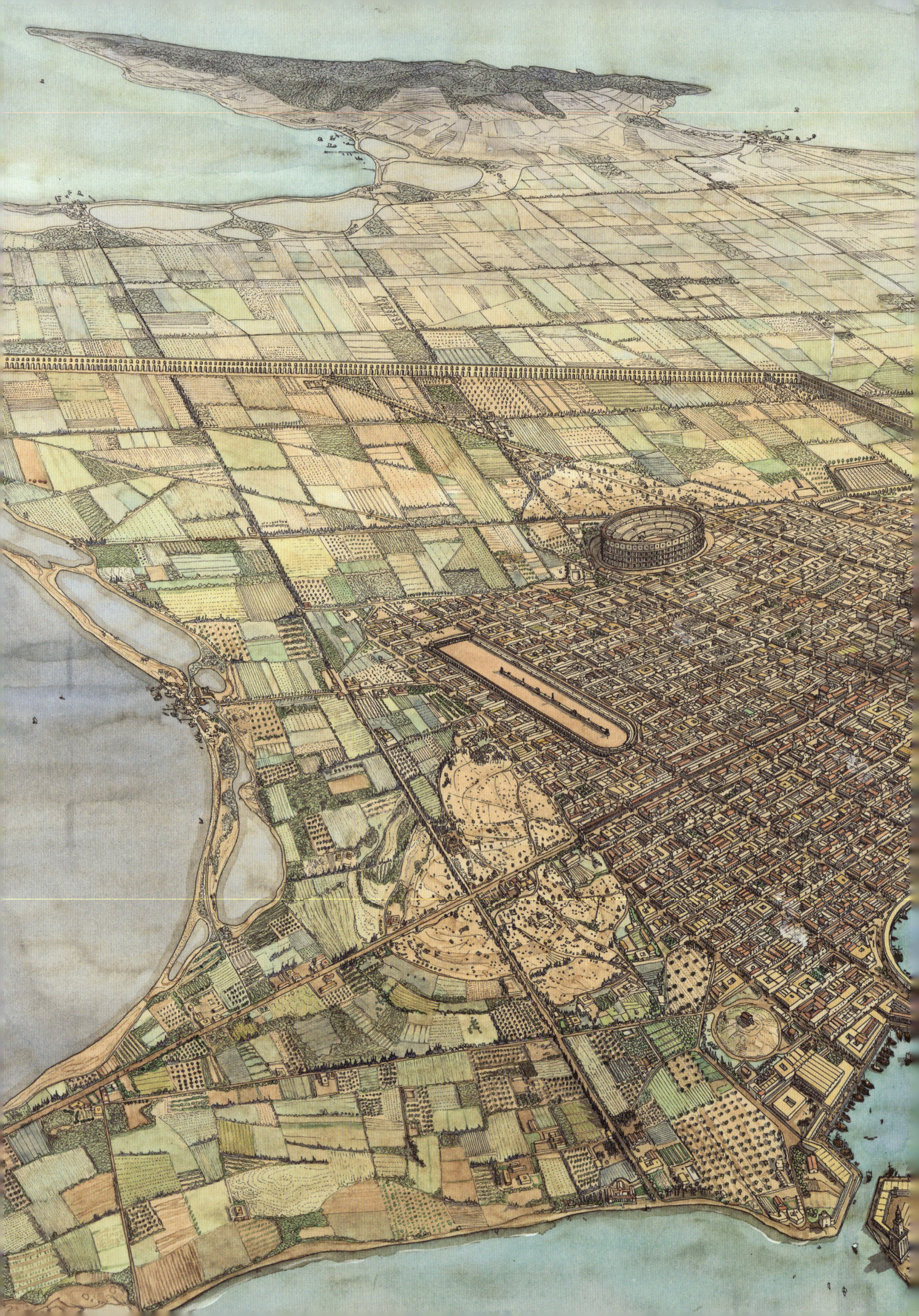

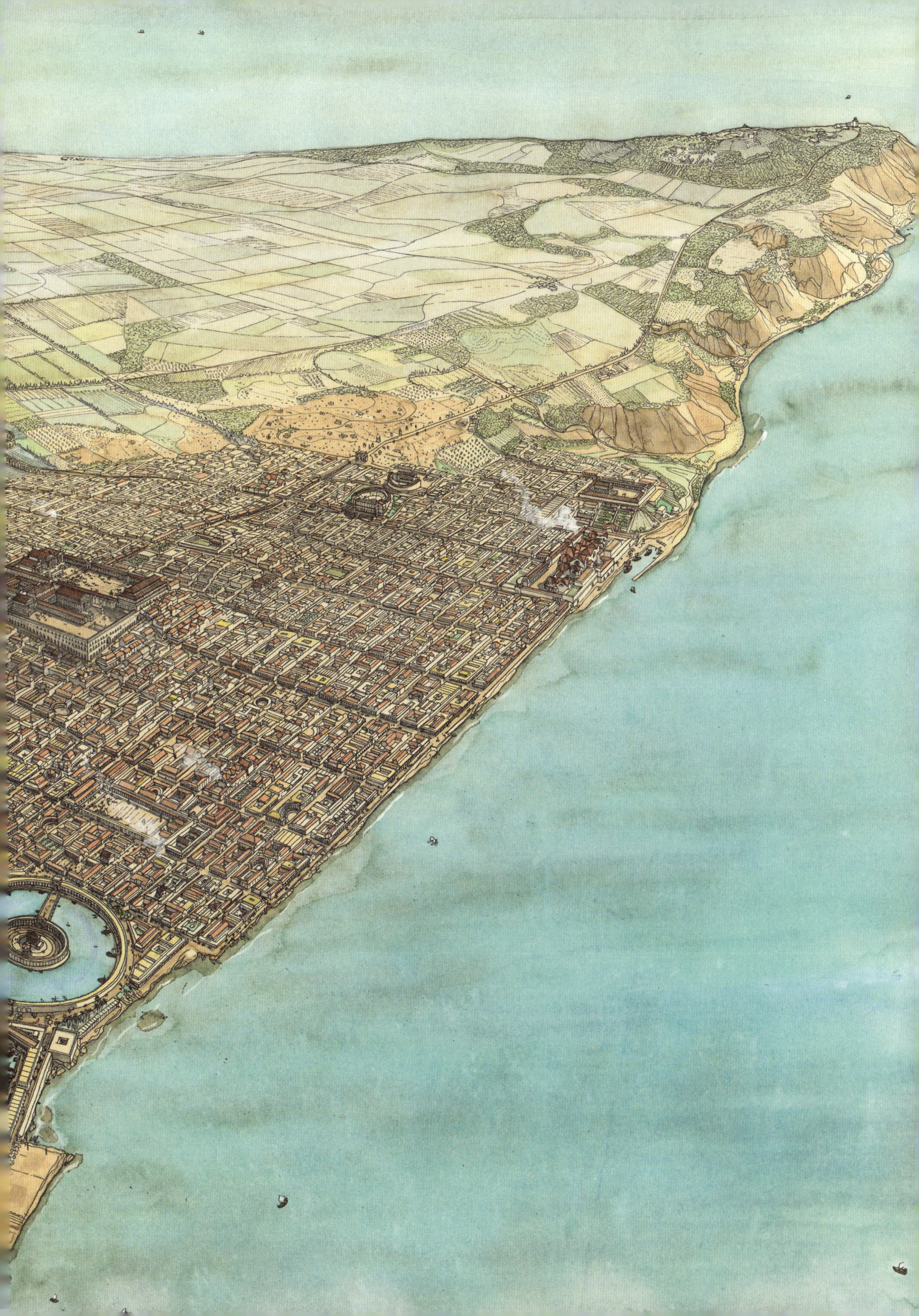

迦太基（突尼斯）

腓尼基人的城市迦太基，在公元前146年遭到小西庇阿率领的罗马军团破坏，被火焚烧、彻底夷平，只留在古代著述者的笔下。迦太基因位于地中海与非洲之间，其地利被广为称赞。罗马人为了利用这个独特的地理位置，毫不犹豫地在旧迦太基城的位置建立新城。这个计划两度受阻，最后在奥古斯都大帝统治期内的公元前27年实现。当时为了增加城市的居民，迁入3000户家庭，使得城市迅速发展，到2世纪时，迦太基成为阿非利加行省的首府，拥有约20万人口，是当时罗马帝国最大的城市之一。

罗马帝国以柏萨山丘为中心，制作出非常规则的地籍图。在东西主干道与南北主干道交叉的地点建设广场，那里通常是公众生活的中心。并建造由墙壁和穹拱支撑的大型露台，面积广达1.3万平方米。其他部分的都市计划，则是分成面积同样大的4个区域，规划成棋盘方格状，从而形成120个街区（insula）。后来随着人口增加，衍生出好几个周边地区。海边又再度修建港口，成为地中海与非洲沿岸商业活动最频繁的港口之一。

罗马帝国时代的迦太基（3世纪）

罗马人建立的新城与布匿人建立的旧城的差别在于秩序。
借由罗马城市整齐划一的街景，展现罗马帝国井然有序的形象。

1. 122—162年建设的输水道（从90千米外的宰格万高原引水供给迦太基）。
2. 马尔加的储水槽（收集输水道运送的水，视必要分配给城市各地区）。
3. 圆形竞技场。非洲最大的竞技场之一，可容纳3.6万人。
4. 2世纪建立的战车竞技场（长570米，可容纳6万—7万人，规模仅次于罗马的马克西穆斯竞技场，位居帝国第二；跟许多战车竞技场一样，跑道以分隔岛纵向一分为二，有着雕像、圆柱、神殿等装饰）。
5. 南北主干道。
6. 东西主干道（与南北主干道将城市划分为同样大小的4个区块；两条大道交会于柏萨山丘的山顶上，在那里建有广场）。
7. 广场，公众生活的中心（在柏萨山丘的顶上，据说过去是两条大道交会之处，居于可俯瞰周遭的丘陵中心部位；柱廊环绕的大型广场内，建有用来举行法庭庭审的巴西利卡，以及可能不止一座的神殿）。
8. 剧场。据推测于2世纪中叶安敦尼·庇乌斯皇帝统治期间建造。（直径有105米，似乎经过多次毁损与修建，半圆形的3层阶梯式座位，可容纳大约5000人；在美丽的舞台正面，以绿色与玫瑰色的大理石圆柱与雕像作为装饰，成为剧场的常设舞台装置。）
9. 音乐厅。在剧场附近，建于205—210年（塞普提米乌斯·塞维鲁皇帝统治时期）；作为城市的文化中心，有许多人来听音乐会或演讲。
10. 安敦尼·庇乌斯皇帝的浴场。145—162年沿海而建，附设体育场、角力场、冷浴室、更衣室、水池。（整座浴场长度超过300米，内部的装饰包括马赛克镶嵌艺术与斑岩的列柱，华丽的大理石板，是设施最豪华的皇帝公共浴场之一。）
11. 内港。过去作为军港使用。（中央有海军本部的岛，由列柱环绕，上有小型的神殿与稍大一点的八角形或圆形建筑。）
12. 商港。周遭可能围绕着仓库群。（当时迦太基是离罗马最近的非洲港口。）
13. 当时可能有灯塔所在的地点。

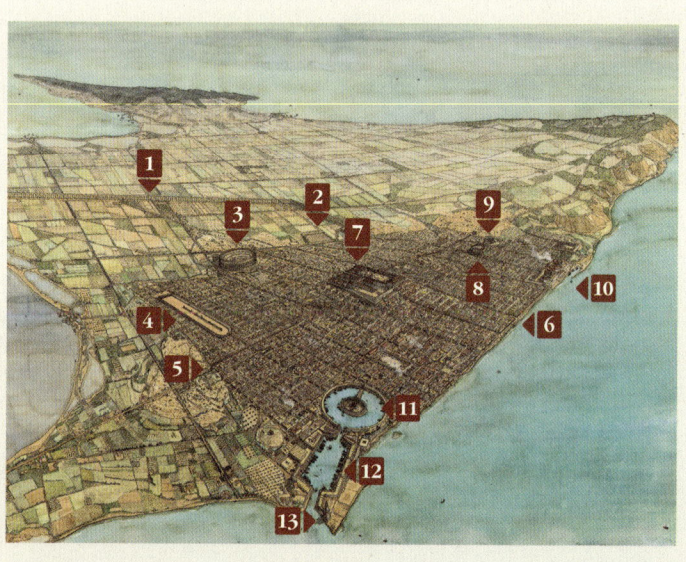

杜加古城（突尼斯，沙格镇）

杜加古城

经规划后仍然不规则的城市。不只因为地形充满变化，也因为是沿袭旧有城市建立的罗马城市。

1. 保存状态良好的杜加剧场。在舞台建筑物的后方，建有由列柱支撑的拱廊，面向半圆形的庭院。
2. 祭祀农业之神萨图恩的神殿。萨图恩是非洲的神祇，在古罗马时期经常与巴尔（Baal，迦太基的主神）被视为同一神明。
3. 供奉朱庇特–朱诺–密涅瓦的卡皮托林三神殿（例外地建于与广场中轴线垂直的位置）。
4. 东广场。在其所铺石板上雕刻着圆盘状物体，那是风频图的罗盘（标示出地区主要的风名与风向）。
5. 市场。柱廊下商店林立，其中轴上建有谈话室。
6. 祭祀墨丘利的神殿。
7. 西广场。卡皮托林三神殿西侧有讲台，与其相对的一侧建有小神殿造型的正方形建筑物，据推测应该是库里亚。
8. 椭圆形的凹陷地区，长久以来人们认为这里应该是圆形竞技场。不过尚未从发掘调查的结果获得证实。
9. 利柏尔·帕戴尔神殿与孔科尔德神殿[4]。
10. 卡拉卡拉皇帝的浴场。
11. 纪念卡拉卡拉皇帝战胜日耳曼人的神殿。
12. 储水槽。通过地下水道供水。
13. 密涅瓦神殿。
14. 杜加的战车竞技场。为了让战车奔驰其间，只是将原野稍作修整而已。

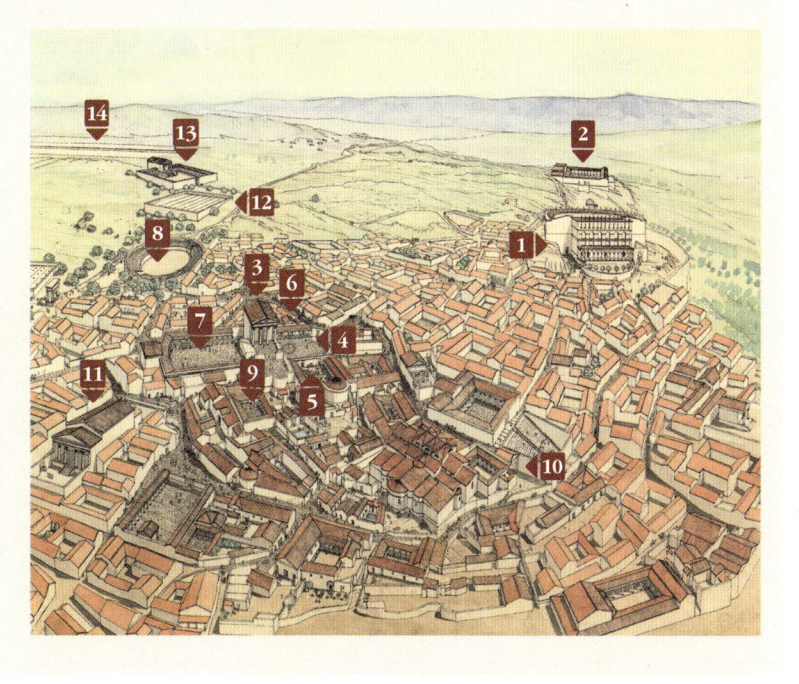

杜加的位置在非洲海岸与努米底亚王国内陆之间，从台地上方可俯瞰哈立德河谷。这座历史悠久的小城，位于富庶的农业地带中心，正好掌握了经济迅速发展的时机。尽管迦太基城的影响力很强，杜加仍是努米底亚王国最重要的城市之一。在公元前1世纪，当地迁入大量移民来大力发展农业。公元前46年，城市列入罗马的管辖，市民渐渐地适应新文化。205年杜加升格为自治市——可采用既有的法律统治，伽利恩努斯皇帝（265—268年在位）将其升格为殖民市，成为杜格西斯（Colonia Licinia Septima Aurelia Alexandriana Thuggensis）。杜加与完全呈现棋盘方格状的迦太基不同，非常不规则的都市规划已成为其特征。在2、3世纪城市发展的过程中，地形与古建筑的存在为城市的面貌带来很大的影响。人们在不同高度进行建设，广场与卡皮托林三神殿位于最高点。下方沿着相当不规则的道路，形成住宅区。

保存状态最好的两栋建筑物是卡皮托林三神殿与剧场。城市中心的神殿建于166—167年（马克·奥勒留皇帝统治期间），是一栋非常美的建筑物。这座神殿位于由一长一方两个小广场组成的城市广场的中心。神殿由神室与门廊组成，其正面立有4根雕有沟槽、8米高的科林斯柱式圆柱。柱顶上方的三角楣上雕刻有被神化的皇帝安敦尼·庇乌斯乘着老鹰遨游天际的场景。剧场则是于168—169年建在山丘上，可容纳大约3500人，相较之下是栋较小的建筑物。不过即使在杜加古城的极盛时期，全城人口估计也只有5000人，所以这样的大小应该已经足够。

97

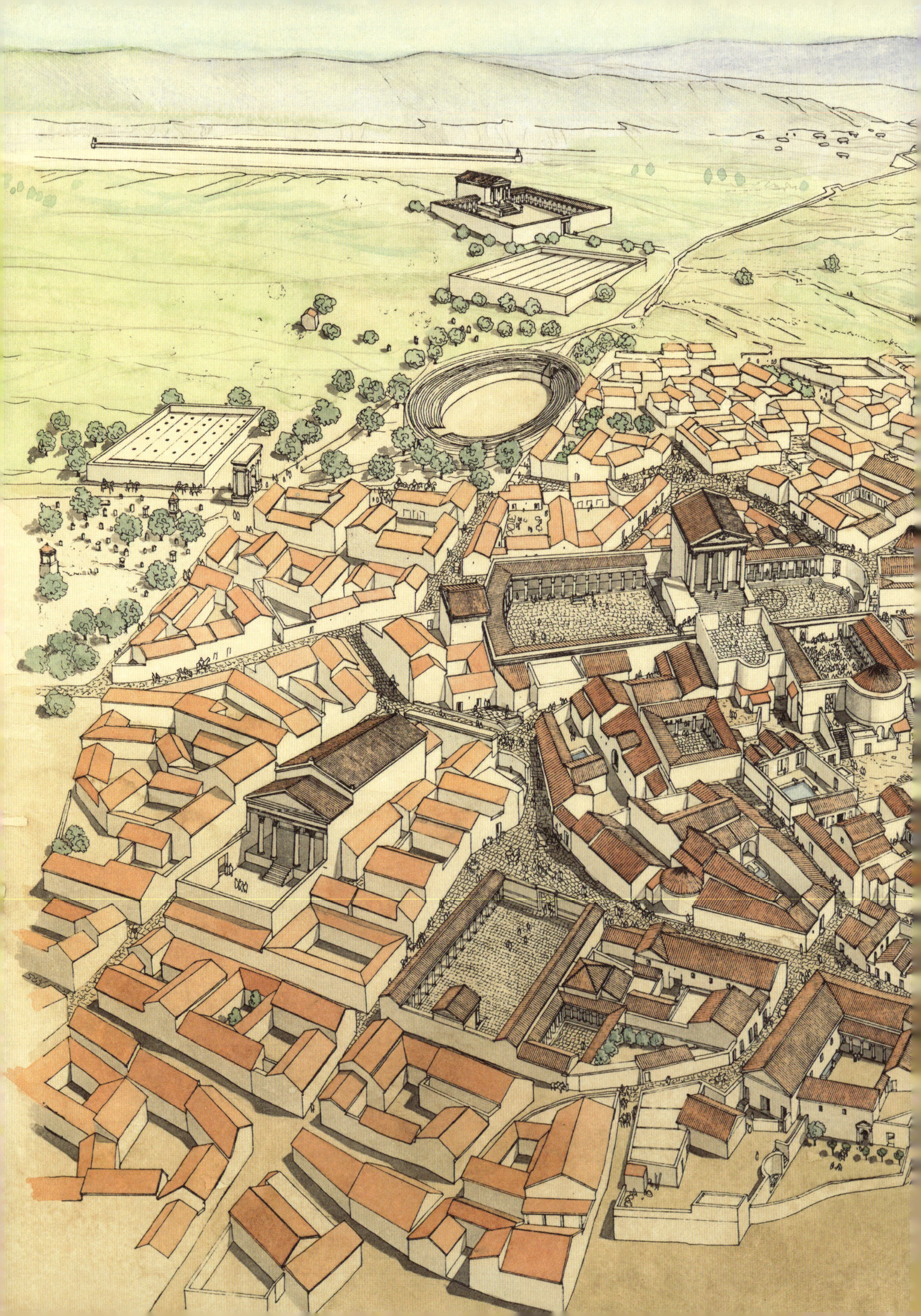

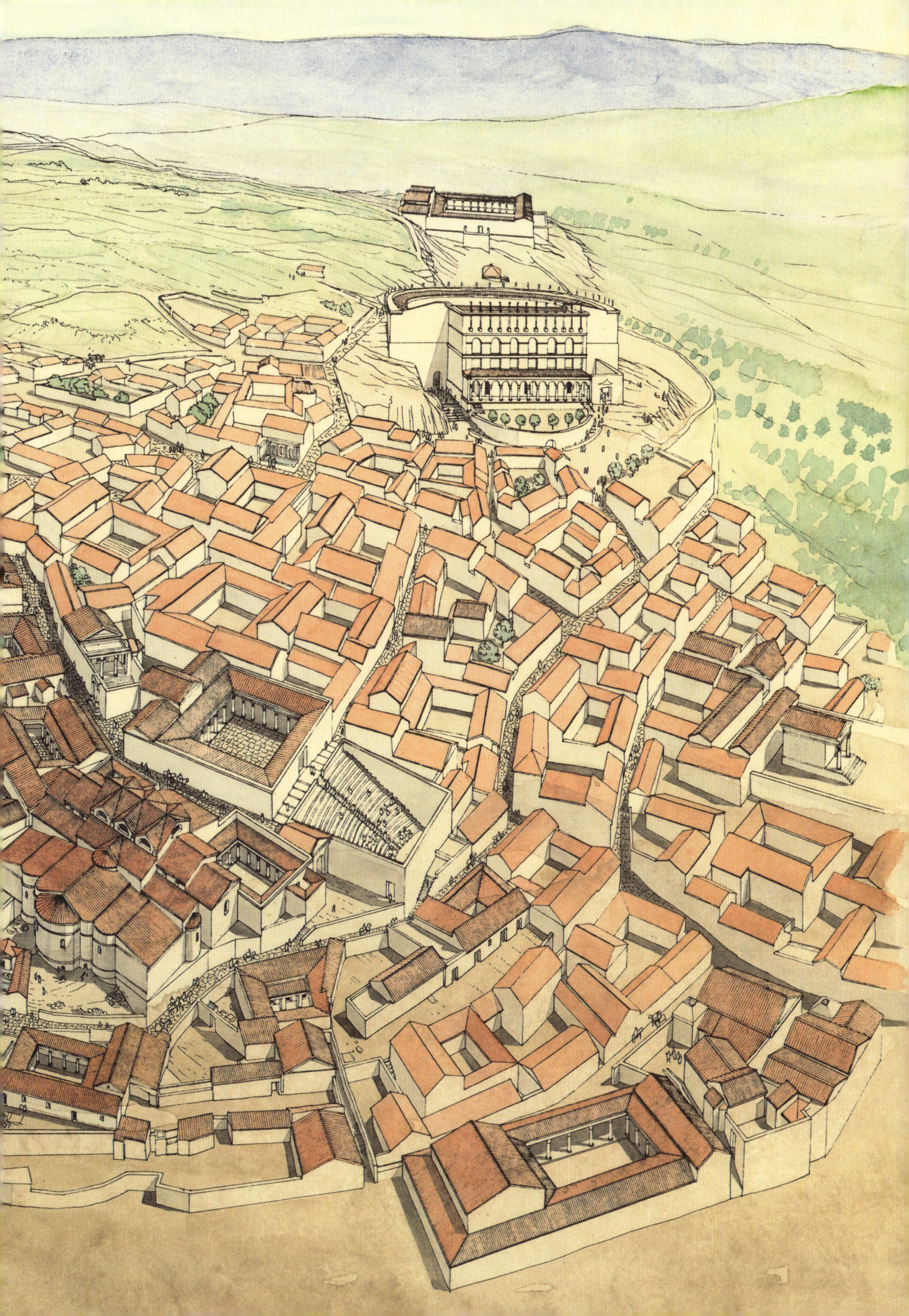

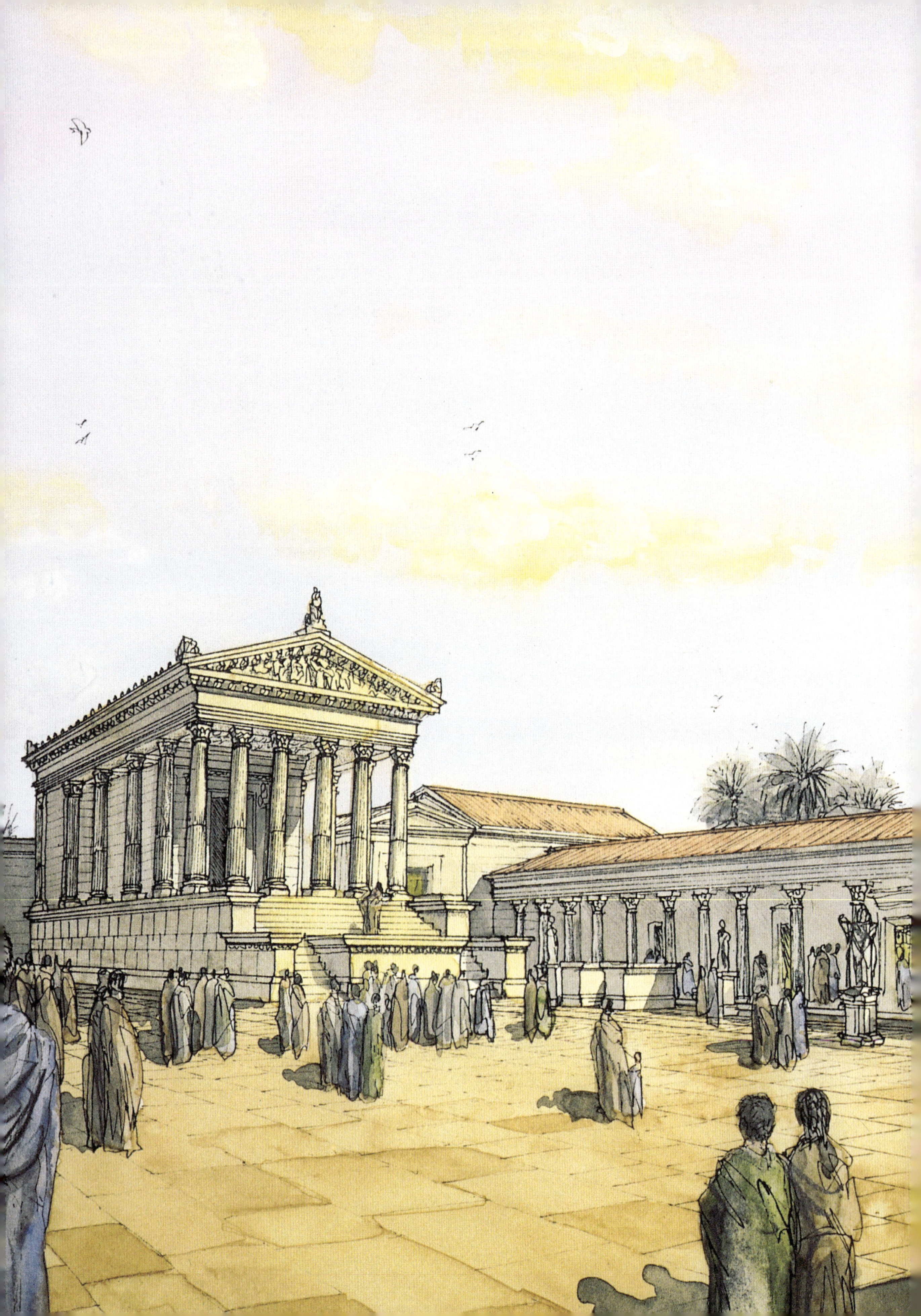

吉格提（突尼斯，布格拉拉）

腓尼基人所建立的吉格提，是地理上便于与埃及、希腊进行贸易的港湾城市。这座城市原本已经很繁荣，在阿非利加行省建立后，成为罗马的城市。城市的收入主要来自腹地种植的橄榄、与奥斯提亚贸易这两项收入。由于急速的经济发展，城市的政治势力也跟着抬头，吉格提在安敦尼·庇乌斯皇帝统治期间获得自治市的地位，同时居民也跟着迅速罗马化。

位于山丘上的广场，经过数个阶段的建设成为现在的样貌。在哈德良皇帝的时代开工，马克·奥勒留皇帝在位期间（161—180 年）完成。在 3 世纪初期，由塞维鲁王朝的皇帝们进行扩建，将广场的规模尽可能扩大（长 60 米、宽 38.5 米以上）。在广场西侧，有一座卡皮托林三神殿建于高 3.3 米的正方形基坛上。其三边由科林斯柱式圆柱支撑的纵深 7 米的柱廊环绕。周围是其他宗教建筑、世俗建筑——主要是集会所和当作法院的巴西利卡，以及种种雕塑。由于在神殿的神室中可看到塞拉皮斯神像，所以这处圣域应该供奉着亚历山大港的神明。

坐落于吉格提广场西侧卡皮托林三神殿，环绕着纵深约 7 米的豪华科林斯柱式围柱廊。

西密图斯（突尼斯，欣图）

西密图斯位于西密图斯山与迈杰尔达河谷交界处，有两条交通繁忙的干线道路交会于此。包括从迦太基经由布拉雷吉雅通往希波里吉乌斯城的东西向道路，与从泰拜尔盖通往锡卡的南北向道路。城市因当地资源而繁荣，尤其是古代撰述者称之为"努米底亚大理石"的黄色与玫瑰色大理石。从公元前 27 年奥古斯都大帝统治期间开始，城市的地位就从自治市提升为殖民市，被命名为西密图（Colonia Julia Augusta Numidica Simithu）。同时大理石采石场也从此属于皇帝，交给退役军人管理，并由山的另一侧居住在军团基地的囚犯强制劳动发掘。从这个时候开始，努米底亚大理石运送到帝国全境，装饰美化大城市的公共建筑物与神殿。经由陆路通往北部海岸的塔巴卡港，或是顺着迈杰尔达河运送到迦太基以北的乌提克港的大理石，接下来将通过海路，主要运送到奥斯提亚。

西密图斯

当地的大理石运送到罗马文化圈各地，这是一座以采石场为中心发展起来的城市。

1. 蕴含黄色与玫瑰色大理石的矿山，大采石场仍保留着。这种大理石在非洲与罗马文化圈特别受欢迎。
2. 在采石场劳动的囚犯所居住的宿营地。
3. 古罗马之前建立的大型陵墓。
4. 大浴场。通过输水道供水。
5. 剧场。
6. 广场。城市的巴西利卡建于其上。
7. 横跨迈杰尔达河的石桥。大理石顺着这条河运送到乌提克港。

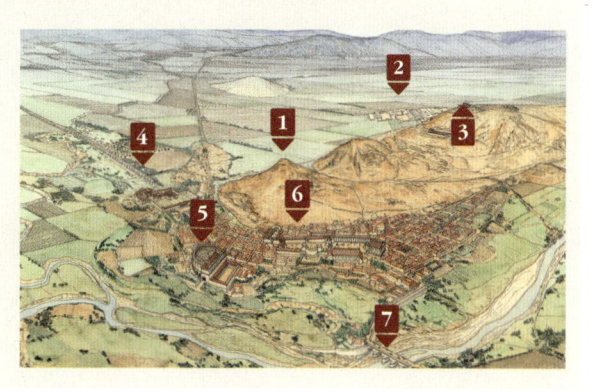

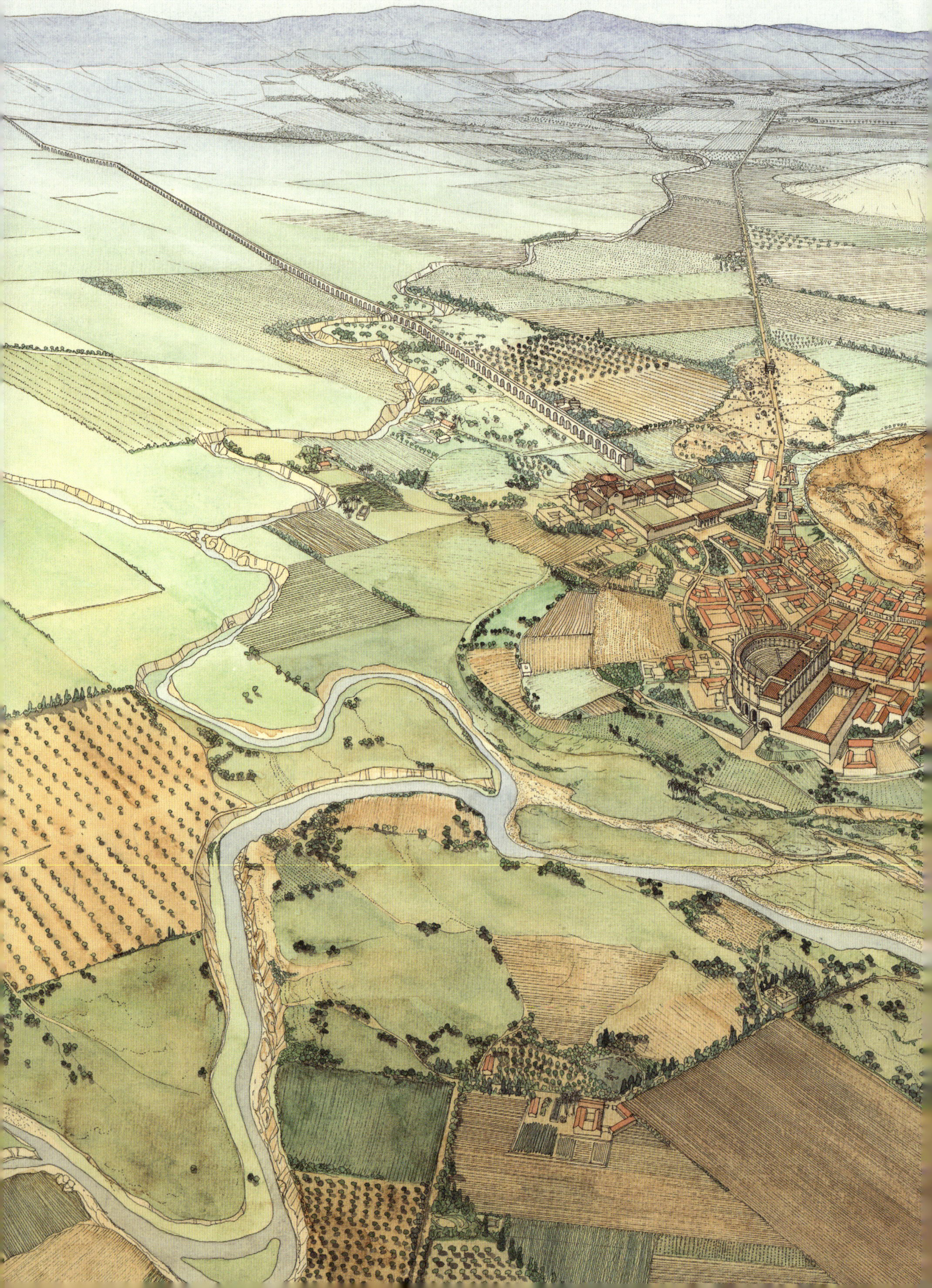

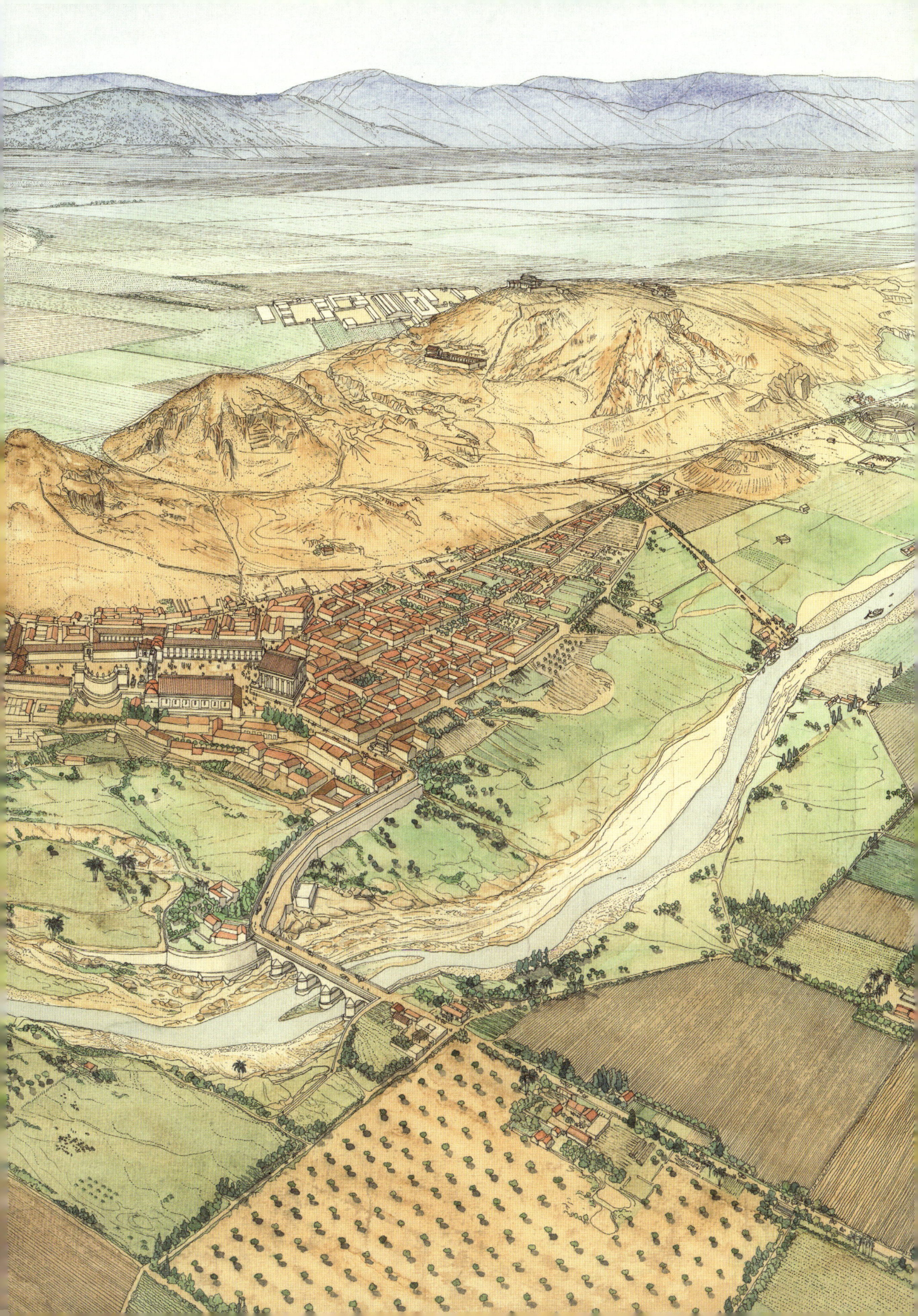

图布尔博·马尤斯（突尼斯）

图布尔博·马尤斯的广场及中央的卡皮托林三神殿。这座雄伟的建筑物有大阶梯，前方有供奉牲礼的祭坛。这座建筑物是科林斯柱式的、正面六柱式神殿。

图布尔博·马尤斯位于凯比尔河流域的山坡上，这里是盛产谷物的农业带核心区。除了先天的条件之外，它还位于多条贸易路线交叉之处，使得城市的经济急速发展。在哈德良皇帝统治期间成为自治市，在康茂德皇帝统治期间升格为罗马殖民市。由于纳入罗马帝国版图，使得城市越来越繁荣，随着豪华的建筑物出现，主要的公共建筑物也陆续建造完成。

广场建于2世纪，4世纪时经过修复，无疑是图布尔博·马尤斯最繁华的区域。广场三边以优美的柱廊围绕，另一边是卡皮托林三神殿。神殿正面并列着6根科林斯柱式圆柱，这栋美丽的建筑物建于基坛之上。走下大楼梯，在神殿前广场中央有供奉牲礼的祭坛。另外，位于东北侧的柱廊通往市议会集会所，西南侧的柱廊通往建于211年的墨丘利神殿。在南方的角落有市场，那里是由小店铺围绕的正方形广场。目前已确定在广场周遭存在着好几个住宅区，林立着由马赛克与大理石装饰的豪华住宅。一部分住宅有相当完善的暖炉设施。在西南地区已发现两处可供1万名城市居民使用的浴场。冬季浴场面积1600平方米，建于2世纪。夏季浴场距离广场150米，以马赛克装饰，铺满大理石，并有数个豪华的大厅，装饰着碑文与雕像。这些浴场建有半圆形的独立建筑物作为厕所。在稍微有点距离的地方，坐落着长方形的角力场，城市的居民可在这里运动。

乌提纳（突尼斯，乌德纳）

乌提纳古城坐落的丘陵，位于雷萨斯山与米利亚纳河之间。周围的原野有河水灌溉，土壤肥沃使当地得以繁荣。而且在城市周围还有许多采石场，能够取得建设城市公共建筑物或宅邸所需的石材。正因为有这两项优点，当奥古斯都大帝为第十三军团的退役军人确定非洲的殖民地时，选择了这个地方。

从十几年前开始，考古学家有组织地进行发掘调查与地底探勘，时至今日，已经能正确地描绘出乌提纳的复原图。虽然古城有许多区域还埋在厚达数米的土层之下，但是已发现一些主要的公共建筑物与豪华的住宅区。城市的北部是片广阔的区域，有20多座住宅。在已发掘或是至少已调查过的住宅中，发现了非常美的雕刻，以及一连串的马赛克镶嵌艺术。最宽广的住宅有30多个房间，称为伊卡洛斯之家（或是拉贝里之家）。以主列柱廊为中心，周围配置着多个会客厅，并将房屋组合成功能不同的区域。房间的地板全都铺着豪华的马赛克，装饰的图样包括几何图形、根据希腊罗马神话衍生的主题（欧罗巴遭到化身为公牛的朱庇特诱拐、涅普顿的胜利、狄俄尼索斯递酒给伊卡洛斯等），也有日常生活的景象（尤其是描绘农庄的美丽马赛克镶嵌画）。其中最具代表性的艺术作品目前保存在突尼斯的巴尔杜博物馆。距离这栋住宅西南方不到100米的地方，有拉贝里浴场。那是栋长方形的大型建筑物，自6世纪住宅被废弃后，浴场有一部分就改为陶工的工房。更耐人寻味的是，在城市中央有公共浴场。那大概是栋3层的对称建筑，长80米，有数个装饰华丽的大厅。现在已发掘出的，只有有穹顶的下层厅堂。据推测应该是剧场的建筑物尚未被调查，但是已进行圆形竞技场与卡皮托林三神殿的大规模发掘调查，并对遗迹加以保护。而且城市还有水利设施。由于这里有多处水源，水利设施的规模特别大，以切割石块砌成支柱的输水道有多条分支，将水输送到巨大的储水槽。

乌提纳（2—3世纪）

考古界对遗迹的调查进行得很少，所以根据地底勘探与航拍图像提出假设，复原城市的样貌。

1. 圆形竞技场（分成两部分建设：在第一阶段先发掘丘陵，建设地下的部分，竞技场、阶梯座位的下半部；第二阶段进行上层结构建设，包括阶梯状观众席上半部与支持结构部分）。
2. 伊卡洛斯之家。建于2世纪，又称为拉贝里之家（包括附属建筑物，有连续多间独立的房间，会客厅、寝室、储水槽等，还有30多个房间；大部分的房间地板都铺着华丽的马赛克，这些文物都保存在突尼斯的巴尔杜博物馆）。
3. 拉贝里浴场。与住宅同时期建造。
4. 剧场。
5. 大型公共浴场。
6. 卡皮托林三神殿。建于丘陵顶端，乌提纳遗迹最高的位置。
7. 从遗迹南方丘陵延伸的输水道。
8. 储水槽（遗迹最有特色的景点之一，好几个有穹顶与防水墙的长方形大房间并列着）。

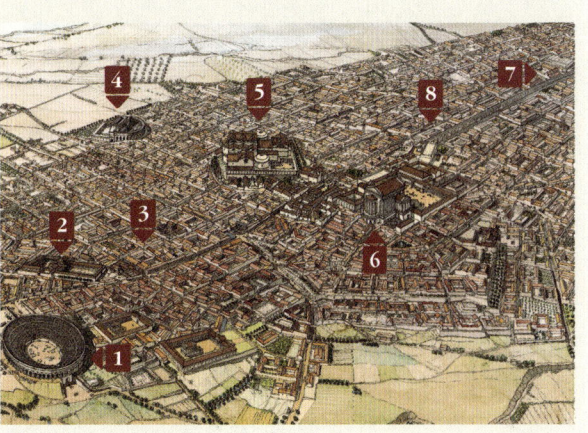

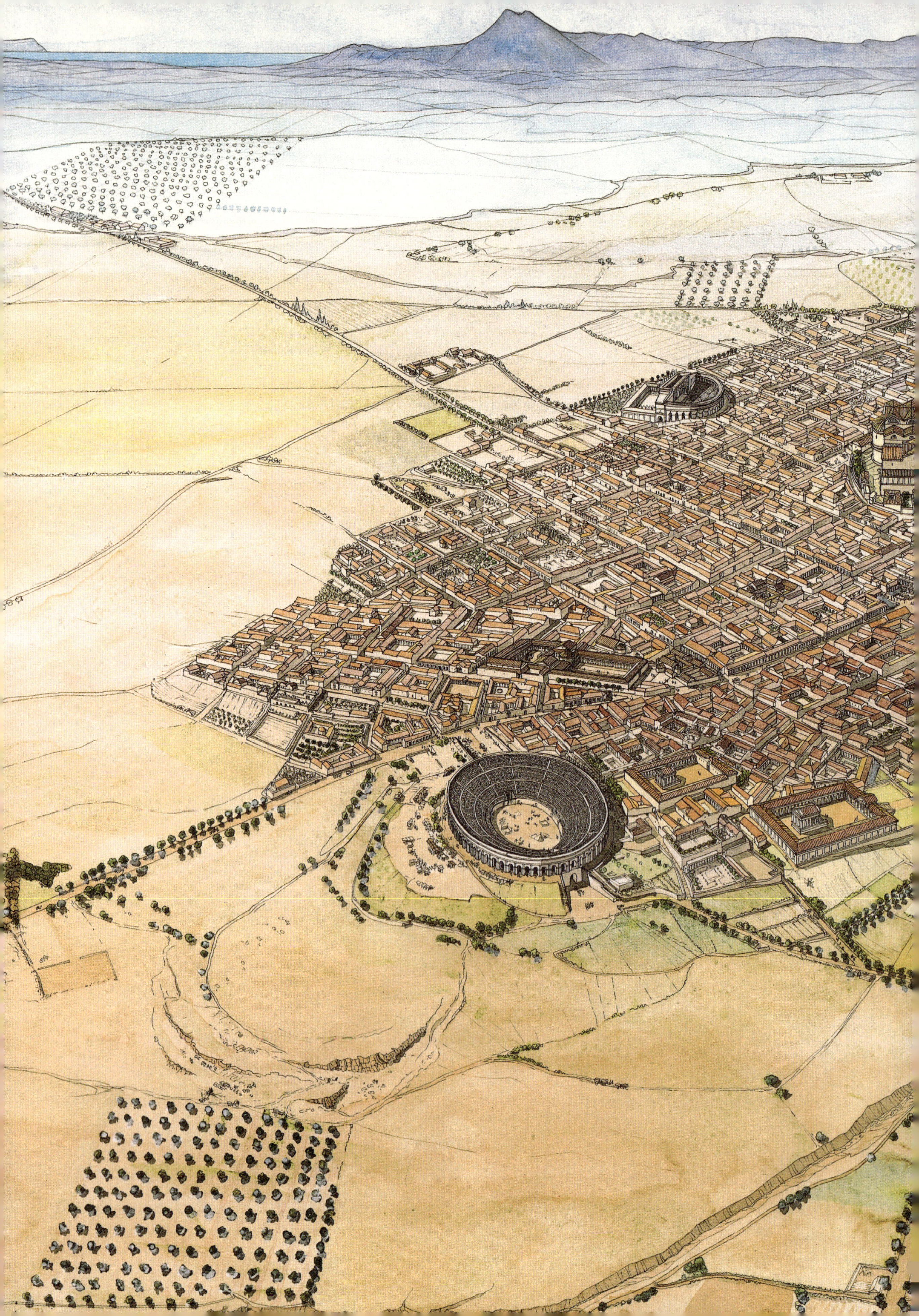

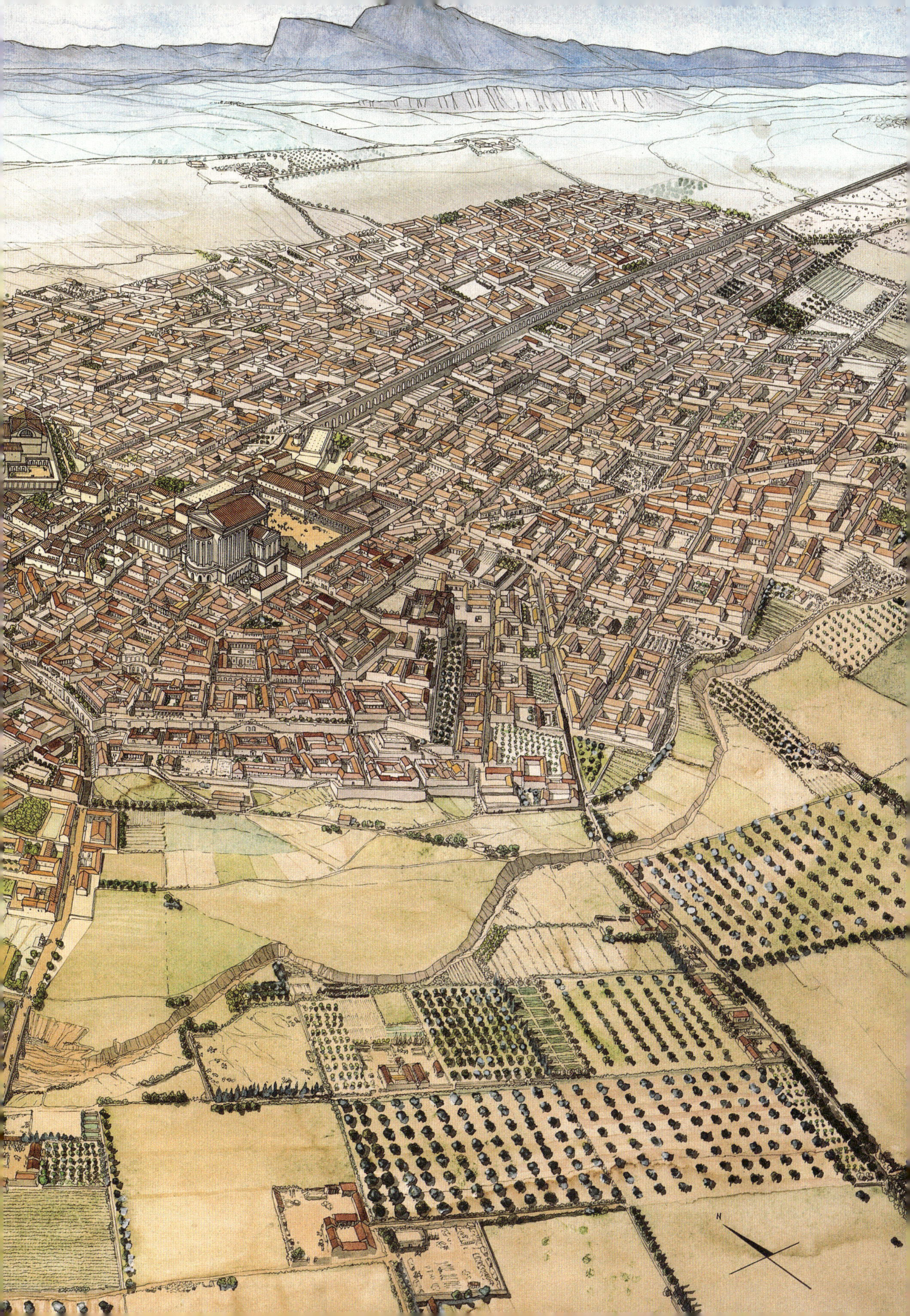
N

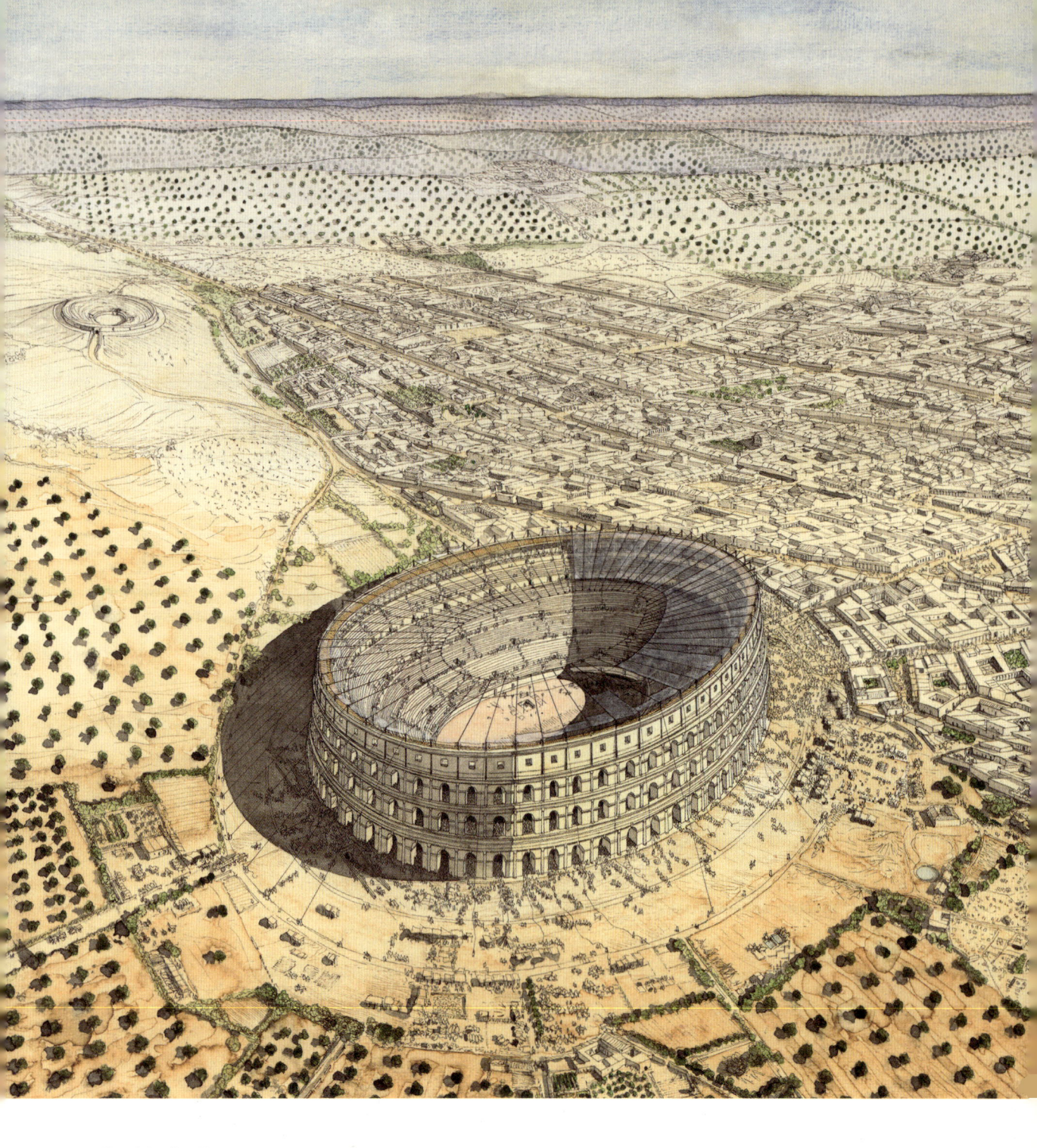

蒂斯德鲁斯（突尼斯，杰姆）

蒂斯德鲁斯位于突尼斯海岸旁丘陵地带的中心，是古罗马帝国时期非洲最繁华的城市之一。这座城市在恺撒发动的阿非利加战役中首次登上历史舞台。当时似乎是座规模还不算大的城市。到了弗拉维王朝（1世纪下半叶），城市开始发展，像水利系统与公共建筑物等较复杂的设施渐渐齐全。整座城市在3世纪初的塞维鲁王朝时期，达到繁华的巅峰。蒂斯德鲁斯因此在短期内成为自治市，与迦太基、哈德鲁门图姆、大莱普提斯、乌提卡并列为阿非利加行省的五大城市。3世纪中期，大约在瓦勒良或伽利恩努斯统治的盛世

时至今日，3 世纪迈向极盛时期的古代蒂斯德鲁斯建筑遗迹几乎所剩无几。因为近代都市建设在古代城市之上。不过，除了至今仍是蒂斯德鲁斯瑰宝的圆形竞技场，还有机会看到各种建筑物的遗迹。通过航拍图像，可以清楚看到能容纳 3 万人的战车竞技场。在面积 2400 平方米的公共浴场，能看到非常美丽的马赛克拼贴。另外也有小型的圆形竞技场。住宅区大部分房屋的地板都有马赛克拼贴，可算得上是杰作。它们被保存在杰姆（蒂斯德鲁斯）、苏塞的博物馆，以及突尼斯的巴尔杜国家博物馆。

期间，蒂斯德鲁斯升格为殖民市，居民也成为拥有完整公民权的罗马公民。令人惊讶的是，这座城市的地位可以提升到这种程度，却缺乏得天独厚的自然资源。除了完全无法实施大规模灌溉外，城市距离采石场遥远，既没有黏土又没有矿脉。事实上，蒂斯德鲁斯的收入全都来自贸易（橄榄油与小麦）。这要归功于它的地理位置，位于该地区的交通要冲。近东的重要港口与非洲内陆的主要城市，为了地中海全域与近东的贸易，都与蒂斯德鲁斯联结成交通网络，在运输方面由蒂斯德鲁斯统筹。同时 2 世纪末以后，由于当地种植谷物的收获量很低，蒂斯德鲁斯的人们开始大规模种植橄榄，贩卖橄榄油可以获得更稳定的收入。

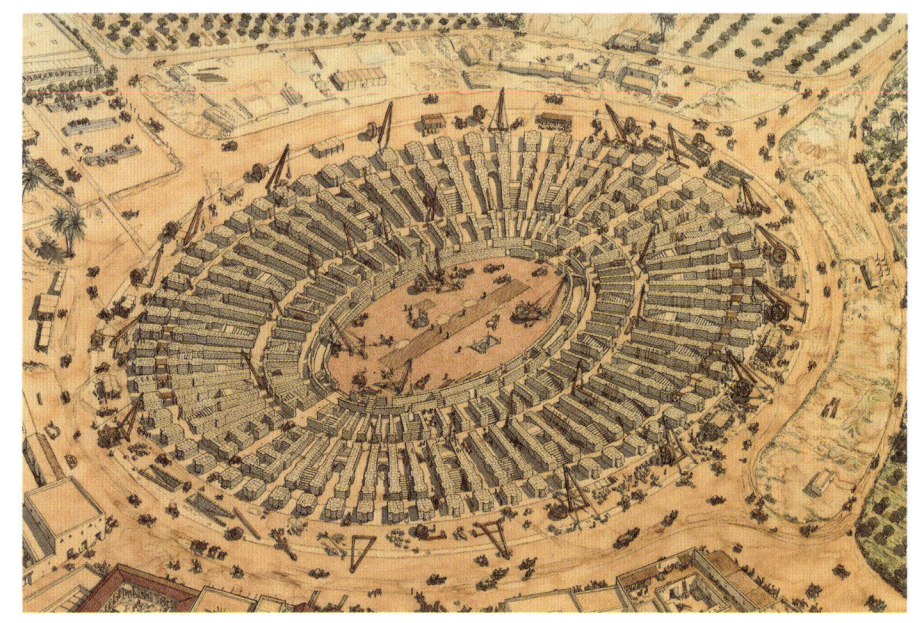

建造中的蒂斯德鲁斯圆形竞技场。先建设地下的部分，打好建筑物的基础（右图），再建造建筑物，接着设置观众席（下图）。由起重机吊起石材，地面上有许多切割石材的工匠与建筑工人在工作。采石场位于距离城市30千米远的地方，载石材的马车不停地往返其间。

在非洲的同类建筑物当中，蒂斯德鲁斯的圆形竞技场最有名，而且保存状态最好。其长148米、宽122米，是古罗马规模最大的圆形竞技场之一，仅次于卡普亚、罗马的竞技场。赛场65米×39米，观众席的高度是36米，可容纳多达4.5万名观众。以罗马大竞技场为原型建造，具备各种便利设施，在竞技场下方设有地下通道，并有通往观众席的回廊，让群众能流畅地移动。保存良好的外观正面，是3层的拱廊建筑。1层与3层是科林斯柱式，中间的那层是混合柱式（编者注：科林斯柱式与爱奥尼柱式的混合样式）。

由于完全找不到相关碑文，所以不知道建筑物准确的建设年代。但是从历史背景判断，最可能建造这类规模建筑物的年代，应该是戈尔迪安一世统治时期。出身蒂斯德鲁斯的戈尔迪安，先是被任命为阿非利加行省的资深执政官，后于3世纪初被拥立为皇帝。

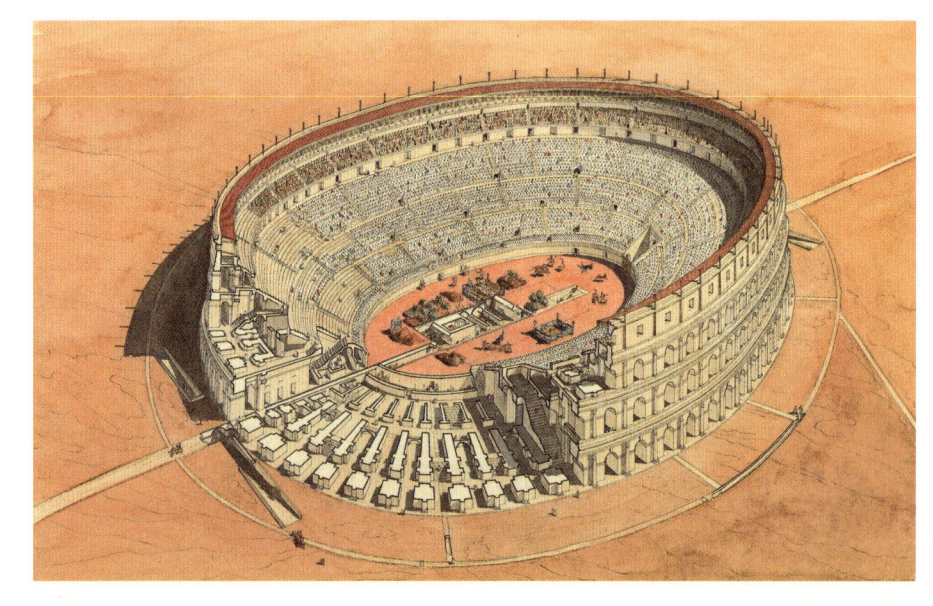

蒂斯德鲁斯圆形竞技场的分解构造图。可看出为了引导观众进入观众席，在建筑物1楼设置了回廊。当斗兽开始时，通过连接地下与赛场的通道，将释放出原本关在地下的猛兽。

110

布拉雷吉雅（突尼斯，哈曼代拉吉）

在迈杰尔达河流域的冲积盆地，已发现公元前3世纪布拉雷吉雅存在的证据。这里是数条干线道路交会的地方，而且土地非常肥沃，是个非常有利的地点。1世纪初，尽管周遭的城市都已成为罗马的殖民市，布拉雷吉雅仍保持完全独立。作为自由城市（oppidum liberum），仍继续保持原有的领土、政治组织与传统。不过当城市并入阿非利加行省时，居民也迅速罗马化，各种制度也以罗马为模板。布拉雷吉雅在韦帕芗皇帝统治期间成为自治市，后来在哈德良皇帝掌权期间改为殖民市，从此迅速累积财富，并且耗费大笔资金整修城市。现存的各种遗迹展示了当时的状况。

古代城市最值得一看的地方，在于当地贵族阶级的宅邸。当地发现约20户的住宅，环绕着庭院建造，两层楼结构。包括1楼的住宅与完全相仿的地下楼层，建在地下的楼层只是为了降低上层的高度，楼层配置完全相同。在一个气候炎热的地区，必须特别准备凉爽的房间，于是产生了这类建筑。其中相当有特色的实例是位于布拉雷吉雅北方、有"狩猎之家"之称的宽阔住宅。

"狩猎之家"。3—4世纪的住宅，有相当精致的马赛克拼贴画，描绘着狩猎的场面，因此获得这个名称。住宅里的马赛克拼贴画目前保存在突尼斯的巴尔杜博物馆。由8根科林斯柱式圆柱支撑的列柱庭院（19米×13米）周围，建有两层楼的居住部分。地下楼层的保存状态好得令人惊讶，穹顶与铺上瓷砖的地板几乎完好无损地保留下来。

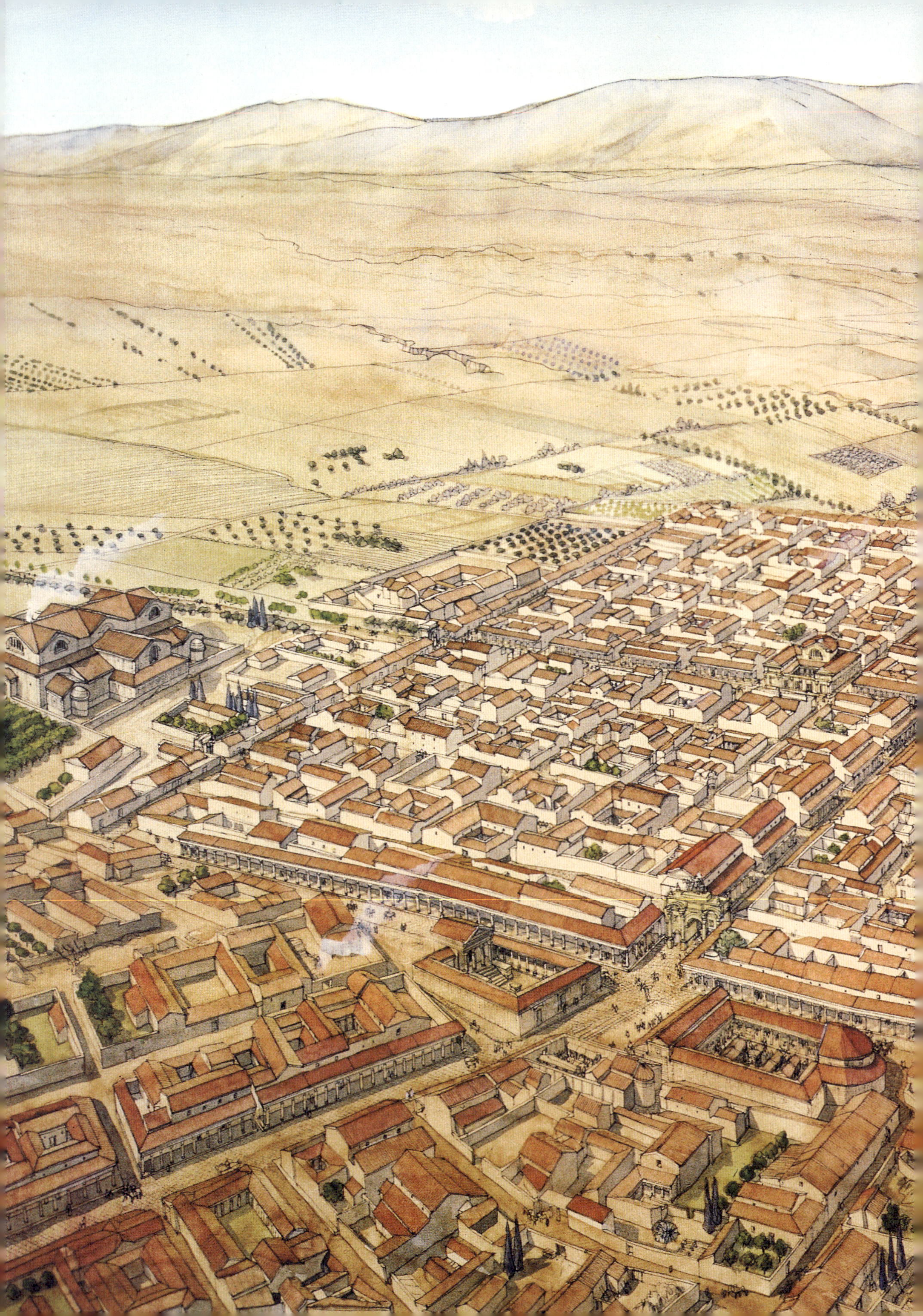

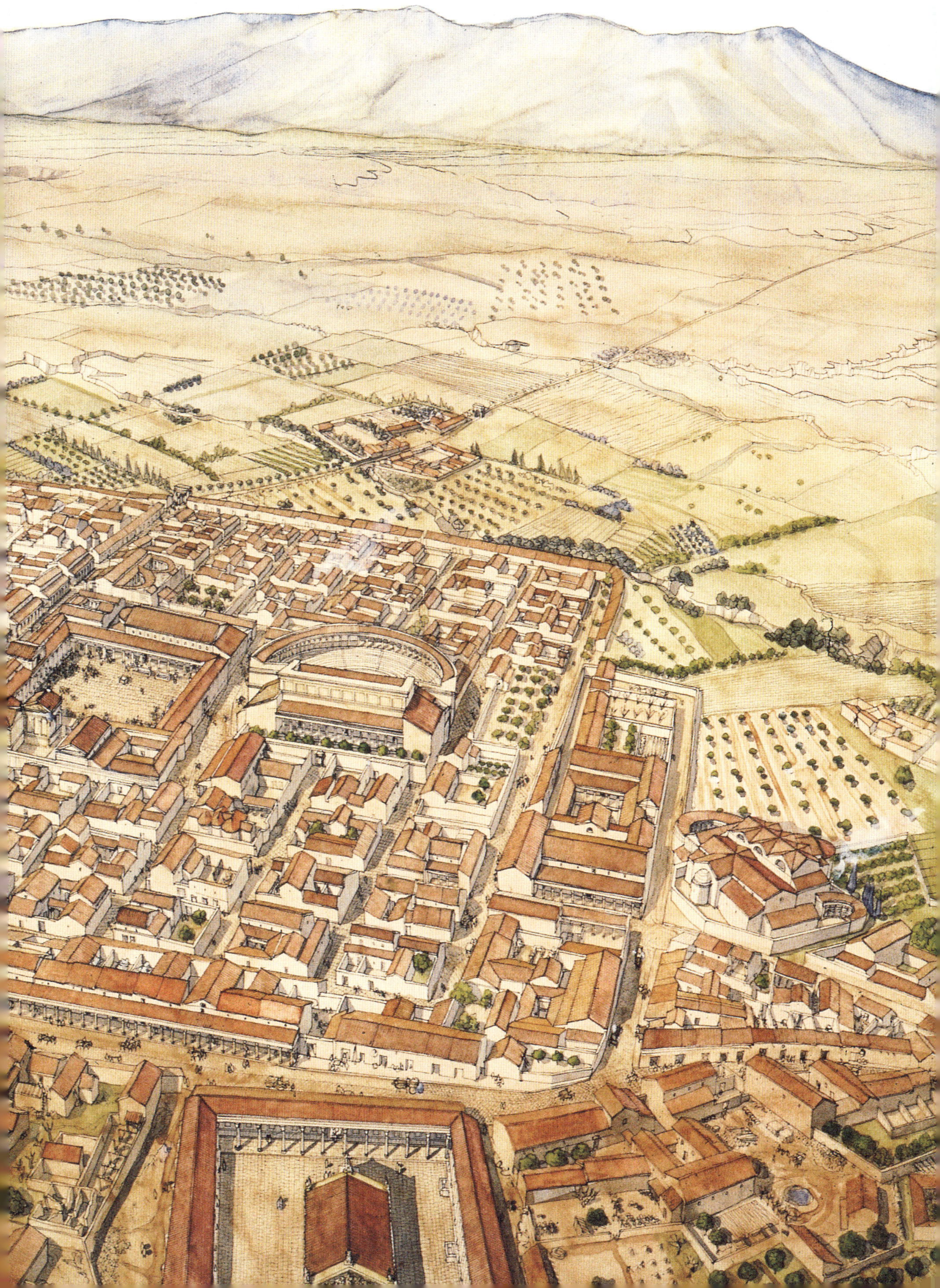

塔木加迪（阿尔及利亚，提姆加德）

1世纪末，行省总督穆纳提乌斯·加卢斯受图拉真皇帝的命令，在欧雷斯山脉北侧台地新设的兰贝西斯大屯驻地附近建设城市。最后加卢斯于100年，选择靠着大山、海拔1000米的地方作为塔木加迪的建设地。有200—300名退伍军人迁居至此，成为小的土地所有人，除了让他们有效运用自己的财产，也由这些人负责保护交通路线。

为了加强城市的防御，罗马人将塔木加迪城当成屯驻地设计，由城墙环绕。最早的城市规划是边长355米的正方形，分成106个面积400平方米的街区。在城市建设初期，建立了图书馆、广场、公共浴场、剧场。但是随着时间推移，塔木加迪也扩大了。在极盛时期人口达到1.5万，城市周边陆续诞生新区。新区主要位于原来中心地带的南边与西边，到了4世纪，城市的面积扩展到超过50万平方米。许多公共建造物建在原来的城墙以外。北边的大浴场、南边的浴场、卡皮托林三神殿与建于180年的殖民地守护神大神殿，都属于这类情形。塞维鲁王朝时期，曾进行大规模的城市改建。将已经不需要的旧城墙拆除，盖新的建筑。除了将西门改建为纪念图拉真皇帝的凯旋门，也建造了豪华的塞尔提乌斯市场。

公益捐助（L'évergétisme）

这个词源自希腊文 evergetês，意思是"为了他人"。公益捐助是古代地中海世界经常进行的社会活动，富有的个人会出资赞助市政建设，或是用来美化城市，为城市的居民提供竞技比赛与观赏活动，也可能分享金钱与食物。这其实也是为了增加支持者，有利于自己的政治活动。

塔木加迪（3世纪）

由于人口增加，城市扩充的规模超越当初的计划。

1. 卡皮托林三神殿。在城市扩大的同时，建造于城墙外，其庭院达105米×68米。（这座巨大的建筑物曾在4世纪修复过。）
2. 北方的大浴场。位于城市外，长80米、宽65米，以红砖建成。（建筑物左右对称，原本镶着大理石板，有着长方形凹槽的穹顶，圆柱背靠着墙面，在壁龛里摆着雕像，且铺着马赛克地面。）
3. 北门。在城市扩张之后唯一继续使用的门，自100年完成后，几乎没什么改变。（建在南北干道尽头，直通广场。）
4. 尤利乌斯·昆提阿奴斯·弗拉维乌斯·罗伽提阿努斯（M.Julius Quintianus Flavius Rogatianus）捐赠给这座城市的公共图书馆。4世纪时，在某位富裕市民留下的住宅废墟上进行建设，并在地面上铺上了马赛克。图书馆建筑设计成半圆形的结构，主要由有圆柱装饰墙面的厅堂构成，柱间设有书架，架上排列着卷帙浩繁的书籍。
5. 广场。面向东西干道，在50米×43米、由石板铺成的中央广场周围，建有各种各样的建筑物。西侧是边长8米的小神殿，有可能是祭祀胜利女神的，也可能是祭祀图拉真皇帝自己的。南侧的库里亚，可看作是殖民市的元老院，长方形的厅堂（14.4米×9.8米）里装饰着许多雕像，设有3段阶梯的简易讲坛。在东侧是召开法庭的巴西利卡。巴西利卡是栋长28.5米、宽15米、高约14米的建筑物（由于采用了两种建筑样式，所以推测是巴西利卡），设有半圆形后殿，侧面还有办公空间。广场上除了这些建筑，还有商店与公共厕所。
6. 最多可容纳5000人的剧场。
7. 东边的公共浴场。建在城墙内侧区域，旁边是4个住宅区，建设的范围约1600平方米。
8. 东边的市场。塔木加迪最富原创性的建筑物。（有两座铺红砖的半圆形庭院，分别由面向商店的柱廊环绕，内有18家小商摊，中间有一块平坦的石板作为商人的桌子。）
9. 图拉真凯旋门。应该是在塞普提米乌斯·塞维鲁皇帝统治期间建造的，坐落于东西干道的西侧出口。（这是座高12米、有3个开口的壮观拱门，也是从兰贝西斯抵达后，首先会看到的建筑物。）
10. 由普罗提努斯·福斯图斯·塞尔提乌斯（Plotius Faustus Sertius）在3世纪初捐赠的市场，包括围有柱廊的庭院、泉水池、商店，以及装饰豪华的厅堂。
11. 殖民市守护神的神殿。169年（马克·奥勒留皇帝统治期间）为了与庇佑城市有密切关联的祭典而建设。
12. 位于城墙以外的南方公共浴场（几乎已完全毁坏，但是还留下使浴室热水循环的地下锅炉室遗迹）。

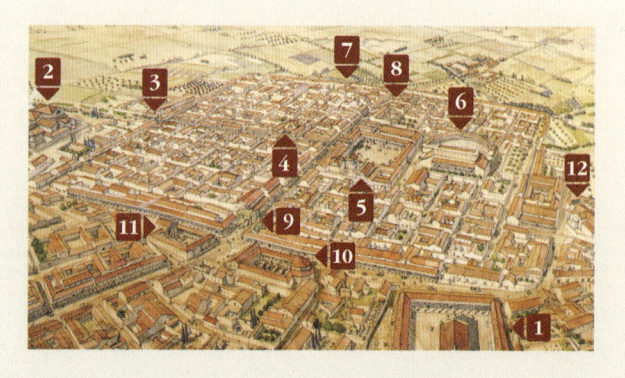

丘卡尔（阿尔及利亚，贾米拉）

涅尔瓦皇帝（96—98年在位）建立的罗马殖民市丘卡尔，位于盖尔古尔河与贝塔姆河汇流的岩山上，风光明媚。城市最初由多边形的城墙环绕，其中除了公共建筑物（广场、卡皮托林三神殿、举行法庭庭审的巴西利卡、市场）之外，还有沿着井然有序的道路建设的住宅区。2世纪中叶，城市已超越原来的范围，住宅与纪念建筑物延伸到南方的丘陵上。新的街区不停衍生，公共建筑物，尤其是浴场与新的广场陆续建造的同时，既有的建筑物也在修复改建。

丘卡尔（5世纪）

山岳环绕的城市美得令人惊叹。贾米拉（Djemila）是阿拉伯语"美"的意思，如果想表现以"美"作为名字的城市，水彩画比照片更为合适。

1. 由卢奇乌斯·康西纽斯·佩姆斯（Lucius Cosinius Primus）捐赠给城市的市场。约620平方米的土地上有18家店铺，市场的中心有露天庭院。目前，在那里发现了整块石头做成的石桌，可当作陈列台与柜台；用于测量长度的台子；布满规则圆孔的巨大石板是用来称重的。
2. 卡皮托林三神殿。供奉守护城市的3位神明：朱庇特、朱诺、密涅瓦。（建筑虽然只剩下地基，但是从神殿前广场发现的圆柱，可推测神殿的正面宽17.6米，立着6根高14米的科林斯柱式圆柱。）
3. 北方的广场。它是城市政治生活的中心，修建于1—2世纪。44米×48米，铺着石板，周遭有各种各样的建筑物：东边是城市评议委员会集会的库里亚；西边是举行法庭庭审的巴西利卡，后者是长38米、宽14米的细长形建筑物，在其南端有高出一截的台子；在广场中央，有表面覆盖着雕刻装饰的石板，像纪念碑般的祭坛；北边有卡皮托林三神殿，可从面向广场的大阶梯进入。
4. 神殿，祭祀的女神名称不详。这位女神有可能是维纳斯。（其庭院为梯形，三边围绕着列柱和柱廊，整座建筑在20世纪初期修复过。）
5. 南北干道的拱门。几乎已完全毁坏。
6. 南北干道（连接城墙与靠近北方广场的拱门）。
7. 南门。已经根据周遭发现的遗迹，重建拱门。
8. 卡拉卡拉凯旋门。216年，由丘卡尔的居民建立。（构造是只以两根支柱支撑的单一拱门，装饰用的科林斯柱式圆柱以壁柱的形式设置。）
9. 部分遭到损坏的小神殿。
10. 塞维鲁广场。2世纪末到3世纪初整建。（形状不规则的四边形广场，面积3200平方米，北边与东边有柱廊作为边界。）
11. 公共的谷物仓库。
12. 塞维鲁氏族神殿（3世纪）。第一段阶梯通往供奉牲礼的露台，露台周围有柱廊围绕；第二段阶梯通往神殿正面的列柱，以及安置一座或多座神像的神室。
13. 4世纪时城市的巴西利卡。它是座长36米、宽14米的朴素长方形厅堂，内部有高出地面一阶的半圆形后殿。（这座巴西利卡建在祭祀收获之神萨图恩的神殿废墟上。）
14. 背向丘陵的剧场。两层的阶梯型座位可容纳3000人（上层长15米、下层长9米），半圆形的乐池——长33.8米、宽6米、稍微架高的舞台，一面包括3个接待室——它们都用柱子装饰着——的舞台墙壁，很好地保存了下来。
15. 南方的大浴场。在康茂德皇帝统治期间建造，经过多次修建。规划为左右对称的建筑，从冷浴室到温浴室、热浴室再回到原地，可以环绕建筑一圈。

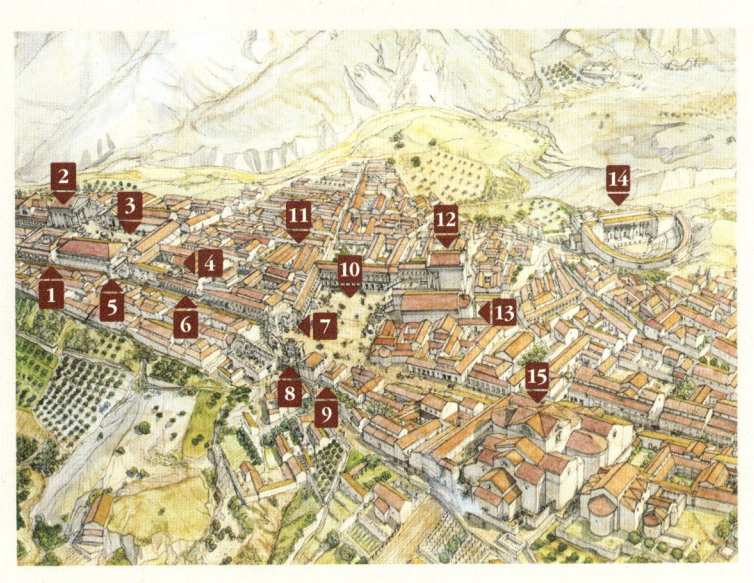

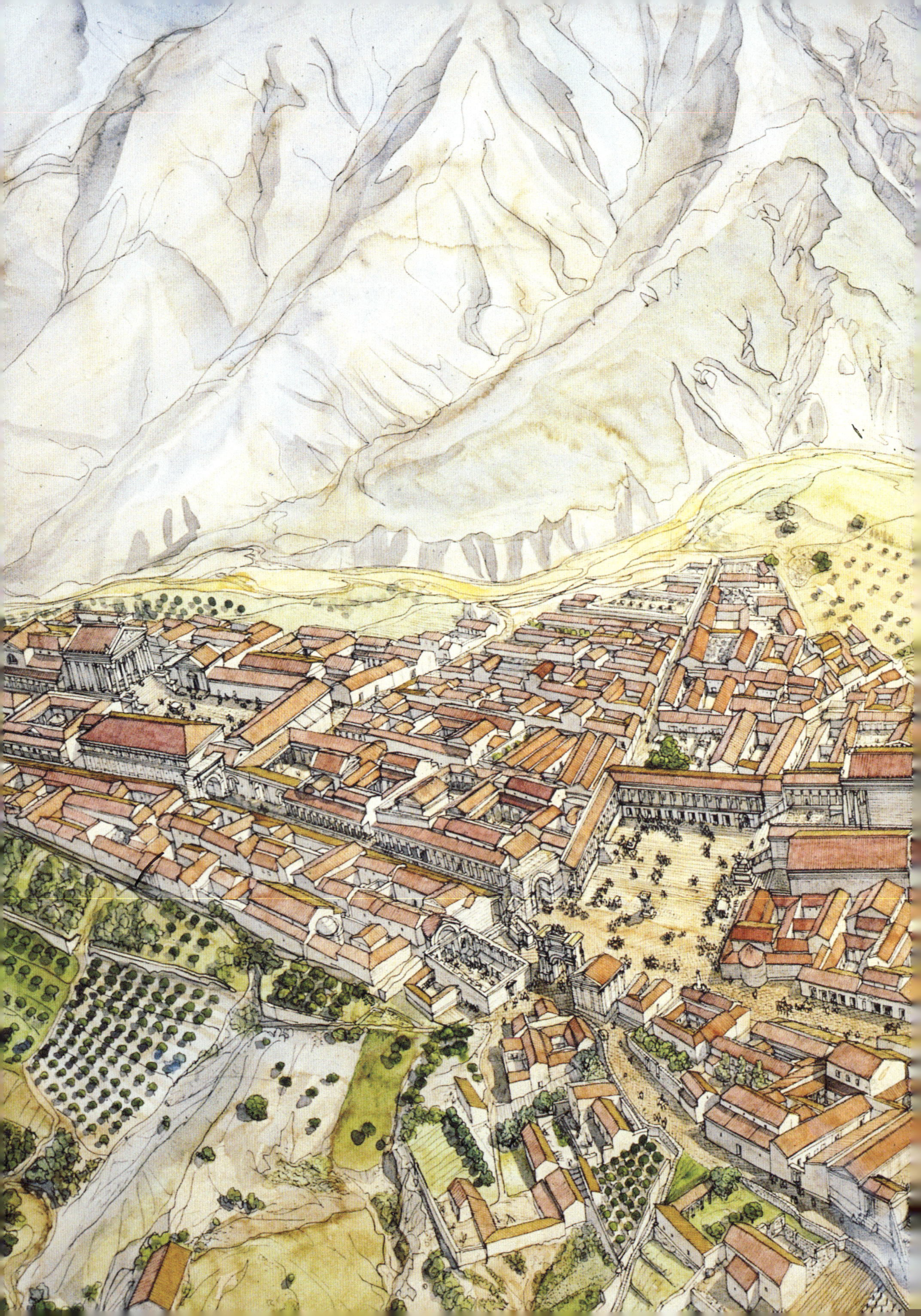

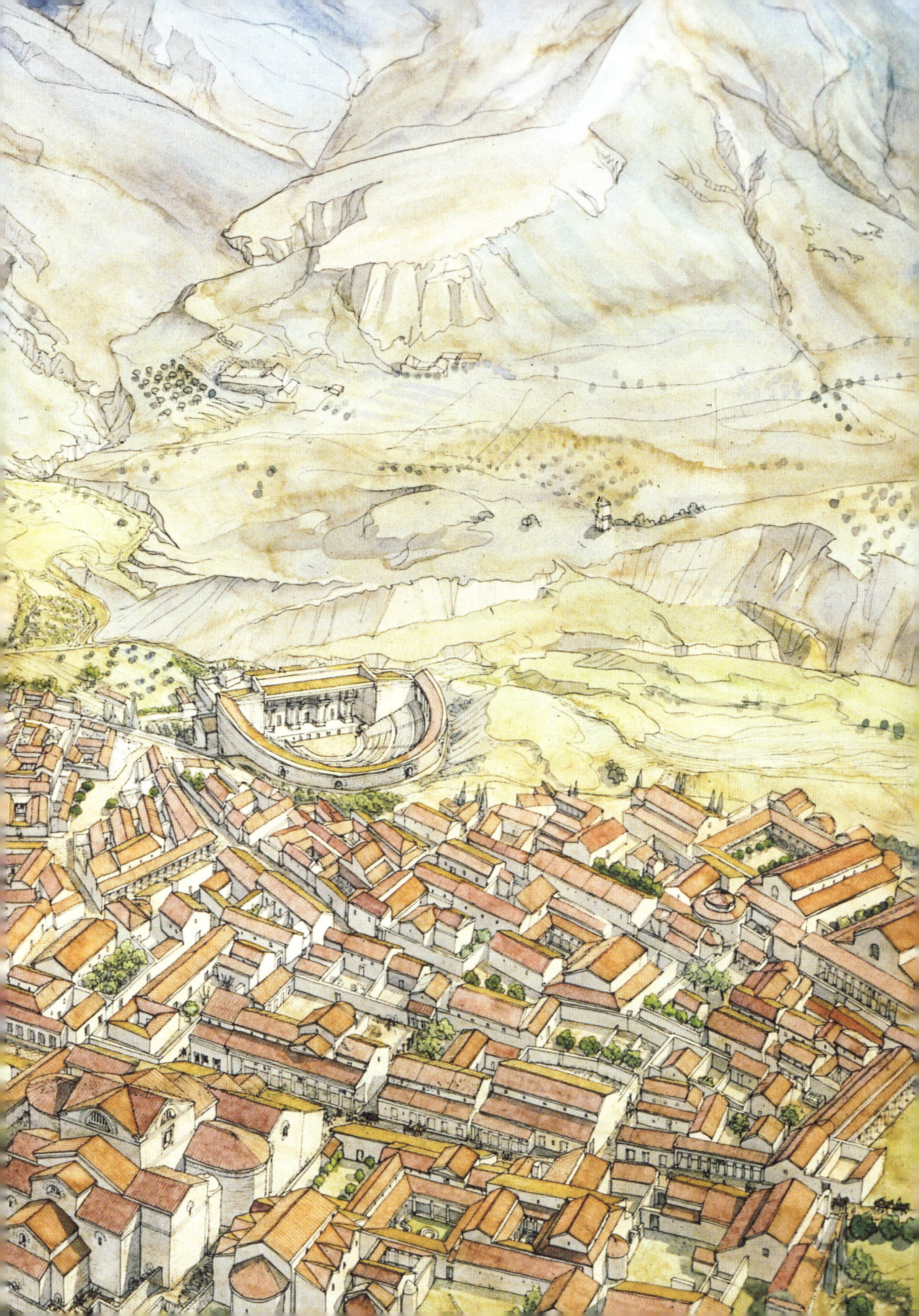

塞提夫（阿尔及利亚）

塞提夫的战车竞技场竞赛。画中央的分隔岛尽头，可看到尖端越来越细的3根界标，战车需在这里转弯。穿过竞技场圆弧顶端壮丽的门，可直接进入城市。

位于君士坦丁（锡尔塔）以西110千米的塞提夫，作为退伍军人殖民地，建立于涅尔瓦皇帝统治期间。城市位于阿尔及利亚东部，由石灰岩形成的高原西侧。皇帝借着斯提芬修姆（Colonia Nerviana Augusta Martialis Veteranorum Sitifensium）的封号，想必抱着让当地更加罗马化的期待。

从古籍文献判断，城市的极盛时期应该是在戴克里先皇帝统治的4世纪。塞提夫当时是行省的首府。不过到了现在，这座殖民市当时的规模却难以推测。不论是城市正确的面积，或是其势力范围都无法确定。发掘调查只进行了局部，这座罗马城市的样貌究竟如何，只有模糊的印象，无法描绘出来。根据推测，殖民市的中心位于拜占庭城堡的下方。由于在这里发现剧场的废墟，所以附近应该也有广场。两侧确实排列着井然有序的街道，目前已发现街道旁的商店、浴室地板铺有马赛克的住家。根据许多碑文，可得知这座城市有办祭礼的场地、公共建筑物，特别是经过二次修复的圆形竞技场、"众神之母"玛格娜·玛特（Magna Mater）[5]的神殿，以及给水塔（现存唯一的建筑物）。

在城市以北，沿着城墙外通往贝贾亚的道路旁，发现举行战车竞赛与赛马的战车竞技场，虽然保存状态不好，但是可确定战车竞技场的范围。竞技场长500米、宽80米，中央耸立着狭窄的分隔岛。这座分隔岛就像把跑道纵向分成两部分的矮墙。从采用的建筑技术来看，这座建造物应该建于4世纪下半叶。

兰贝西斯（阿尔及利亚）

兰贝西斯位于距离君士坦丁（锡尔塔）140 千米的地方，曾是奥古斯塔第三军团（Legio Tertia Augusta）的屯驻地。屯驻地位于阿斯卡尔山间海拔 622 米的平原上，这只军队是为了保卫罗马帝国在非洲的领土，以及防范时时入侵的游牧民族。城市就这样在屯驻地旁发展起来。这是个理想的地点，与周边所有的大城市都有道路相通：东边的塔木加迪、塞维斯特、马斯库拉，北边的塞提夫、锡尔塔，西边与南边的撒哈拉地区。

根据考古学调查，城市主要分两个阶段建设。81 年城市创建时，屯驻地只有 148 米×120 米。2 世纪中叶，发展为 500 米×420 米。东西主干道与南北主干道两条道路，将屯驻地分为大小不同的四个区域。在道路交会的地方，有 36.6 米×23 米的长方形建筑物作为指挥官营地（praetorium）。那是外侧以科林斯柱式圆柱装饰的双层构造的四面凯旋门。在南方有 65 米×37 米的广大庭院，除了三边有柱廊环绕，也通往数个开放的厅堂。在指挥官营地对面有座 52 米×32 米的建筑物，两条有 12 根圆柱的柱廊将其划分成了 3 个殿堂，南面墙壁建设成用来做礼拜的半圆形后殿。沿着棋盘方格状的街道，排列着军营与宅邸。在东侧的城墙之外，有着 169 年，马可·奥勒留皇帝统治期间建设的圆形竞技场。那是长 104 米、宽 95 米的建筑物，尽管已经崩毁，还是可以辨识将关猛兽的栅栏吊高到竞技场的机械装置。这座圆形竞技场，想必也作为军团士兵的训练场，并举办竞技活动，让附近已发展成大城市的居民观赏。

兰贝西斯
（3 世纪）

1・圆形竞技场。位于城墙以外屯驻地东方的位置，建设于 169 年。

2・由屯驻地包围的城墙（东西南北各有一座大门，由两道扶壁架起简单的拱门）。

3・Via principalis，城市主干道，相当于南北主干道。

4・Via decumana，城市东西主干道。

5・指挥官营地。建于屯驻地两条干线道路交叉的地点，四面凯旋门。

6・指挥部与设有军旗的神殿。

7・浴场。已经成为一片平地。

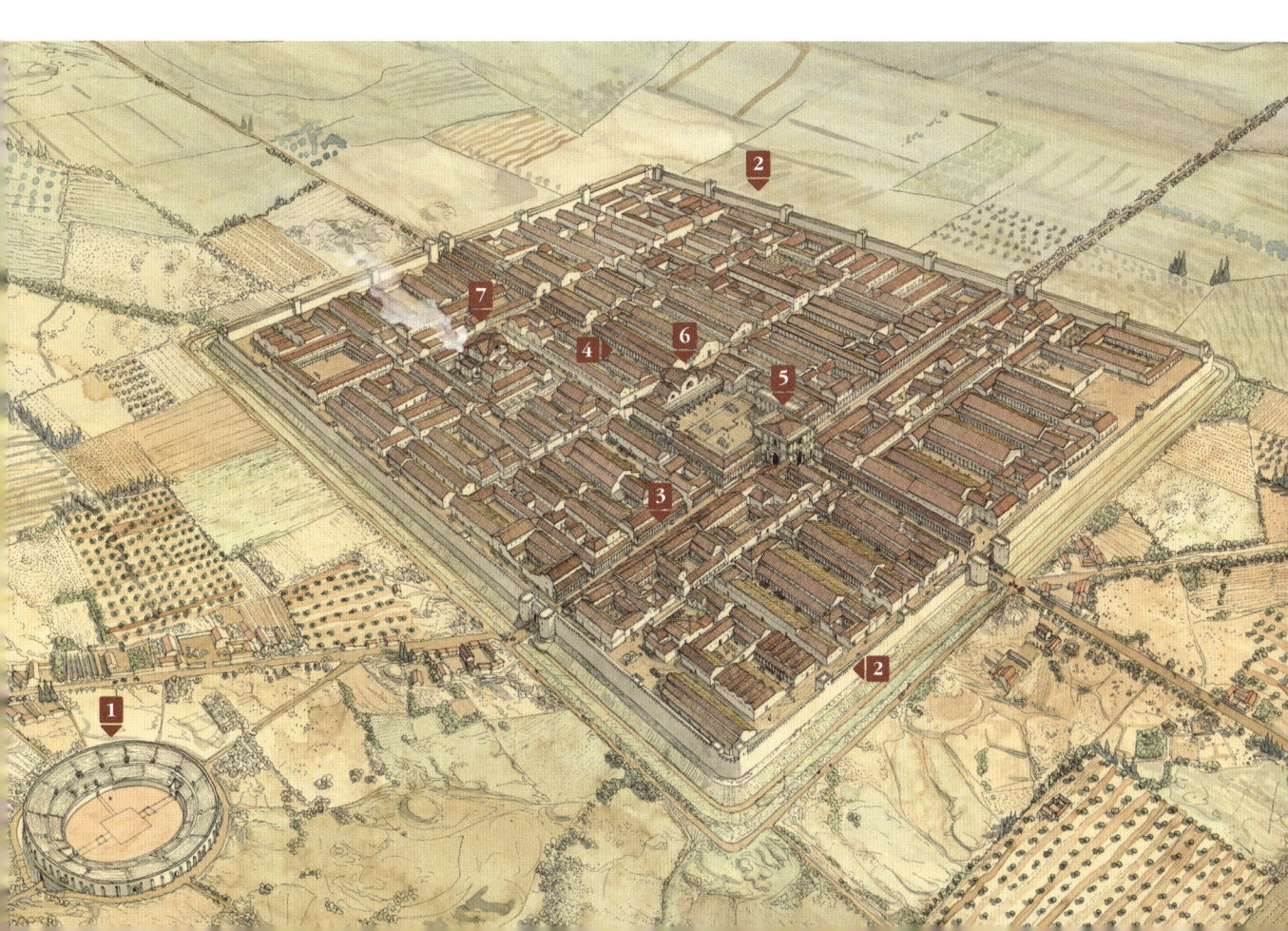

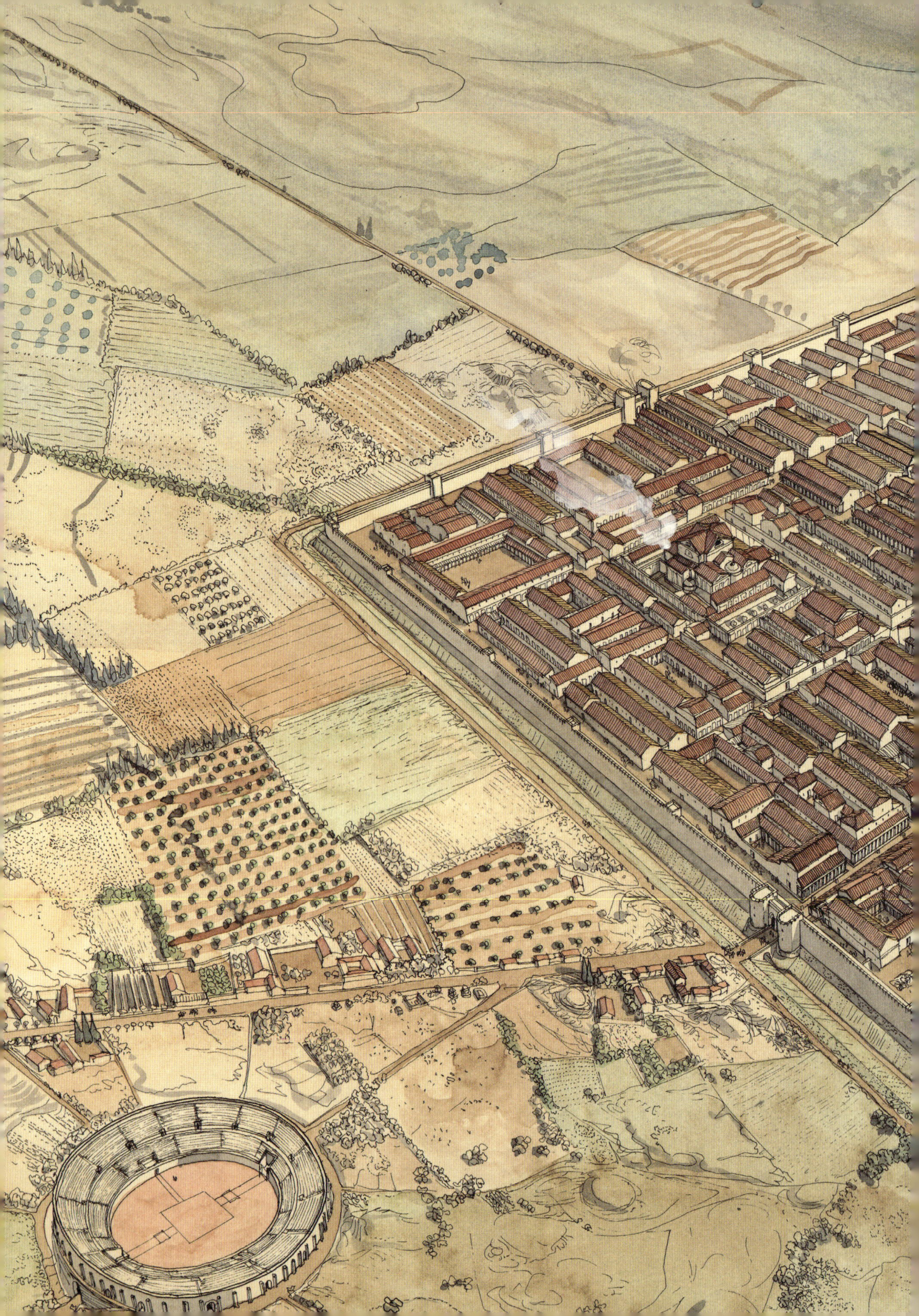

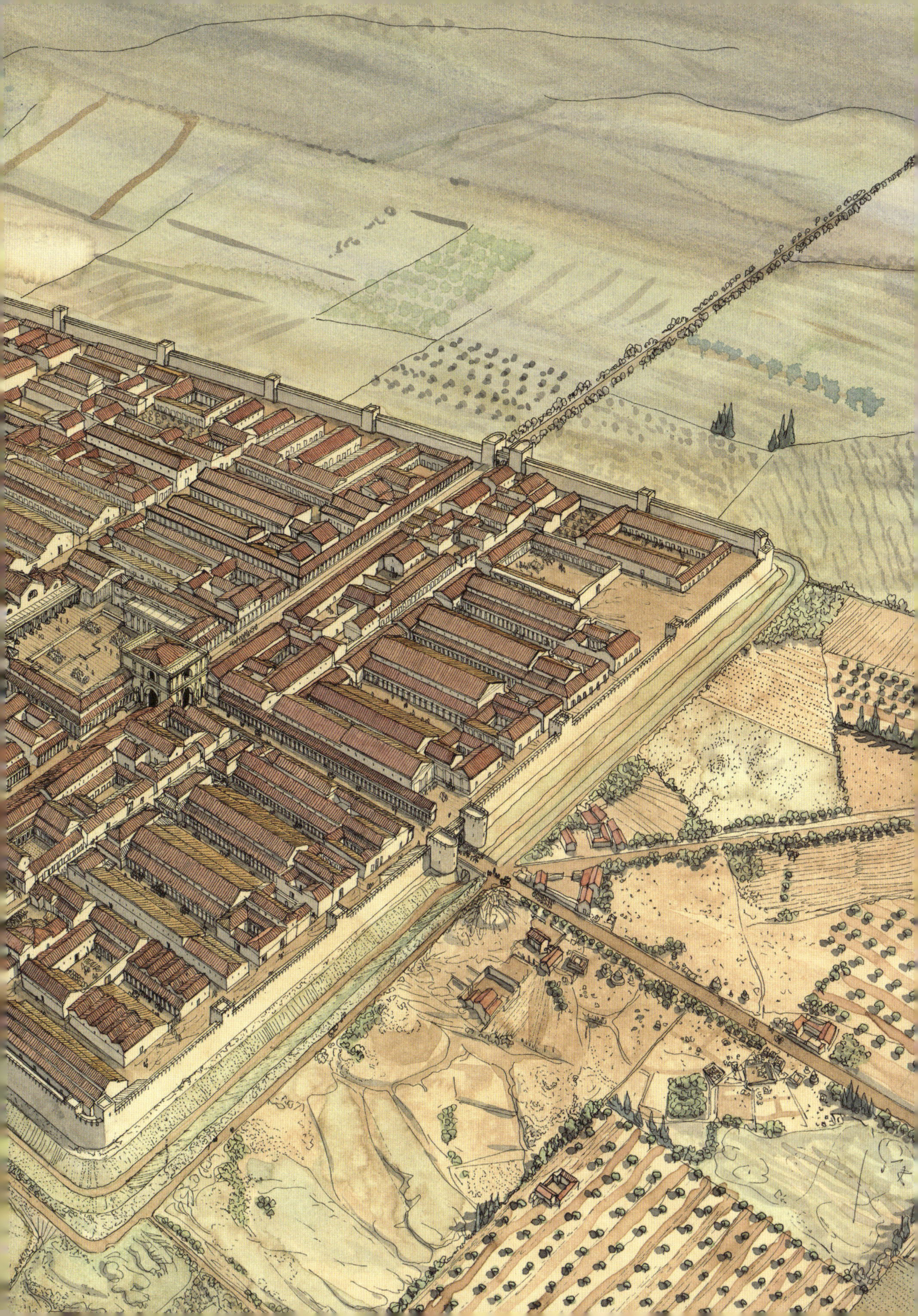

拉庇杜姆（阿尔及利亚，苏尔朱瓦卜）

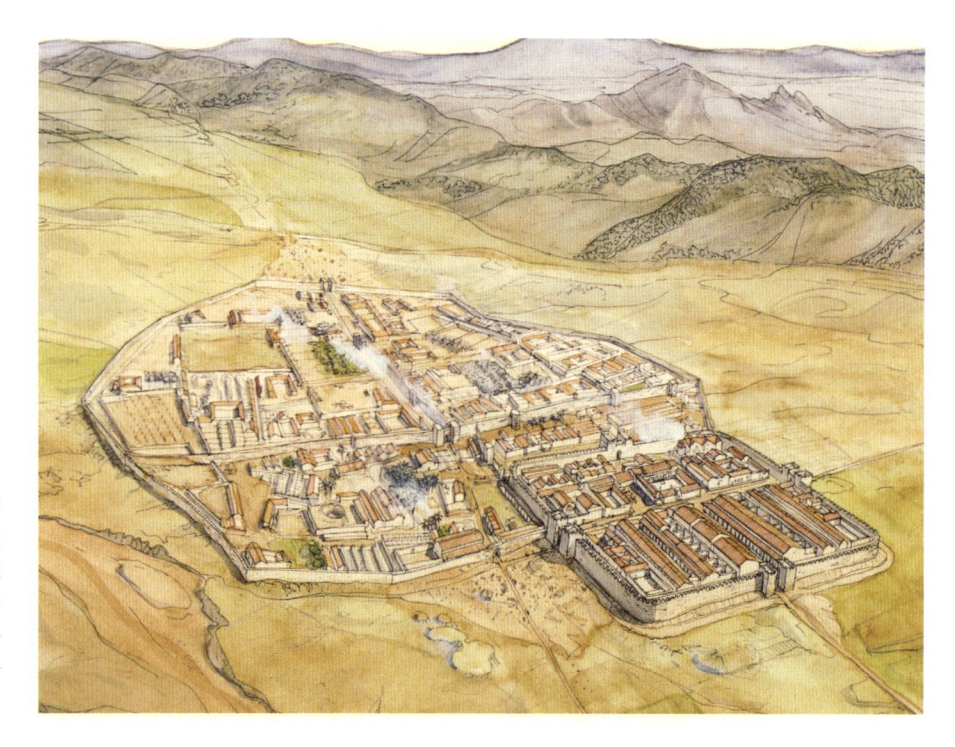

拉庇杜姆的遗迹可分为两个不同的部分。前方的屯驻地主要是士兵的简易住所与指挥部。指挥部由指挥官住处与保管武器的仓库构成。后方的城市由分隔墙划分为3个地区。

    拉庇杜姆是位于贝尼苏莱曼平原的罗马屯驻地。这座经常有强风吹拂的城市，位于由北方阿特拉斯山脉、南方提泰里山地围绕的盆地中心，坡度平缓的台地边缘。这个屯驻地于122年由哈德良皇帝建立，其目的是让500名士兵组成的步兵队（Cohors secunda Sardorum）屯驻。这只被看作由撒丁人组成的非战斗序列辅助部队，其使命是监视毛里塔尼亚南部的道路，范围从东方的奥济亚到西方的提泰里之间。部队屯驻之后，附近就形成密集的住宅群。虽然在3世纪成为自治市，但是没过多久就因为叛乱而全数遭到破坏，在戴克里先皇帝统治期间重建。

    遗迹的保存状态虽然不佳，但是屯驻地与城市两个不同的地区，划分得很清楚。屯驻地接近正方形（125米×127米），面积约占1.7万平方米。屯驻地的围墙是以大块的石材砌成两座墙壁，中间再以小型的石材填充，四角带有圆弧。其四面都有通往屯驻地的门，大门两侧建有稳固的塔楼，用以加强守卫。在南北干道与东西干道交会处，建有指挥官营地。那是长28米、宽24.5米的建筑物，分成3个部分：入口处有两扇门；内有14.5米×12.5米的庭院，庭院北边与南边各有3座方形建筑物，可能是粮食仓库；在指挥官营地西侧有一个巨大的房间，23.4米×5.75米，它的北面是一座法庭。指挥官营地的旁边是5间开放式的屋子，很可能是学校（scholae）。不过，中央的房间深处设有半圆形后殿，所以更早的时候应该是作为礼拜堂使用。在指挥官营地以南数米的地方，有栋可能是厩舍的大型建筑物。旁边还有一栋同样大小（27米×19.5米）的建筑物，用途有很多种可能，据推测是指挥官的宿舍。这座建筑物有个人用的小浴室，以庭院为中心，排列着7个房间。屯驻地其他的建筑物，还有士兵用的木板屋与浴场。紧邻着屯驻地的城市，由长约1千米的城墙围绕。这座城墙在167年由2000名居民分摊费用建立。根据调查的结果判断，城市的面积可能接近15万平方米。虽然城市被南北与东西两座墙分成3个区域，但是这些墙的质地很差，应该是2世纪以后建造的。虽然没有发现广场，但是已辨识出各种各样的建造物。在北边与南边的地区，沿着道路可看见榨油机与磨谷物的石磨，以及许多住宅的遗迹。特别引人注目的是，有两座完全以古典样式建造的大型住宅。在东边发现几根大圆柱，以及朱庇特与密涅瓦巨像的残骸，所以推测这里曾经是卡皮托林三神殿。其他的石材，应该属于祭祀谷神的神殿。城市里有两条大规模的水道，一条从南方，另一条从东方距离2.5千米的水源为城市供水。

塔木希达（摩洛哥，西迪艾哈迈德）

塔木希达位于毛里塔尼亚·廷吉塔那的中心，塞布河左岸，连接廷吉与萨拉的道路旁。受惠于肥沃的平野与有丰富渔产的河川，这座城市主要以畜牧与渔业维生。自从罗马帝国将毛里塔尼亚并吞之后，这座小村庄也开始发展，其中最重要的原因便是塞布河的航运。

1世纪末弗拉维王朝时，塔木希达成为屯驻地。过去的小村就在这时候转变为城市。2世纪初，城市依照工整的规划扩大。从城市遗迹中发现的大型建筑物多半在这个时代完成。尤其是维纳斯神殿与公共浴场，后者经过不断修建，最后达到3000平方米的规模。

166年（马可·奥勒留皇帝统治期间），为了让1000人的步兵队常驻在此，在这个地方建立屯驻地。沿着城市东南边缘建设的屯驻地，165.85米×138.78米，面积将近3万平方米。其中发掘到临时建筑、指挥官营地的遗迹，有巴西利卡结构的建筑物只剩下地基。另外还有完全独立于城市以外的建筑物，根据发掘调查的结果，除了设有4座门的屯驻地城墙以外，还有另一座城墙。这道城墙于190年建造，围绕着整座城市，并设半圆形的塔楼。虽然这座遗迹的保存状态良好，但是街区大部分的发掘调查还尚未开始。

塔木希达（2世纪）

1・180米×150米的屯驻地，有4座门，其旁设有塔楼。
2・指挥官营地。屯驻地的指挥中心。
3・兵营。屯驻部队的宿舍。
4・城市的城墙。每隔50米设有半圆形的塔楼。
5・塞布河。
6・河川的公共浴场。
7・有3个神室并且有庭院的"阿非利加"样式神殿。
8・腌鱼的工厂。城市的经济活动，与河川、大西洋有着密切关联。
9・有凸雕墙（加深石砖之间的缝隙，让石面浮出）的神殿。
10・地面铺石板的房屋。这是塔木希达发掘出的柱廊最大的住宅。
11・"正方形"的神殿。
12・城市的公寓建筑与尼西迪乌斯·阿尔巴努斯（Nisidius Albanus）之家。
13・有半圆形后殿的大型建筑物。
14・存放大型油壶（dolia）的地方。
15・接近屯驻地，发现市内有小型圆形竞技场（作为士兵的训练场，也作为市民观赏节目的场地）。

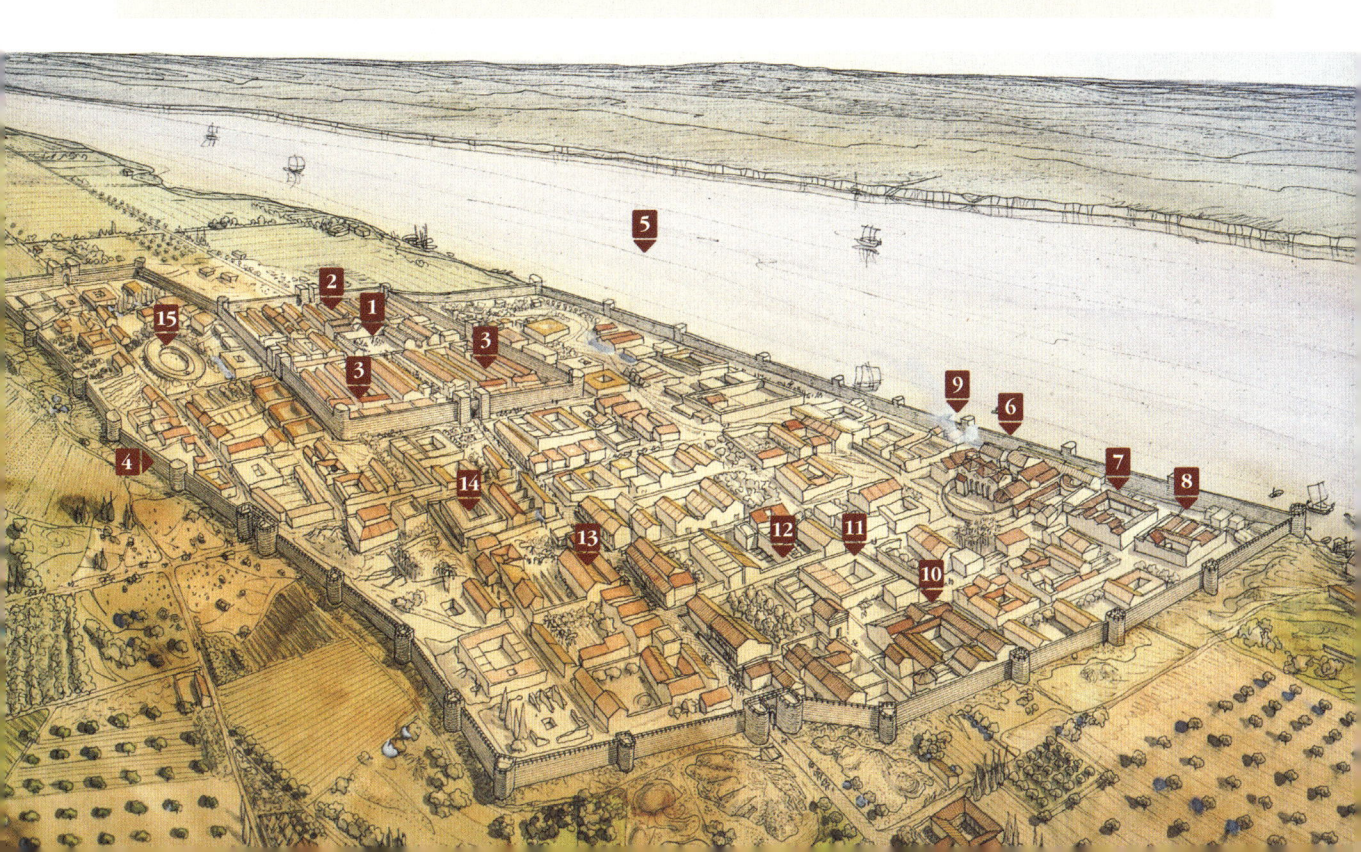

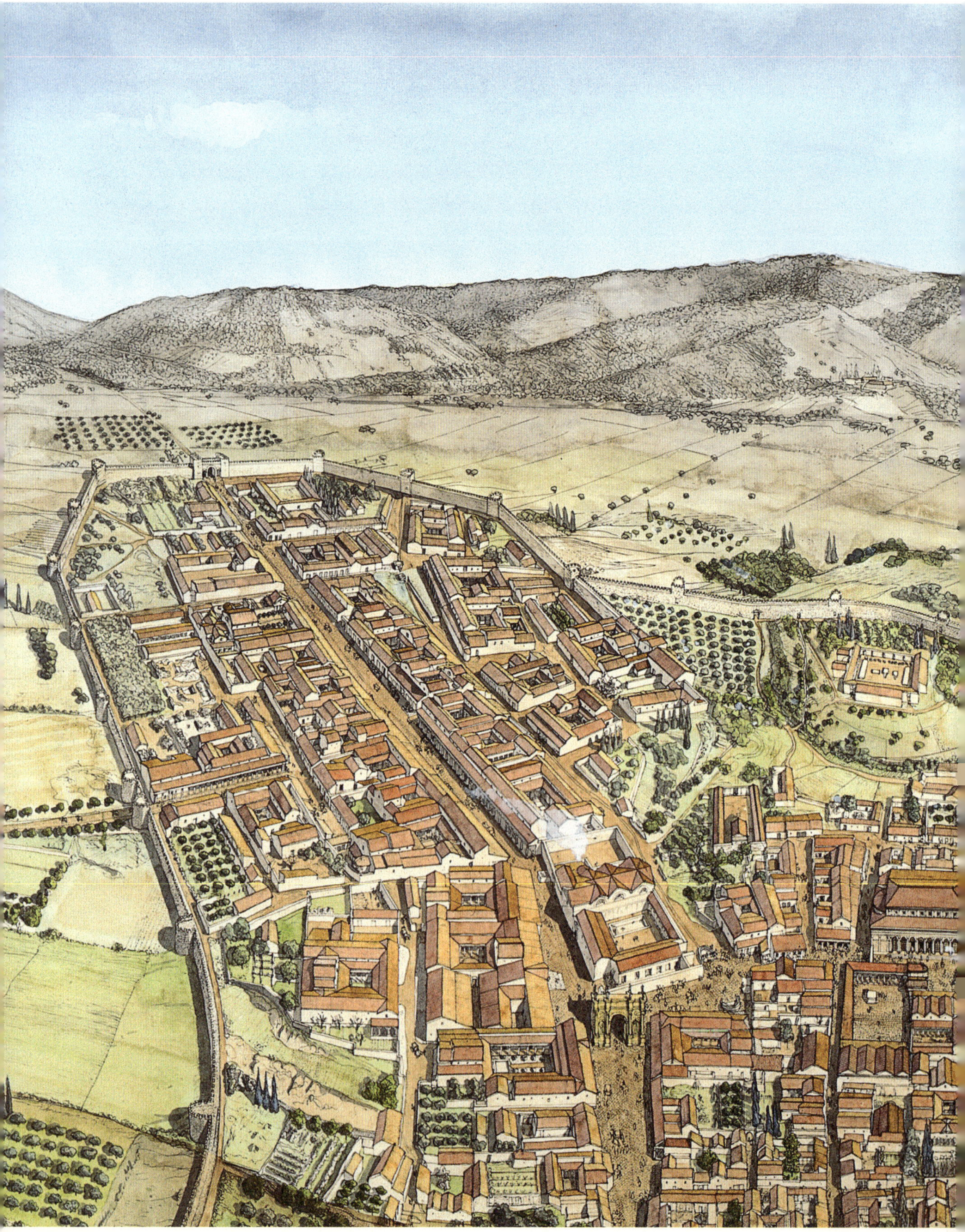

125

沃吕比利斯（摩洛哥）

位于沃吕比利斯山脚下突出的岩石上。这一带有许多资源，是个非常富庶的地方。克劳狄一世皇帝（41—54年在位）在44年将这里升格为自治市，城市急速发展，除了郊外与墓地以外，面积扩展到40万平方米，人口达到1.2万。168—169年，城市周围建立了长2.35千米的城墙，有8扇门，每隔60米就有一座半圆形的塔楼。为了防御反抗罗马统治的毛里塔尼亚原住民入侵，虽然在泽宏山的山脊设置了军事据点，这座城市也同样列入防卫体制之中。

从2世纪末到3世纪初期，塞普提米乌斯·塞维鲁皇帝与卡拉卡拉皇帝统治期间，这座城市陆续建立了非常美丽的建筑物。广场、卡皮托林三神殿、巴西利卡、凯旋门等，这些全都位于城市东北方。在这个时代，东西干道两侧的宽广宅邸地区出现豪华的住宅。另一方面，广场的东北方可看到平民区的遗迹。可以想见在简陋的狭小住宅里，人们拥挤地住在一起的情景。除了城市的建筑物以外，沿着狭窄的巷子还可以发现面包店、油店，以及榨油设备等。

沃吕比利斯（3世纪）

随着城市的发达与繁荣，出现了新的地区，林立着富裕人家的大宅邸。

1. 168—169年建设的城墙。有8扇门（两侧有小型塔楼的拱门），每隔60米设有监视塔。
2. 东西大道。这条道路两旁分布着城市最美的住宅，如"赫拉克勒斯的伟业之家""戈尔迪安的宫殿""金币之家"等。
3. 凯旋门。从碑文来看，应该是卡拉卡拉皇帝的凯旋门，大约建造于217年。（中央有大型的拱门，上方有楣饰，还有左右壁龛以及前方很明显的科林斯柱式圆柱。）
4. 广场。公众生活与行政的中心，在约1300平方米的空间里，聚集着各种各样的建筑物。（3世纪塞维鲁王朝时经过重新整修，规划成角尺般的形状，同时也沿着四面配置建筑物：东边是巴西利卡，南边是为了赞颂塞维鲁氏族建立的小型纪念性建筑物遗迹与讲坛，西边有数座神殿，北边是现在已不存在的柱廊。）
5. 巴西利卡。这栋面积约1000平方米的恢宏建筑物，大约在3世纪初建设，塞维鲁王朝时修复。（建筑物本身是大型的长方形，长42.2米、宽22.3米，并有3座殿堂；中殿两端都有半圆形部分，在此举行法庭审判。）
6. 卡皮托林三神殿，217年献给马克里努斯皇帝（217—218年在位）。根据推测，这座神殿原本是正面有6根柱子，周围排列着圆壁柱的围柱式建筑；虽然没有地下厅堂，但是有低而厚重的基坛；在神殿前的庭院建有祭坛。

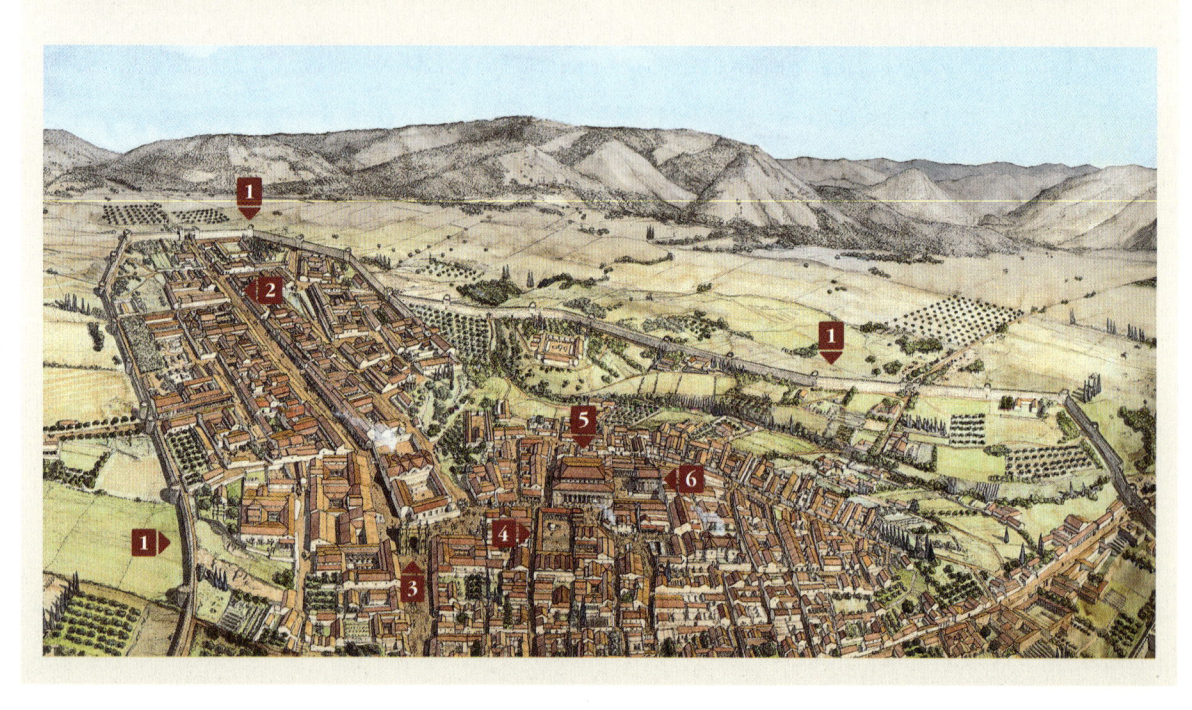

意大利与伊利里亚沿岸

卡皮托林山是罗马最早有人居住的地方，时间可追溯到公元前14—前13世纪。在西侧耸立着壮丽的朱庇特神殿（63米×53米）。这座供奉着朱庇特-朱诺-密涅瓦的神殿，经历过多次火灾，四面各以托斯卡纳柱式（或称罗马风格的多立克柱式）的6根圆柱支撑，三角楣饰上方装饰着驷马马车。因为战胜的将军们凯旋游行的终点就在神殿的前庭，所以这里建了许多雕像。左边是誓约的守护神菲得斯女神的神殿，右边是尤利亚氏族（gens Julia）的方形大祭坛。

塞杰斯塔（西西里）

　　塞杰斯塔位于巴尔巴罗山的高地，是伊利米人（les Élymes）最大的城市。根据修昔底德的说法，伊利米人是城邦被摧毁后流亡的特洛伊人。从公元前7世纪以来，塞杰斯塔已有辉煌的发展。在公元前580年、前454年与希腊的殖民市塞利农特发生战争，在公元前415—前413年之间受到雅典攻击，逃过一劫。公元前4世纪末以降，虽然曾被希腊人征服，但很快就恢复独立，与当时统治西西里西部的迦太基结盟，后并入罗马帝国。虽然发掘出的房子很少，但由于土地的坡度很陡，可知当时是在人工地基上盖房子。在城市的中心有由廊柱围起来的广场。另外也发掘出体育场，不过最有名的建筑物，是开工于公元前 430—前 420 年之间，56 米 × 21 米的多立克柱式大神殿，但最后未完成（有许多平滑的圆柱，"神室"只完成了基础部分）。还有希腊化时代（公元前 3 世纪）建立的剧场：剧场估计可容纳 5000 名观众，舞台最初有两层，约 20 级的阶梯式观众席，分成 7 个梯形座席列（cunei）。塞杰斯塔城有高塔守望，周围由 3 千米长的城墙围绕。城墙建至山顶上，又蜿蜒到平地，环卫着市区与周边地域。

除了西侧以外，城市四周地形险峻。西侧面向神殿，地势稍微平缓。住宅区还尚未出土，不过根据航拍图像，可得知尽管地势起伏大，城市区域的规划却很方正。根据邻近的西西里城市，位于西西里岛北岸、发掘已有相当进度的索伦托（Solunto）街区，可以想象塞杰斯塔的街景。

塞杰斯塔

1 · 剧场。有两层的多立克柱式舞台建筑。
2 · 巴尔巴罗山的西侧。据推测山顶盖有神殿（北方的卫城）。
3 · 以填土作为地基盖的房子，构成城市街区。
4 · 部分已发掘出土的广场。
5 · 巴尔巴罗山的东侧。山脚下有贵族的大宅邸。
6 · 大城墙。守护的范围超过城市本身的面积。
7 · 未完成的多立克柱式大神殿。
8 · 古希腊时期的多立克柱式大神殿与"圣域"（83 米 × 48 米）。
9 · 议事厅。
10 · 体育场。
11 · 南方的卫城。
12 · 墓地。
13 · 山谷之门。

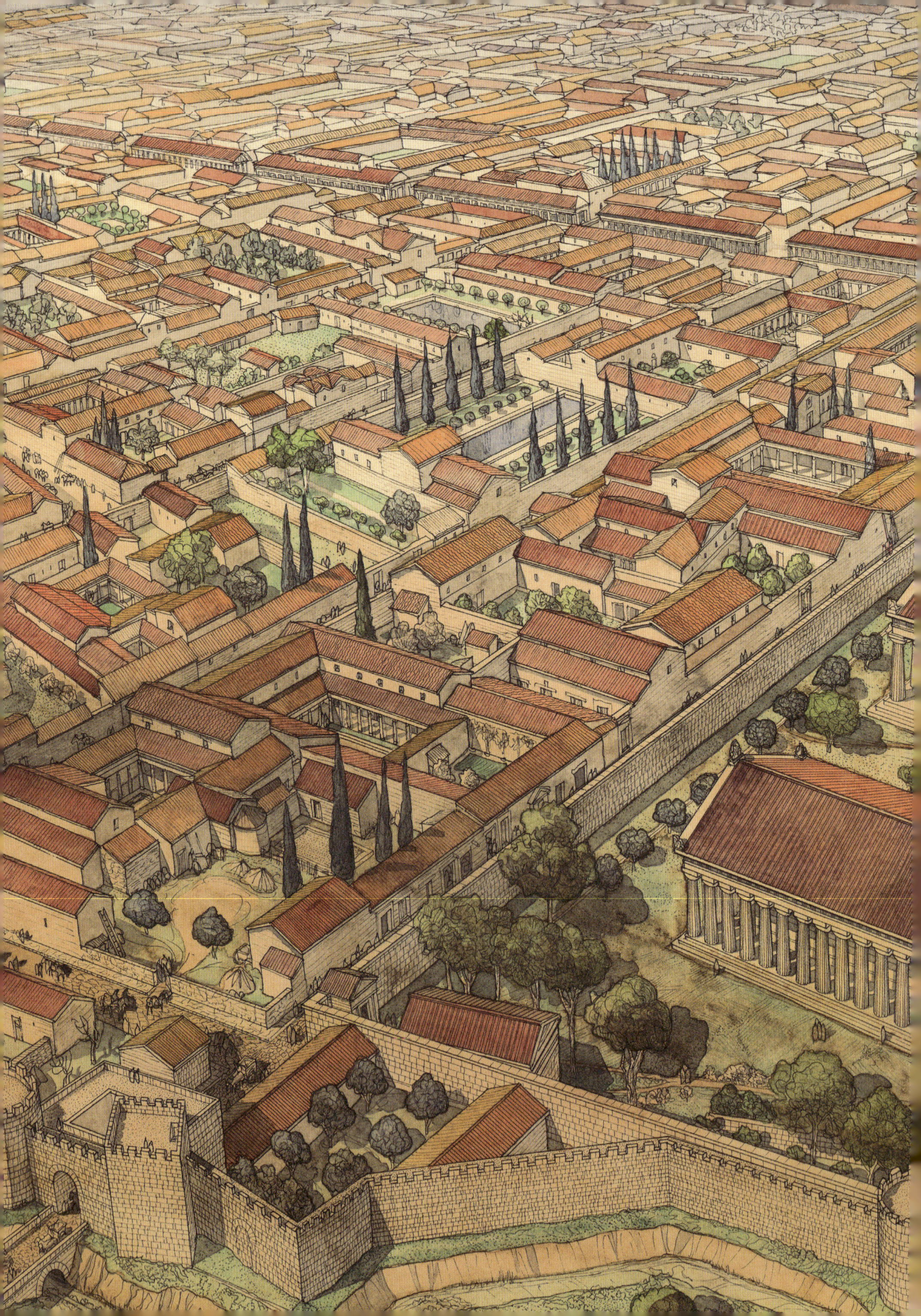

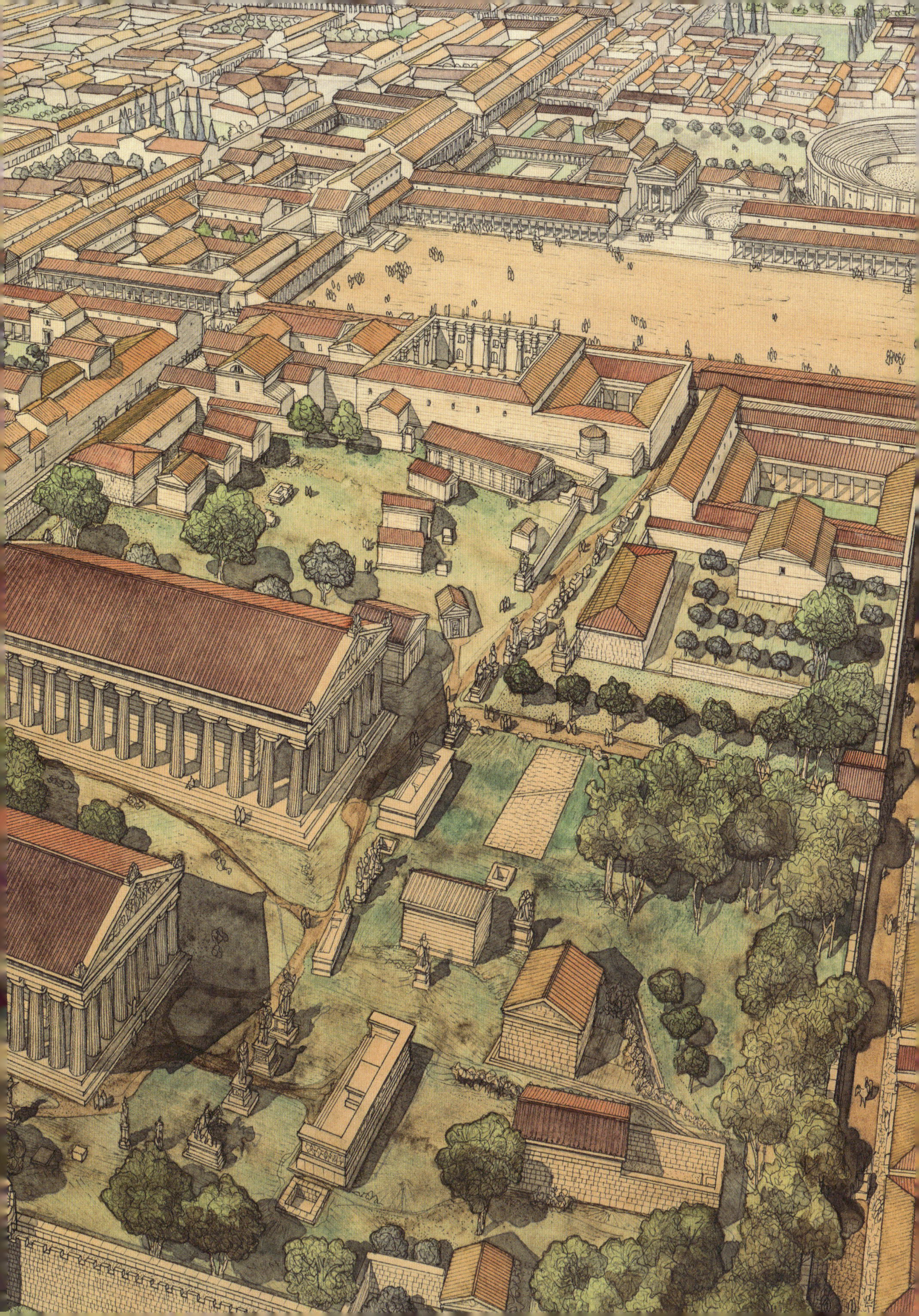

帕埃斯图姆城（意大利，波塞冬尼亚）

希腊人在公元前600年前后建立了这座城市。根据斯特拉波（公元前1世纪著名的地理学者）的记述，在建设这座城市前，这里便有一个靠近海神波塞冬神殿的前哨基地，城市最早的名字波塞冬尼亚（Poseidonia）也来源于此。大约在公元前420年，土著部族卢卡尼亚人夺下这座城市，改名为帕埃斯图姆城。公元前273年，罗马让这里成为拥有拉丁权（不包括参政权的罗马公民权）的殖民市。不论是卢卡尼亚人或罗马人，都不曾消除希腊城市的痕迹。只要地形与当时的状况允许，罗马人都会根据工整的规划建造罗马城市。城市的轴线由南北主干道和东西主干道组成，主干道以城市的4个主门为起点，在以城墙包围的都市空间中心呈直角交叉。与两条主干道平行的道路，划分出正方形或长方形的街区。在南北干道与东西干道交错的地方，一般会设置宽广的广场。广场旁通常会建有大型建筑物，譬如巴西利卡、神殿，有时还有议事厅。城区也配套了其他公共建筑：公共浴场、圆形竞技场、剧场，也有比较不常见的音乐厅、战车竞技场等。借此来夸耀城市的力量。旅人一离开城市，就会沿着墓地前进。因为公墓通常沿着城市外的道路分布。假设以这样的罗马城市作为模板，所有的城市可能会变得一样，显得有些单调，但实际上并非如此。罗马人会结合当地的地形条件制订城市建设规划，所以每个城市都有独特的面貌。

帕埃斯图姆城

继希腊人、卢卡尼亚人之后，由罗马人接手这座城市。所以在一幅画里并存着三种文明。

1. 赫拉第一神殿。虽然不是很贴切的说法，也有人称之为"巴西利卡"，这座规模庞大（54米×24.5米）的多立克柱式建筑，是波塞冬尼亚城最古老的神殿，可追溯到公元前6世纪。正面的圆柱的数量竟然是奇数（有9根柱子与8个柱间）。建立在3段基坛上的赫拉神殿，在罗马帝国时代经过修复。
2. 赫拉神殿的祭坛。旁边有用来弃置供牲碎屑的洞穴（bothros）。
3. 赫拉第二神殿。根据城市最早的名称"波塞冬尼亚"，很长时间内，人们认为这栋城内规模最大、保存状态最好的多立克柱式建筑，过去祭祀着涅普顿（波塞冬）。但出土的泥土烧制的小塑像以及其他种种迹象表明，这里同时也祭祀着赫拉。它的建筑时间可追溯到公元前5世纪中叶。
4. 赫拉第二神殿祭坛最早的位置（已被铲平）。
5. 赫拉第二神殿的新祭坛。
6. 宝库或用来供奉的小礼拜堂。
7. 小神殿群。
8. 神圣道路（via sacra）。相当于南北干道（cardo maximus），东侧与赫拉圣域的界墙相邻。
9. 广场。150米×57米，由附有商店的柱廊包围。据推测应该是建在古希腊时代的公共广场原址。
10. 集会所（comitium）或议事厅的遗址。这栋圆堂是城市官吏最早的聚会场所。
11. "古意大利人"神殿。公元前273年开工，1世纪完成。从有祭坛的正面楼梯进入。
12. 体育场（gymnasium）与角力场。
13. 帝政时期建立的市场（macellum）。建设在公元前3世纪希腊神殿的基础上。
14. 库里亚。有屋顶的大厅，在罗马帝国时代，是城市官吏的聚会场所。
15. 圆形竞技场。建造于1世纪下半叶。
16. 雅典娜神殿。这栋建立于公元前6世纪末的建筑物，33米×15米，长期以来一直被误认为是谷神刻瑞斯的神殿。
17. 总长4740米的城墙，在一定间隔设置塔楼，并设有4座主要的城门。从跨越壕沟的小桥进入"正义之门"，即可通往神圣道路。
18. 在希腊化时代与古罗马时期，有许多住宅的大片区域（已全部发掘出土）。

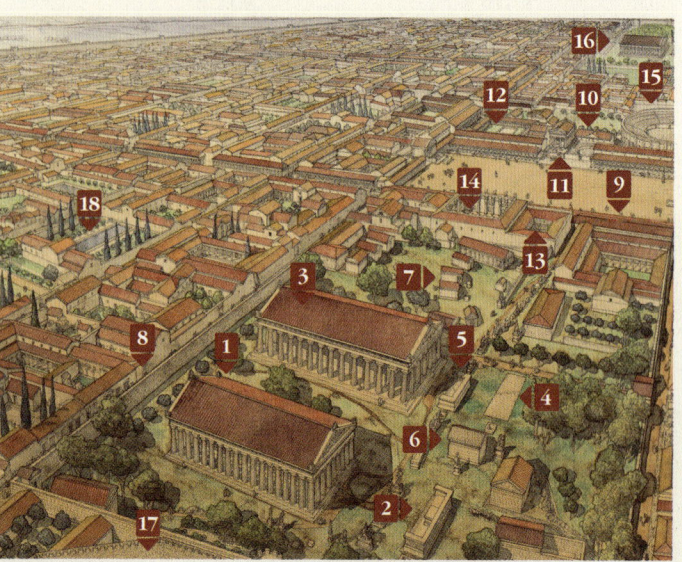

罗马万神殿

公元前27—前25年，阿格里帕在战神广场修建了44米×20米的长方形神殿。因其是祭祀所有神祇的神殿，故被称为"万神殿"。历经公元80年的火灾后，图密善皇帝下令重建。118—125年（哈德良皇帝统治时期），基于跟前两者完全不同的理念，建立了第三代万神殿。新神殿比过去的神殿大许多，而且是非常具有独创性的建筑，建造在有柱廊的长方形大型庭院的中心。神室的设计是完美的圆形，并与正面有8根巨大圆柱（这些圆柱均由整块的大理石建成）直线排列的门廊相连。内部的空间沿着直径33米的球形展开，通向以往建筑史中前所未见的巨大穹顶，顶端是朝向天空开启的直径9米的圆窗（oculus）。

由于崭新的设计、精致的比例、高质量的装饰、良好的保存状态，罗马神殿一直是古代建筑最优良的杰作之一。这栋建筑物充分展现出哈德良皇帝的建筑才华。这位身兼哲学家、艺术家的皇帝，同时也是天才建筑师。

罗马城的中心地带（4世纪）

这张鸟瞰图根据吉斯蒙迪杰出的模型绘制而成，映照出当时罗马的繁荣气象。

1. 朱庇特神殿。
2. 在卡皮托林的第二丘陵"阿克斯"建造的朱诺·莫内塔神殿。
3. 罗马国家档案馆。保管罗马国家公文的大型公共建筑物。
4. 古罗马广场（Forum Romanum）。罗马最早的公共广场，自公元前600年建立开始，一直是罗马市民生活的中心。以丘陵的底部为界，这座长方形的广场位于过去罗马主要道路交错的地点，经过漫长的时间与复杂的变化，经过反复改建与改装，陆续建造各种建筑物，以满足它的政治、宗教、商业机能顺利运转。
5. 恺撒广场。
6. 奥古斯都广场。
7. 韦帕芗广场。
8. 涅尔瓦广场。
9. 图拉真广场。
10. 图拉真市场。（据说在同一轴线还有图拉真神殿，但是未经考古学调查证实。）
11. 141年安敦尼·庇乌斯的妻子过世，这是为了纪念并将她封为神而建的神殿。
12. 宫殿的一角，提比略宫的一部分，在提比略皇帝统治时期（14—37年）建立，它是这座丘陵上最早建立的皇帝宫殿。
13. 霍利托留姆广场的神殿群。
14. 马尔凯路斯剧场。在恺撒统治时期动工，奥古斯都统治时期完成。落成仪式举办于公元前13年或公元前11年。献给奥古斯都大帝的外甥马尔凯路斯，他原本是帝位的继承者，却不幸夭折。剧场的直

4世纪的罗马中心地带。中央耸立着卡皮托林山与各神殿。左边是台伯河畔的马尔凯路斯剧场，它的后方是战神广场的建筑群、屋大维娅柱廊与两个神殿，在尽头可看到巴尔布斯剧场。右边可看到广场的全景，前方是古罗马广场，后面是广大的皇帝们的广场。在广场后方的左边，可看到称为苏布拉的平民住宅区。

径长 130 米，可容纳 1.5 万名观众。

15· 剧场与在庭院四周建立的柱廊。公元前 32 年由执政官卢奇乌斯·科尔奈利乌斯·巴尔布斯建设。

16· 梅泰利库柱廊所在的地方。此柱廊占地面积广大，十分复杂，建设于公元前 33—前 23 年，献给屋大维娅（奥古斯都的妹妹），内有多个广大柱廊。在宽广的庭院中央，西有朱诺神殿，东有朱庇特神殿。这栋建筑物在 80 年发生火灾之后，在塞普提米乌斯·塞维鲁皇帝统治期间修复。

17· 阿波罗与柏罗娜神殿。

18· 米努西亚柱廊。在这里会无偿分配小麦给罗马公民。

19· 银塔广场（Largo Argentina）的圣域。在这个圣域坐落着共和时代建造的四座神殿。

20· 建立在台伯岛末端的埃斯库拉庇奥斯神殿，以及法布里奇奥桥。

罗马马克西穆斯竞技场

马克西穆斯竞技场
（4世纪）

1·皇帝宫殿。
2·奥古斯塔纳宫。
3·弗拉维宫。
4·阿波罗神殿。
5·马克西穆斯竞技场，内有长600米的跑道。
6·建成小神殿造型的皇帝包厢。
7·提图斯凯旋门。
8·奥古斯都大帝的方尖碑。公元前10年建于竞技场分隔岛的中央。
9·357年，君士坦丁大帝建立的方尖碑。
10·战车竞技起点的栅门。
11·太阳神殿，下方是裁判席。
12·侧面入口的大拱门。
13·为了数战车绕场圈数而建的设施。绕场7圈时，青铜制的海豚会倒过来。
14·为了数绕场圈数而建的设施。每绕场一圈，台上会落下一颗蛋。
15·赛车栅门上方的包厢，政府高官会从这里抛白布（mappa）到跑道上，表示竞赛开始。
16·顶端塑有有翼的胜利女神的大圆柱。
17·乘狮子的库伯勒女神纪念雕像。

位于帕拉丁丘与阿芬丁丘之间的穆尔西亚谷地（Vallis Murcia）从公元前6世纪就是大型战车竞技场所在地，但是最早那里只是以土堤围绕的一条长跑道。公元前1世纪，在恺撒与奥古斯都统治时期，其中一部分改为用石头建造，公元前10年奥古斯都大帝下令，建立长石墙将跑道一分为二，在分隔岛中央建立方尖碑。竞技是让12辆战车绕着分隔岛跑7圈。64年遭到罗马大火烧毁后，图拉真皇帝下令重建竞技场，修复重建持续到4世纪。357年，君士坦丁大帝（306—337年在位）建立第二座方尖碑。

这座长621米、宽118米的巨大建筑物，可容纳大约20万人。竞技是由代表蓝、白、绿、红四队的12辆战车，从同时打开栅门（carceres）的起点出发。竞技场的另一端是半圆形，中央是提图斯皇帝（79—81年在位）的凯旋门。在阶梯式观众席上方，是建成神殿形的皇帝包厢。包厢的对面是裁判席。在竞技场后方左侧，耸立着几乎占去整个帕拉丁丘陵的皇帝宫殿。

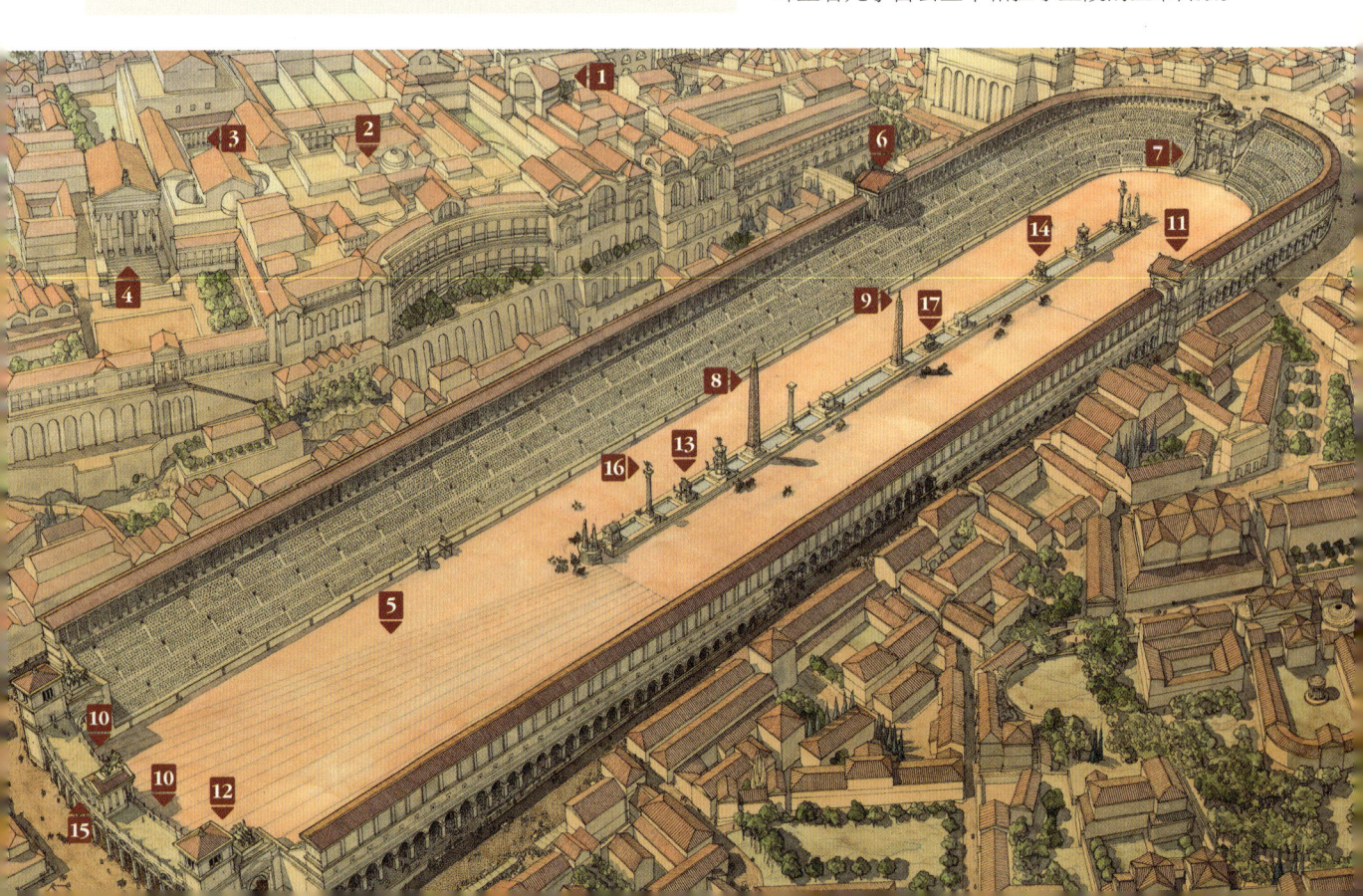

罗马图密善竞技场

　　罗马是西欧唯一有大型运动竞技场的城市。但在罗马帝国东部及其希腊化地区有同样的大型建筑物。这座竞技场建在战神广场（长275米、宽106米），建筑物的基础保存得很好，形状与现在的纳沃纳广场一致。建筑物的正面是由两层拱廊构成的美丽回廊。竞技场在86年（图密善皇帝统治期间）完成，举办皇帝最喜爱的运动竞技（赛跑、掷标枪等），可容纳约3万名观众。运动竞技在帝国内希腊化地区特别兴盛，但是罗马人并不喜欢，他们认为这种活动是不道德的。因此热衷于运动竞技的皇帝成为特例。图密善皇帝为了赞颂朱庇特，在竞技场上举办运动竞技，在马克西穆斯竞技场举行赛马，在音乐厅举办演奏会。在上图中，在竞技场尽头呈方形的一侧，旁边就是音乐厅。这座竞技场是在罗马仅存的平旷之地战神广场建造的大型公共建筑物之一。上图左上，可看见尼禄浴场（62年建造）的西侧。那是城内罗马最古老的大型公共浴场。图密善竞技场是沿着既有的尼禄浴场建造的。不同于战车竞技场（譬如马克西穆斯竞技场），跑道上没有建造任何东西，竞技场整体都专门为运动竞技而建造。来访罗马的人虽然无法直接目睹图密善竞技场，不过它的遗迹还残留在环绕纳沃纳广场的建筑物底下。由于位置保存得很好，只要调查遗迹之后，就能忠实地再现罗马大型竞技场的样貌。即使跟位于东方——如亚洲的佩尔吉古城、阿斯彭多斯、阿弗罗狄西亚，塞浦路斯的库里翁，希腊的德尔斐——的同类宏伟建筑相比，罗马的竞技场毫不逊色。建于平旷土地上的图密善竞技场，跟其他战神广场的罗马建筑，尤其是各种展现国力的大型建筑构造相似。包括有屋顶的回廊、楼梯、大型出入口，观众能顺畅地移动。

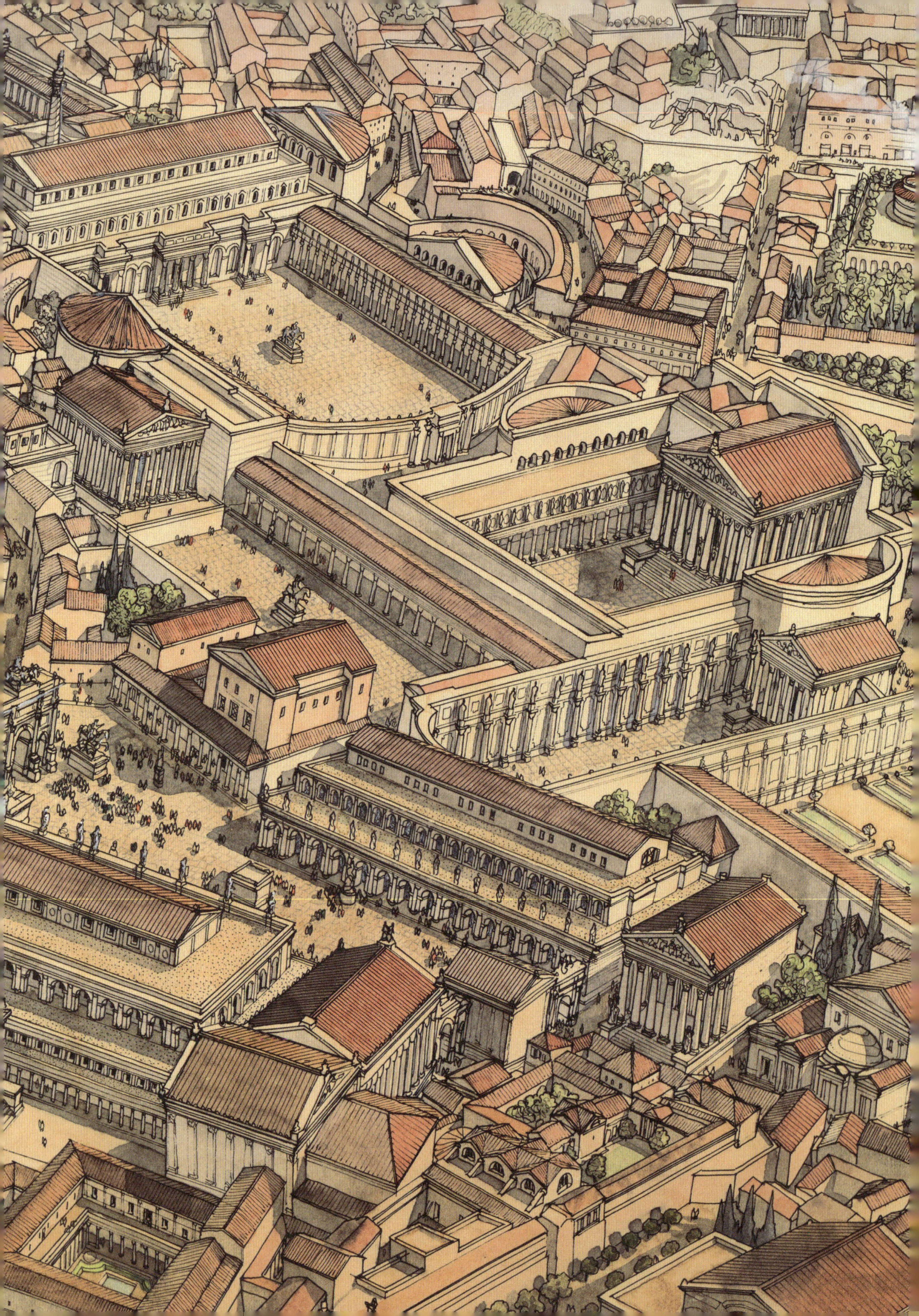

罗马皇帝们的广场

皇帝们的广场

500 年间一直是统治地中海世界的城市政治中心

1. 古罗马广场。罗马最古老的公共广场，是政治、商业、宗教的中心。（约 130 米×60 米，南边是尤利亚巴西利卡，北边是埃米利亚巴西利卡与元老院议事堂，东边是神圣尤里乌斯神殿，西边围绕着孔科尔德神殿、韦帕芗神殿、萨图恩神殿。）

2. 恺撒广场，又名尤里乌斯广场（Forum Iulium）。

3. 奥古斯都广场。属于皇帝的第二个广场。建设历经 40 年，在公元前 2 年完成。为了颂扬皇帝在帝国军事胜利中所起到的重要作用而建造。（在同一轴线上，有战神暨复仇之神马尔斯的神殿，供奉维纳斯与恺撒神像的神室，除此之外还有据推测是埃涅阿斯与罗慕路斯的雕像、描绘亚历山大大帝胜利的大壁画。）

4. 韦帕芗广场，后来改称为和平广场。建设于 71—75 年，包括为了纪念战胜希伯来人而建造的建筑物。这是每边超过 110 米的广大区域，并拥有庭园。[在和平神殿的两侧并设图书馆，在南侧图书馆前的大厅，摆有著名的大理石板——罗马平面图（Forma Urbis Romae）；这份面积 235 平方米的平面图，是了解罗马城不可或缺的史料，不过现存的部分只剩下原来的 1/10。]

5. 涅尔瓦广场。在奥古斯都广场与韦帕芗广场之间建立的广场，又称作特兰西托留姆广场（Forum Transitorium，在图密善皇帝统治期间动工，在 97 年涅尔瓦皇帝统治时期完成；这座长 120 米、宽 45 米的大型广场，北侧有密涅瓦神殿，南侧有雅努斯神殿）。

6. 图拉真广场。在皇帝们的广场中面积最大，长 300 米、宽 185 米，107—113 年（图拉真皇帝统治时期），由大马士革的建筑师阿波罗多洛斯建造。（在建设时有许多土地必须先碎土，进行大规模的整地工程；从东边通过由 5 道拱门连接而成的大门进入广场，西边紧贴庞大的乌尔皮亚巴西利卡，后方是纪念征服达西亚的图拉真纪功柱；在柱子的左右，一侧是希腊文图书馆，另一侧是拉丁文图书馆；长久以来有种说法：图拉真纪功柱西边庭院的中央曾建造过大神殿，但是尚未从近年的考古成果中获得证实。）

7. 图拉真市场（2 世纪初由图拉真皇帝建造，围绕着广场北侧的谈话室，在各个楼层设置多个市场；商店沿着通道与拱廊排列；在这里，还有一个 3 层、有穹顶的建筑，内有众多店铺）。

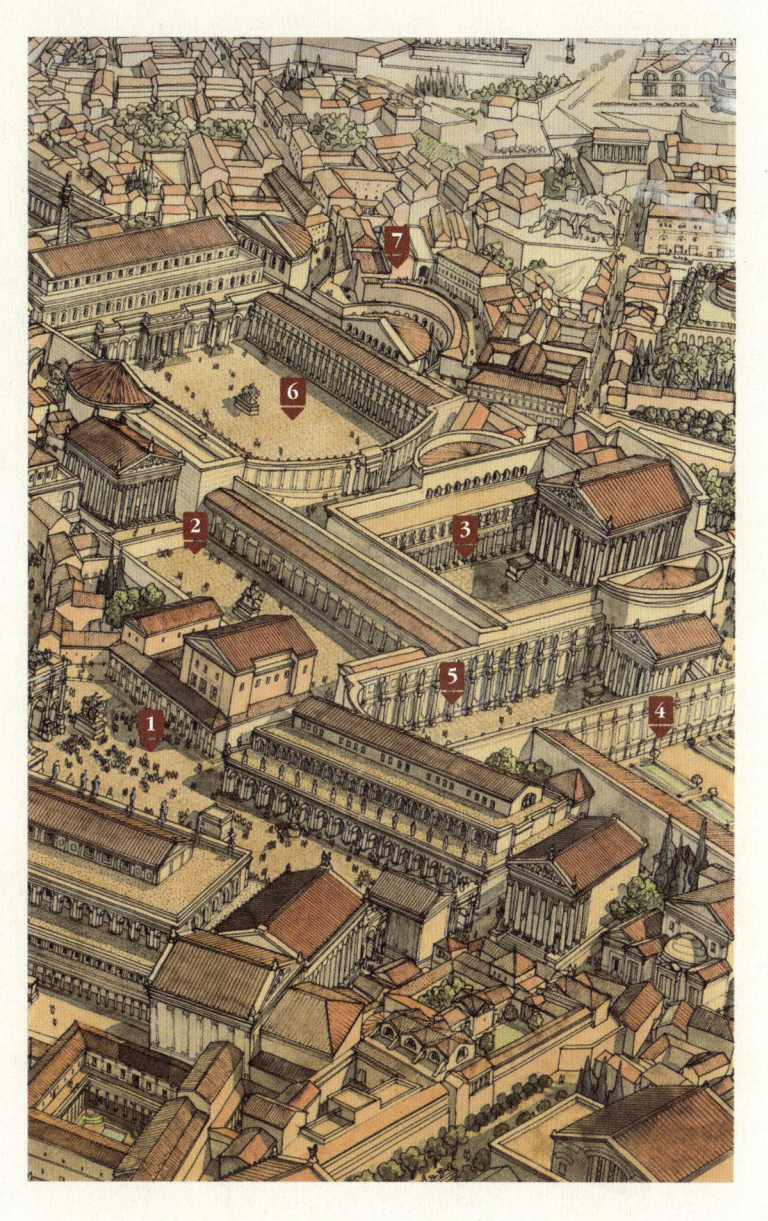

罗马恺撒广场

这座广场长 160 米、宽 75 米，是继古罗马广场以后最早建立的大广场，也呼应了"帝国"的理念——它很快成为罗马的基础意识形态。从维纳斯神殿可俯瞰这座广场，它在公元前 46 年献给恺撒，于奥古斯都大帝在位期间完工。维纳斯是埃涅阿斯的母亲，也是皇帝氏族的守护神。恺撒可说是这座广场最早被奉为神祇的人。

广场周围建筑物整体的建筑理念，就是要将独裁者神化。由柱廊围起的巨大广场的正中央，建立着恺撒的骑马像，广场整体建筑群都是为了歌颂恺撒而建造的。在左边的柱廊底部，可看到位于两层楼上的商店、半圆形的庭院内侧设置着公共厕所。左下角是元老院建立的元老院议事堂，右边可看到奥古斯都广场的一角。

罗马神圣尤里乌斯神殿

　　这座神殿是在公元前 29 年由奥古斯都下令建造的，献给恺撒，也是为了将恺撒的遗体火葬而建造的建筑。这栋建筑物是罗马最早将人物封为神、举行祭祀的神殿，采用了希腊化时代君王们熟悉的东方仪式。这里的建筑式样完全反映出已确立的帝国意识形态，也为了赞颂首位皇帝奥古斯都与已亡故的恺撒，以及那些指定继任的统治者。

　　基坛的中间以船首（在亚克兴战役，屋大维击败克丽奥佩托拉的舰队后，取下敌船的船身最前端）作为装饰，也是表示火葬场所的祭坛。在内殿安置着恺撒神明化的雕像。在三角楣饰上装饰着星形，象征为纪念恺撒而举行的竞技运动会期间，夜空里连续一周出现的彗星。基坛采取类似讲坛的形式，可以面向民众演说。神殿的存在与其代表的意义，在于为公共演说赋予神圣的效果。神殿的右侧是纪念远征安息帝国胜利的凯旋门，左侧是奥古斯都为养子盖乌斯·恺撒与卢奇乌斯·恺撒建立的凯旋门。

罗马哈德良陵墓

130 年，哈德良皇帝在今日梵蒂冈城所在的地区着手建造巨大的墓地。4 年后举行陵墓的落成典礼。哈德良皇帝只活到 138 年，在他去世后，最后的工程终于完成。陵墓建在边长 89 米、高 15 米的正方形基坛上，基坛的四角分别竖立着男性与骑兵的雕像。在这座基坛上，从下往上依次是直径 64 米、高 20 米的圆形墓地（装饰着大理石及各式雕像），种植着树木的圆锥部分，以及顶端装饰着巨型青铜驷马战车的建筑物。

想进入陵墓，必须先通过跨越台伯河畔的连续拱桥。走进建筑物之后，眼前是笔直的通道，尽头是螺旋状的斜道，向上通往墓室。墓室是边长 8 米的四方形小房间，在这里放置着哈德良皇帝与萨宾娜皇后的骨灰瓮。此后，直到卡拉卡拉皇帝统治期间，也就是 3 世纪初期，所有罗马皇帝的骨灰都集中存放在这里。这座建筑物的保存状态非常好，在文艺复兴时期经过改建，现在是圣天使城堡。

罗马尼禄巨像与罗马圆形竞技场 [1]

　　经历公元 64 年的大火以后，罗马城大部分地区化为废墟，尼禄趁机迅速征收广大的土地，建造自己的大型宫殿——金宫（Domus Aurea）。相当于宫殿入口的庭院由柱廊围绕，200 米×120 米，并模仿罗得岛太阳神铜像在庭院建造巨大的雕像。那是裸体的皇帝巨像，戴着希腊太阳神赫利俄斯 [2] 专属的光环之冠，手上拿着地球。这座高达 35 米的巨像，在宫殿遭到破坏后仍然保存下来，立于罗马大竞技场前方。弗拉维王朝的皇帝们在原先金宫的人工湖所在之处，建立了圆形竞技场。由于旁边建着巨像，这座圆形竞技场后来称为"Colosseum"（译注：源自 Colossus，"巨像"的意思）。下图的背景是高度约 50 米、壮观的罗马大竞技场正面。罗马大竞技场不论在什么时代，都是最大的圆形竞技场。展现角斗士与猛兽战斗的罗马大竞技场，可容纳 5 万名观众。

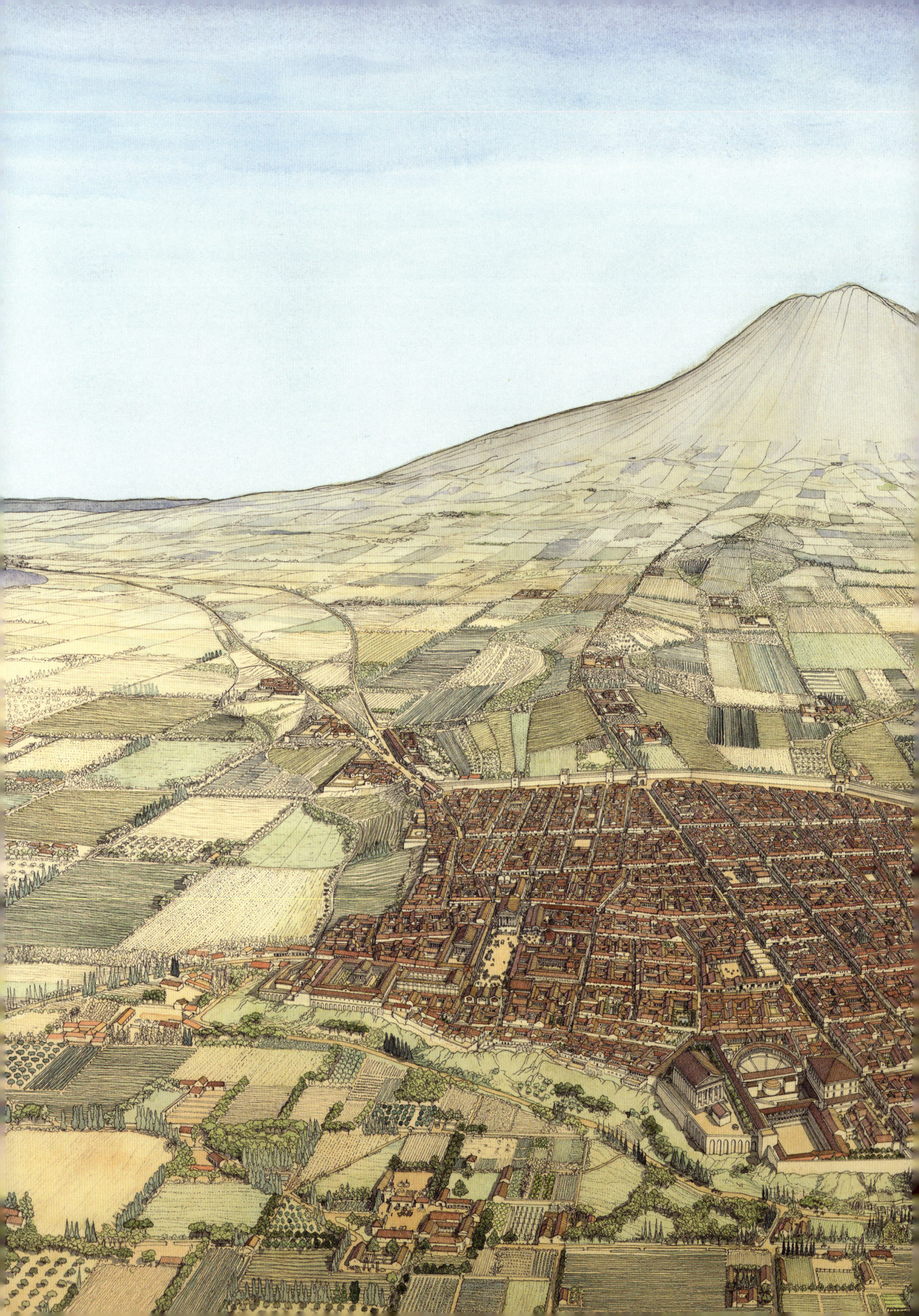

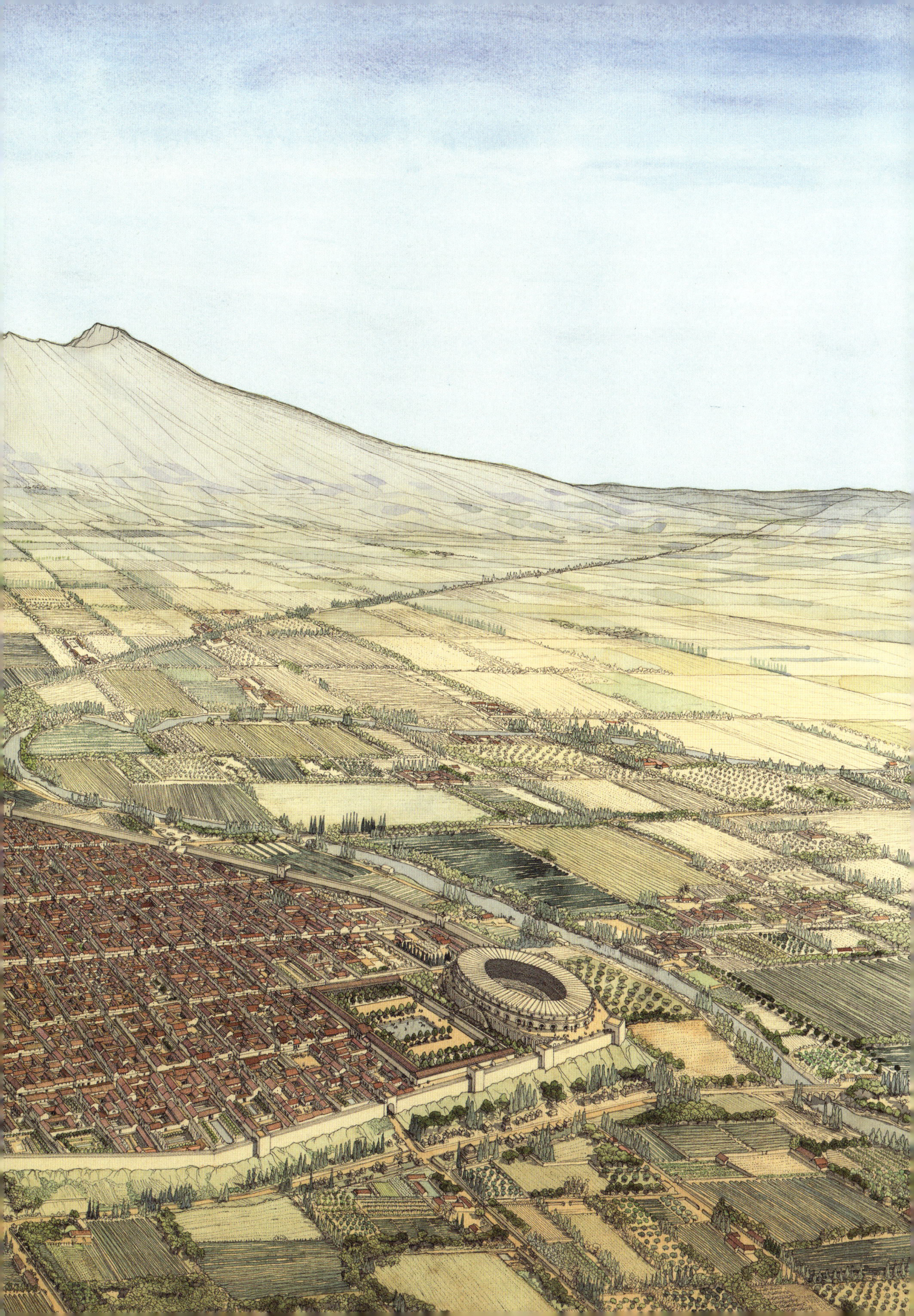

庞贝

庞贝城经过长时间逐渐成形。从伊特鲁里亚时代创建起（公元前 6 世纪末），历经希腊时代、萨谟奈人时代，一直到罗马时代（公元前 89 年由苏拉征服），大型建筑物陆续建造而成。在公元前 80 年，庞贝成为罗马的殖民市。这座连接海洋与邻近城市的城市，陆续建造起豪华的宅邸。通过农业与金融获得丰厚收入的富裕家庭，把城市当成休闲娱乐的地方。当时庞贝从坎帕尼亚地区获得充裕的劳动力，因此得以开垦广大的土地。公共建筑物与神殿为这座城市带来华丽的点缀。温暖的气候、丰饶的土地、名门的丰厚财力，使得这座城市维持长久的繁荣。

接下来降临在这座城市的不幸事件，完全出乎意料，也毫无预兆。公元 62 年 2 月 5 日，庞贝城发生激烈地震，建筑物遭到严重破坏。包括神殿、圆形竞技场在内的所有建筑物都受到损毁，要付出极大努力修复。庞贝人积极着手重建遭到破坏的建筑物，并开始建设新的公共建筑（如中央浴场等）。各地都在实施补强工程，圆形竞技场也获得修复。如果不是有更可怕的大灾害造成致命的打击，原先地震留下的痕迹应该会迅速消失。公元 79 年 8 月 24 日下午，耸立在城市北方的维苏威火山大爆发。在接下来的 11 个小时内，火山喷发出巨量的浓烟、尘埃与石砾，累积高度可达 2 万米，根据老普林尼的证言，"松树状"的厚云覆盖着山。不幸的是，风势吹向东南方，碎石与火山灰降落在庞贝城，不过居民已经先因为毒气而窒息死亡。一切都埋在厚度 1—8 米的黑色地层里。幸福、繁荣的美丽都市景观永远消失了。

庞贝（1 世纪）

面向维苏威火山，最后惨遭毁灭的富庶城市。

1. 广场，由两层楼的柱廊环绕。里面建着两侧有凯旋门的主神殿。
2. 庞贝城的巴西利卡，有 3 个中殿。建于公元前 78 年（屋顶至今仍未再建）。
3. 阿波罗神殿。
4. 城市的守护神维纳斯的神殿。
5. 卡皮托林三神殿。
6. 马里纳城门。
7. 奥古斯都时代建立的市场。
8. 提比略时代建设的建筑物。祭祀着染布匠、毛纺工、梳毛工匠、洗衣工（fullo）的守护女神优马奇娅（Eumachia），并设有纺织品商人的工会。
9. 三角形的广场。在公元前 4 世纪中叶于此建立的多立克柱式的围柱神殿，起初供奉城市的创建者赫拉克勒斯，后来供奉雅典娜。
10. 可容纳 5000 人的剧场，建设于公元前 200—前 150 年。四重柱廊后来作为角斗士的训练场。
11. 有屋顶的音乐厅。建于公元前 80 年，作为音乐演奏与哑剧表演的场地，内有伊西斯神殿。
12. 斯塔比埃浴场。有角力场、户外池、穹顶的厅堂。
13. 中央浴场。
14. 庞贝的圆形竞技场。建于城墙的一角，建设时期早于其他同类建筑物。由城里的两位高官出资，于公元前 80 年完成。
15. 大角力场。建成于奥古斯都大帝时代，外围环绕着柱廊，并设运动用的泳池。
16. 神秘别墅（Villa des Mystères）。位于市郊的大宅邸，以壁画闻名，画面令人联想到俄耳甫斯教与狄俄尼索斯教的秘密仪式。
17. 迪奥梅德别墅（Villa de Diomède）。
18. 罗马政治家暨雄辩家西塞罗（前 106—前 43 年）的别墅。

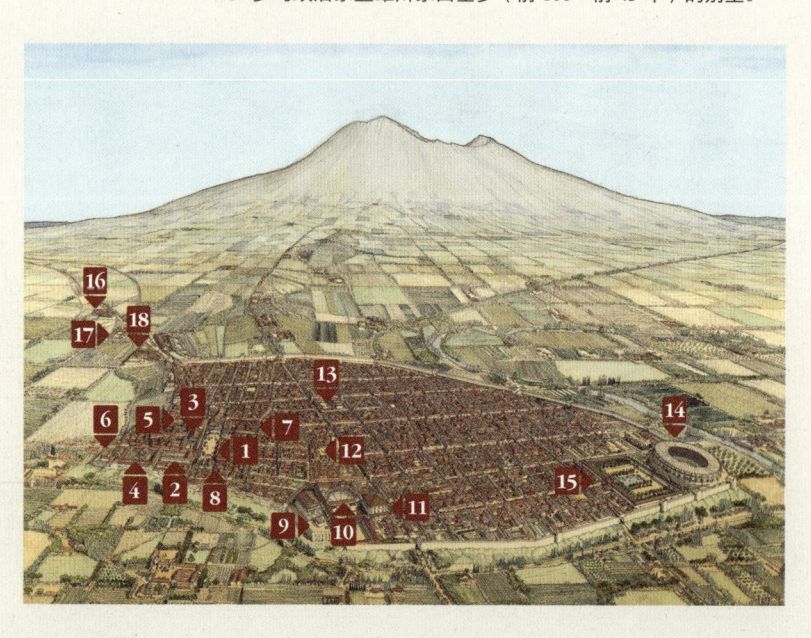

奥斯提亚

位于台伯河口的奥斯提亚城，以向罗马提供物资的港口业务为支柱，很早就开始发展，在2世纪进入鼎盛时期。奥斯提亚具备当时罗马城市的所有特征，并且建造了许多与城市主要机能相关的建筑物，包括仓库、码头、商会的建筑物与管理港口的事务所。整座城市的面积达70万平方米，人口5万。但是从帝政初期开始，为了提供物资给人口将近100万的罗马，奥斯提亚必须将原来的码头扩大，改造成设施更齐全的港口。在克劳狄一世皇帝在位时启动工程，12年后，在继任者尼禄皇帝的手中得以完成。这座港口一部分是挖掘的，另一部分则由人工港堤围出，宽1100米，码头总长度2500米，水深4—5米。后来这座港口也变得不敷使用，自图拉真皇帝统治期间，又开辟了更方便运用的新港。新港呈六边形，面积3.3万平方米，备有大仓库群，有运河跟台伯河直接相通。随着新港的开发利用，名为波尔多（Porto）的新居民点急速发展。在波尔多与奥斯提亚之间，也就是在运河、台伯河与海之间狭长的岛——伊索拉萨克拉（Isola sacra）上建有城市的大型公墓。从奥斯提亚与波尔多上溯台伯河约20千米，可以抵达罗马。陆路上，两地可分别通过波尔图恩斯大道（via Portuense）、奥斯蒂恩塞大道（via Ostiense）前往罗马。

奥斯提亚
（3世纪）

1. 奥古斯提港（Portus Augusti），皇帝克劳狄一世的港口。2世纪以后，只有作为外港的功能，避免图拉真新辟的港口受到暴风侵袭。
2. 灯塔。皇帝卡里古拉在位期间（37—41年），建造在从埃及运方尖碑回来的船只残骸上。
3. 巨像（图中所在地为根据传说推测）。
4. 皇帝图拉真下令建设的港口。由于完全是发掘出来的新建人工港口，被很好地保护着，设施也相当完善。（这是罗马世界最大的港口，以水路与台伯河相通。）
5. 公墓。区隔奥斯提亚与波尔多，尚未城市化的区域，位于伊索拉萨克拉岛上。（安葬波尔多的居民，也就是在图拉真的港口工作的官吏与劳动者的墓地。）
6. 台伯河。可从波尔多与奥斯提亚直接通往罗马的重要河川。
7. 图拉真运河（Fossa Traiana），现在的菲乌米奇诺。以运河连接台伯河、海与港口。
8. 储藏库与仓库。
9. 古代后期的防波堤。
10. 连接两个港口的水路。入口有灯塔，想航进六边形港口时，必须先通过这里。

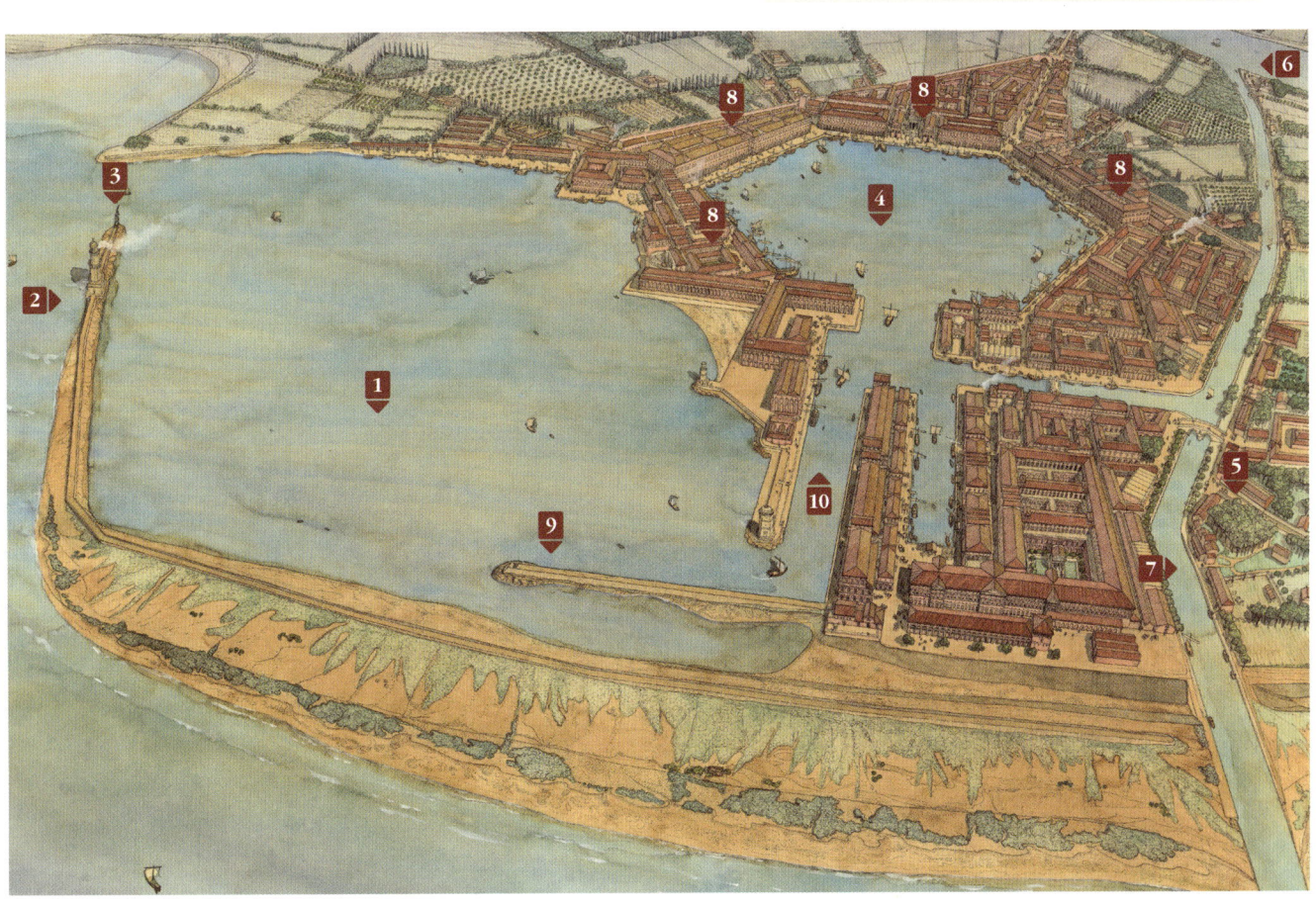

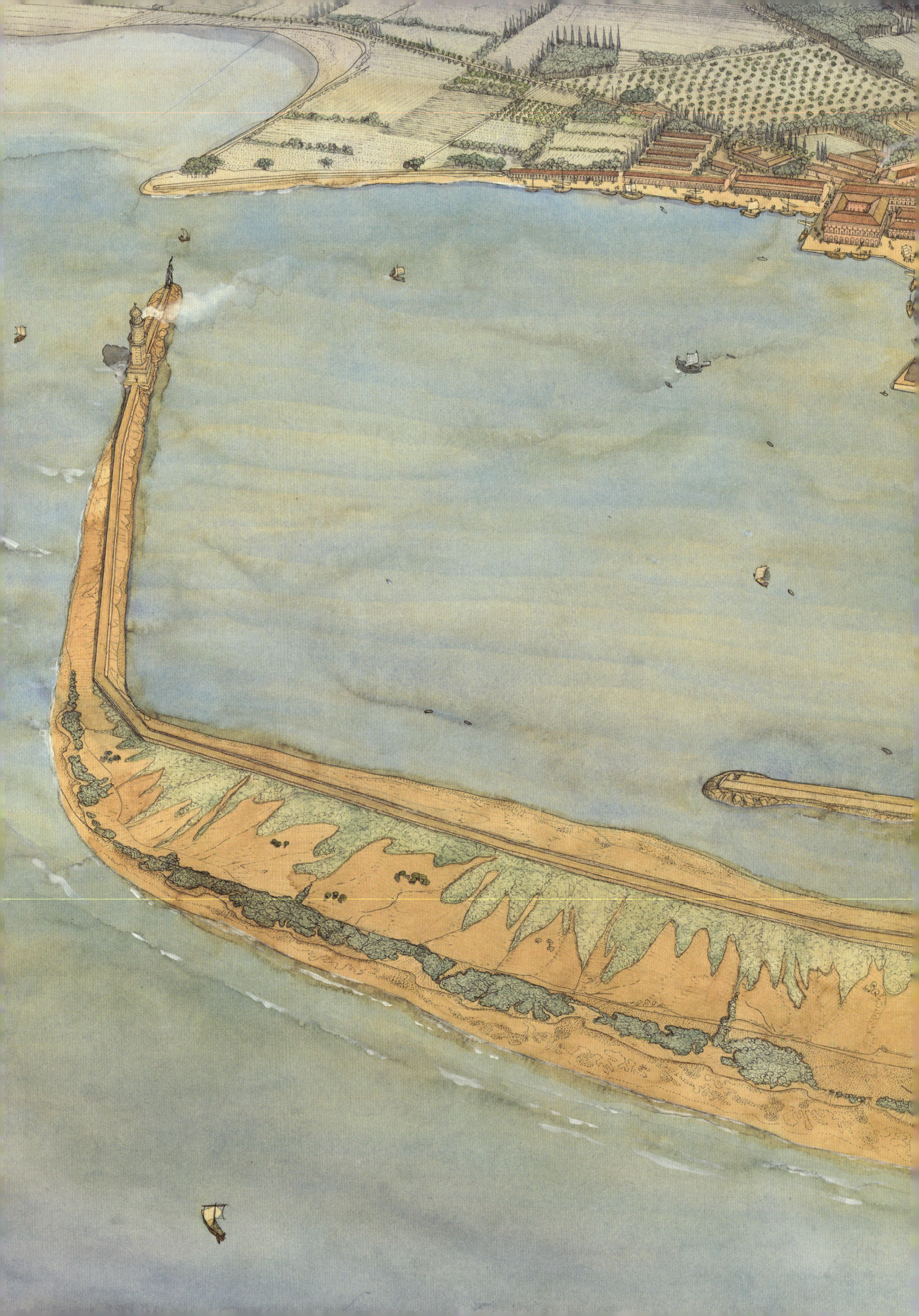

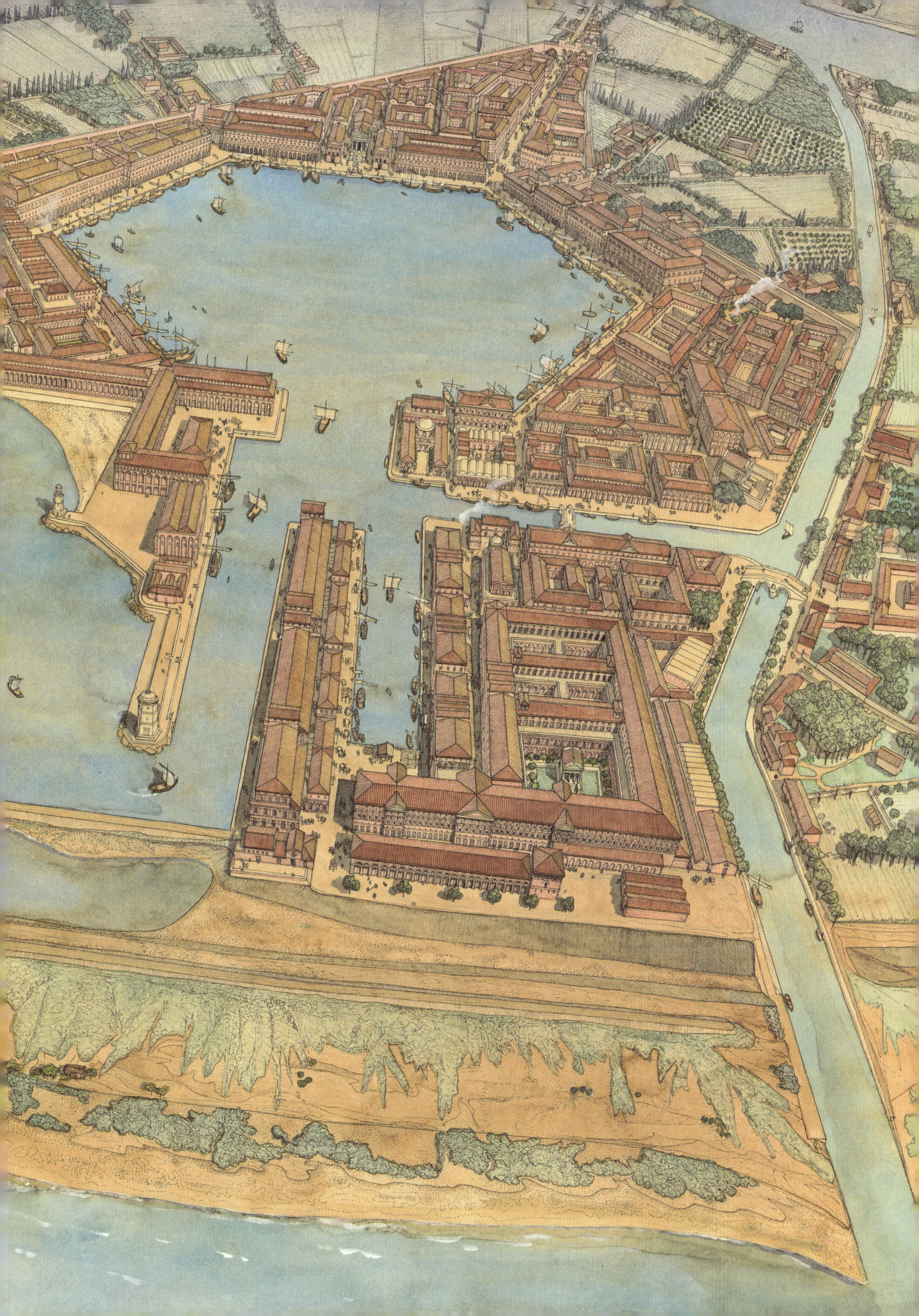

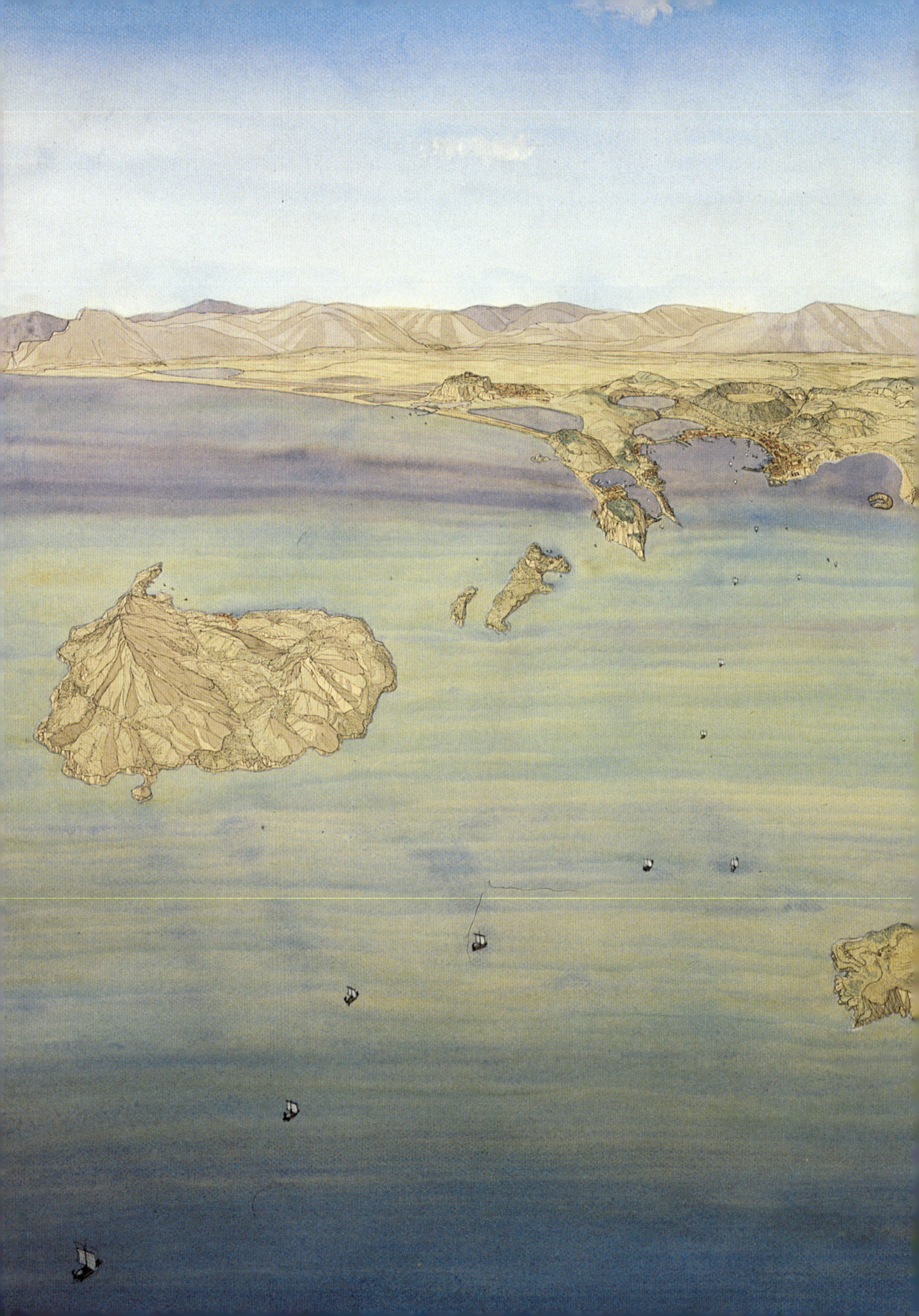

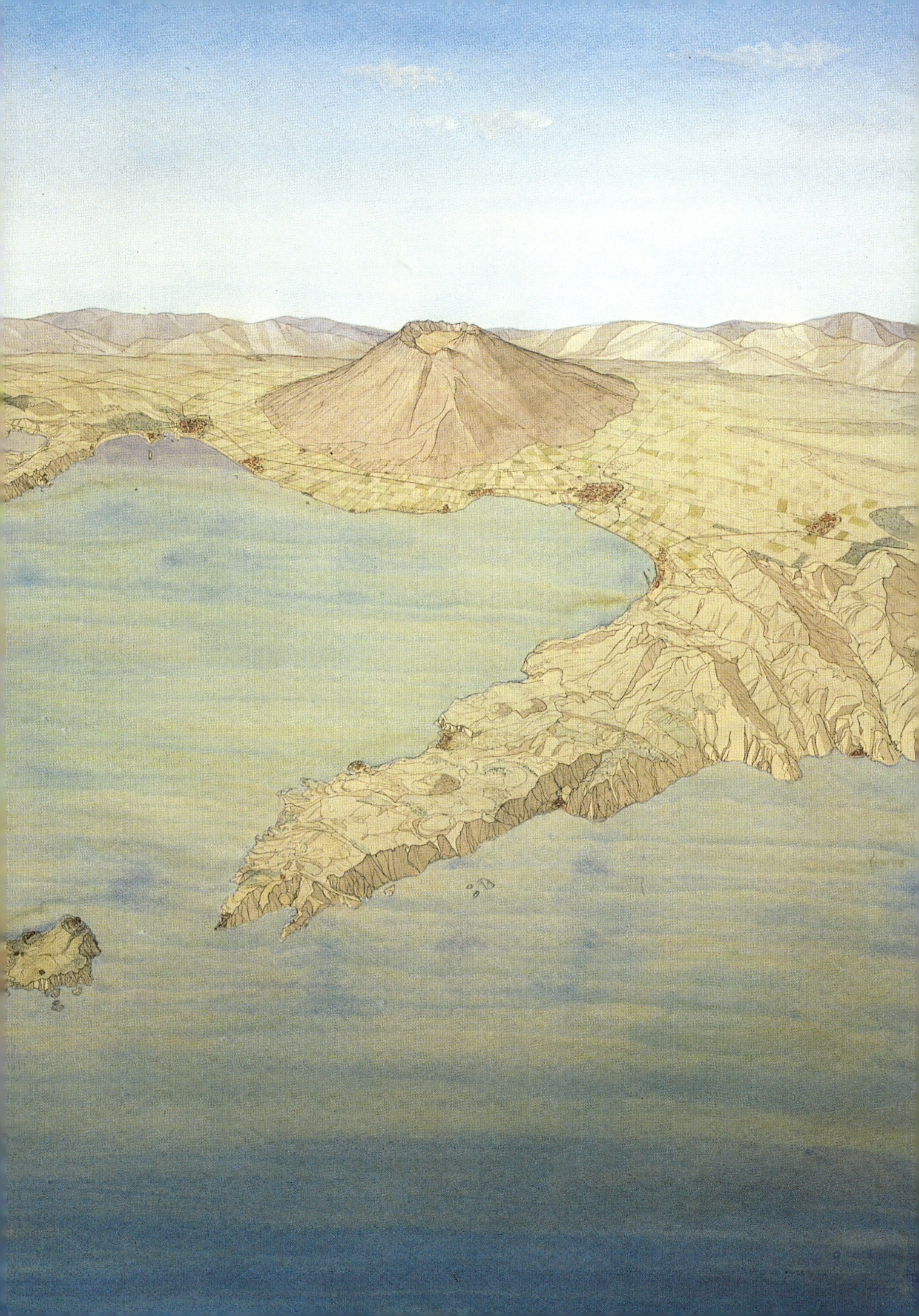

那不勒斯湾

那不勒斯湾（1世纪初）

1. 米塞努姆岬。内战后奥古斯都在这里建造了大型军港。1世纪，米塞努姆的海军提督老普林尼在维苏威火山爆发时，想救助庞贝城的人们，最后在当地丧生。
2. 巴亚。在罗马帝国相当受欢迎的疗养胜地。恺撒、庞培、西塞罗等著名人物都曾来这里旅行，或是拥有别墅。奥古斯都把别墅当作皇宫，多次增建浴场的建筑物，整修得更美。巴亚是最早将疗养和享乐（日光浴室和娱乐厅）集于一身的温泉都市。
3. 波左利。地中海最大的商港之一。
4. 阿韦尔诺湖。在旧火山口积水而成的火山湖。
5. 库迈。建立于公元前8世纪的城市，当时是位于意大利的希腊前哨基地。在地质柔软的岩山内，挖掘出地下通道。依照屋大维命令最早挖掘的隧道，可通往阿韦尔诺湖，军队可迅速地移动到湖岸的大港，且以运河与卢克里诺湖、海洋相通。
6. 那不勒斯（拉丁文 Neapolis，意即"新的城市"）。为了巩固对那不勒斯湾的控制，由库迈人建立。那不勒斯展现了希腊化文化的成果，当时是座知性城市。
7. 赫库兰尼姆古城。
8. 庞贝城。有3座城市（庞贝、斯塔比埃、赫库兰尼姆）与许多别墅，在公元79年8月24日，完全遭到维苏威火山爆发喷出的火山灰与熔岩淹没。虽是悲惨的事件，这几座城市也为考古学与历史研究，提供了独一无二的宝库，具有珍贵的参考价值。
9. 女海妖塞壬的圣域。传说中坎帕内拉岬角的尖端，正是史诗《奥德赛》中奥德修斯遇到塞壬一幕的故事背景。卡普里岛与对岸的那不勒斯湾入口，自希腊古风时期以来，就存在着雅典娜的圣域。
10. 卡普里岛。提比略皇帝拥有整座岛屿，统治期最后10余年，他都隐居在这座岛上。

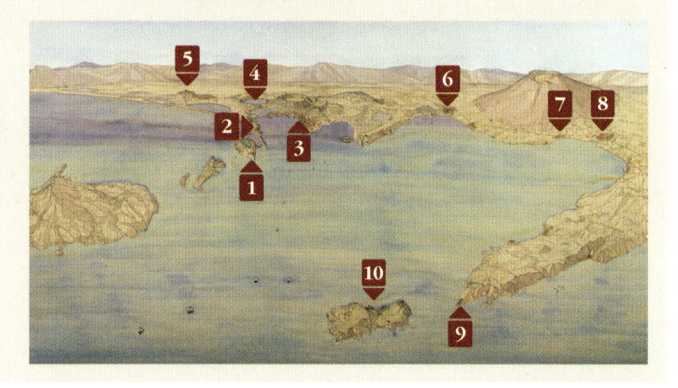

赫库兰尼姆古城与庞贝变得很有名，使那不勒斯湾的其他遗迹没那么受到注目。旅行者的视线都集中在考古学上最独特的两座城市。不过除此之外，还有很多精彩的遗迹，或许就作为第二次旅行的目的地。那不勒斯湾是皇帝们的疗养地，也是帝国主要的港口、文化城市、产业中心地带，在壮美的风景中，帝国各式各样的活动汇集于此。而且这个得天独厚的地方，很久以前就吸引了许多人。

由于经历无数次的火山活动，不容易看出从旧石器时代到新石器时代人们居住的痕迹。但是拜火山之赐，有一个村落悄悄地被保存下来——在诺拉（Nola）发现该村落的3座茅屋。那是青铜器时代的庞贝民居，可追溯到公元前1800年，因为火山灰而形成化石。

迈锡尼人从公元前770年开始频繁地造访这一带，那不勒斯湾由此登上了历史舞台。在利兰丁战争之后，希腊人在伊斯基亚岛建立贸易据点。而希腊人真正定居于此，要从奠基库迈开始算起，而这座城市也在公元前6—前5世纪进入极盛时期。通过贸易与战争，与卡普亚的伊特鲁里亚人接触，那不勒斯湾的城市成为地中海文化交流的场所。公元前421年，意大利中部的萨谟奈人夺下库迈，在当地定居。公元前338年，在高卢斯山之战中，萨谟奈人被罗马人击败。接下来数个世纪，受罗马支配并且开始罗马化。只有在汉尼拔攻入意大利半岛时，才中断罗马的统治。汉尼拔成功集结了渴望从罗马的束缚中解脱的卡普亚居民。

这段历史暴露出坎帕尼亚地区的军事弱点，直接威胁到罗马。作为对策，罗马共和时代建立了三个殖民市——沃尔图努姆（Volturnum）、利特尔努姆（Liternum）、波左利（Puteoli）——作为对策。恺撒与庞培之间的战争，验证了那不勒斯湾在战略上的重要性，以及于此建设军港、让舰队停泊的必要。因为罗马和平时期与地中海地区建立起的贸易自由，确立了那不勒斯湾沿岸城市的优势。由于风光明媚而且有温泉，这个地区是罗马的名人最喜爱的疗养胜地。随着4、5世纪的社会危机，加上火山活动频繁，那不勒斯地区渐渐衰退。不可思议的是，西罗马帝国最后一位皇帝罗慕路斯·奥古斯都正是逃到米塞努姆，并且在当地死去。

普特奥利（波左利）

波左利在公元前6世纪以迪凯阿尔奇亚（Dikaearchia）之名创建，公元前338年以普特奥利（Puteoli）的名字与罗马合并，将竞争对手那不勒斯抛在脑后，一跃成为罗马最大的港口。在提洛岛陷落后，波左利一手掌握与近东的交易。在克劳狄一世皇帝统治时期，虽然因为奥斯提亚的建立，瓜分部分贸易活动，但波左利仍是坎帕尼亚地区最大的港口。63年尼禄皇帝将波左利升格为殖民市，之后城市的建设不断。

当地的地势充满高低起伏，为了保留城市创建时的街景，街道呈现不规则的状态，有别于其他一口气建立的港湾城市，如亚历山大港或罗马帝国时代的迦太基。在街区底下有许多穹顶的储水槽，用来提供浴场与公共给水所的用水。在左侧较高的地区（现在的里奥内泰拉），有着奥古斯都时代建设的卡皮托林三神殿。

波左利在罗马帝国时期致力于港湾事业，人们视之为"通往近东的大门"。富裕的商人工会支配着带来财富的东方贸易。在海岸坚固的防波堤内侧，有鱼类与牡蛎的养殖场。由于从埃及与非洲运送谷物与带有异国风的物产的大型船只无法直接靠岸，所以要借由小船频繁地往来卸货。在波左利港的入口筑有大型防波堤，栈桥建在方形的桥墩上，排列着轮状的石墩用来停泊船只。在防波堤上，有两座拱门雕刻着海马群拉着海神涅普顿的战车。以雕像装饰的两根圆柱标示着港口的入口，一根圆柱上装饰着女神伊西斯，亚力山大港的女神；另一根圆柱上则是波左利－亚历山大，这条罗马海上生命线的线路图。

波左利（2世纪）

1. 大防波堤。一种像桥的建造物，长度超过100米，稍微有点弧度。有两根大圆柱与两座凯旋门，防波堤的前端如同船首。
2. 涅普顿的柱廊。中央有道路的长形建筑物，道路两侧排列着圆柱，两端有大型拱门。据推测是通往防波堤的通道。
3. 卡皮托林三神殿。
4. 存放进口商品的仓库群（horrea）。根据奥斯提亚港的仓库绘制复原图。与奥斯提亚相同，沿着码头并列着许多仓库，根据推测，部分仓库周围有附柱廊的庭院。
5. 大码头。可让船只横向停泊卸货。
6. 市场。罗马帝国最大的市场之一（58米×78米）。两层建筑物，铺着大理石板的中庭，被由36根花岗岩圆柱支撑的柱廊所环绕。柱廊之上，有贩卖食品和各式杂货的店铺。庭院中央建着圆形的凉亭，内有泉水池并装饰有荣耀雕像，在谈话室的左右两端，是大型的公共厕所。
7. 大圆柱。从许多古代港口的图像来看，码头都建有这种圆柱。
8. 位于丘陵之上可俯瞰港口的大浴场。覆盖着屋顶的主要浴场面朝大海，另一侧是有冷水池的大角力场。
9. 波左利的运动竞技场（现仍存在）。长260米、宽65米，在罗马帝国西部少有这类建筑物。运动竞技场的存在与规模大小，显示出这座城市与希腊世界及近东（在那里，这种竞技场有着显著发展）之间的关系。
10. 尤里乌斯港口（Portus Julius）地区，境内有面向海洋的卢克里诺湖。除了具有港口的功能，也在广大的水域进行养殖。
11. 阿韦尔诺湖。
12. 由鳞次栉比的浴场与别墅围绕的入海港口。在左边耸立的丘陵上，有哈德良皇帝临终前住的别墅。
13. 富萨罗湖。左边邻近米塞努斯地方，右边与库迈地方为邻。
14. 库迈的卫城。耸立着卡皮托林三神殿，可俯瞰城市坐落的旷野。

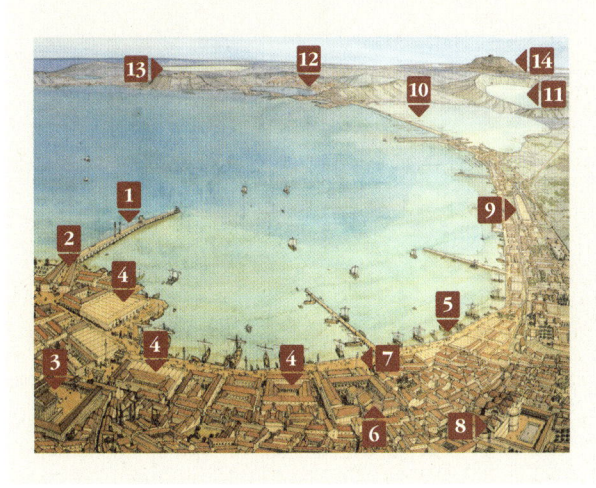

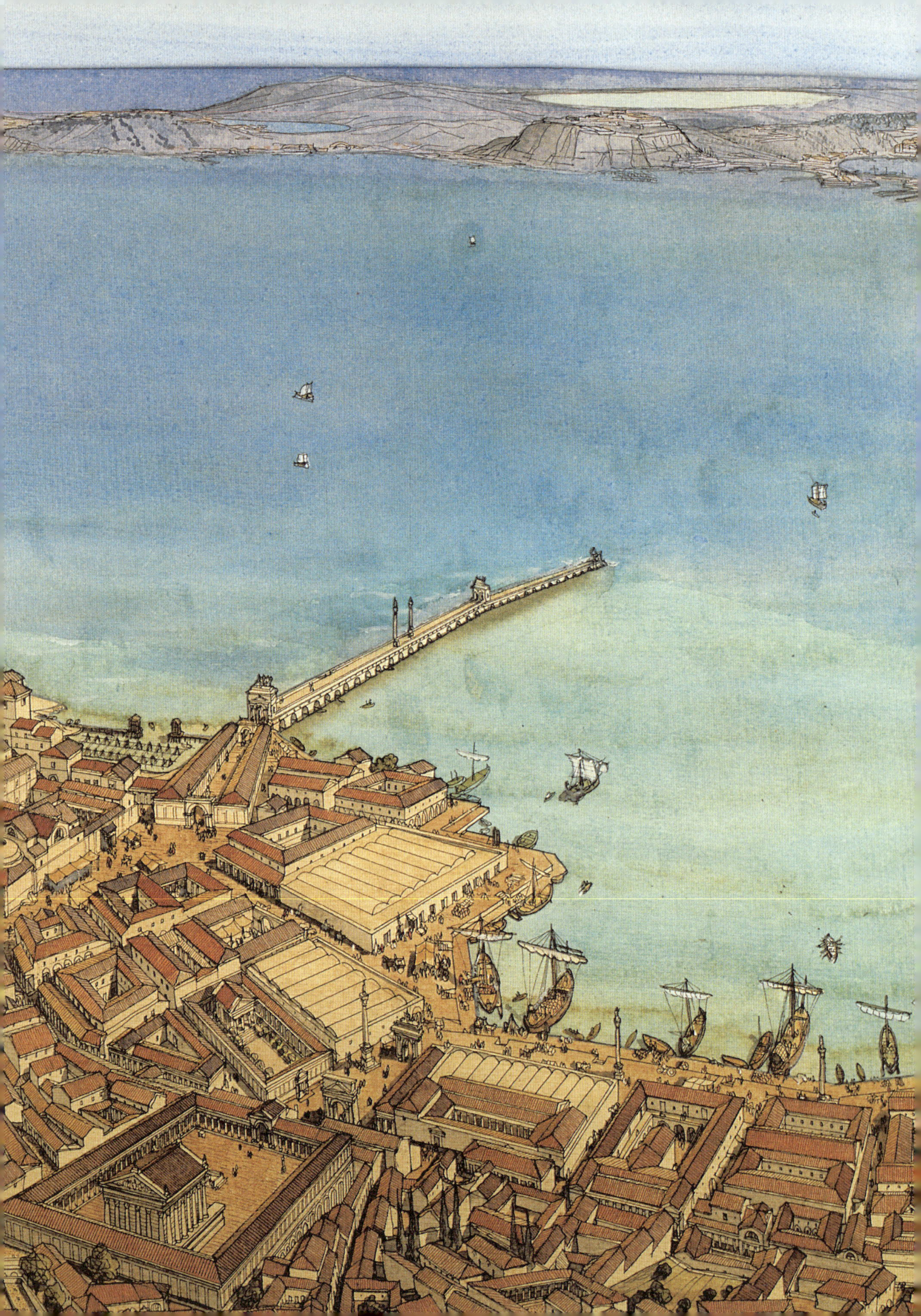

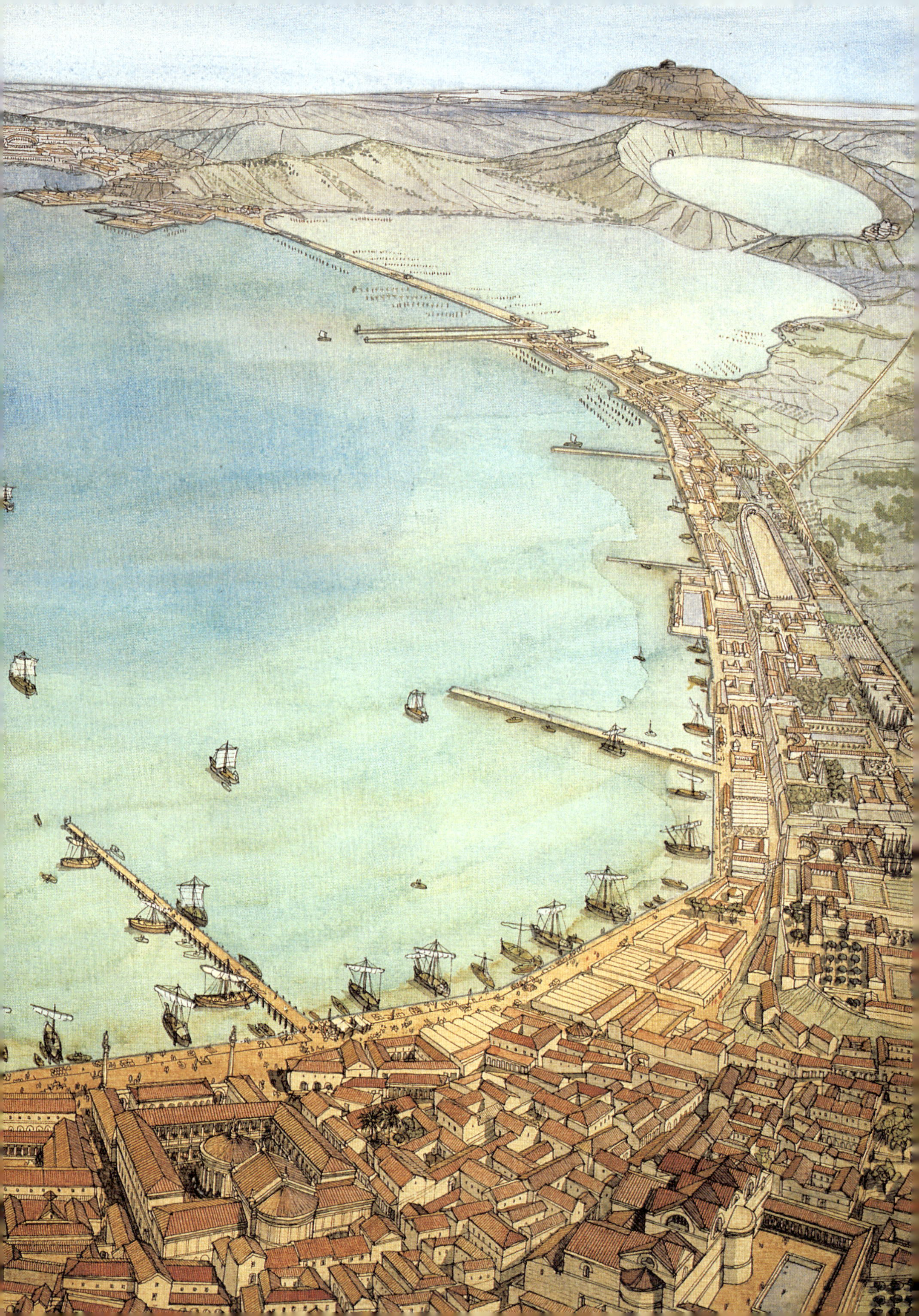

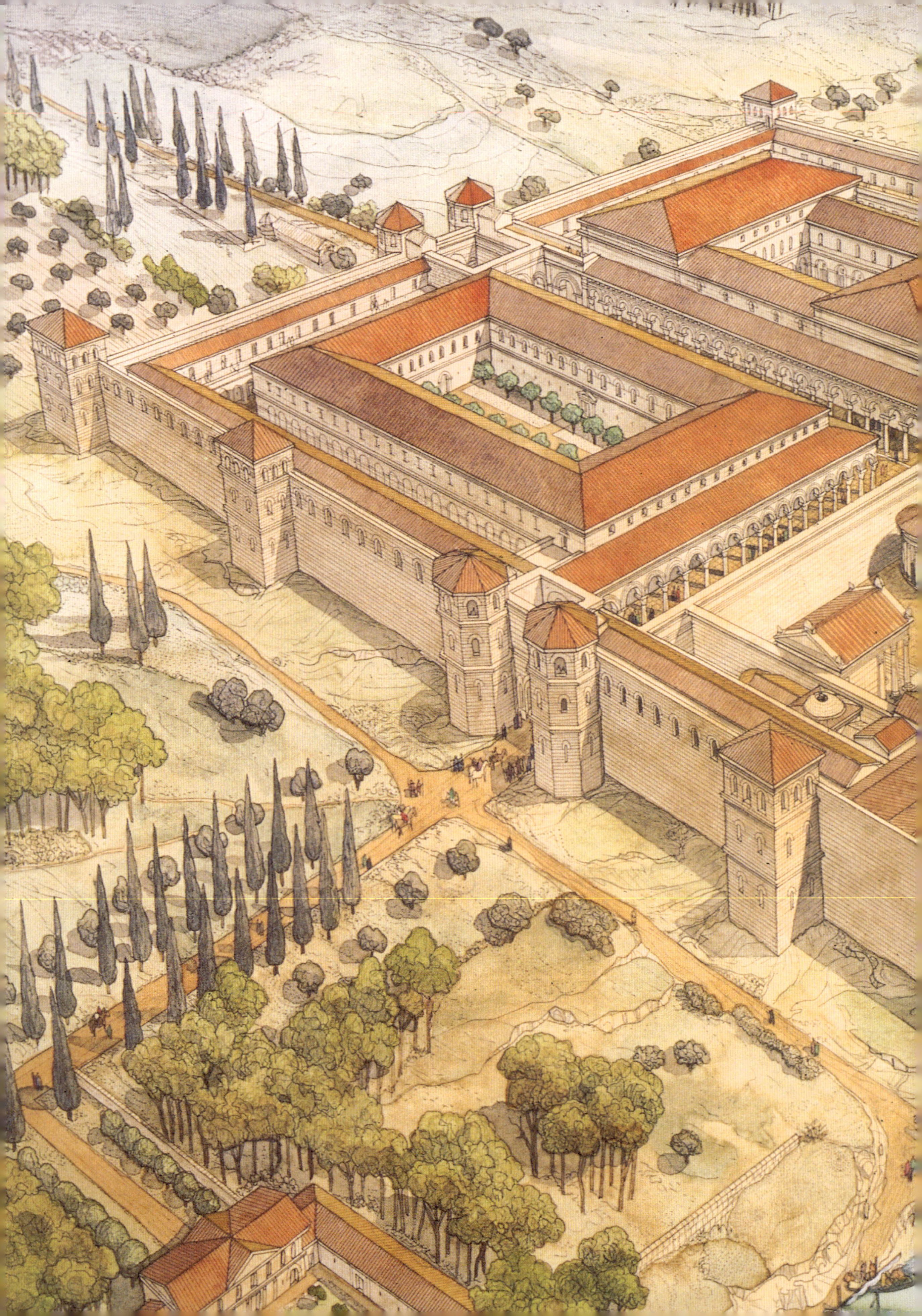

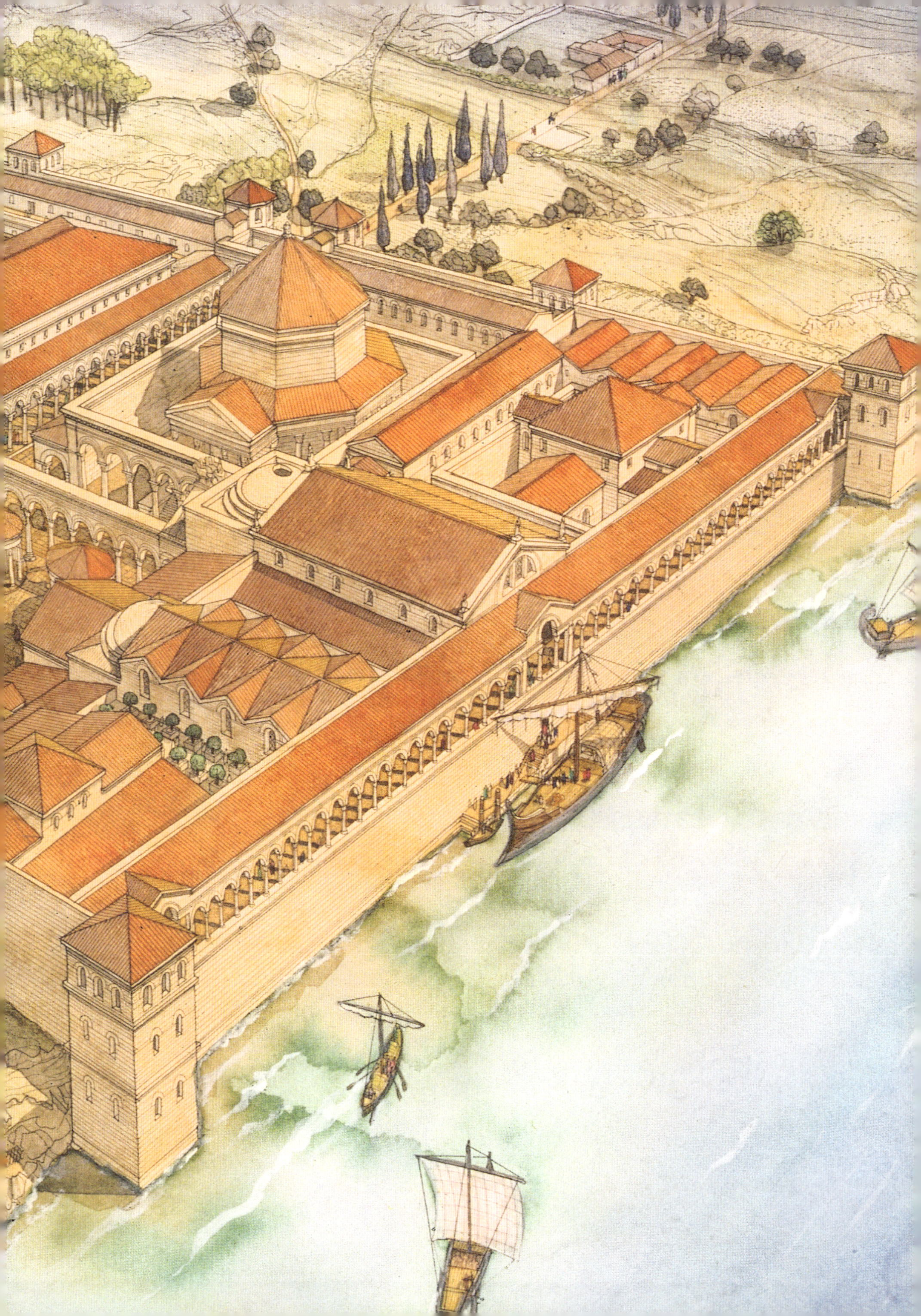

斯普利特，戴克里先宫殿（克罗地亚）

这座大宅邸，作为戴克里先皇帝退位（305 年）后的"隐居之地"，从 295 年起便开始在伊利里亚的岸边建设。这座建筑与其说是宫殿，不如说更像是军队屯驻地。这栋建筑的特色反映出时代的不安定。宅邸位于海岸，外墙围绕着 216 米 ×180 米的土地。

在外墙的 4 个角落有方形的棱堡。在面向陆地 3 面外墙的中央，各设有 1 座门，合计共有 3 座门，在每座门的两侧建有八角形的塔。两个长边另外还设有两座方形的塔。另外，面海城墙上方的回廊，建造成壮观的柱廊。在宫殿内有两条建有拱廊的大道（东西干道与南北干道）垂直交叉，将宫殿整体的区域分成 4 个区块。根据推测，北方的两个区块是军营与行政单位，南方的两个区块是宫殿的居住区。在主要干道以南，包括以下区域：

- 廊柱庭院。由连拱廊形成的一小段路，其西侧通往一座小神庙，东侧则是八边形的皇帝陵墓。
- 有穹顶的大玄关。
- 沿着南侧房间有长走廊通向长方形的厅堂。西侧是附半圆形后殿的巴西利卡会堂，据推测应该是皇帝宝座所在之处。

斯普利特（4 世纪）

象征着寻求退隐生活的皇帝之梦。不同于哈德良皇帝稍早之前建立的别墅，防卫体系已成为必要，这也反映出当时的动荡。

1. 宫殿四周有着厚度超过 2 米的城墙。
2. 从铁之门（Porta Ferrea）到银之门（Porta Argentea），由贯通宫殿的东西干道连接。
3. 通往南北干道的金之门（Porta Aurea）。
4. 皇帝的陵墓，建在八边形的高基坛上，内有镶嵌着马赛克艺术的穹顶与皇帝的棺木。
5. 穹顶玄关与通往宫殿居室的大厅。
6. 餐厅兼会客厅。
7. 有半圆形后殿的大厅。据推测应该是宝座所在地。
8. 私人居所。这里有许多房间，并相邻着小浴场。
9. 卡皮托林三神殿。
10. 铜之门（Porta Aenea），朝向海与小码头。
11. 圆形的小神殿。
12. 军营与行政机构。

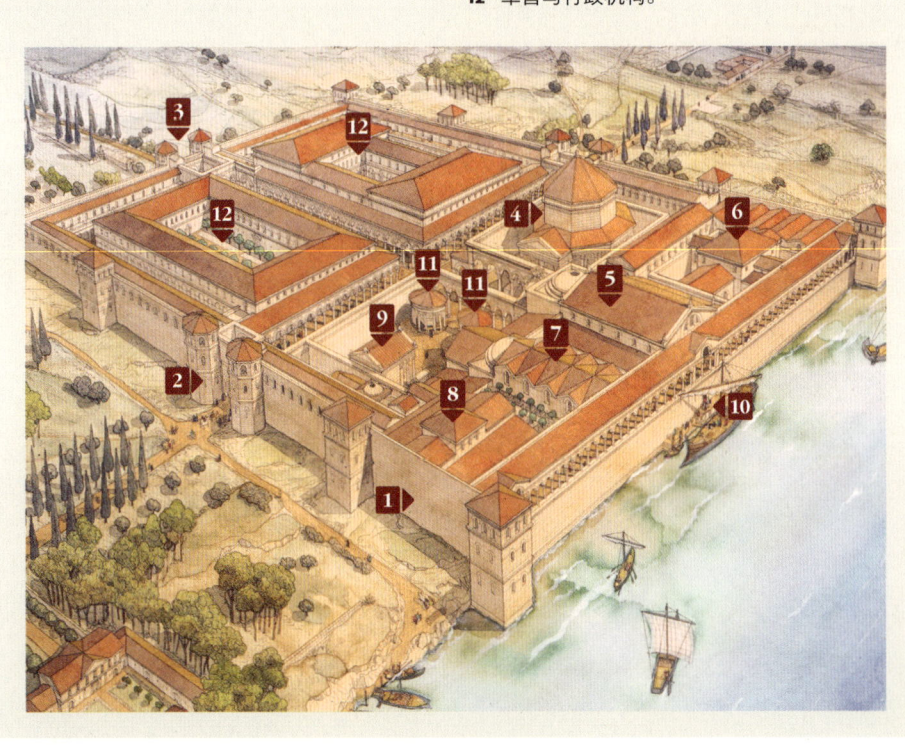

西班牙与葡萄牙

只要观察比尔比里斯，就能掌握中等规模西班牙城市的样貌。比尔比里斯位于可俯瞰哈罗讷河的险峻山丘之巅，地理位置相当独特。恺撒将比尔比里斯升格为自治市，1世纪前半叶，从奥古斯都与提比略统治时期开始，它有了显著的发展。城市由附塔楼的城墙围绕。中央有四边形的宽阔广场，广场四周有柱廊环绕着，坐落着大型神殿——有可能是卡皮托林三神殿。广场西侧是城市的巴西利卡，东侧建造着库里亚。在狭小山谷的低洼处，还有直径80米，可容纳6000人的剧场。这座城市的遗迹除了以上这些，还有一些大型的储水槽，并有完备的水道供水给公共建筑与住宅。由于地势太陡，当时先以挡土墙加固，再在填土的地基上建造住宅。

安普里亚斯（西班牙）

坐落在罗萨斯湾弗卢维亚河河口的小岛上，这样的天然优势，使得希腊人最早选择在这里居住。当爱奥尼亚人被波斯的居鲁士大帝征服后，公元前540年从福西亚避难的希腊人在这个岛上定居，建立了名叫旧市（Palaiopolis）的小型定居点。

当新的移民涌入，急需建设新的城镇，就是这个名叫恩波利翁（Emporion）的城市。考古学家为了与最早的定居点区分，称之为新市（Neapolis）。在两个城市之间，发展出浅水港（现已完全被泥沙埋没）。这座城市的名字"Emporion"（编者注：希腊语中"商港"的意思）也充分体现了其活跃的商业活动。它被坚固的城墙围绕，内有许多不规则的街道与小的房屋，应该可以完整发掘出来。自公元前3世纪安普里亚斯与罗马结为同盟后，首先是公元前218年，大西庇阿与汉尼拔之战，接下来是公元前195年，老加图登上这座岛。内战引起的混乱期，最后以恺撒于蒙达战役击败庞培的支持者，并在这里建立退伍军人的殖民市而告终。公元前45年，新的城市建造完成，依照罗马风格称为恩波利亚（Emporiae）。

这座城市由大块的石材筑起6层基础并被混凝土的城墙围绕。新的城市规划是由垂直交叉的道路规律地连成道路网，在东西干道与南北干道交叉的地方形成广场。城市于2世纪达到极盛，不过与巴塞罗那或塔拉戈纳不同，这座城市后来并没有重建。

城市废墟后来无人居住，由于原本的希腊城市与罗马城市并存，所以从这片土地可以了解安普里亚斯的城市变迁。

安普里亚斯（2世纪）

在原有的希腊城市增建罗马城市，由于两者没有重叠，所以两种城市风格并存。

1. 希腊城市（Neapolis）与罗马城市共存。希腊城市始于公元前3—前2世纪，由坚固的城墙围绕，墙上设有瞭望塔。
2. 圣域的围墙。内有医神阿斯克勒庇奥斯的神殿，以及推测为祭祀健康女神许癸厄亚的神殿。
3. 塞拉皮斯神殿，柱廊环绕的圣域。
4. 广场。
5. 由筑有防御工事的长防波堤守卫的港口。
6. 旧市。在新市建设以前，是希腊人最早居住的居民点，建有祭祀以弗所的阿耳忒弥斯神殿。
7. 罗马城市的卡皮托林三神殿。坐落于城市广场（68米×63米）之上，在主神殿的两侧有一系列小神殿，祭祀着女神与封为神的皇帝。广场壮丽的入口位于南北干道的前端，两侧排列着商店。
8. 罗马城市的城墙，圈住700米×300米的空间。
9. 有列柱廊的罗马宅邸，已完全发掘出土。
10. 圆形竞技场（长93米）。狭长的竞技场被狭窄的矮小墙壁所环绕，据推测墙壁是用来支撑木造的观众席的。
11. 用于体育锻炼的大角力场。
12. 市场。
13. 弗卢维亚河河口与湿地地带。
14. 公共墓地。

塔拉科（西班牙，塔拉戈纳）

根据老普林尼的说法，塔拉戈纳由西庇阿一族创建。根据实际的考古学调查，城墙最古老的部分的确属于那个时代，证实塔拉戈纳是伊比利亚半岛最早建立罗马要塞的地点。要塞在公元前2世纪扩张，塔拉戈纳也成为战略上的重要港口。在恺撒的时代升格为罗马的殖民市，奥古斯都对行省与行政体系进行重组后，在公元前

塔拉戈纳（前2世纪）

广场与战车竞技场的独特结合。

1. 塔拉戈纳的城墙与塔楼，是在罗马刚开始将势力延伸到西班牙时建造的。以大石块不规则地堆成"大力神式"[1]的城墙，有一部分可追溯到公元前3世纪。
2. 为了崇奉皇帝而建的大神殿。在同一个位置，现在坐落着塔拉戈纳大教堂。
3. 行省的广场（230米×140米）。由宽15米的宽广柱廊围绕，刻有华丽的装饰。同时，应有许多雕像装饰着广场。由于广场整体具有纪念建筑性质，根据推测，在广场与神殿广场之间，除了有衔接高低落差的大阶梯，应该还有凯旋门。
4. 举行战车竞技的竞技场（315米×115米）。由于与广场相连，所以战车竞技场位于城市正中央，这与一般的情形不同。这座战车竞技场可能还会举行各种公共活动。在轴线上，应该还建有神殿外观的皇帝包厢。或许是因为受限于建设用地的面积，战车竞技场的长度比较短，有弧度的一端形状并不完整。分隔岛（包括分隔跑道的地带与上面的各种建造物，有12辆战车会沿着分隔岛绕行7圈）尚未发掘出土，复原图是根据巴塞罗那马赛克镶嵌画描绘的景象完成的。在图密善皇帝统治期间完工的这座竞技场，据推测可容纳2.3万名观众。

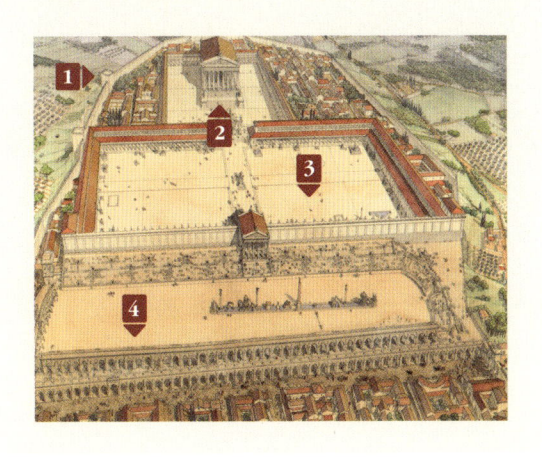

27年将这里定为近西班牙行省（Hispanie Citérieure）的省会。这时城市的各种景观建筑显著发展，行省的大广场与剧场已建造完成，不过实际上建设工程一直持续到1世纪下半叶。

163

奥古斯塔·埃梅里塔

（西班牙，梅里达）

公元前 25 年，奥古斯都为第五军团与第十军团的退伍军人所创建的殖民城市。从此以后，这里叫作埃梅里塔（Emerita），意思是"退伍军人的城市"。为了向伟大的缔造者表示敬意，所以加上皇帝本身的尊称"Augusta"（至尊的）。后来这个地方成为卢西塔尼亚省通往各地的交通枢纽，包括伊比利亚半岛北方的坎塔布里亚地方、南方的倍提卡省、西方的欧利西波（Olisippo，现在的里斯本）。这座交通十分便利的城市，也是瓜地亚纳河与其支流阿尔巴雷加斯河汇流的地方。

奥古斯塔·埃梅里塔是伊比利亚半岛规模最大的罗马遗迹。城墙［1］部分现仍存在且整体仍可辨识。这座由高墙环绕的城市，长约 1500 米、宽 750 米，整体呈不规则形状。城市的两条主要干道：东西干道［2］与南北干道［3］直角交叉，大道前端是城市主要的入口，有半圆形的塔楼守护。通往城市南方的入口，有长 750 米、宽 7 米、高 8 米的桥［4］。它是目前已知规模最大、保存状态最好的罗马石桥之一，只有几道拱经过修复。不仅如此，这座桥一直维持使用。能够承受丰水期激烈的水流，可见造桥技术优异。整座桥有大约 60 个桥拱，它们稳稳地架在桥墩上，桥墩的分水尖向着水流的方向，桥中央的部分安稳地架在岛上，岛上由挡土墙筑起的前端尖顶建筑，如同分水尖一般，同时也改变了岛的轮廓。

城市整体的构造与建筑物的构造都已确知。城里有由两个部分组成的论坛广场。边长 84 米的正方形广场［5］，是模仿奥古斯都时代的科林斯柱式的建筑建造而成。紧邻着这座广场的南边，则是 160 米×24 米的长方形广场［6］，其上坐落着奥古斯都时代建立的科林斯柱式的围柱神殿。这座神殿经常被称为"狄安娜神殿"。论坛广场后方有城市的公共浴场。奥古斯塔·埃梅里塔作为卢西塔尼亚的首府，有行省论坛广场［7］作为第二个论坛广场。其中的主神殿保存状态不佳，但是可以从图拉真凯旋门的东侧进入。

城市里有许多宣扬国威的建造物，剧场、圆形竞技场、战车竞技场都保存了下来。公元前 16 年或前 15 年完工的剧场［8］，由奥古斯都的女婿马尔库斯·阿格里帕下令建造，之后在图密善皇帝与安敦尼·庇乌斯皇帝统治期间整修得更美。背靠天然斜坡的大型阶梯型座位，以当地的花岗岩建成。这座建筑物可容纳 5500 人，直径 87 米，合唱队席的直径是 17 米。舞台墙壁装饰着经过神化的皇帝一族的人像，有两层科林斯柱式的圆柱排列着。后方是由大型柱廊环绕的庭院，庭院的中轴线上建有崇奉皇帝的礼拜堂。剧场旁是圆形竞技场［9］。这是罗马文化圈保存状态最好的圆形竞技场之一，建造于公元前 8 年，1 世纪末的弗拉维王朝对其进行了修葺。这座坚固的建筑物，其墙壁结构是在格子结构中填土和

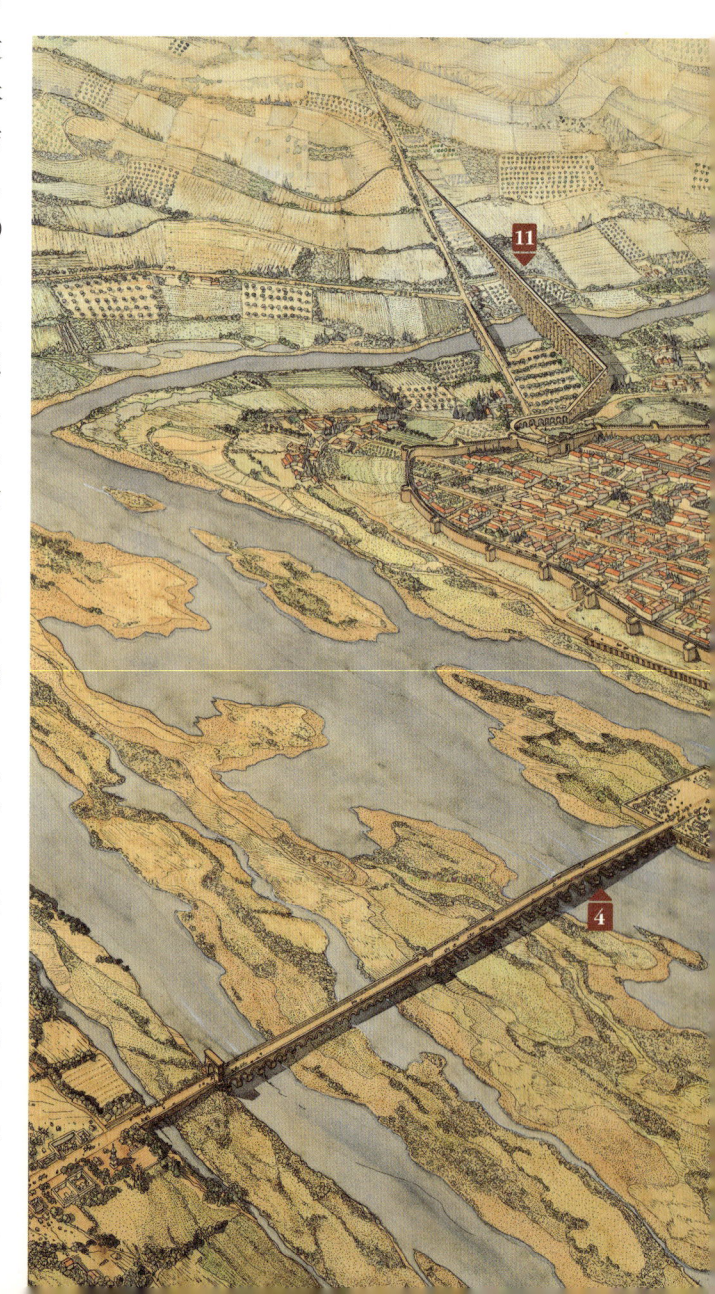

碎石，并灌注以砂浆，外表则覆盖着花岗岩石板，126 米×103 米，可容纳大约 1.5 万人。其中央 64 米×41 米的沉降部分为竞技区域，可以举行水上的表演活动。在夏季特别干燥的当地，这样的表演活动可说是奢侈得惊人。这座圆形竞技场的北端有皇帝的包厢，下方建着礼拜堂，据推测祭祀着角斗士的主神涅墨西斯。战车竞技场［10］在圆形竞技场北边的不远处，可容纳 3 万名前来观赏战车竞技的观众。这座战车竞技场的营造时间可追溯至 1 世纪初，长 433 米、宽 114 米，内有 403 米×96 米的跑道。

凭借两座输水道，城市供水充分；许多地方还残留着输水道的遗迹。这两座输水道都是从水坝的人工湖引水。这些水坝后来都经过修复、整备，现在仍继续发挥作用。米拉格罗斯（Los Milagros）的输水道［11］长 5 千米，引来阿尔巴雷加斯河的水流，送达城市的西侧。圣拉萨罗（San Lazaro）的输水道［12］长度相同，引水到城市的东边，接近圆形竞技场。两座输水道都由 3 层的连拱廊构成。居民区的特征是规则的街道，有许多引人注目的住宅。譬如圆形竞技场之家（Casa d'el Anfiteatro），还有 2 世纪建造的米特雷奥之家（Casa d'el Mitreo），后者尤其以美丽的马赛克镶嵌艺术闻名。

奥古斯塔·埃梅里塔有许多遗迹，当地经常进行考古学调查，所以能画出这座城市完整的复原图。

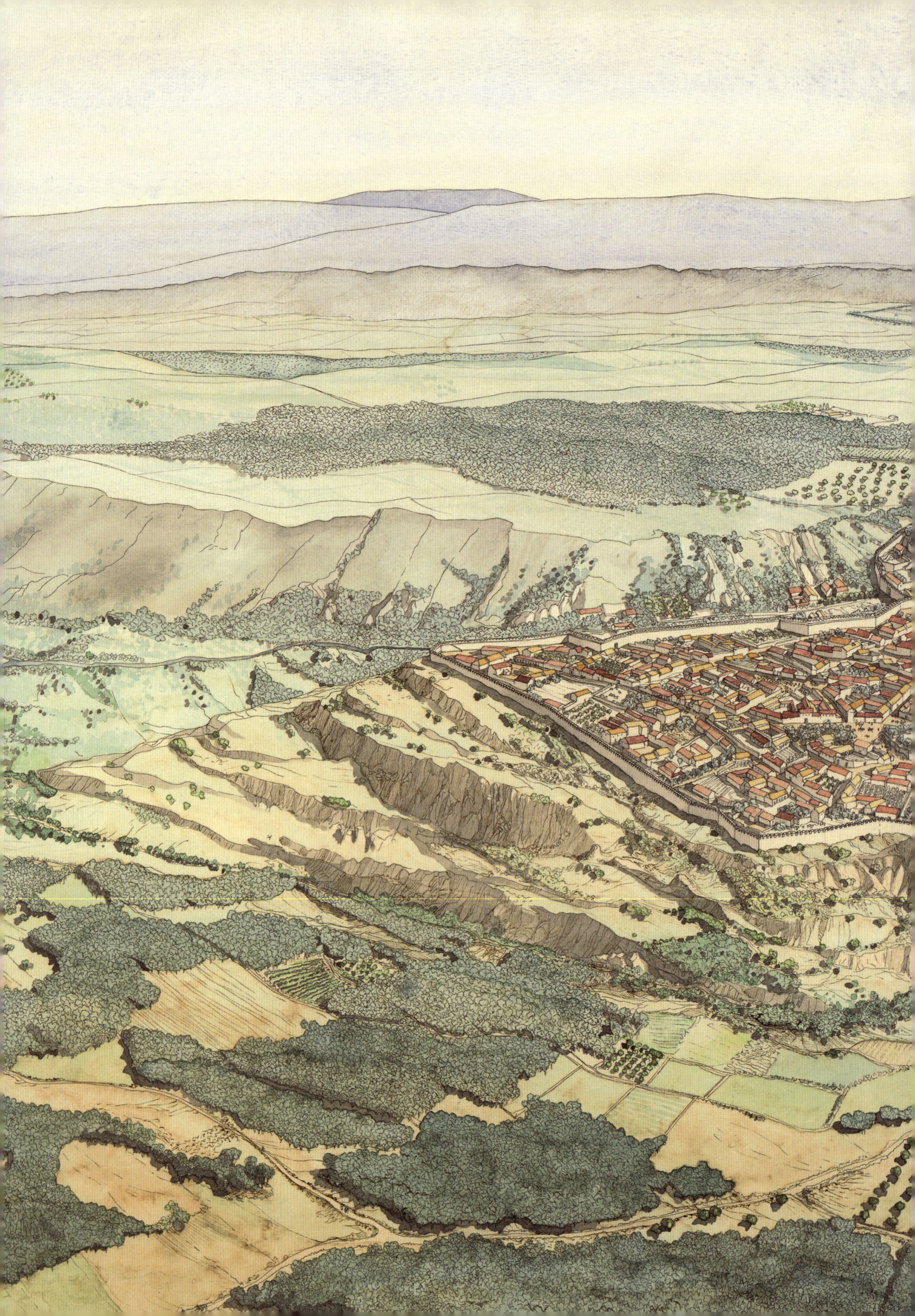

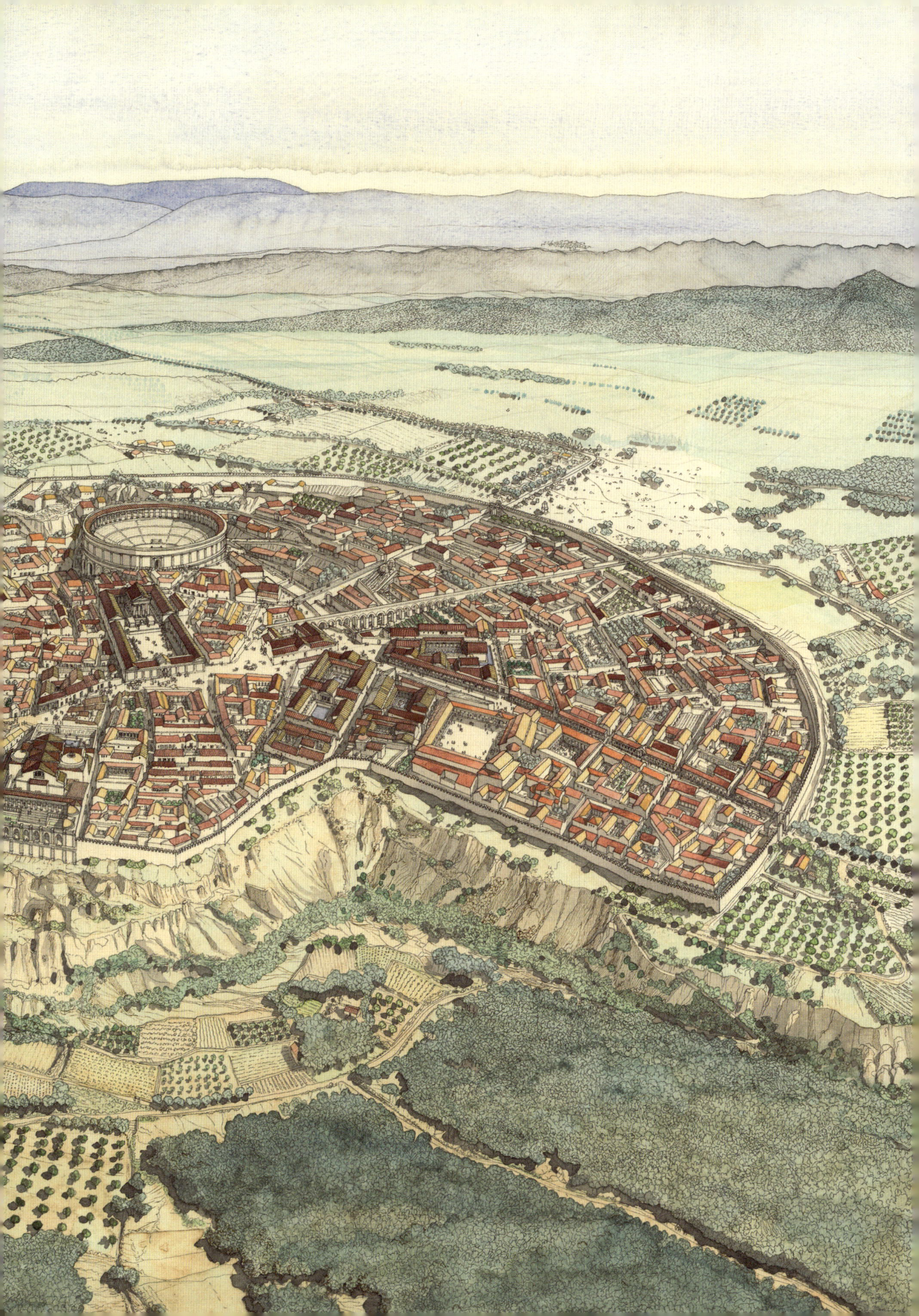

科英布拉（葡萄牙）

科英布拉是葡萄牙最大的城市遗迹，位于险峻的岩山突出部分，铁器时代已经有人居住。罗马化的城市建立后，首先在奥古斯都的时代有显著发展，到弗拉维王朝与图拉真皇帝统治期间，发生显著变化。本书根据2世纪时可能的面貌加以复原。

科英布拉有城墙围绕，城墙沿着岩山突出的部分延伸到台地边缘，直到两个小山谷附近，再绕回唯一可以进入城市的东侧山口。这里有通往东西主干道的主门。东西主干道首先贯穿城市的西部地区。那里有大型宅邸（有喷泉的房子等），当地漂亮的马赛克镶嵌地板保存至今。

罗马共和时代建有广场的地方，弗拉维王朝时期建设了新的建筑群。其建筑用地是一块95米×45米的规则四边形土地。建有45米×35米全部铺上石板的广场，三边围绕着宽8米的柱廊。在广场尽头，克劳狄一世时代建立的环绕着科林斯柱式圆柱的大神殿耸立在高高的基坛上。大神殿的中央是边长30米的正方形空间，三边围绕着支撑着地表列柱的隐廊（cryptoportique）。这座左右对称的纪念性建筑，是模仿罗马皇帝们的大神殿与梅里达的论坛广场而建的。

沿着东西主干道稍微前进，在奥古斯都大帝时代最早建立浴场的地方，可看到图拉真皇帝建造的大浴场。建筑用地是85米×45米的四边形，建有多处中央有屋顶的厅堂。入口旁是大型的庭院，中央设置着17米×10米的大型露天浴池。

在城市里，远离两侧峡谷的地方建着圆形竞技场，不过可容纳的观众人数不足5000。

由于受到地形上的限制，都市呈现独特的形状。尤其城市西半部虽然尽量规划得很整齐，但还是无法避免某种程度的歪斜，不得不改变东西主干道的走向。

科英布拉（2世纪）

位于帝国西侧的古罗马城市。

1·城墙。虽然是没有塔楼的简单城墙，但是完全围绕着岩山突出部分可居住的地方。

2·城市的主要入口。因为受限于地形，只能从这一侧进入城市。

3·由拱桥连接而成的输水道终点。从距水源不到10千米的地方，通过地下水路引水。

4·科英布拉的豪华住宅群。每栋房屋都有柱廊与马赛克镶嵌装饰的房间。庭院里配置的整齐花坛，都是根据精确的几何学建造的。

5·弗拉维王朝建立的大神殿，内有形状标准的长方形庭院。它建设于奥古斯都在位时的旧广场之上，曾经的神殿、巴西利卡被它取代。

6·图拉真皇帝在位时建立的浴场。远比奥古斯都统治期间同一地方建立的浴场豪华。

7·跟许多罗马城市一样，科英布拉也有举行角斗士比武的圆形竞技场，虽然可能也有剧场存在，不过还没有发现证据。

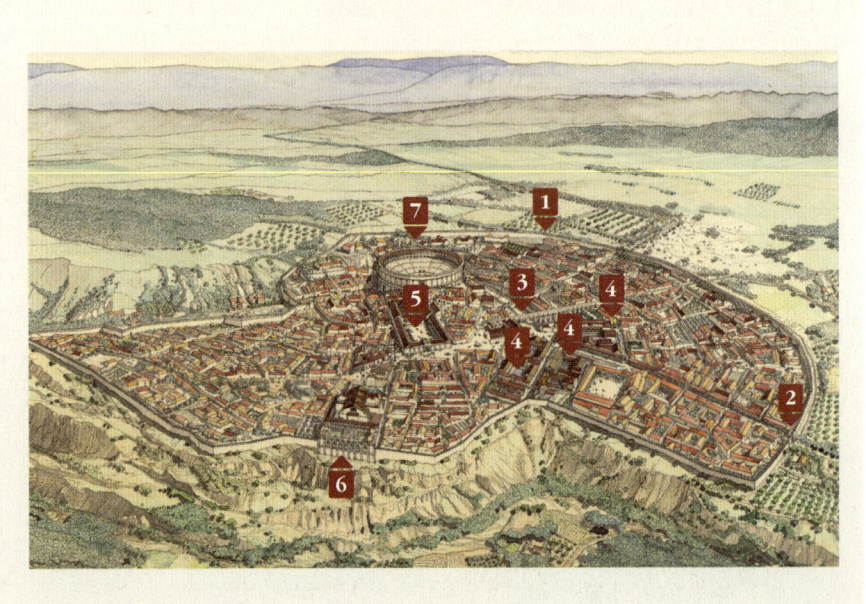

德国

在罗马占领的区域之外广布着森林，居住着难以征服的小型聚落。因此罗马始终无法将这些部分纳入其版图。古代的上日耳曼尼亚与下日耳曼尼亚只是现在德国西侧的一部分而已。在奥古斯都统治时期（公元9年）于条陶堡森林战役损失3个军团之后，罗马帝国无法将势力扩展到易北河。只能以绵延的界墙（limes）与要塞（屯驻地与监视塔）严密防卫过去获得的领土，到现在还可以看到许多当时留下的遗迹。

上日耳曼尼亚包括莱茵河两岸100千米左右的范围，再往南是现在瑞士的一部分，以及法国的弗朗什-孔泰大区。美因茨（当时称为"莫贡提亚库姆"，Mogontiacum）是上日耳曼尼亚最大的城市。

下日耳曼尼亚位于波恩以北，延伸到莱茵河口，以及现在荷兰的一部分。位于克桑腾，包括维特拉要塞与特莱亚纳（Colonia Ulpia Traiana）的遗迹，经过复原、整修及开放参观，现在已成为许多人探访的名胜。下日耳曼尼亚的主要城市是科隆。现在是德国少数城市遗迹之一的特里尔（奥古斯塔·特雷维罗伦，Augusta Treverorum，特雷维里族的首府），以前属于比利时高卢。

过去与帝国道路网紧密联结的日耳曼尼亚，在发展农业、手工业、金属加工业、制陶业、商业的基础上，于帝政前期经历过繁荣期。靠近古罗马界墙与重要屯驻地的地带，发展出像斯特拉斯堡（当时称为"阿让托莱特"，Argentorate）这类附属城市。在日耳曼尼亚，新建设的大城市街道规划整齐，建有广场、浴场、供民众娱乐的建筑物等，完全不输给罗马帝国其他最繁荣的城市。

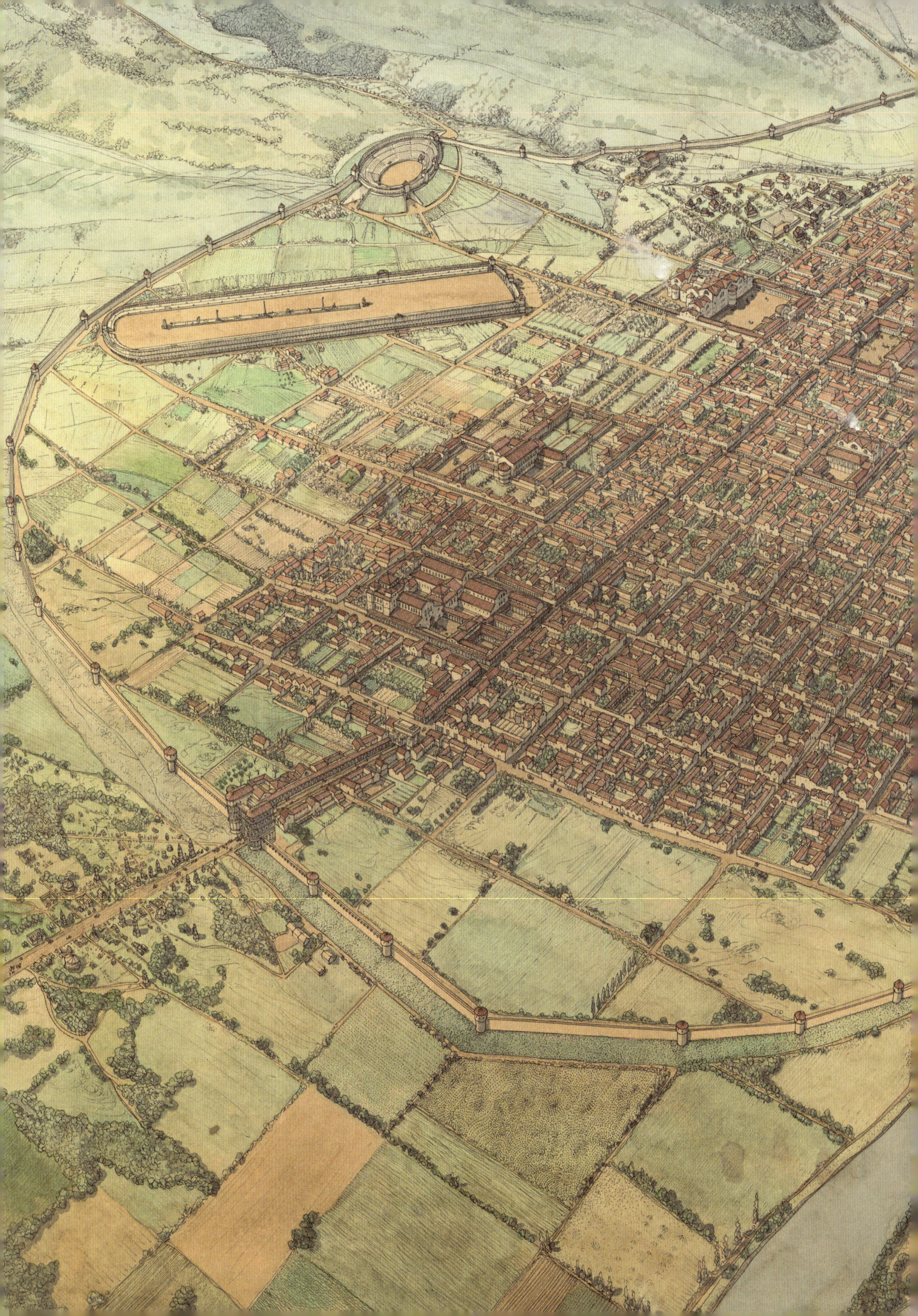

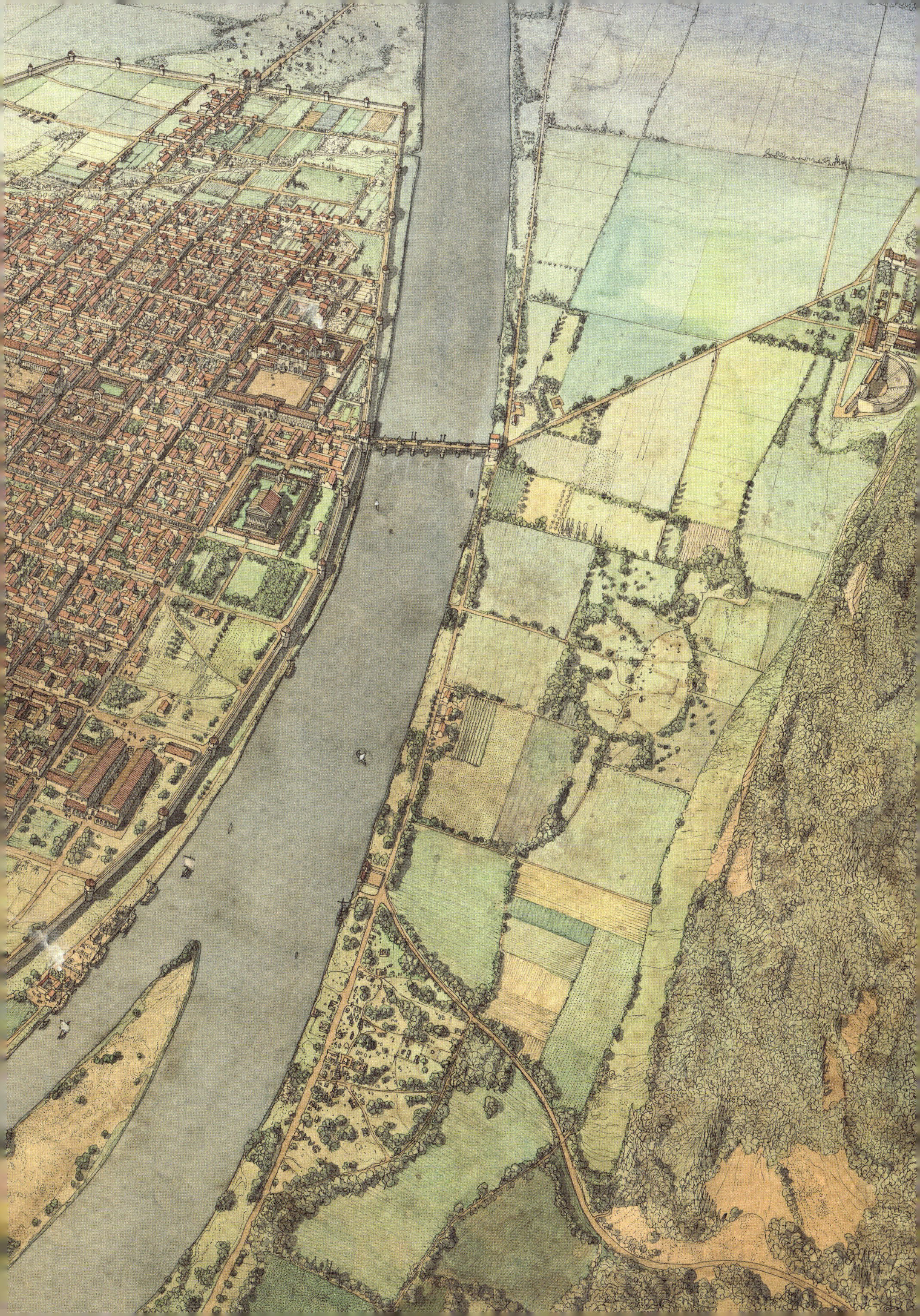

奥古斯塔·特雷维罗伦（特里尔）

作为罗马城市的特里尔在古代后期迈入鼎盛期。在恺撒征服高卢大约30年后，这座城市以奥古斯塔·特雷维罗伦（Augusta Treverorum，意为"特雷维里族的罗马皇帝城市"）为名被建立。特里尔位于通向高卢的道路与莱茵地方的干线道路交叉的地点。关于早期的建筑物我们所知不多，后来随着当地急速城市化，100年前后，石砌的建筑物由以红砖与灰泥填满木造骨架的房屋代替。2世纪时，芭芭拉浴场建造完成，在摩泽尔河架起新的桥梁，筑起城墙，将圆形竞技场纳入城市的范围。特里尔成为上下日耳曼尼亚的行省与比利时行省（Belgica）的首府。3世纪时，许多建筑物处于弃置的状态。在波斯杜穆斯（259—269年在位）与其后继者掌权的时代，特里尔成为皇帝居住的城市，这样的情形持续到274年。

286年以后，马克西米安皇帝（286—305在位）将这里作为根据地。在君士坦提乌斯·克罗鲁斯与君士坦丁大帝统治的时代，他们将荒废的建筑物重建，完成了皇宫的建筑工程，并建造了巴西利卡，兼具高卢行省政府与宫廷集会场所的功能，同时也是皇家浴场。君士坦丁大帝在现在的大圣堂周边，建立了最早的教会。后来再也没有像这次一样，以明确的目标实施大规模的城市建设。在4世纪下半叶，特里尔成为教区主教的正式驻地，所以迁入许多信仰基督教的居民。在帝政后期，罗马文化圈最具代表性的知识分子陆续来访，譬如诗人奥索尼乌斯。

特里尔（4世纪）

1. 摩泽尔河上的桥（"罗马桥"的桥面现在仍架在150年建造的玄武岩桥墩上）。
2. 广场（已消失）。
3. 牲畜市场浴场（Viehmarkt）。原先是建于2世纪初，用途不明的巨大建筑物，4世纪初改建为浴场。
4. 100年前后建设在摩泽尔河畔的神殿（祭祀的神不详）。
5. 芭芭拉浴场（2世纪时建设的巨大复合设施，现在只剩下1/3，是罗马帝国最大的浴场之一）。
6. 黑门（Porta Nigra）。建造于150年前后的城墙，至少设有5扇防御用的门，这是其中之一。（城墙长6.5千米，环绕的地域面积是2.85平方千米。）
7. 圆形竞技场。建于2世纪下半叶，可容纳约2万名观众。（竞技场有一部分阶梯席是挖掘丘陵的斜坡建成的。）
8. 建于公元2世纪的赫伦伯先神殿（Tempel am Herrenbrünnchen）。原本这座建于基坛上的神殿正面有6根圆柱，现在只剩下建筑物的基础。
9. 阿特巴克塔的圣域。从城市创建以来，聚集了75座人们信仰的众神小神殿。（除了祭拜罗马与凯尔特的诸神，已证实还包括密特拉教。）
10. 战车竞技场。据推测建于3世纪末。（竞技场曾留下珍贵的遗迹，现已消失。）
11. 皇帝浴场。建于3世纪末，属于皇宫的一部分。（在君士坦丁大帝统治时工程中断，到4世纪下半叶终于开始继续建造，这时建筑物的作用改变，成为展现皇帝权力的纪念性建筑物）。
12. 巴西利卡。完成于格拉提安皇帝（375—383年在位）统治期间。建筑物内部的装饰几乎已完全不见踪影，但是地面与墙壁的供暖系统很值得注意。（原先的建筑物只剩下西侧墙壁与北侧的半圆形后殿，除此之外都是19世纪重建的。）
13. 圣母教堂与主教座堂。这个地方原本在3世纪下半叶建有罗马建筑物。自从313年颁发《米兰敕令》以后，改建为基督教的巴西利卡，并且在1030年扩建成H型的建筑物。在西南侧门口前的"圣堂之石"（Domstein），是位于翼廊交叉部、破碎的古罗马时代花岗岩圆柱，这正说明5世纪时教会曾遭到破坏。
14. 保管国家粮食的仓库（horreum，由围墙环绕，对外设有一道门；建筑包括两栋两层楼的长方形仓库，以及一栋平房）。
15. 战神雷努斯'-马尔斯神殿（2世纪时，在上个世纪初的泉之圣域建造了雷努斯-马尔斯的神殿，在石椅与祭坛上，刻着献给雷努斯-马尔斯及其他副神的奉献碑文；剧场不确定是否经过重建，现在只剩下神殿的基坛）。

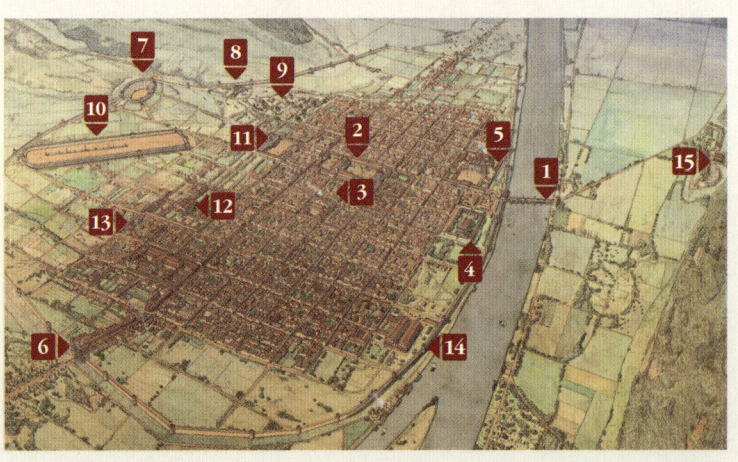

萨尔堡

萨尔堡（4 世纪）

1. 指挥部（请参照 175 页的说明）。
2. 指挥官营地。部队的指挥官与其参谋将校在这里生活、工作。与指挥部相同，由 4 栋围绕着中庭的建筑物构成。
3. 谷物储藏库。
4. 部队的兵舍。百人队一队住在两栋长形的木板屋，一间共同住屋（contubernium）可住 8 名士兵。
5. 在屯驻地西南隅，可容纳两队百人队的大型木板屋。
6. 厩舍。
7. 位于要塞东北角，将早先的小要塞浴室改装为工房。
8. 主门（porta praetoria）。朝向邻近区域的要塞巨大双拱门。（通往对面的 porta decumana 及侧面的两座门，各自都只有一条道路通向外面。）
9. 城墙。160 年前后建造的石砌建筑物。（城墙的内侧有以土固定的斜面。为了加强防护墙的效果，挖掘两道"V"字形的沟渠围绕着要塞。）
10. 大型的浴场复合设施（军人与一般民众皆可使用）。
11. 客栈。位于浴场旁边。
12. 古罗马住宅区（vicus）。建筑物呈现辅助聚落的特征，长方形建筑物大部分结构是木质，正面对着街道。住宅有两层，还有面向通道的地下储藏室和后院。许多区块拥有自己独立的水井。
13. 通往这个地区的中心地法兰克福－黑德恩海姆的道路。在南边，道路两侧有坟墓排列。
14. "商店"（以庭院为中心的大型建筑物，真正的用途尚不清楚，由于距离罗马帝国界墙的"边界哨站"及构成界墙的各类建筑很近，所以它可能是菜市场或室内市场）。
15. 通往界墙"边界哨站"的道路。也是罗马帝国与日耳曼尼亚通商的路线。

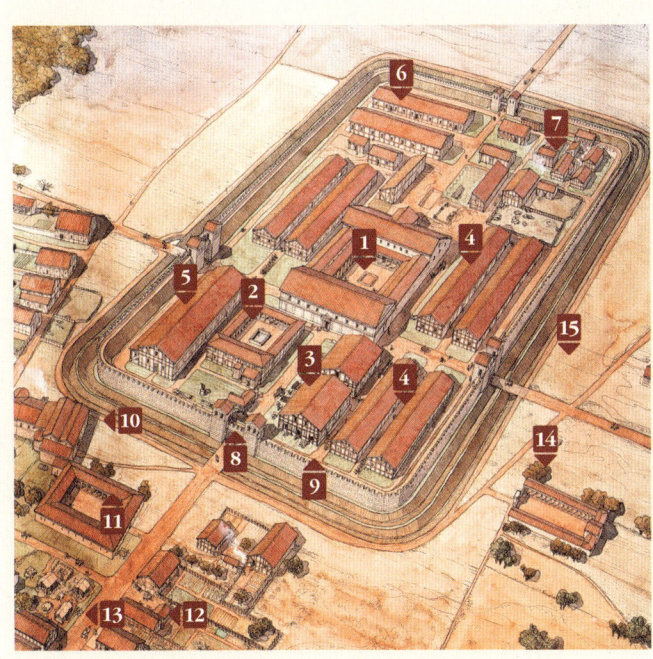

萨尔堡的要塞建于罗马帝国国界墙旁，坐落于穿越陶努斯山地的狭窄道路上，守护罗马边境近 160 年。在罗马帝国时代以前，这个地方已是从莱茵－美因平原到乌辛根盆地的交通据点。在图密善皇帝对哈提人的战争（83—85 年）后，首先在穿越山地的路径建立可容纳百人队（实际编制 80 人）的两座小要塞。由于士兵掌控了干线道路，所以能管理穿越国境的人员。90 年前后，在靠近要塞的地方，建立了木造的小要塞（占地 7000 平方米），由 150—200 人的守备队常驻。

135 年前后，萨尔堡的建设工程迎向最后阶段，建立了 3.2 万平方米的要塞，可安置一整队步兵队。步兵队包括一部分骑兵，以及 500—600 人的步兵。要塞原先是木造，2 世纪下半叶建造了好几座石砌的建筑物——尤其是城墙。2 世纪时在萨尔堡周边，发展出最多有 2000 名居民居住的大型住宅区（vicus）。在接近要塞大门的地方，有军人与一般民众都可以使用的浴场设施，附设住宿的地方与各种各样的礼拜所。在住宅区南侧，通往法兰克福－黑德恩海姆的道路两侧是墓地。在住户密集地，除了军人的家属之外，还有许多商人与工匠住在这里。他们不只从事与罗马军队相关的工作，也在罗马帝国以外的日耳曼尼亚全境，频繁地进行商品交易以获取利益。

3 世纪，日耳曼人的入侵对要塞与住宅区的平稳生活造成威胁。260 年前后，罗马人放弃界墙的古老防卫线，将国界退到以莱茵河与多瑙河。萨尔堡的要塞与住宅区化为废墟，居民则迁移到莱茵河左岸。

173

174

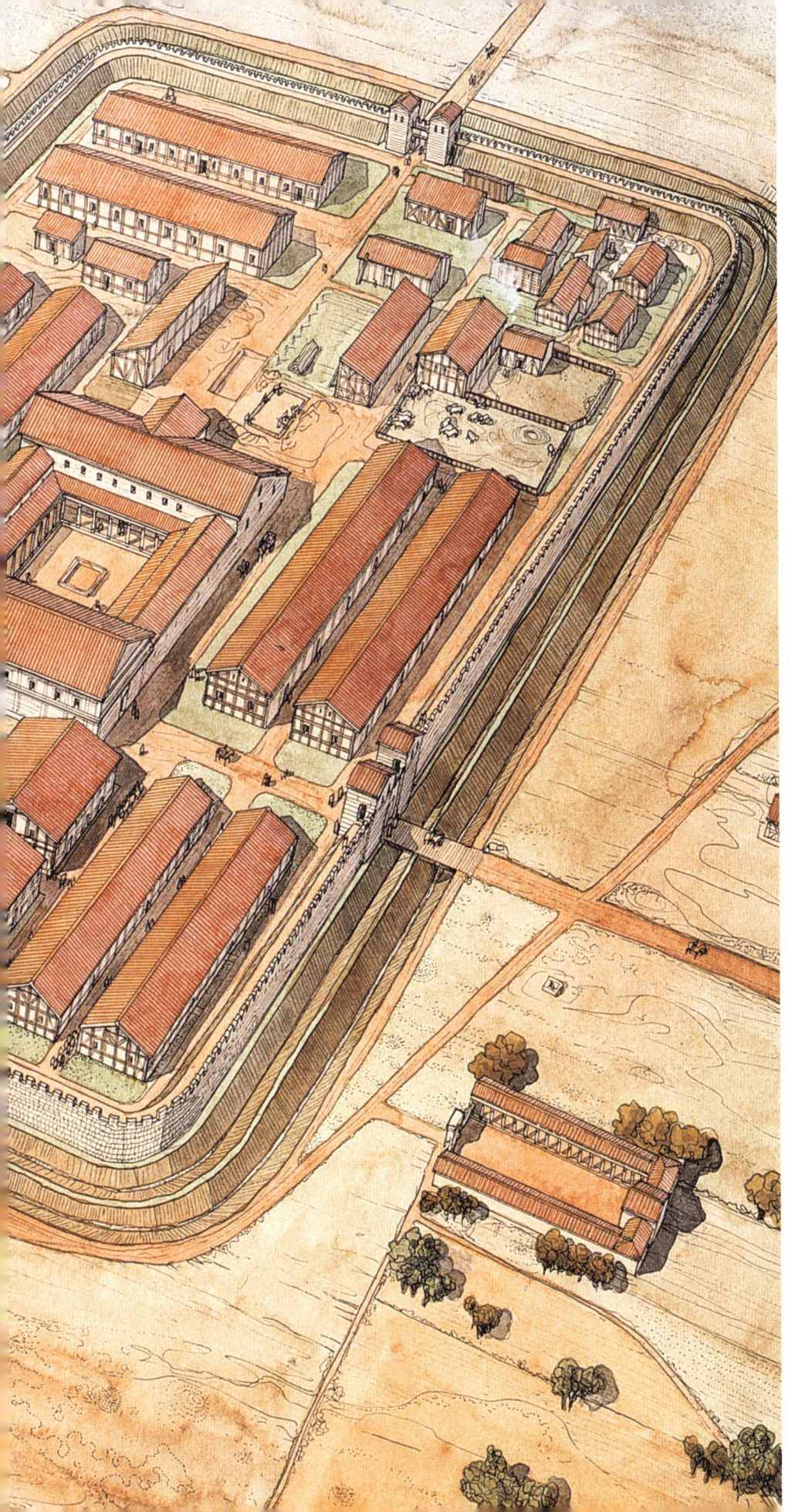

萨尔堡的要塞，其中央是指挥部。以庭院为中心，有4栋建筑物配置成正方形，其中设置着分别负责各项事务的部署。其中有3栋建筑是保管军旗的神圣礼拜堂、金库、管理事务所、作业室、武器仓库。外观像巴西利卡、面积有400平方米的建筑，可能是练兵场，或是集合部队的召集厅。

科洛尼亚·克劳蒂亚·亚拉·阿格里皮内西姆（科隆）

科隆的建立，展现出日耳曼尼亚的罗马化，比位于国境地带的一般城市更明显，可说是古罗马城市的范例之一。

公元前53年，恺撒将原本占领当地的比利时高卢部族厄勃隆尼斯人驱逐，让与罗马结为同盟的乌皮人在这里定居。这个地方由阿格里帕进行土地测量，至今仍可见当时道路网的大致轮廓。整座城市的核心是乌皮人的要塞都市（oppidum），以及附近的罗马军团军营。一个世纪后的50年，由于克劳狄一世皇帝的王后小阿格里皮娜的提

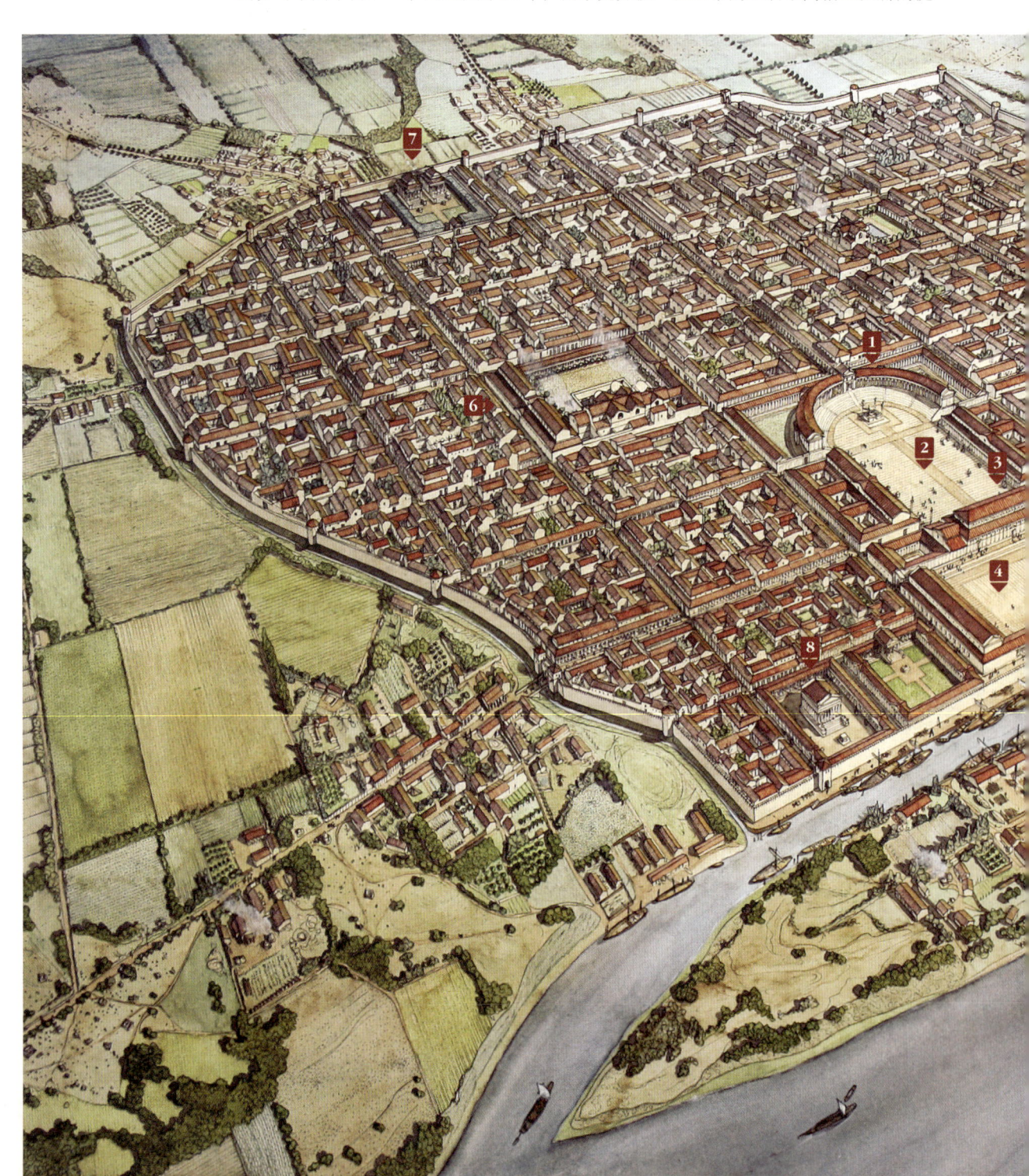

议，将她的出生地升格为殖民市。新殖民市命名为"科洛尼亚·克劳蒂亚·亚拉·阿格里皮内西姆"（Colonia Claudia Ara Agrippinensium，小阿格里皮娜的殖民市）。这座城市虽然是下日耳曼的首府，却没有保留下重要的建筑物。

完成于 70 年前后的城墙全长 4 千米，共有 9 座门，围绕着面积将近 0.97 平方千米的土地。市区采用四方形的规划配置，中心建有广场，其旁是直径 135 米的半圆形隐廊。这里建有崇奉罗马与奥古斯都的祭坛（Ara Ubiorum），地位相当于里昂的祭坛。位于莱茵河畔的指挥官营地，后来成为行省总督的官邸。除此之外，还有卡皮托林三神殿，以及城墙外的圆形竞技场等公共建筑物，为城市增添光彩。在这个位于莱茵河畔的商业中心，维特里乌斯于 69 年被拥立为皇帝。259—270 年，这座城市成为统治高卢的皇帝居住地。

科隆
（3 世纪）

1 · 半圆形的隐廊。
2 · 广场。
3 · 城市的巴西利卡。
4 · 广场。
5 · 指挥官营地。
6 · 大浴场。
7 · 两座神殿。
8 · 卡皮托林三神殿。

科隆这座城市的特点，在于郊区建有手工业区。城墙以西，沿着科隆－巴韦（Cologne-Bavay）的土堤林立着陶工的工房。这里主要以深褐色的黏土泥浆制作杯子，上面描绘着狩猎场面。这种杯子在 3 世纪时，大量运销到法国东部的布利耶斯布吕。

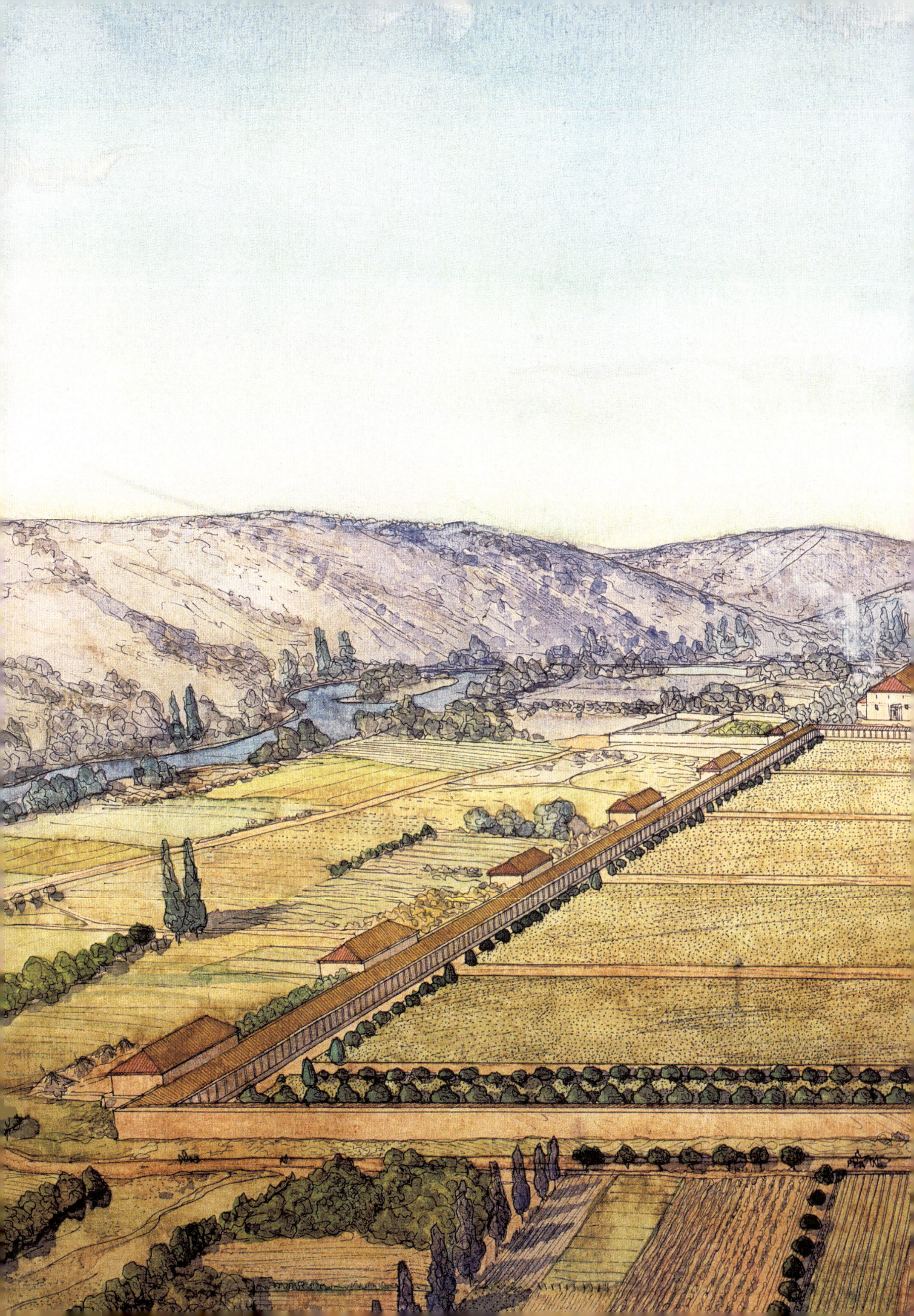

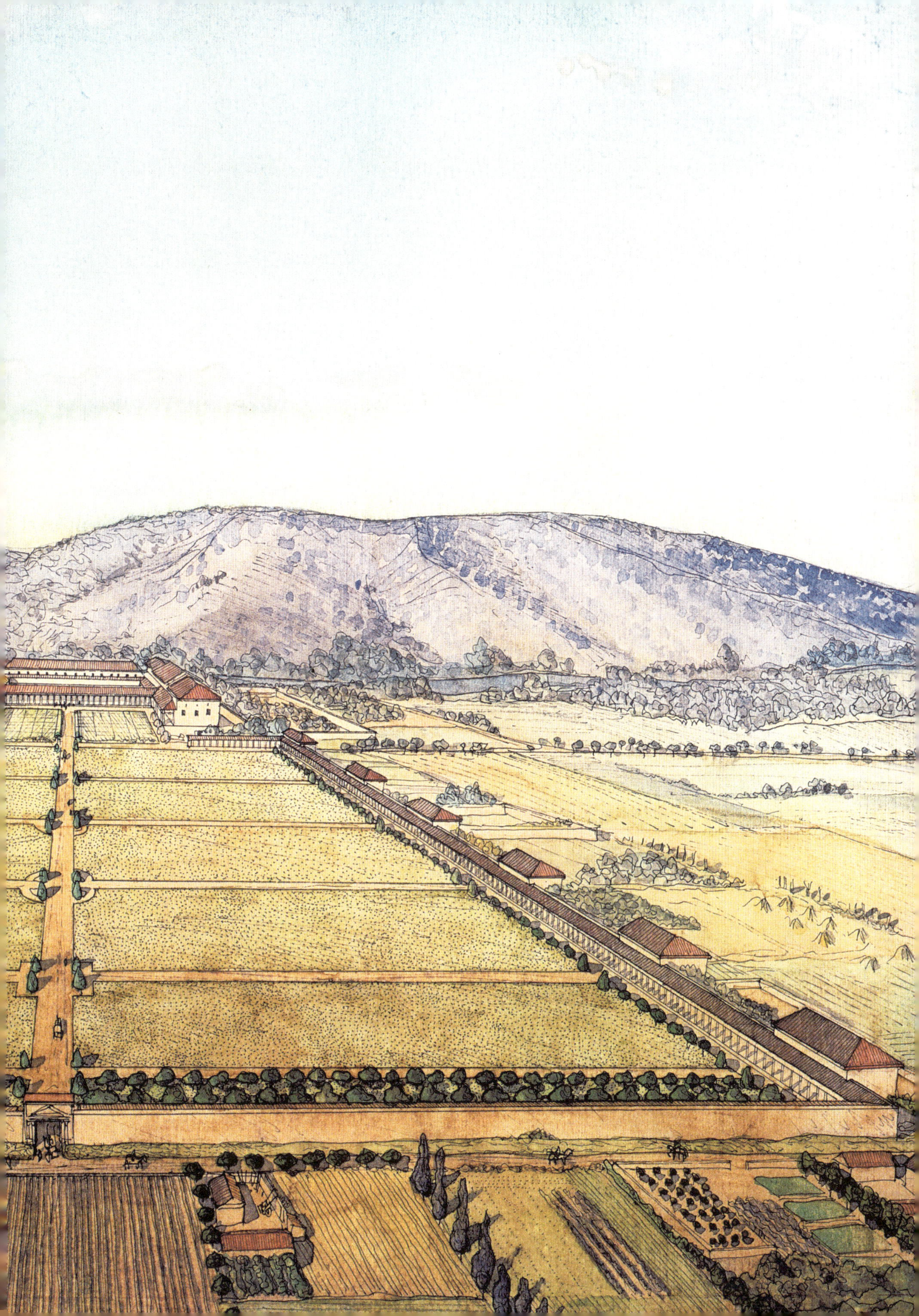

赖恩海姆

布利耶斯布吕地区的乡村因布利斯河及其河谷而独具特色，在这里农村，特别是中小型的别庄（villa）呈棋盘方格状排列。在聚居点的郊区地带，有一座别庄十分特别。首先，它建立在宽广的平地上，面积足有 7 万平方米；其次，整体建筑对称分布，划分为 3 个区域——居住区域（pars urbana）、主人的住处与进行经济活动的区域（pars rustica）。

别庄围成长方形，长 400 米，宽约 250 米。

80 米 × 70 米的长方形宅邸，建在位于别庄南侧称为异教徒之丘的小丘上。3 世纪前半叶，别庄的面积达到最大，大约相当于现在看到的遗迹。宅邸垂直面向别庄整体的中轴线，加上两旁大幅延伸呈直角的翼部构成，宅邸整体呈 H 型。在 3 世纪的建筑物南北两面，有着边缘排着列柱的回廊，可以通往宅邸各区域，尤其很容易走到西北侧的浴室。别庄的供水良好，根据施派尔科技博物馆保存的 19 世纪发掘调查图，其日常的用水是由布利斯河对岸的储水池经输水道取得。离北侧玄关 100 米远的河川，可通过回廊直接抵达。在主屋与延伸的两侧翼部之间别庄的中轴线上，发现了大型的石砌构造。那很可能是纪念碑型墓地的基础部分。

许多这种类型的别庄，宅邸与经济区域建在被开有门洞的墙分隔的两个庭院中。在赖恩海姆，由于遗址过去曾作为采砂场，部分遭到破坏，所以无法证实，但是根据推测它也是严格据此格局建设的。

庭院长 300 米、宽 135 米，由外墙环绕，长边各分为 6 段，围墙旁建有长方形的附属建筑物，呈现彻底的左右对称，附属建筑物沿着墙壁以 42 米的间隔规则排列。

根据发掘调查的结果，已知通往庭院的入口有两处。第一处是拱门型的建筑，直接面向别庄前的道路。西侧由于有与外墙呈直角的碎石道，可得知这里有另一处入口。

这座别庄不只是生产活动的中心，也是贵族阶级居住的地方。因此从别庄建筑可看出一些精英文化的要素：建筑样式模仿公共建筑，施加豪华的装饰（使用马赛克、彩色涂料等），还有多间接待室与私人浴室。其中私人浴室的宽度接近，甚至有一些超过了公共浴场。这座大型别庄的主人，一定拥有相当的权力，或者是在城市从政的大地主。像这样的别庄涉及大规模开发，需要各种各样的人力。用人应该住在宅邸的共同区域，有些小型的房屋与从事经济活动所需的建筑物一起盖在庭院中，那是劳工与眷属居住的地方。

3 世纪时，位于赖恩海姆的别庄。

高卢

这份地图呈现了纳波尼、阿奎丹尼、里昂、比利时、日耳曼、阿尔卑斯6个地区主要的高卢城市遗迹。在吕岱斯[1]（巴黎）东边，有着以圆形壕沟包围的昂德西那（格朗）。从此向南，通往建有木造监视塔的阿莱西亚（阿利斯圣兰），还有以拱门及景观性建筑物为特色的奥古斯托杜努姆（欧坦）。朝向吕岱斯西方，则是有剧场与要塞复合建筑的诺维奥杜努姆（瑞布兰）。向南在吉伦特河口的波尔多以东，可看到以塔闻名的维苏那（佩里格）。接近高卢东南的罗讷河三角洲有阿劳西奥（奥朗日）与阿莱拉特（阿尔勒）。最后有多条道路交会于高卢的大城市卢格杜努姆（里昂）。

	英吉利海峡
	比利时高卢
	日耳曼高卢
	布利耶斯布吕
	吕岱斯（巴黎）
	昂德西那（格朗）
	诺维奥杜努姆（瑞布兰）
	里昂高卢
	阿莱西亚（阿利斯圣兰）
	奥古斯托杜努姆（欧坦）
	毕布拉克特
	卢格杜努姆（里昂）
	维苏纳（佩里格）
	阿尔卑斯高卢
	大西洋
	波尔多
	阿奎丹尼高卢
	阿劳西奥（奥朗日）
	阿雷拉特（阿尔勒）
	马蒂格
	福伦茹利（弗雷瑞斯）
	纳波尼高卢
	纳波讷
	马赛
	地中海

布利耶斯布吕

布利斯河左岸，布利耶斯布吕（属于法国的摩泽尔省）与赖恩海姆（属于德国的萨尔州）附近的国境地带，20世纪50年代以后，因发现赖恩海姆的凯尔特首长之墓而闻名。40年前后，一座市中心仅有0.15—0.2平方千米的小城于布利耶斯布吕建立起来，与赖恩海姆的大型别庄共同拥有河谷。沿着干线道路，形成长700—800米的聚居地。在道路两侧，有主要从事手工业与商业的地区，其中的建筑物大部分是长方形的，在朝向道路的一侧有狭窄入口。聚居地中心地带的特别之处，在于有纪念性建筑物般气派的公共浴场，这座浴场建在公共建筑物林立的宽广空间。公共中心的存在，设有柱廊的街区，以及拥有城市便民设施，正是高度生产与消费的证据，可看出这块聚居地在3世纪时具有城市的特点。这座城市与其他以它为模板建立的诸多小城，在高卢三省及日耳曼尼亚地区形成了城市网络。而它，正位居首要的位置。

经历3世纪末的混乱期之后，情况发生变化。浴场失去公共性质，被工匠改造成工坊。有块街区遭到弃置，在另一个街区，尽管有人居住过的痕迹，建筑的居住舒适度却不比以往。别庄仍有人继续居住，但是也失去经营大规模领地的性质。

4世纪中叶，建筑物的水平整体降低。尽管如此，在聚居地仍有一块街区维持着兴盛的手工业。430年前后，这个据点终被遗弃。

左上图：重现位于西区的面包店兼面粉磨坊的工作场景。包括磨面粉的设备、烤面包的厨房，以及面向柱廊的店铺。师傅们借由家畜推动设备磨面粉。这种技术已经过改良，借由木制的齿轮组推动大型石臼（直径80厘米），让效率变得更高。

左图：重现布利耶斯布吕的小城市，以及当时的生活样貌。

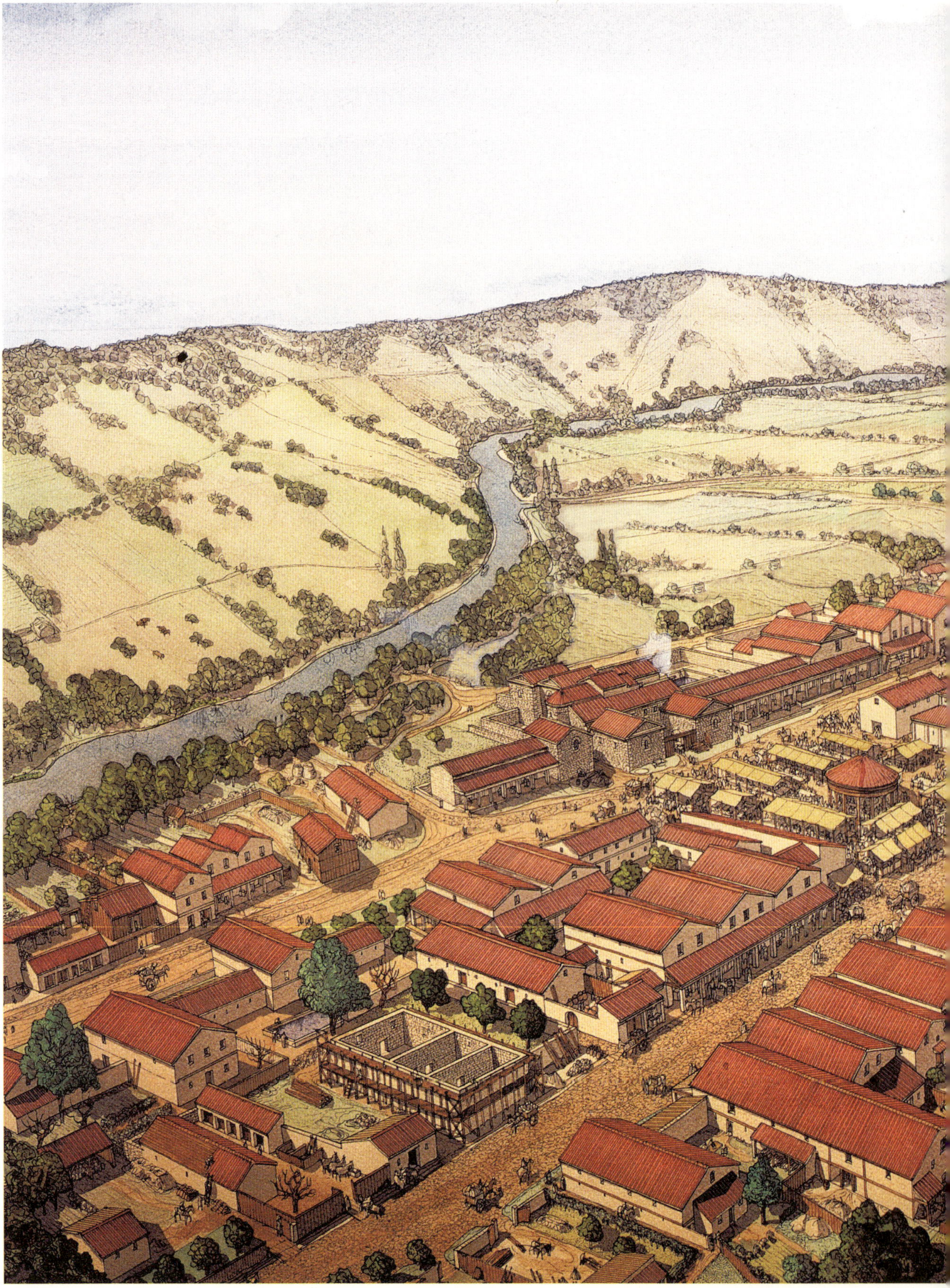

从西南侧眺望布利耶斯布吕的小城，可见沿着干线道路形成的聚居地。道路两侧几乎全是手工业与商业区，朝向道路一侧有狭窄入口的长方形建筑占了地区的大部分。建筑物内部格局包括工匠的工坊与店铺、居住的房间与起居室，后方是庭院，有些庭院有围墙。在庭院里设置着附属建筑物、井、厕所与垃圾场。干线道路稍微后面一点的地方，在中央广场的一隅，建有大型公共浴场。在远方布利斯河流经的地方，可看见赖恩海姆的别庄。

4世纪初的阿尔勒平面测量图。

阿尔勒的船桥。从这幅图可看出桥的建筑要素。多艘平底船用绳索绑定在石砌的支柱上，船上以木制的平台作为渡桥的路面。在桥的两端设置了吊桥，可让大型船只通过。

阿雷拉特（阿尔勒）

尽管离海有段距离，但阿尔勒从奥古斯都大帝的时代开始，就是地中海最繁忙的港口之一。城市繁荣要归功于有利的地理位置，它位于罗讷河（联结地中海与高卢东部的主要河流）与从意大利通往西班牙的陆路交会处。公元前46年，恺撒在罗马内战击败庞培后，创建了阿雷拉特。阿雷拉特以"阿雷拉特恩修姆"（Colonia Julia Paterna Sextanorum Arelatensium）为名，成为人民拥有罗马公民权的殖民市。阿雷拉特在罗讷河旁筑有河堤，既是河港也是海港。公元前103—前102年，为了避开多沼泽地的罗讷河三角洲前端，开凿了运河，直接通往地中海。因商业而繁荣的城市阿雷拉特，在奥斯提亚与贝鲁特都有贸易据点，4世纪，出身波尔多的诗人奥索尼乌斯曾在诗作中提及这个地方。诗人将阿雷拉特称为"高卢的小罗马"，并加以赞颂"你承接了来自罗马帝国各地的商品，但却不为自己保留，让其他部族与城市变得富庶，并慷慨地让高卢与阿奎丹尼亚保存"。

阿雷拉特（3世纪）

城市与河川作为中继点，形成交通要冲。跨越河川的桥梁会打开让船只通过。这些船只提供物资给高卢，或将高卢丰富的物产输出。

1. 战车竞技场。长450米、宽101米的建筑物，可容纳约2万名观众。（当时位于城市外的战车竞技场在20世纪70年代经过考古探勘，如今在阿尔勒古代博物馆附近可看到几处遗迹；本在分隔岛中央耸立的方尖碑，在太阳王路易十四掌权时经过搬迁，改立在共和广场的圣托菲姆教堂前。）

2. 公墓与大型陵墓（跟城市近郊的许多墓地相同，这块公共墓地也建在战车竞技场附近，但是现在已经不见踪影；当地还有一些由富裕而有权势的人建立的纪念建筑型墓）。

3. 直径102米的剧场（这座建筑物本来设有33列的阶梯席，可容纳1万名观众，现存的只剩下一部分）。

4. 圆形竞技场。它是罗马文化圈保存状态最好的竞技场之一，长136米、宽107米。（外观是由60座拱门连接的双层结构，整体的高度达21米，本来作为3楼的阁楼层围绕着建筑物整体；赛场的规格是69米×40米，沉降部分距离地表约两米。）

5. 城墙。应该是在奥古斯都大帝时代建造的。（以小型石块堆积而成的城墙围绕着0.4平方千米的土地，总长达1.6千米。）

6. 船桥。可能在2世纪修建或修复，现在已不存在。（古代的撰述者对于这座常设的桥，经常夸赞其设计多么巧妙，在互相紧紧相连的船艇上，安置着平台作为路面，两端设置着一种由人操纵的吊桥，让船通过。）

7. 名为特鲁耶宫，又称为康斯坦丁浴场。建筑物大部分埋在现代建筑物之下，现在只能看到一部分。（城市里至少有3座公共浴场设施，都具备热浴室、温浴室、冷浴室，也是很受欢迎的社交场所。）

8. 广场。作为城市中心的公共广场，政治、司法、行政、宗教的活动都集中在这里。（这座大型广场底下有称之为隐廊的地下回廊，呈"U"字形，90米×61米的隐廊，是支撑着位于倾斜土地上的广场的底层结构；在能够俯瞰广场的位置建造的神殿，推测应该是用来敬拜皇帝的。）

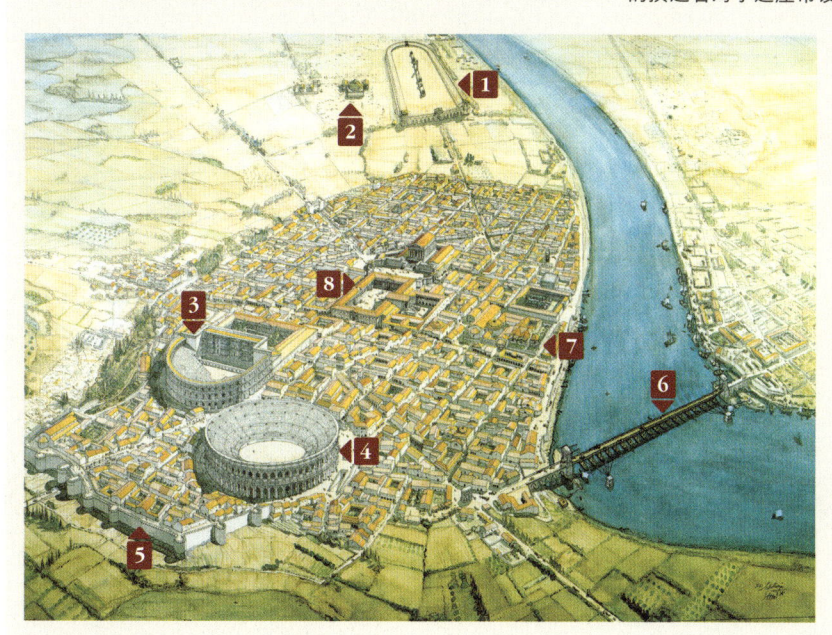

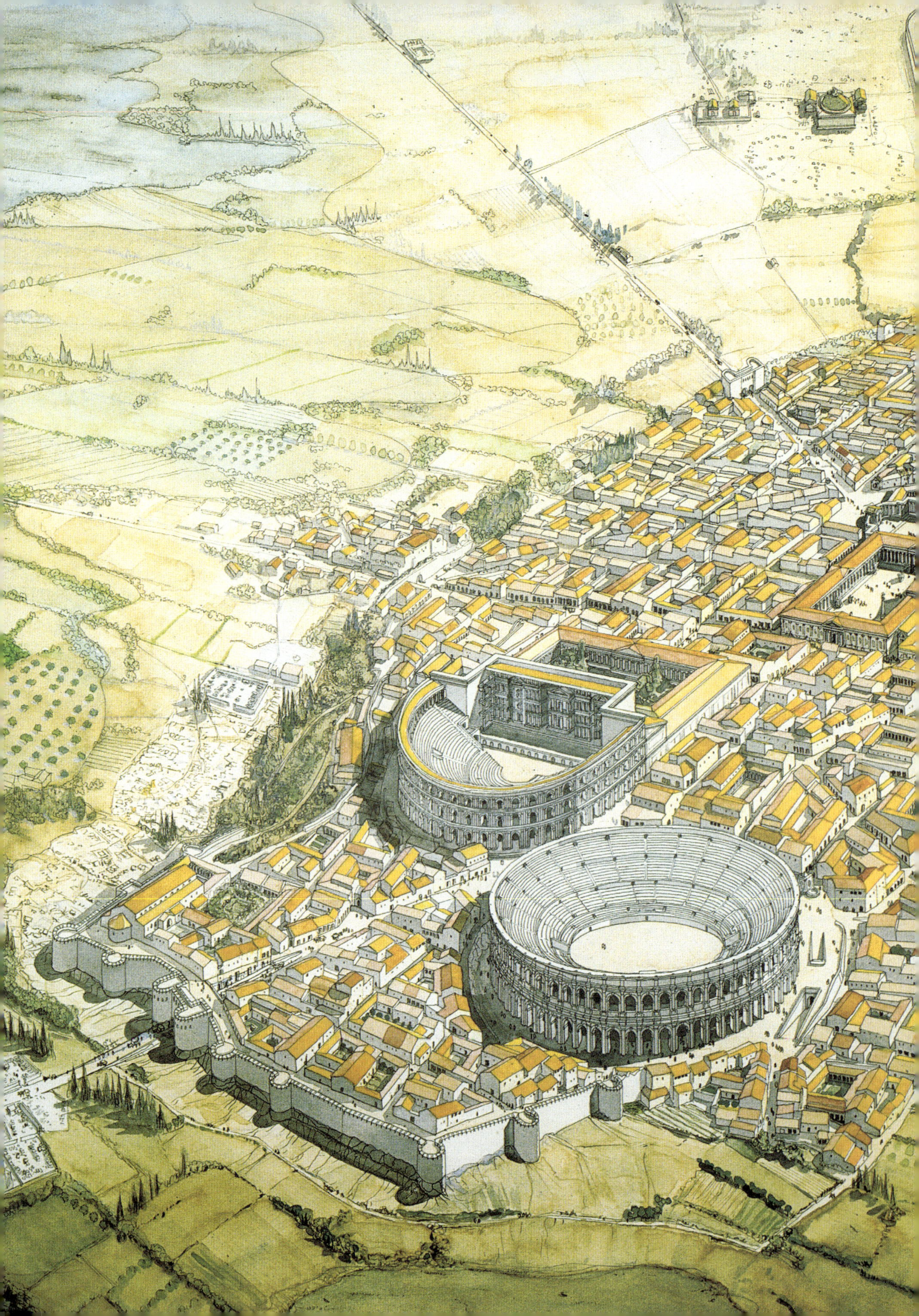

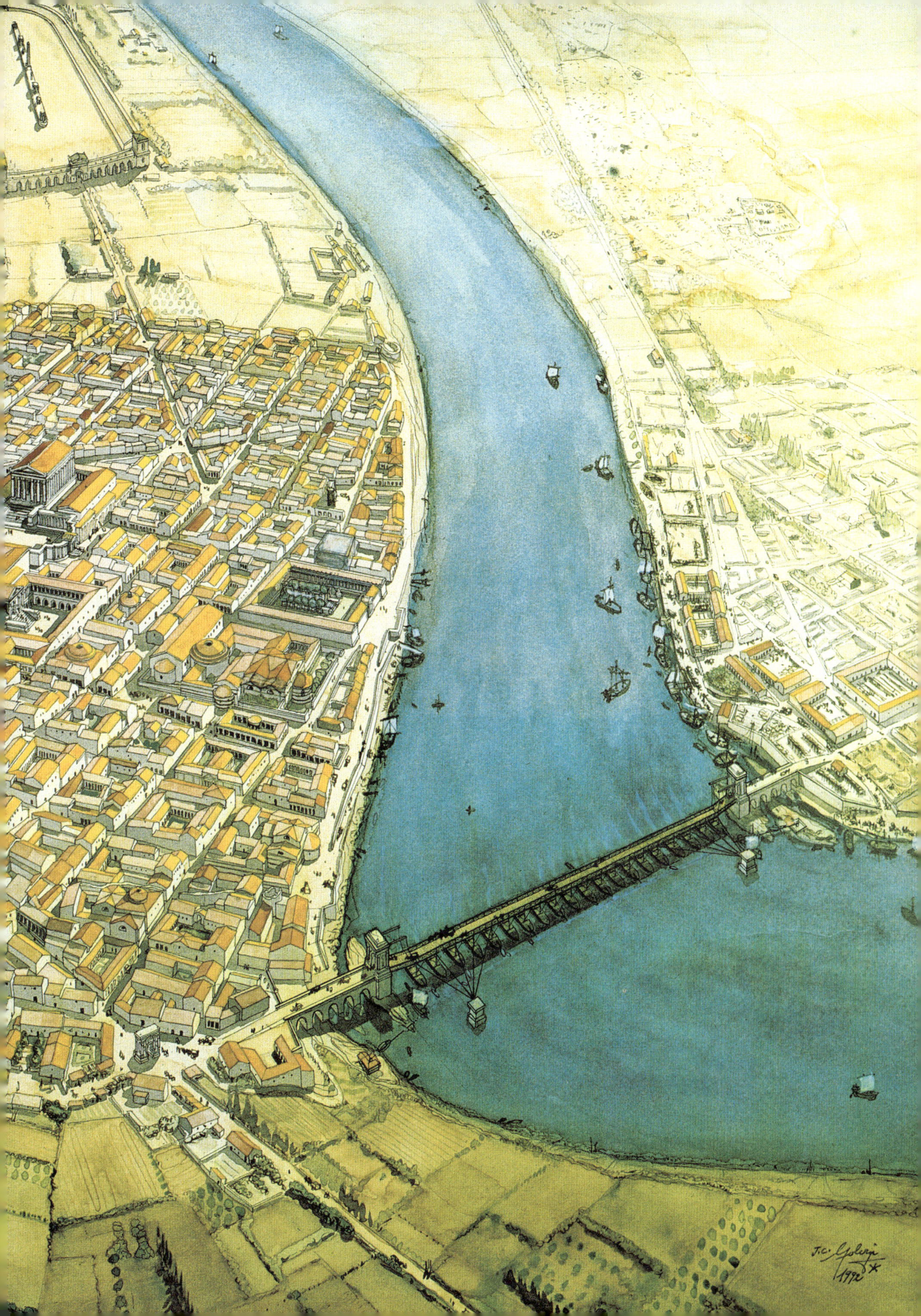
1992

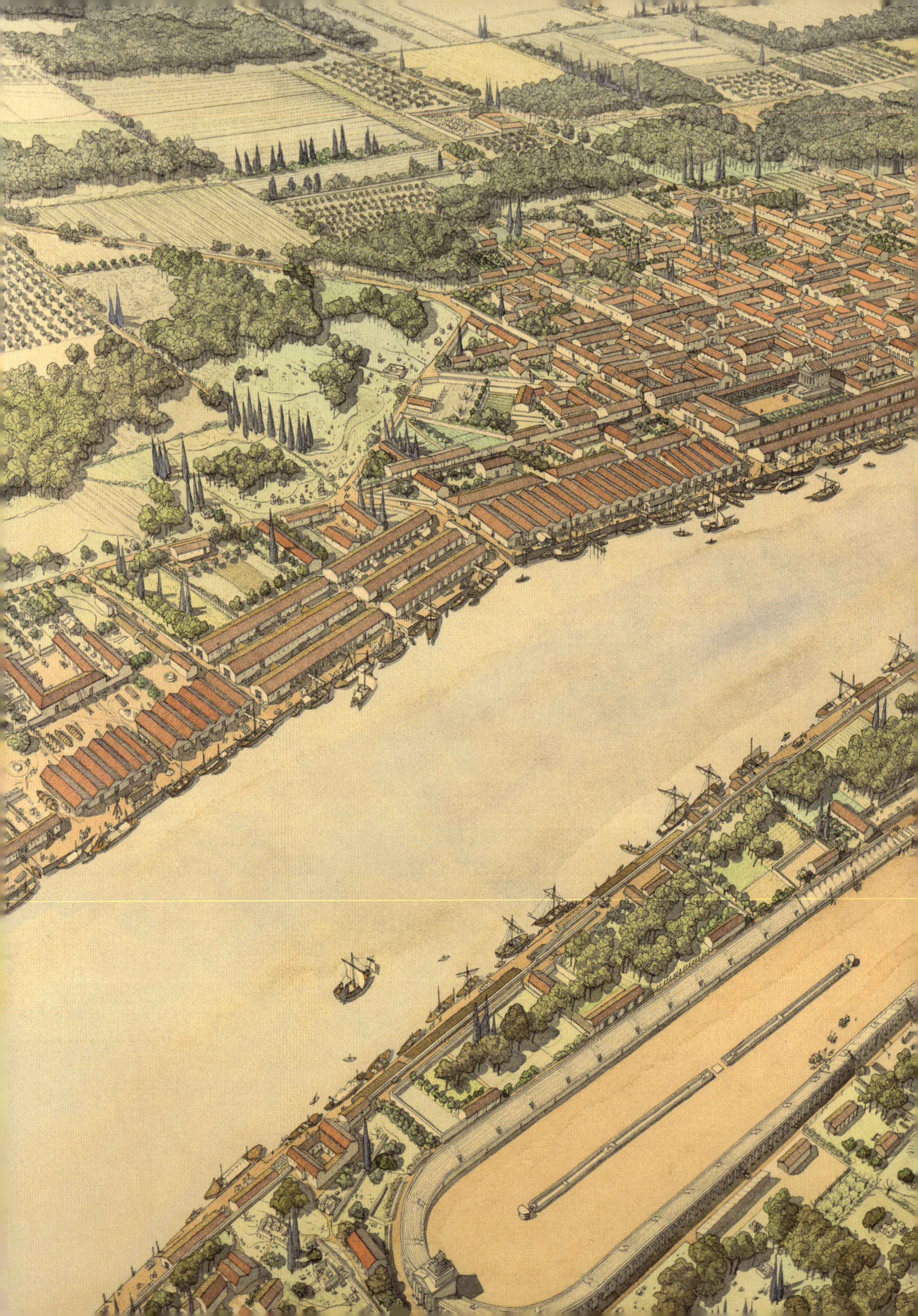

2世纪的阿尔勒，可看到建设中的战车竞技场。

马蒂格

公元前5世纪，这座高卢的小城已出现在贝尔潟湖出口的小岛上。当时城市的格局已形成，可看出街区与道路规则排列的特征，由于邻近希腊人于公元前6世纪建立的马赛，岛上的居民会与马赛城的人往来，除此之外，也与伊特鲁里亚人及迦太基人接触。在缺少文字记载的历史时期中，这里的住房很小（10—20平方米），由一扇门出入，里面只有一个房间。建筑物主要以夯土构成，墙壁由日晒砖块及土块建造。这种技术在地中海世界依旧被使用着。另外，屋顶也用土建造，同时作为露台使用，居民们经常待在这里。他们的活动多半在户外进行，家中摆满储藏容器与日常生活的道具。尽管经历过跌宕起伏的历史，这个城市的格局历经3世纪依然不变。公元前5世纪，村子依照一开始的规划建设在处女地，由侧面有半圆形塔楼的城墙围绕。没过多久，一场火灾将所有的房子都烧毁了，后又重建。由于不间断地灾害或战争，马蒂格经常遭到破坏，这无疑要归咎于住在马赛的希腊人。这样的状态持续到公元前2世纪，这时村子已经过了一次次重建，并对外进行贸易。但到了公元前2世纪末期，一次决定性的打击，将它彻底摧毁。

马蒂格岛位于贝尔潟湖通往地中海的出口，在公元前5世纪坐落着由城墙环绕的高卢村落。

福伦茹利（弗雷瑞斯）

弗雷瑞斯大约在公元前 49 年前后，由恺撒创建。然而直到公元前 29—前 27 年，屋大维——也就是后来的奥古斯都大帝，将当地作为第八军团退伍军人的殖民市，这里才正式开始发展。位于奥古斯都大道旁的这座罗马殖民市，在帝政前期，曾是地中海最重要的罗马军港之一。这个地点的选择非常精妙，城市位于洁白闪耀的莫尔法山与埃斯泰雷勒山之间，阿尔让斯河谷低地尽头的砂岩海岬上。弗雷瑞斯包含了好几种规划。第一种可追溯到公元前 1 世纪末，当时城市走向是西北偏北-东南偏南。第二种是 1 世纪的规划，通过考古学的发掘，已确认当时城市的格局。

目前有关弗雷瑞斯基础建设的相关知识，都来自第二次世界大战前的考古调查结果。当时的发掘发现了约 22 万平方米的多边形港口。港口现在已完全被淤泥掩埋，但是仍可看到四处残存的防波堤。位于古城东南方的这座港口，虽然应该利用了过去的潟湖，但是仍需要大规模的疏浚工程。码头全长约 2 千米。南边的码头长 540 米、宽 4 米，上方筑有高 4 米、有着雉堞的城墙。关于北边与东边码头的资料很少，它们大概位于港口内部从东侧驶向外海的狭窄通道处。然而，关于古代海岸线仍有许多不清楚的部分，所以以上的认识可能是错误的。遗憾的是，目前对于港湾设施仍一无所知。我们应该重新审视弗雷瑞斯各种建造物的用途，或许会跟一直以来的说法有所不同。

城市的城墙

为了保卫城市，在城市周围建造的巨大墙壁。石砌的城墙上建有塔楼，并设立坚固的城门。西罗马帝国的城门经常建得过大，虽然确实有军事上的意义，但其实更为了展现城市的力量与权威。在帝政后期，尤其是公元 270—370 年，很多由石材及砖块建筑的城墙，使用了从公共建筑物与公墓拆下来的石材。这类后期的城墙只围绕着狭小的面积。

福伦茹利（2 世纪）

在军港周遭建立的古典城市。

1. 据推测是舰队基地的军事设施（保留了浴场的一部分，并利用了古农庄的墙壁）。
2. 剧场。建设在城市的范围以内，外侧的直径约 84 米，稍微有点小。（原本的建筑物只能看到作为上层阶梯席基础的放射状墙壁，下层的阶梯席为近代的复原物。）
3. 墓地。
4. 广场。位于从大神殿（可能是卡皮托林三神殿）可俯瞰到的平地。推测对面建有城市的巴西利卡。
5. 连接两座港口的水路。
6. 阿尔让河口的海湾。在亚克兴战役后，奥古斯都的船队停泊在这里。直到 1 世纪初，这里仍然是舰队的基地。
7. 在左边的圣安东尼丘要塞与右边的平地之间，建有古罗马时代的港口（港口的面积大约 22 万平方米，即使现在去看，仍可辨识出当时的位置；港口在东南侧变窄，剩下通往海洋的水路，在入口的地方，建有奥古斯都灯塔）。
8. 往意大利方向。
9. 奥古斯都灯塔，是过去的航路标识。（沿袭古代的建造物，现在的灯塔可能建于中世纪。）
10. 城市的南北干道，从阿加松门通往军港。
11. 城市的东西干道，连接高卢门与罗马门。
12. 往罗讷河的方向。

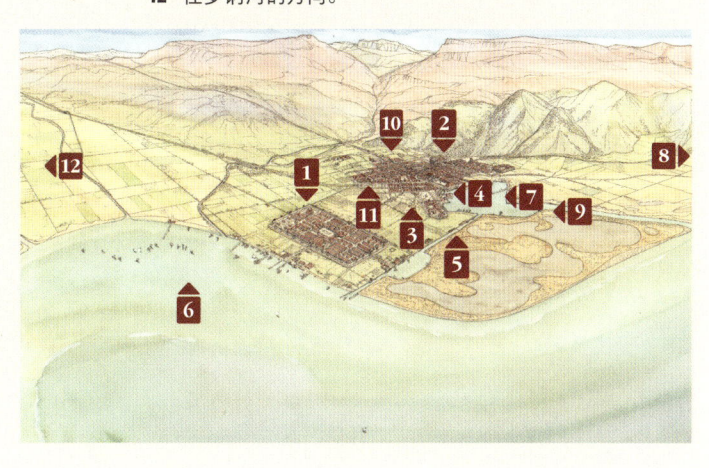

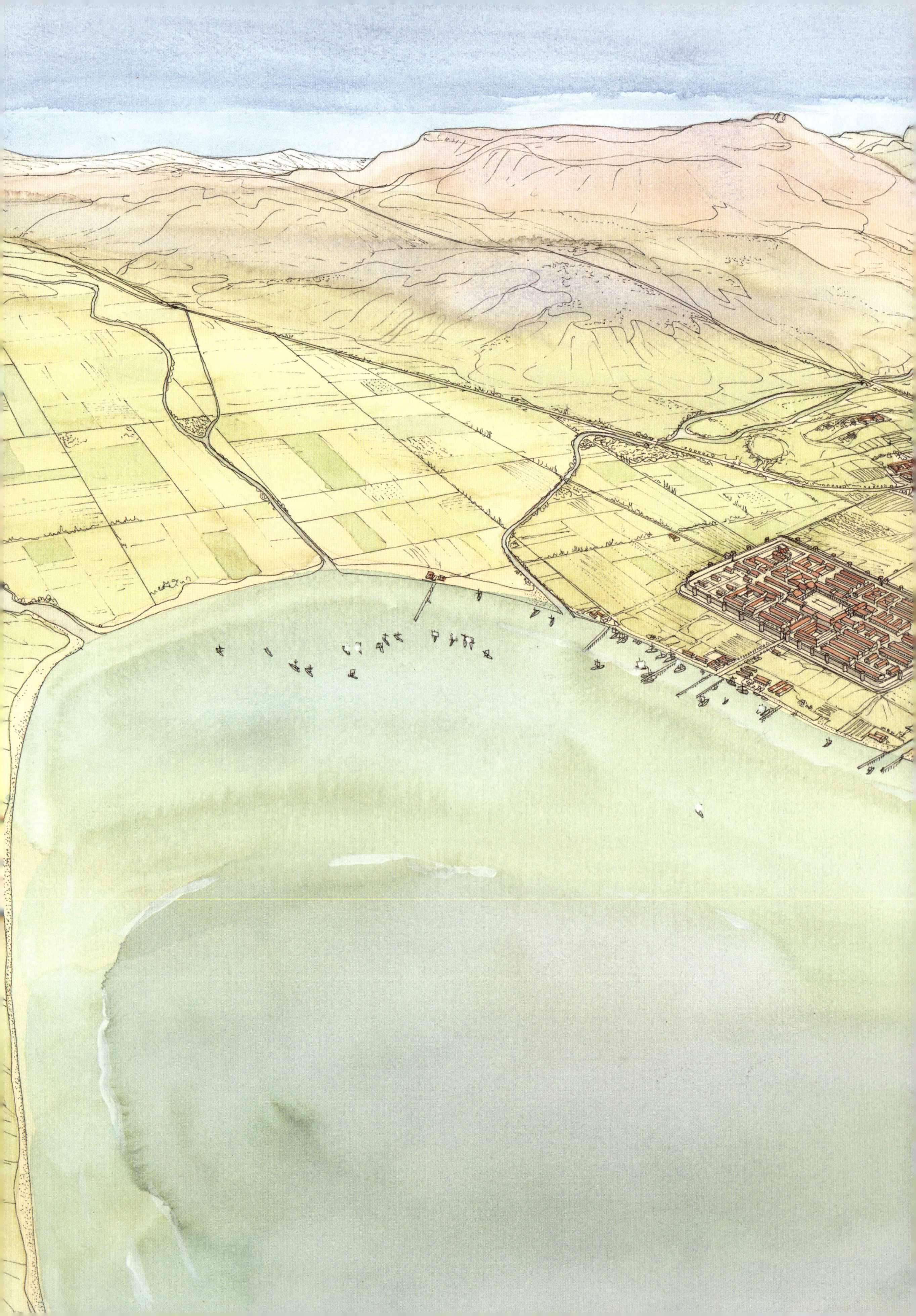

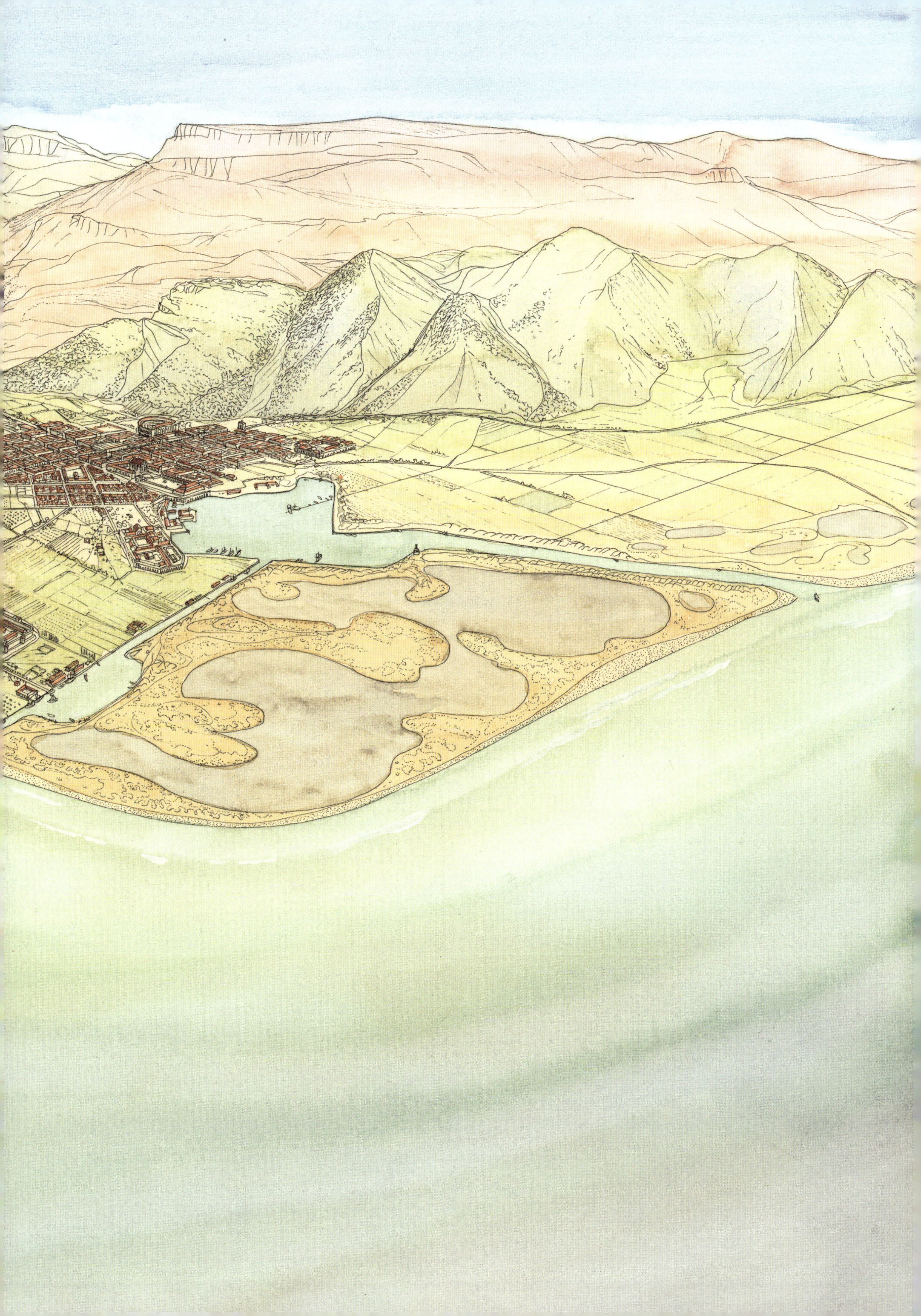

毕布拉克特，伯夫雷山

根据恺撒叙述，毕布拉克特是"爱杜依人（les Éduens）最大最丰饶的城市"（恺撒《高卢战记》I，23）。当地是高卢战争各阶段中重要事件的舞台。公元前58年，恺撒击败了毕布拉克特附近的厄尔维几人，公元前53—前52年的冬季，维钦及托列克斯召集了高卢其他联军对抗罗马军队的侵略。后来恺撒多次在这里滞留，尤其公元前52年秋在毕布拉克特度过。

毕布拉克特位于伯夫雷山（介于涅夫勒省与索恩－卢瓦尔省之间，有布弗维、拉罗什米莱、格莱内三个市镇）。1867—1907年，生于欧坦的研究学者雅克－加布里埃尔·布里奥（Jacques-Gabriel Bulliot）与约瑟夫·德舍莱特（Joseph Déchelette）展开大规模的发掘调查，证明了上述事实。自1984年起，在当地再次展开重要的考古研究工作，欧洲各国的考古学者共同参与其中。

伯夫雷山海拔821米。而毕布拉克特位于欧坦（古称奥古斯托杜努姆，是在被罗马人征服半个世纪后，高卢－罗马的爱杜依人重新建立的首都）以西25千米处，它是莫尔旺高原最先进的堡垒，俯瞰卢瓦尔河支流阿鲁河的河谷地区。在奥古斯托杜努姆建立起来时，毕布拉克特几乎已是一片废墟，今天这里被郁郁葱葱的森林覆盖。但毕布拉克特依旧是oppida（前2—前1世纪广泛分布于欧洲中部地区的要塞都市）的完美

从伯夫雷山俯瞰莫尔旺，以及山区的双层围墙。用防御工事及并未完成的用来展示其威信的建筑围绕着前所未见的广大范围。

代表。毕布拉克特被防御工事所包围，它的城墙长达 5 千米，由木梁和表面附有石块的"高卢墙"（murus gallicus）来加强防御，且城墙前有壕沟存在。城墙设有几道门，而最近出土的一扇门宽度将近 20 米。城墙围起来的面积有 1.35 平方千米，其中大部分区域为公元前 1 世纪的住宅。根据近年的考古调查，得知这里原本由更大的围墙环绕，其面积曾达 2 平方千米。在要塞都市内有多条使其具有城市性质的道路。第一阶段的要塞都市（前 2 世纪末—前 1 世纪初），只有以土与木材构成的建筑物，剩下的遗迹也很少。公元前 1 世纪中叶以后，当地引入地中海的建筑技术，在公元前 1 世纪末—1 世纪初，依照罗马的设计图建造了许多宽敞的房屋。公元前 1 世纪，在莫尔旺高原的三座山的一座山顶，设立了城市近郊的区域，为未来的城市建设预留了土地。到了 1 世纪，便在那里建立了正方形的神殿。在公共空间有水泉与汲水池，还有许多纪念碑形的建造物。而毕布拉克特的样貌，由于当地的地形和城市要塞化，呈现不规则的城市构造，与"古典的"高卢罗马城市截然不同。

这座城市不只在政治上作为爱杜依人的首都，也是经济中心。城市的财富大部分来自于当地与地中海地区的贸易，由于爱杜依人掌控通往索恩河谷与卢瓦尔河谷的主要交通道路，因此他们可以完全支配贸易。实际上可看出地中海地区的物产大量运到这里。最常见的是酒，主要装在双耳壶从意大利运输，城市里发现许多这类壶的碎片。根据发掘调查，在这里有过相当热络的贸易，在当时的日常生活中会使用货币。另外这里也从事制造业，在考古调查中发现许多工坊，工匠在这里制作铁与铜的合金制品。1 世纪初，这里似乎已不再作为居住地。

养马的牧场。在高卢首都的中心，有两栋罗马风格的宽广住宅。

恺撒的哨塔。从屯驻地（前景右）可以一览罗马骑兵队与高卢援军最终决战的罗姆平原。从中央右边的要塞都市可以清楚地监控部队的动向。可看到高卢的援军部队遍布左边的穆西丘陵。从这幅图可得知罗马军队位于遭受平原内外夹攻的不利位置。在大量高卢军队背叛之后，恺撒出动了紧急召集的日耳曼骑兵队，罗马军才得以脱困。

阿莱西亚（阿利斯圣兰）

  阿利斯圣兰的要塞都市，至少到公元前 80 年以后才开始有人居住。维钦及托列克斯在旗下的骑兵败北之后，逃亡于此，被恺撒包围，当地因此出名。公元前 52 年，恺撒在与维钦及托列克斯的战争中获得决定性的胜利，高卢从此正式被纳入罗马。在战争时，军团士兵修建了非比寻常的工程。首先，建设多座屯驻地与要塞，其中最大的达 7 万平方米。然后，为了防止敌人突围和求援，罗马人设置了一条由壕沟和附塔楼的围墙组成的防御线——contrevallation；为了防止高卢援军的到来，在反方向又设置了一道防线——circonvallation。当时建筑的防卫线全长约 40 千米。根据拿破仑三世时代的发掘成果与近年来的调查，可以正确地复原由土与木材构成的巨大建筑物。在战时建设具有如此规模的防御工事，需要跟建造著名罗马纪念建筑不相上下的人力。时至今日，在要塞都市的顶端只能找到 2 世纪时的高卢罗马小村落遗迹。

▼ 从比西山（罗马将军拉比努斯的野营地）远观的要塞都市与罗马防卫线。在这里可以直接看到要塞都市，感觉很近。底下是包围了高卢人的防御工事，封锁所有出口。远处可看到弗拉维尼山上有罗马军的军营。

阿劳西奥（奥朗日）

这座城市位于圣厄托普（Saint-Eutrope）丘北坡多条河流汇流的冲积平原，在当时，其中一部分的河川可以航行。随着时代的变迁，这些河川的流向发生明显变化。阿劳西奥的遗迹位于阿尔卑斯山的外围，处于罗讷河河谷的战略要地。这座拥有罗马公民权的殖民市应该建于公元前35年，由后来成为奥古斯都大帝的屋大维建设，作为第二高卢军团退伍军人移居的地方。如果希腊历史学家狄奥·卡西乌斯所言不假，发动叛乱的士兵也曾以殖民者的身份被移送高卢。这座城市在创建时称为阿劳西奥·塞库恩达诺鲁姆（Colonia Firma Julia Arausio Secundanorum）。公元前10年前后建造了城墙，但其中现存的只有证据确凿有4座塔楼的西南部分，一扇名为"罗科莫尔"的门。城墙的长度估计有3.5千米长，穿越圣厄托普丘围绕着城市。在城墙内侧，约103米×34米的街区规则地排列着，构成城市的基本格局。

在罗马帝国陆续完成的3部地籍册中，阿劳西奥有超过400笔的土地资料，并因而出名。在3部地籍册中，前两部是韦帕芗皇帝与图拉真皇帝统治期间完成，剩下的1部是在更晚的时代完成的。从这些作为城市官方记录的地籍册可知当时的每个罗马百人队有0.5平方千米土地，并登录每个所有者的名字。

阿劳西奥（3世纪）

1. 剧场。直径103米，可容纳9000名观众。
2. 圣厄托普丘的神殿（目前已确认由坚固的扶壁支撑着60米×30米的长方形平坦土台，上面建着什么样的建筑物尚未确定，不知是祭祀当地原有神明的神殿，还是祭祀卡皮托林三神的圣域，或是像尼姆城的玛涅塔那样的信号塔）。
3. 神殿与半圆堂（长74米，以小型切割石块砌成的半圆堂，围绕着石板铺成的广场，在广场中央建有神殿）。
4. 圣厄托普丘（高度100米，它是一座蚀余小山，建设剧场时广泛运用这里的砂岩）。
5. 城墙。建造于公元前10年前后，奥古斯都统治期间。（现在只剩下城墙的一些残骸与4座塔楼，还有1座门的遗迹。）
6. 圆形竞技场（虽然有过去存在的证据，但是从18世纪以来，关于其遗迹所在众说纷纭，要么现在已遭到破坏，不然就是还埋在土里）。
7. 广场（准确的位置不明，但据推测广场位于神殿与半圆形建筑之外延展的空间，应与剧场构成殖民市壮观的中心地带）。

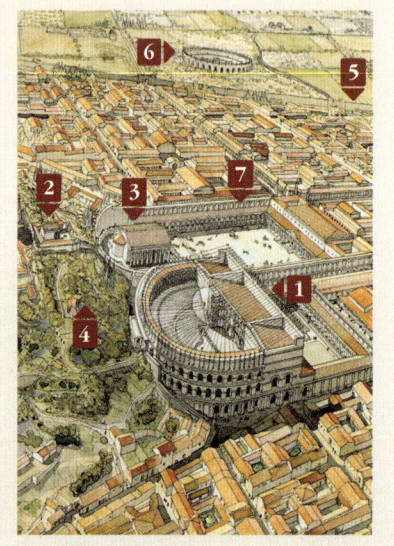

娱乐场所

在罗马帝国，主要有四种娱乐场所。

- **剧场**

半圆形的建筑物，由阶梯席、背后有高墙的舞台构成。剧场里上演悲剧与喜剧，也作为哑剧、杂耍、音乐演奏的演出场地。

- **圆形竞技场**

在作为罗马文化象征的圆形竞技场，进行角斗士搏斗或斗兽表演。圆形竞技场（其本义为"双重剧场"）通常由椭圆形赛场与阶梯席两个主要部分构成。

- **音乐厅**

举办演讲、团体或个人的音乐会、朗读会的室内小剧场。

- **战车竞技场**

在这里举行战车竞技或赛马。整体是细长的长方形建筑物，有一端的尽头呈半圆形，跑道由分隔岛纵分为二。周围是阶梯席，在半圆形尽头的对侧设有战车起跑的栅门。

奥朗日的剧场，是罗马文化圈保存状态最好的剧场建筑之一，建在圣厄托普丘的北坡上。尤其它高37米的外部立面，被完整保存下来。舞台墙壁有豪华的建筑装饰仿佛宫殿一样，包括3层列柱、灰泥装饰、雕像、大理石板，等等。在舞台墙壁设有3道门：中央的王者之门，供悲剧里的暴君进出；左右两边的门进出的是外国人或客人、各种配角。舞台本身由木制地板构成，长61米，作为舞台使用部分的宽度有9米。在建筑物顶端可看到缆绳，是为了撑起巨大的幕布（vela），保护观众不受烈日直晒。

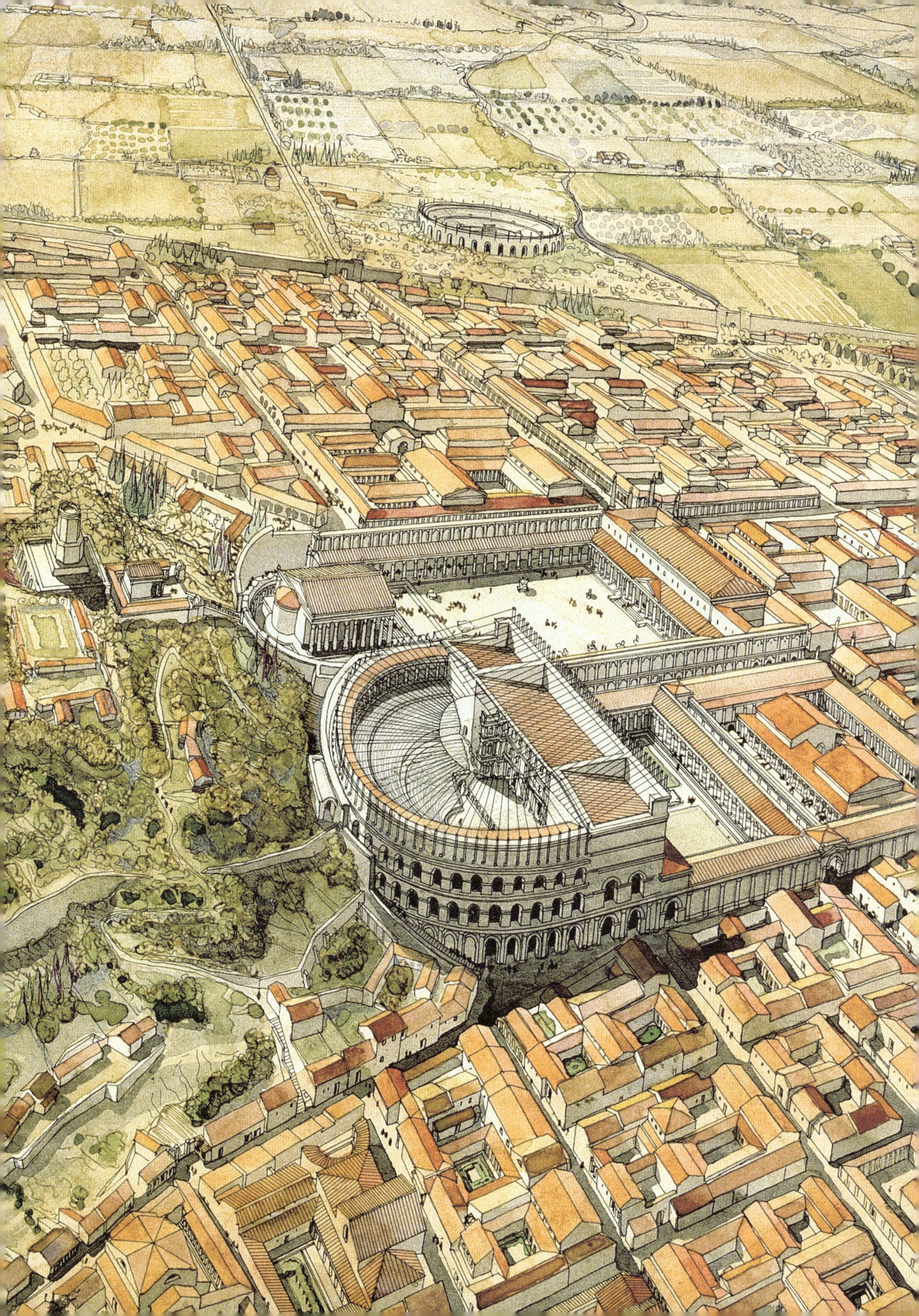

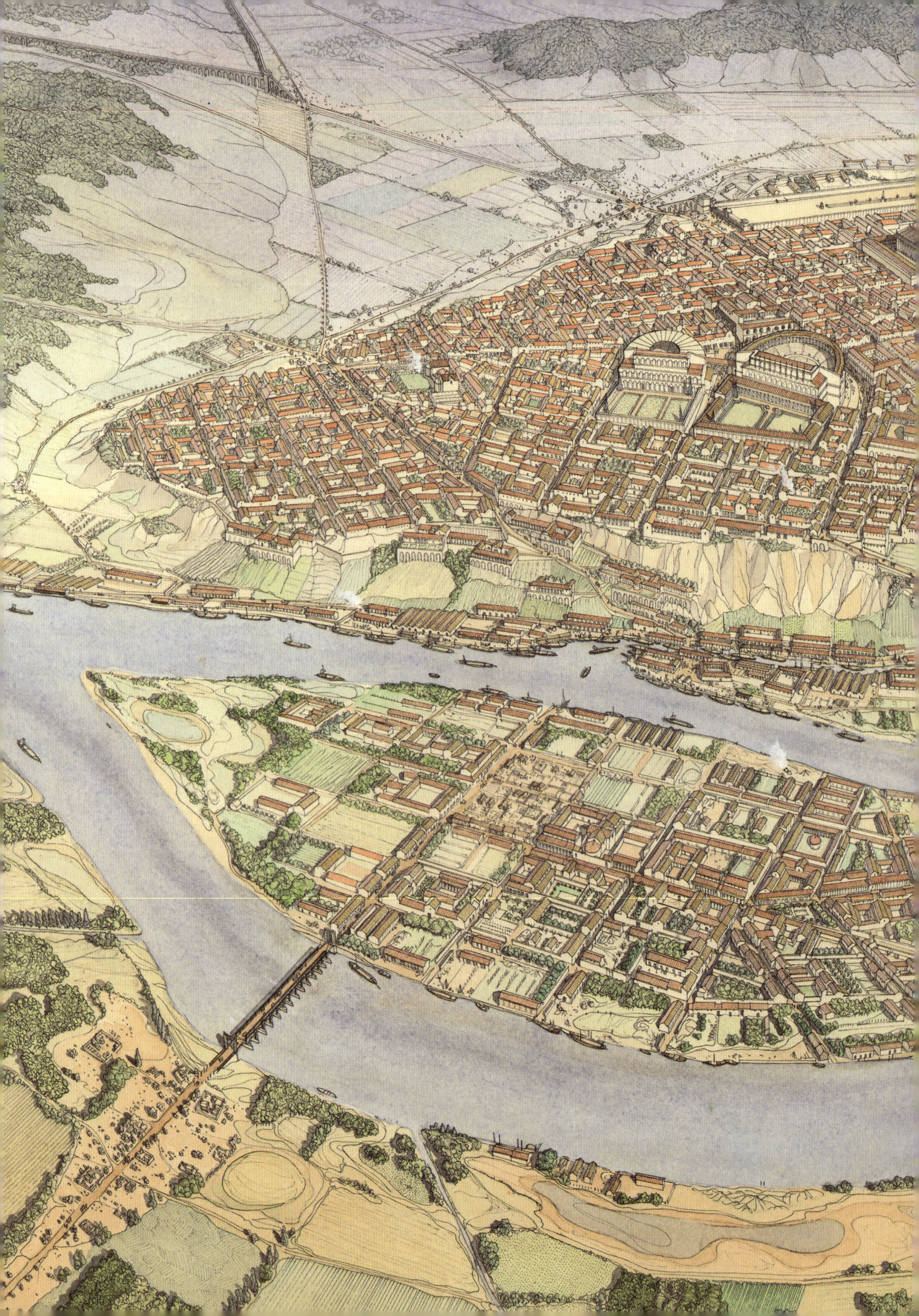

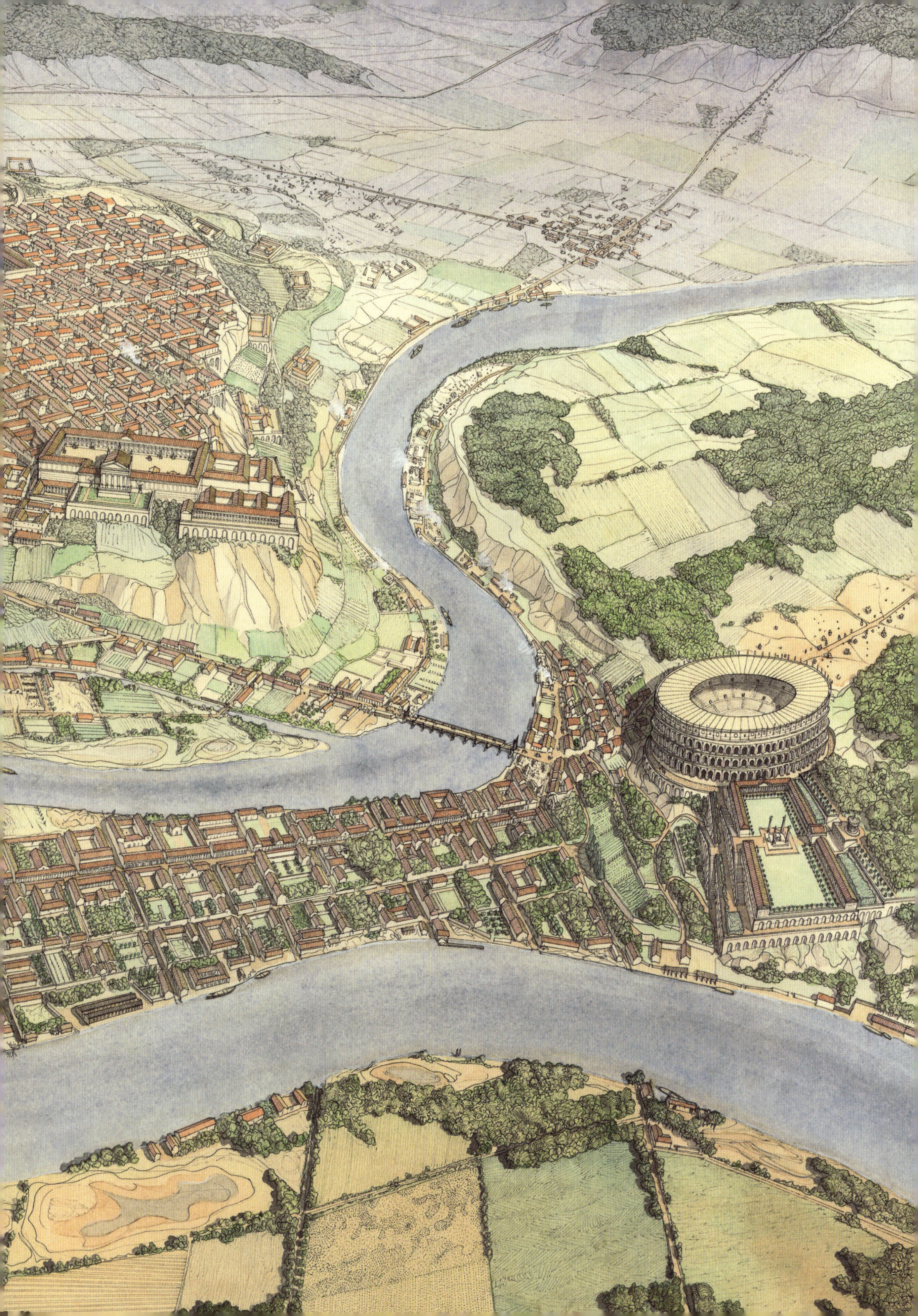

卢格杜努姆（里昂）

卢格杜努姆的城市遗迹，位于索恩河与罗讷河汇流的富维耶丘陵及其周边地带。当时两条河川汇流处分出无数条支流，形成附近的岛屿跟沼泽地，与现在看起来完全不同。在东北方向，两条支流之间，是有人居住的红棕十字（Croix-Rousse）地区。这座殖民市，在公元前43年，由蓄发高卢总督卢修斯·穆那特斯·普兰古斯建立。在克劳狄一世皇帝统治期间，最后将其命名为卢格杜努姆（Colonia Copia Claudia Augusta Lugdunum）。根据希腊历史学家狄奥·卡西乌斯所述，这里是根据罗马元老院的命令，为了高卢的退役军人而建立的殖民市。卢格杜努姆这个名字的意思是"神（Lug 或 Lugus）的要塞"，也可说是"被照亮的高处"的意思。奥古斯都将这里作为凯尔特行省的中心城市，凯尔特行省在1世纪中叶改为卢格杜努姆高卢（里昂高卢）行省。卢格杜努姆在公元前12年建立"高卢三省"[2]共同的圣域，在3个世纪的时间里，每年的8月1日，阿奎丹尼高卢、卢格敦高卢、比利时高卢的60个部族的代表聚集在这里。在圣域坐落的孔达特（红棕十字地区以南），有为罗马与奥古斯都设立的祭坛、圆形竞技场，可能还有神殿。由于这个圣域屡次出现政治与宗教的示威活动，卢格杜努姆也被误认为"高卢三省的首都"。

卢格杜努姆（2世纪末）

1·剧场。建设于奥古斯都统治期间，1世纪末到2世纪初改建。（直径约108米，有1.1万个座位。）

2·音乐厅。罗马世界保存状态最佳的娱乐场所之一。（直径73米；乐池以彩色大理石铺设地板，这是该音乐厅的特征。）

3·广场。缺乏相关资料，尤其是位置不明。

4·敬拜皇帝的神殿。建设于1世纪初，在1世纪下半叶经过扩建，改装得更美。（位于广场中央，建在43米×36米的基坛上。）

5·战车竞技场。虽然尚未发掘到，但是根据一些碑文，证实了它曾经的确存在。

6·圆形竞技场。建于19年，是"高卢三省"圣域的不可或缺的一部分。（长80米、宽60米，虽然不是特别庞大，却是高卢最古老的圆形竞技场。）

7·"高卢三省"的圣域（在两条斜坡的顶端建有罗马与奥古斯都的祭坛，上面刻着构成"高卢三省"的60个部族的名称）。

维苏纳（佩里格）

在编列阿奎丹尼亚行省［属于彼得洛科里人（les Pétrocores）的领域］的城市时，据说奥古斯都创建的维苏纳城，位于邻近高卢要塞的平地。这座源自高卢要塞的城市，展现出了古罗马城市的风貌。彼得洛科里人的根据地位于伊勒河右岸，河流拐弯的地方。这座面积0.6平方千米的城市，由两块棋盘方格状的区域构成。其一是城市街道的中心地带与公共建筑物群形成的南北棋盘形区块。其二位于西侧，还有方向不同的街道，应该建立于更早的时期。邻近豪华的宅邸群，林立着使用较轻的建材，也就是由瓷砖与灰泥建造的庶民房屋。

维苏纳（2世纪末）

1. 维索纳塔。这是一座古老的神殿，也是佩里格境内保存状态最好、最有名的古代纪念性建筑物，即使它只剩下了一间高超过24米、内径17.1米的神室。（从原本的建筑计划来看，这栋建筑在罗马文化圈相当具有独特性：圆形的神殿附有同样形状的回廊，包括神殿在内的整个圣域朝向东方，有纪念性建筑物外观的神殿则是直接受到罗马万神殿的影响。）
2. 广场。遗迹目前埋在维索纳塔的南方。（根据20世纪初进行的发掘与近年的调查，广场由内有敬拜皇帝的神殿的巴西利卡隔成两个庭院。）
3. 圆形竞技场。可能在提比略皇帝统治期间开始动工，数年后完成。（这座下凹式结构的建筑物，整体是从地平面下方开始建造的，长140米、宽116米，可容纳2万名观众，是高卢最大的圆形竞技场之一，但是还没有完全发掘出土；目前只能看到少部分遗迹，比如两个宽广的出入口、侧道、阶梯等。）
4. 浴场。在1857年曾发现其中一部分，现在已完全消失。
5. 输水道（总长7千米的输水道，从马努瓦尔河畔圣洛朗镇的水源引水到浴场；尽管我们对它的建设路径十分清楚，但输水道本身没有留下任何遗迹）。
6. 花束之家（Domus des Bouquets）。比邻维索纳塔圣域的豪华宅邸。（从1世纪前半叶到3世纪经过反复整修，装饰得美轮美奂，在其围出的广大庭院中心有圆形水池。）

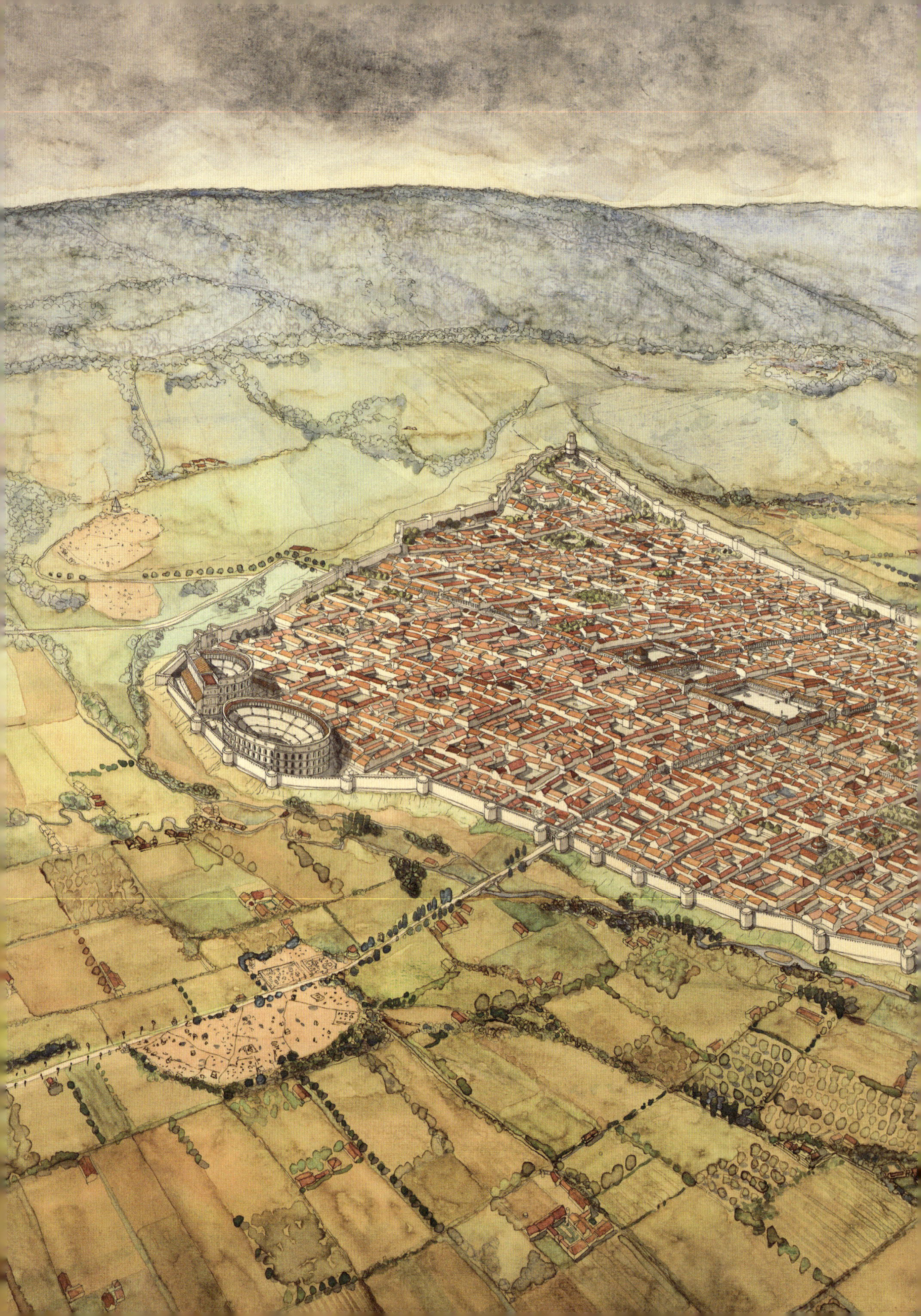

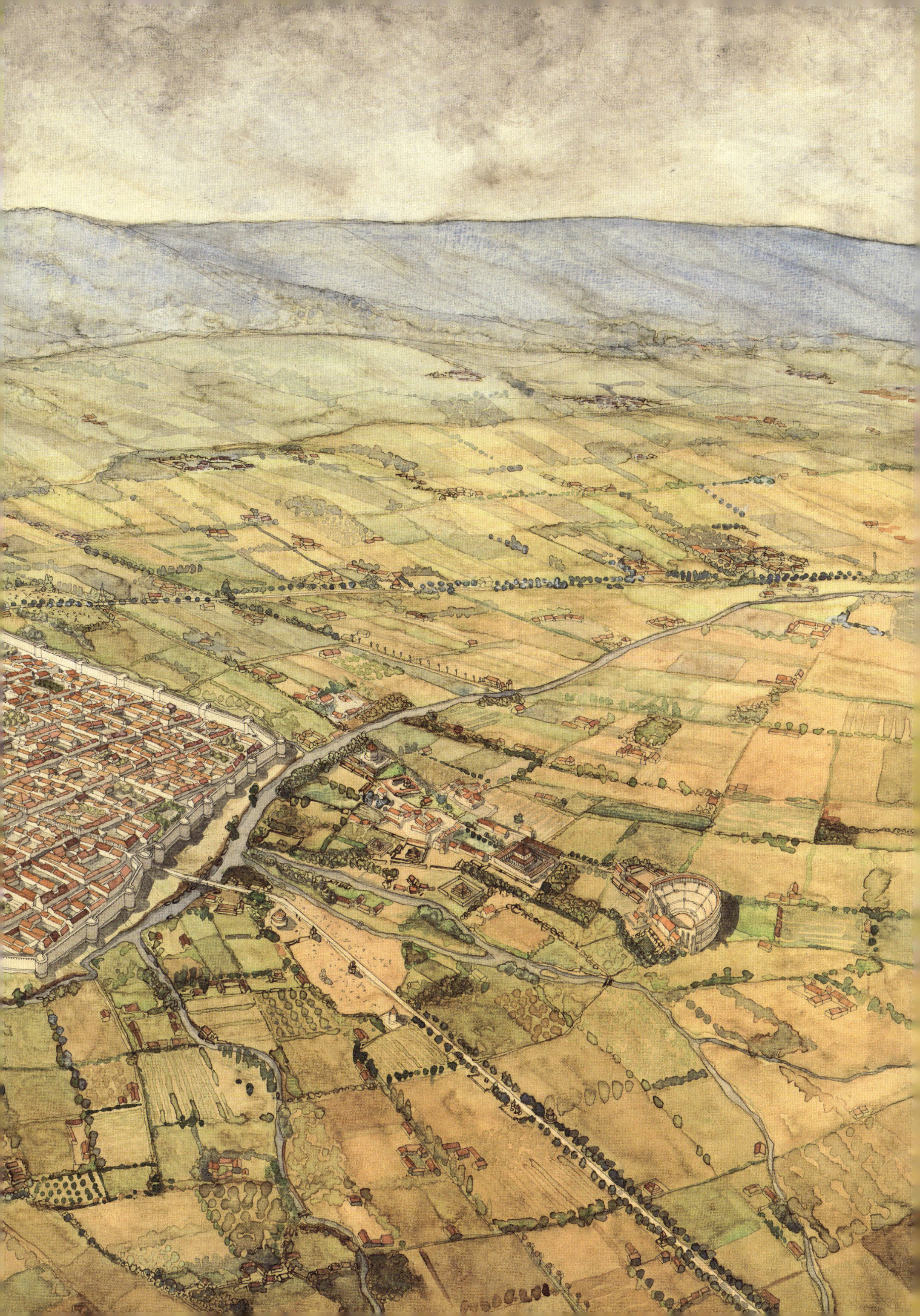

奥古斯托杜努姆（欧坦）

奥古斯托杜努姆（2世纪）

这座罗马化的城市，沿袭了毕布拉克特的凯尔特城市风格，很好地保持了罗马-凯尔特（romano-celtique）城市的特征。

1. 城墙内的剧场（不只在高卢境内，在罗马文化圈已知的同类建筑物中，它也是规模最庞大的剧场，直径148米，可容纳2万人）。
2. 城墙内的圆形竞技场，就建在剧场旁。（建筑在19世纪发掘出土，但现已看不到，其整体规模是154米×130米，椭圆形的赛场长74米、宽49米。）
3. 城墙。大规模的遗迹保留至今。（城墙全长6千米，平均厚度2.5米，高11米。）
4. 圣安德烈门。4座城门中的一座，宽19米、高14.6米。（它的中间是两个大的城门洞，其两侧有两个突出的小门，作为供行人使用的通道，门的左右建有带有弧度的塔楼。）
5. 阿鲁门。现存的另一座城门，宽18米、高16米。（几乎以相同的形式建造，整体设计跟圣安德烈门大致一样。）
6. 城墙外的雅努斯神殿[3]（虽然神室只剩下一半，但仍是今日在高卢地区能看到的最美的神殿之一：神室约16.35米×16.8米，接近正方形，高约24米的墙壁保留至今）。
7. 邻近雅努斯神殿的剧场。虽然现在已消失，但是借由航拍图像、考古地下发掘证实的确存在。
8. 广场。现已不存在，关于所在地有许多假设，但许多碑文、建筑物的残骸、雕像的碎片，证明了大型中央纪念性建筑物的存在。
9. 阿波罗神殿（位于南北主干道旁，其名字得来于由小石块和水平砌成的砖块组成的墙壁遗址；虽然名为阿波罗神殿，但是从两份古文献可看出，在奥古斯托杜努姆的信仰，完全没有跟阿波罗相关的事物）。
10. 南北主干道。从亚尔门到罗马门，由阿格里帕大道贯穿城市。（这条由多边形石板铺成的干线道路长1500米、宽8米，是当时城市的主轴。）
11. 古阿之石（Pierre de Couhard）。建成金字塔形的陵墓，位于城市东方，被称为"骨灰瓮之野"的公墓之中。

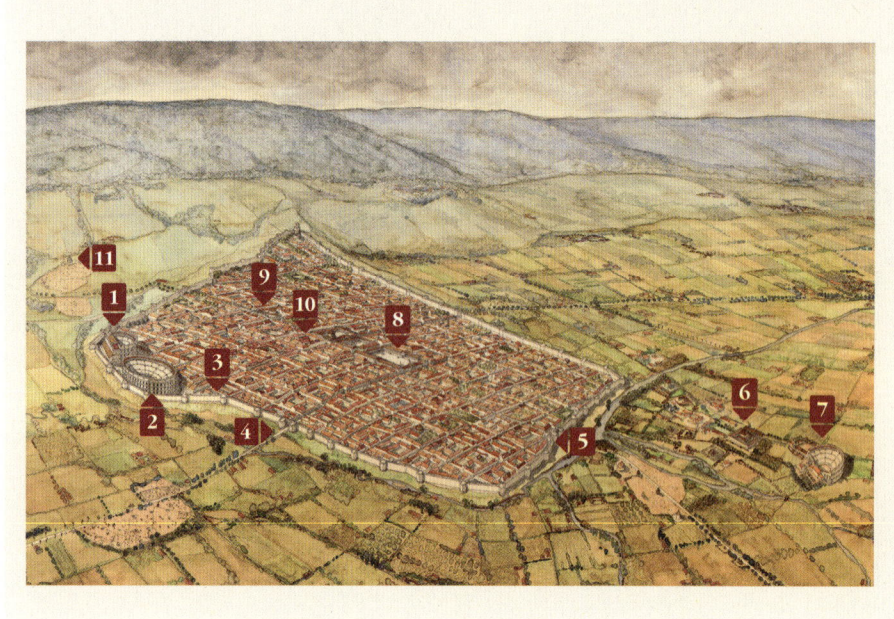

奥古斯托杜努姆位于阿鲁河畔，卢瓦尔河、罗讷河、索恩河三河河谷的交界处，建立于公元前1世纪末奥古斯都大帝统治时期，是从零开始建立的城市典型。位于距离高卢的部族爱杜依人过去的首都毕布拉克特20千米远的地方。建立以来，城市就由总长将近6千米的城墙守护。城墙设有50余座塔楼与4道城门。城墙围住的面积达2平方千米，是罗马文化圈规模最大的古城之一。这座城市作为罗马帝国社会生活的展示橱窗，人们过着充实的知性生活。这座城市的学院——美尼式学院（L'École ménienne）——曾是罗马高卢最好的学校之一，"高卢最优秀的贵族子弟"（古罗马历史学家塔西陀所述）来到这里学习希腊文与拉丁文。这所学校的柱廊绘有罗马帝国的地图，并教授地理与历史的基本知识。奥古斯托杜努姆曾两度有皇帝造访：4世纪初的君士坦提乌斯一世和312年来访的君士坦丁大帝。

诺维奥杜努姆（瑞布兰）

诺维奥杜努姆是个小规模的聚居地，面积只有 0.23 平方千米。公元前 1 世纪末，建设在可俯瞰埃夫隆盆地、高度约 50 米的台地边缘。城市沿着南北方向建有神殿、广场、浴场、剧场，框在两条主要道路之间。围绕这个核心，由宽 4—5.3 米的道路构成了方格状道路网，向城市四周郊区延伸。在加强与郊区联系的同时，这张道路网也让城市分散得更厉害。在距离棋盘方格的市区稍远处建有复合要塞建筑，其遗址今天看来依旧壮观。从各种历史资料的记载判断，诺维奥杜努姆位于交通要冲，有 10 条道路通往各地，以昂热为首，包括勒芒、科尔瑟、埃夫勒、维优等城市。

诺维奥杜努姆（4 世纪）

1. 由中央的建筑物、夯土建造的城墙、石块与砖块砌成的围墙三种要素构成的复合要塞建筑。中央的长方形建筑包括庭院与 4 个角楼，由总长度约 60 米的夯土城墙围绕保护。由石材与砖块建成的外墙侧面有塔楼，并设有 2 扇大门与 3 扇隐藏的门。（从 2 世纪末到 4 世纪分成好几个阶段完成，其作用是储存征收来的谷物和军团补给所需的粮食，应该是建成要塞般的公共仓库。）
2. 位于城市北端边界的圣域。建在边长 80 米的正方形场地内，有 3 个入口，外侧与内侧有两个柱廊。（建在基坛上的长方形神殿，推测是古典的围柱式建筑，也就是四边由柱廊围绕的建筑物；虽然长久以来，考古学者推测这里是泉之圣域，但是根据近年来的研究，证明这里是汇集雨水的水利设施。）
3. 浴场。其中一部分保存在教会之下。（占地面积几乎等于一整个街区，由地下的送水道供水；浴场长 61 米，推测建设于 1 世纪末到 2 世纪初。）
4. 广场。现已不存在，详细的状况也不清楚。（根据考古学的调查研究，已知面积约 3000 平方米。）
5. 相对于圣域，在城市南端边界建设的剧场。（起初空间配置接近圆形，只有东南侧有直线型墙壁，后改建为马蹄形。）

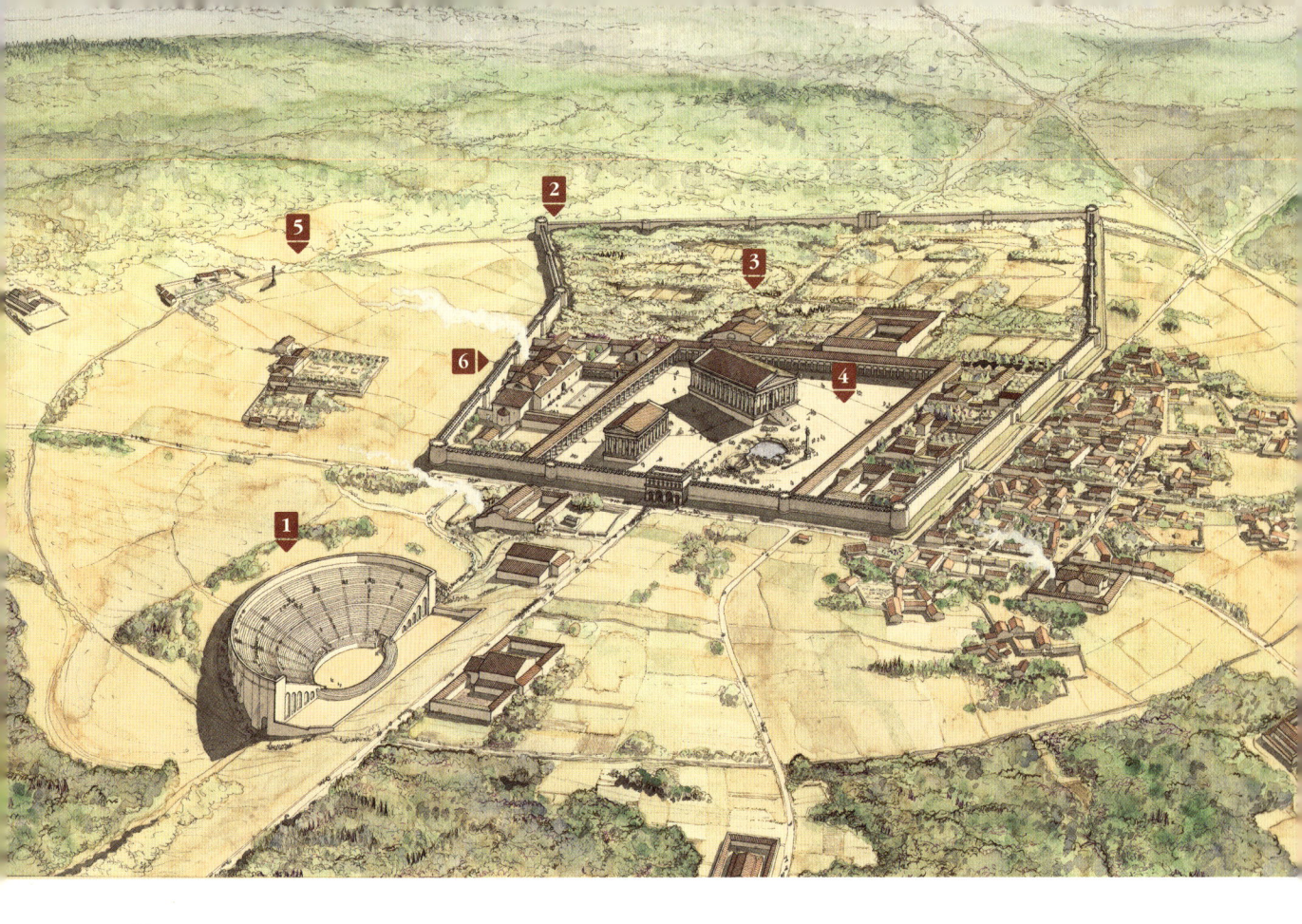

昂德西那（格朗）

昂德西那这座城市长久以来，一直被视为是位于洛林区与香槟区之间的次要城市，但事实上这里有历史上祭祀太阳神阿波罗的著名圣域。它被现保存于奥地利维也纳的波伊廷格地图"la Table de Peutinger"（译注：The Peutinger Map，古罗马驿站制度的路程表）——相当于帝国的道路图——所记载。格朗的范围超过吕契人（les Leuques）的领地，卡拉卡拉皇帝与君士坦丁大帝都曾造访过这里。如果4世纪时某位朝圣者所言属实，这里曾是"世界上最美的圣域"。这座城市最独特的一点，在于发掘出的巨大地下隧道网。总长估计有45千米，一些部分深达12米。

昂德西那（3世纪）

1. 建于1世纪末的圆形竞技场，严格说起来应该是半圆形的竞技场（中央部分沿着小山谷的侧面建造，两侧的阶梯席建在堆积的巨大石块上；这座长52米的椭圆形赛场，可容纳将近2万人，这个数字远超出圣域的人口，从这点来看，就知道此地的阿波罗圣域名气有多大）。

2. 城墙。长1.7千米的巨大城墙，每80米就建有一座塔楼或城门。（尽管建在没有什么障碍物的地方，城墙还是呈现不规则的多角形，它不只保护宗教建筑群，也保护柱廊、浴场，以及用途不明的建筑群。）

3. 巴西利卡。有豪华装饰的建筑物，墙壁覆盖着来自罗马帝国全境各种各样的大理石板。（在这栋纪念性建筑物，可看到表现古罗马喜剧、朝圣者或牧羊人谒见圣域祭司情景的马赛克拼贴画。）

4. 阿波罗神殿。这是座古典样式的神殿，却没有留下任何遗迹。（在神殿附近，位于宗教区中心的水池，是一眼岩溶泉。）

5. 以水池与神殿为中心，掘出圆弧围绕着圣域，当地人称这个圆弧为"封闭的道路"（挖掘地面形成的这道界线，现在仍用来界定村落土地的范围）。

6. 浴场。虽然确定过去存在，现在已完全消失。

吕岱斯（巴黎）

原本吕岱斯只是称为巴里西人（les Parisii）的高卢小部族的根据地，范围不大，后来竟成为法国的首都，则是出乎预料的发展。当地拥有交通要道塞纳河，以及可航行的河川网，的确是其后来成为首都的决定性的原因。城市位于有丘陵及小山的冲积平原，河川蜿蜒而过，在2世纪时，居民还不到1万人。城市的范围主要在塞纳河左岸、圣日内维耶丘、贝尔维尔丘、蒙马特丘的斜坡，以及后来称为西岱岛的小岛。棋盘方格状的街道将城市空间划分为各个街区，划分出公共空间与居住区域。不过，受地形的限制和既有定居点的影响，有一部分街道并不规则，尤其是斜向穿越城市东西的道路。吕岱斯渐渐地转变为巴黎，是在4世纪的时候。起初新与旧的城市名字并存，到了中世纪前期，最后只留下城市的新名字。

隐廊

呈现U字形的地下回廊，通常与地表的建筑物有密切关系。譬如在属于罗马的高卢地区，地下回廊便将广场的柱廊与神殿架高，借此强调柱廊与神殿的纪念建筑特质。隐廊既是储存的场所、隐蔽的通道，也可作为"炎夏避暑的空间"。

吕岱斯（3世纪）

1. 竞技场。可容纳1.7万观众的一种圆形竞技场，呈现了独特的风格：古典的椭圆形竞技场长52米、宽45米，由高墙围绕，东侧没有阶梯席，而是长41米的剧场舞台。（由于有这么特别的设计，这座建筑物既可以作为观赏哑剧等表演活动的空间，也可以成为角斗士比武或斗兽表演的场地。）

2. 克吕尼公共浴场。这座城市里保存状态最佳、最值得一看的罗马纪念性建筑物。（浴场的面积原本只有1万平方米，或稍微再大一些；浴场建于2世纪下半叶，包括热浴室、温浴室、冷浴室、有屋顶的空间与露天的空间、杂用间，所有的房屋配置都是依照罗马浴场构成。）

3. 广场。虽然只留下少许遗迹，上方盖着近代建筑物，但是在圣日内维耶丘的西坡圣米歇尔大道与圣雅克街之间苏夫洛街的中轴上，设有广场。（长118米、宽43米的大型广场，由隐廊架高的回廊环绕；据推测在广场东侧，建有面向神殿的巴西利卡。）

4. 剧场。建筑物已完全不存在，但是在1861—1864年进行的一连串工作，确认了这座剧场曾经存在，据推测直径71米、宽47米。

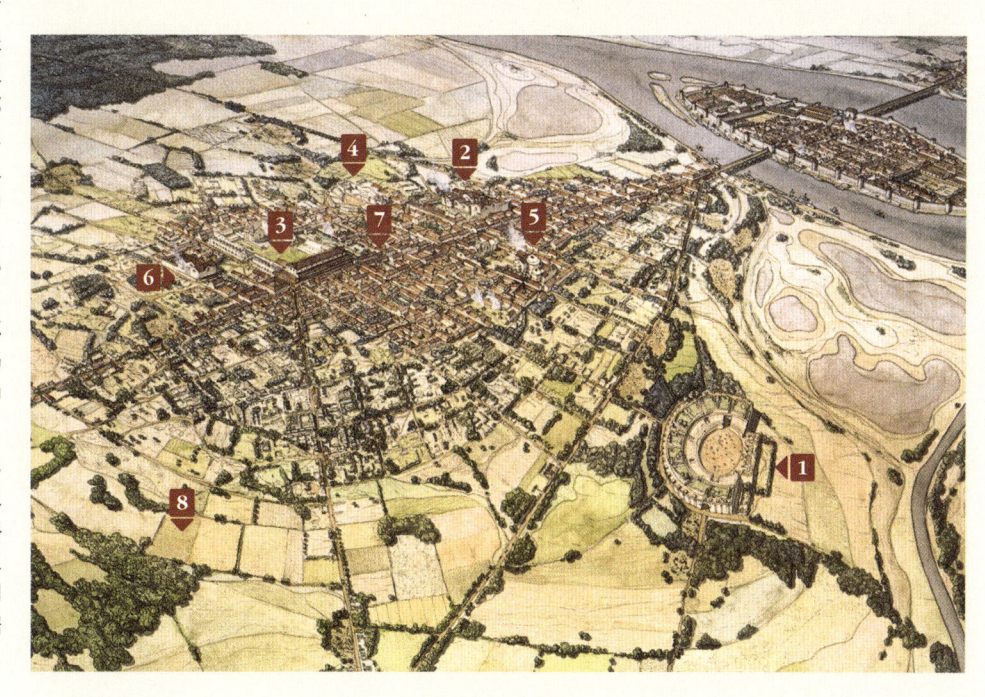

5. 位于法兰西学院现址的公共浴场，是城里规模最大的浴场设施，面积将近2万平方米。（在法兰西学院地底的部分已铲除，其他的遗迹仍埋在周边地区的地下。）

6. 南方的公共浴场。缺乏关于建筑物的资料，浴场目前已完全不存在。

7. 南北主干道。这是城市的干线道路，也是棋盘方格状城市规划的主轴，原址现在是圣雅克街。

8. 圣雅克墓地。城外南北主干道延长部分的附近。（虽然只发掘出很少一部分，推测面积约有4万平方米。）

注释

近东

1. Esagil，巴比伦主神马尔都克的神庙。除特殊说明外，全书注释均为编者所加。
2. 确切地说，波斯帝国并无都城，宫廷随国王本人移动。但有 4 个地方是最重要的，苏萨、巴比伦、埃克巴坦那，以及波斯波利斯。
3. 实为宫殿群。
4. Tatchara，实为古波斯语，按照拉丁语转译。
5. Hadish，同上。
6. Nefesh，希伯来语，意为"灵魂"。
7. 古希腊神话中的女战士部落。
8. Hégra，现称马甸·沙勒（Ai-Hijr）。
9. Gorge égyptienne，埃及传统建筑样式，附有雕塑、彩色的屋檐，可参见本书后部埃及神庙大门的门檐。
10. Qasr el-Bint。
11. 参见 78 页。
12. Gebel ed-Deir。
13. Qattar ed-Deir。
14. 通常被称作"毕士大池"。"羊池"被传说为用来洗净牺礼的水池，但实际上此池作为城市水源之一，此种说法可信度不高。
15. 大希律王之子，希律·安提帕斯（Herod Antipas）。

埃及

1. 阿蒙本是底比斯地区崇敬的地方神，后伴随着底比斯在古埃及势力的扩大，阿蒙成为全国崇敬的主神，并在这个过程中，与古埃及九柱神之一的太阳神拉（Ra）融合，成为阿蒙–拉。
2. Migdol，希伯来语。指塔、凸起的土地（比如讲台），也可指要塞化的地区（比如城堡、有围墙的城市）。
3. 警察，其中重要的工作之一便是监工。
4. 全名 Men-nefer-Mare。
5. 古埃及第 26 王朝的法老。
6. 即博学园。

希腊

1. Épigones，"七雄攻忒拜"中的阿尔戈斯七雄的后代们。
2. Brasidas，前面均为地名，伯拉西达则是伯罗奔尼撒战争中斯巴达的将军。
3. Temple d'Athéna Niké，又译"雅典娜–尼凯神庙"。
4. 许癸厄亚为希腊传说中的健康女神，但据普鲁塔克记载，许癸厄亚为雅典娜的别名之一。
5. 这些青铜武器来自节庆期间雅典盟国与殖民地的馈赠、进贡。
6. Athéna Promachos，又称雅典娜战士雕像，胜利者雅典娜雕像。其本意为"在前线战斗的雅典娜"。
7. Chiton，古希腊的基本服装样式。
8. Stoa，一种古希腊柱廊形式，其特点是附顶的柱廊一侧被墙封闭，另一侧呈开放状态。
9. 古希腊天文学家。

10. 法语 Chéronée，又译海罗尼亚，喀罗尼亚。
11. 太阳神巨像的具体建筑时间学术界依旧存有争议。

土耳其

1. 现代法语中，摩索拉斯为"Mausole"，而这种大型陵墓的单词则是"mausolée"，可见其影响。
2. 法语 tabernacle。原指犹太人在沙漠中搭的帐篷，后也有圣幕的意思。在《圣经》中，上帝圣柜便曾安置于其中。
3. 关于 Capitol，具体参见名词表。为凸显其特性，除特殊表达，本书在后面将其统一翻译为"卡皮托林三神殿"。
4. 类似中国四合院结构。
5. 并非现代的体操运动，而是古希腊人的一种裸体锻炼。
6. 又译安提阿。
7. 法语 Épiphane，为安条克四世的绰号。

北非

1. Strategeion，在古希腊广场上，房屋呈梯形的建筑。
2. 议事会，希腊语 bouleutai。在古希腊时期，最初由为王提供咨询建议的贵族组成。在贵族与寡头政体下为最高权力机构，但在民主政体下，则隶属于公民大会（ecclesia）。议事会人数在历史中处于变化状态，最著名的大概是自克里斯提尼改革后的"五百人会议"。
3. Liber Pater，意为"自由之父"，其中 Liber 是古罗马酒神巴克斯（Bacchus）的别称。
4. Temple de la Concorde，国内又译为"协和神庙"。Concorde，拉丁语为 Concordia，为古罗马和协女神。
5. 在古罗马，等同于女神库伯勒（Cybele）。

意大利与伊利里亚沿岸

1. 即罗马大竞技场。
2. 古希腊神话中的正统太阳神，公元前 5 世纪阿波罗由于其光明属性才与赫利俄斯有所混同，成了"太阳神"。

西班牙与葡萄牙

1. 法语 cyclopéen，源自 Cyclopes 一词，后者为古希腊神话中的独眼巨人库克罗普斯。大力神式墙壁完全不用砂浆等黏合剂，单纯依靠巨大石块自身的重量堆叠在一起。

德国

1. Lenus，雷努斯为当地神灵。

高卢

1. 法语 Lutèce，拉丁语为 Lutetia（琉提喜阿）。
2. 高卢三省为卢格杜努姆，阿奎丹尼亚和纳尔波。
3. 此神殿为传统凯尔特式的高卢神殿（Fanum），屋中屋式的双重建筑物，多半是方形或圆形。中央的部分是神室，建筑的周围有回廊。

用语解说

Agora 希腊的公共广场。多半建成正方形,是城市的行政、政治、宗教、商业中心。

Amphithéâtre 圆形竞技场。举办活动用的椭圆形场地,由竞技场与阶梯式观众席构成。在这里可以看到角斗士决斗、斗兽的表演,或是将囚犯喂给猛兽吞食。

Aqueduc 输水道。为了将水源地的水导到居住地而建的水渠。其管道系统有时潜入地下,有时在地表,也可能是跨越山谷的高架水渠。

Arc de triomphe 凯旋门。有二三道门的石造纪念性建筑物,用来赞颂皇帝,宣扬罗马帝国的绝对权力。多半点缀着军事场面的装饰。

Basilique 巴西利卡,位于罗马城市广场上的矩形建筑物。作为室内市场、厅堂、法庭与议事会场。

Bouleutêrion 称为 boulê 的议会集会场。在雅典由议会制订法案,公民大会(ecclesia)表决。

Capitole 朱庇特-朱诺-密涅瓦三神的神殿。神室分为三部分,分别安置着神像,供奉单一神。

Cardo 罗马城市的南北主干道,或是与其平行的次要干道。

Cirque 举行战车竞赛与赛马的竞技场。形状是长条形,有一端的尽头是半圆形。跑道以分隔岛(spina)纵向分为两部分,设有战车出发前的栅门(carceres)。

Civitas 由领土与中心城市形成的行政单位。高卢行省的 civitas,一般承袭了在罗马征服前高卢境内主要部族的领土,因此保留了它们原有的名字。

Colosse 超越人类身高的巨大雕像。位于埃及底比斯的门农巨像高 21 米,著名的罗得岛太阳神巨像甚至高达 30 米。

Curie 罗马元老院或行省城市评议会(一种市议会)的集会所。

Decumanus 罗马城市的东西主干道,或是与其平行的次要干道。

Dromos 多洛摩斯。一般来说,它是由石板铺就、两旁立有斯芬克斯像的埃及神殿主干道,通往另一神殿或者神殿的泊船处。

Forum 罗马城市的主要广场。召开民会、讨论各种问题的场所。经常设置于两条主干道交叉的地方,建有许多公共建筑。

Gymnasium 古希腊体育场。以环绕庭院的柱廊,连接体育馆、球馆,以及角力馆。

Hippodrome 请参照 "Cirque"。

Horreum 大型仓库,储存从船只或货车卸下的商品与食物。

Hypostyle 多柱式建筑。由多根圆柱支撑屋顶的厅堂。

Kiosque 位于埃及的神殿入口前以圆柱支撑的大型凉亭。为安置祭祀活动时游行队伍的船只而设有系船柱。

Mastaba 在阿拉伯语中的意思是"长凳"。指国王或高官的大型坟墓,相似的外形令人联想到长凳。

Mausolée 纪念性建筑的陵墓。这个词源于在哈利卡纳苏斯有着壮观陵墓的摩索拉斯王(roi Mausole)。

Megaron 麦加伦。克里特岛或古希腊宫殿中的大厅堂。

Naos 神殿最神圣的区域。在希腊罗马文化圈，是安置神像的礼拜堂。在埃及，通常是由整块花岗岩打造而成的大型壁龛，关上门扉，其中摆着礼拜用的神像。

Nymphée 纪念性建筑物的泉水池，多半装饰着圆柱、泉水之神，以及其他人物的雕像。

Odéon 有屋顶的小剧场，用来举办朗读会、演讲、个人或团体的音乐会。

Palestre 在体育场或公共浴场，用来进行身体锻炼、铺着沙子的角力场。

Portique 柱廊。两侧有圆柱排列，有屋顶的走廊。经常设置在道路旁、广场或庭院的周围。

Propylée 为区隔圣域，在其入口建造的壮丽门扉。

Stade 举行运动竞技的竞技场，在希腊特别多。建筑样式与战车竞技场类似，但是没有分隔岛与栅门。

Temenos 或 **Péribole** 第一个词是希腊语词，第二个词源于拉丁语。它们是指界定圣域范围的墙。

Théâtre 剧场。在阶梯状观众席与舞台之间，设有合唱队席（orchestra）的建筑物。演出悲剧或喜剧、哑剧、即兴表演。

Thermes 浴场。有公共的也有私人的，并设更衣室、热浴室、温浴室、冷浴室、游泳池、角力场，是很受欢迎的社交场所。

Triclinium 罗马大型宅邸的餐厅。因为房间中央放置着可以躺卧，并摆放成"冂"字型的躺床（Triclinium）而得名。

L'Antiquité Retrouvée 3rd edition by Jean-Claude Golvin
©Actes Sud - Errance, France 2015
Current Chinese translation rights arranged through
Divas International, Paris 巴黎迪法国际（www.divas-books.com）.

本书中文简体版权归属于银杏树下（北京）图书有限责任公司。
著作权合同登记号：图字 18-2019-172
未经许可，不得以任何方式复制或抄袭本书部分或全部内容
版权所有，侵权必究

图书在版编目（CIP）数据

鸟瞰古文明 /（法）让 – 克劳德·戈尔万 (Jean-Claude Golvin)
著；严可婷译 . -- 长沙：湖南美术出版社，2019.9（2022.6 重印）
ISBN 978-7-5356-8825-5

Ⅰ.①鸟… Ⅱ.①让…②严… Ⅲ.①世界文物考古 Ⅳ.① K86
中国版本图书馆 CIP 数据核字 (2019) 第 117008 号

鸟 瞰 古 文 明
NIAOKAN GUWENMING

出 版 人：黄　啸
著　 者：［法］让 – 克劳德·戈尔万
译　 者：严可婷
出版策划：后浪出版公司
出版统筹：吴兴元
编辑统筹：郝明慧
特约编辑：王　凯
责任编辑：贺澧沙
营销推广：ONEBOOK
封面设计：陈文德
装帧制造：墨白空间
出版发行：湖南美术出版社（长沙市东二环一段 622 号）
　　　　　后浪出版公司
印　　刷：天津图文方嘉印刷有限公司
　　　　　（天津市宝坻区宝中道 30 号）
开　　本：787mm×1092mm　　1/16
字　　数：206 千字
印　　张：14
版　　次：2019 年 9 月第 1 版
印　　次：2022 年 6 月第 10 次印刷
书　　号：ISBN 978-7-5356-8825-5
定　　价：128.00 元

读者服务：reader@hinabook.com 188-1142-1266
投稿服务：onebook@hinabook.com 133-6631-2326
直销服务：buy@hinabook.com 133-6657-3072
网上订购：https://hinabook.tmall.com/（天猫官方直营店）

后浪出版咨询(北京)有限责任公司版权所有，侵权必究
投诉信箱：copyright@hinabook.com　fawu@hinabook.com
未经许可，不得以任何方式复制或者抄袭本书部分或全部内容
本书若有印、装质量问题，请与本公司联系调换，电话010-64072833